U0738382

Criminalistics and
Criminal Investigation

物证鉴定与犯罪侦查

翁里 著

ZHEJIANG UNIVERSITY PRESS
浙江大学出版社

图书在版编目(CIP)数据

物证鉴定与犯罪侦查 / 翁里著. —杭州：浙江大学出版社，2016.8

ISBN 978-7-308-16015-5

Ⅰ.①物… Ⅱ.①翁… Ⅲ.①物证－司法鉴定－高等学校－教材 ②刑事侦查－高等学校－教材 Ⅳ.①D918.9 ②D918

中国版本图书馆 CIP 数据核字（2016）第 147746 号

物证鉴定与犯罪侦查

翁　里　著

责任编辑　　葛　娟
责任校对　　杨利军
封面设计　　春天书装
出版发行　　浙江大学出版社
　　　　　　（杭州市天目山路 148 号　邮政编码 310007）
　　　　　　（网址：http://www.zjupress.com）
排　　版　　杭州中大图文设计有限公司
印　　刷　　杭州杭新印务有限公司
开　　本　　710mm×1000mm　1/16
印　　张　　22.75
字　　数　　427 千
版 印 次　　2016 年 8 月第 1 版　2016 年 8 月第 1 次印刷
书　　号　　ISBN 978-7-308-16015-5
定　　价　　52.00 元

版权所有　翻印必究　印装差错　负责调换
浙江大学出版社发行中心联系方式：0571－88925591；http://zjdxcbs.tmall.com

目　录

第一章 导 论

犯罪是人类阶级社会的必然产物,它只随着阶级社会的消亡而退出历史;由于商品经济社会中客观存在着显性或隐性的阶级斗争,因此犯罪现象在目前人类社会不可能根除,但可以控制。

控制犯罪,离不开防范和打击两方面的行动。侦查破案,是当前各国政府依法授权司法职能部门打击犯罪活动的有效对策之一。没有犯罪,就没有侦查,亦没有刑事诉讼;犯罪—侦查—审判,这三者是一种相辅相成的关系。刑法、刑诉、刑侦之间的"铁三角"关系,构成了刑事法学的主要内容。司法人员学习、研究犯罪侦查学,有助于明确该学科是法学理论和应用体系中不可缺少的组成部分,从而完善自身的法学知识结构;通过了解侦查取证及物证鉴定的基本原理、步骤和方法,能为胜任司法业务工作奠定必要的技术基础;掌握并应用犯罪侦查学知识,有利于法治社会的构建,遏制犯罪,维护公民的合法权益。

第一节 犯罪侦查学发展简史

马克思主义认为:警察、侦查、刑罚、监狱都是犯罪的伴随物;犯罪与犯罪侦查是伴随着私有制、阶级、国家的出现而衍生的。[①] 迄今为止,虽然无法确证最早的侦查职能始于何时何地,但笔者仍有理由相信,自从产生犯罪和法庭审判活动以来,它就以非常原始的形式存在,并且随后不断规范化、法制化。犯罪侦查学的演变历程大致可分成三个阶段。

---

① 邹明理.侦查学.北京:法律出版社,1996:13.

一、古代犯罪侦查学的萌芽时期（约公元前 18 世纪至公元 13 世纪）

早在公元前 18 世纪,《汉谟拉比法典》即明确规定:怀疑不能成为定罪的依据,法庭本身必须搜集证据,要仔细调查出事地点及其周围环境。[①] 据《礼记·王制》记载,"邮罚丽于事","有旨无简不听";这说明中国商朝时期听讼断狱时,要考虑犯罪动机和恶性大小。西周年代,古人采用的"五听"(即辞听、色听、气听、耳听、目听)审案方式,便是心理学在侦查审讯中的初步应用。最早的测谎技术源自中国。古代中国人讯问犯人时,令犯人口嚼米粒;待讯问完毕,要求犯人吐出米粒,看是否干燥。倘若此刻米粒是干的,表明其说谎;因为说谎的紧张感会导致唾腺分泌停止。[②]

中国奴隶社会夏代的"秘士""廷尉",商朝和西周的"司寇""蒙士",春秋战国时期的"司稽""禁暴士"等都是执掌侦查职权的官吏。"告奸"等秘密侦查措施也起源于春秋战国时代;当时规定:"告奸者与斩敌者同赏,匿奸者与降敌者同罚"。《封诊式》是中国第一部犯罪侦查法规性著作,它不仅反映了秦朝司法和治安机构的设置,而且记载了犯罪现场勘查的程序与文书要求,讯问策略以及法医检验、物证鉴定技术和方法。宋代的三本著名侦查书籍《疑狱集》《折狱龟鉴》《棠阴比事》是中国古代官吏调查取证、治狱破案的案例汇编,比较集中地折射出了唐宋时期的侦查水平。我国宋代的宋慈编著的《洗冤集录》则是世界上最早、最系统的法医学著作,后被译成荷、法、英、德、日、朝等七种文字流传至亚欧美洲的许多国家。这些在犯罪侦查领域所取得的举世瞩目的成就是中华民族灿烂文化的重要组成部分。

中国虽然是犯罪侦查技术和方法的发源地,然而受"军警合一""以审代侦"等诉讼制度束缚,加之漫长的封建社会专制和腐败因素影响,科技革命和司法革新均未率先出现在中国,导致侦查学这一萌芽难以从中华沃土中滋生。

二、近代犯罪侦查学的形成时期（13 世纪至 19 世纪末）

纵观从古代奴隶社会、封建社会直至 1892 年前的资本主义社会这段历史,无论东方还是西方其实都已将科学技术、侦查措施与策略广泛应用于犯罪侦查领域,侦查方法与模式也不断趋向规范化,但犯罪侦查科学理论体系却一直没

① 蔡晋.刑事侦查与司法鉴定.北京:知识出版社,1983:1.
② 贝尼特等.犯罪侦查.但彦铮,翁里,徐公社等,译.北京:群众出版社,2000:252.

有问世。究其原因,一方面是由于这段历史时期商品经济欠发达,生产力相对落后;当时的犯罪水平较低,犯罪手段也简单;另一方面是因为当时有悖于科学的"神明裁判""刑讯逼供"等封建司法审判制度仍被视为合法或默许;因此先进的侦查科学理念不可能,亦无必要引入犯罪侦查学领域。于是,刑事侦查仅仅作为同犯罪做斗争的艺术而不是一门科学的状况,一直延续至19世纪末期。

任何一门科学的形成,总是建筑在社会需求的基础之上的。当历史的车轮驶入19世纪,随着资本主义制度在世界范围内确立,资本和贫困的积累日益加剧,像英国、法国等资本主义发展较早的国家,犯罪现象"以不可思议的速度增长"而成为日益严重的社会问题,危及统治阶级的利益和社会安定。同时,在"民主""自由""人权"等反封建旗帜下,资产阶级开始创建"辩护""陪审""自由心证"等新的审判制度;法律对侦查犯罪、收集证据的方法规定了更高的要求。这些因素都客观地促使统治阶级采用规范的科学方法来指导有序的侦查。19世纪又适逢资产阶级工业革命蓬勃发展,科技进步日新月异,那时用社会科学和自然科学知识全面武装侦查人员已经不再是一种奢望。

面临严峻的犯罪形势,西方国家纷纷组建了侦查机构。1854年,巴黎警察厅成立司法侦查管理处,在全国推广维克多侦查模式,遍布各地的侦探负责侦查犯罪案件。1871年,英国警察机构经过改组,建立了"苏格兰场"(Scotland Yard)。英国刑警最早运用现代化科技手段来侦查破案。美国除了官方的犯罪侦查机关,法律上还准许"平克顿"私人侦探公司开展业务。上述机构为近代侦查学理论的诞生奠定了实践基础。

利用笔迹鉴别人身的技术,虽然有几千年的历史,但它成为科学的侦查技术则是近代的事。1622年,意大利的巴迪尔撰写的《怎样根据字迹判断写字者性格和气质》是世界上第一部与笔迹学有关的著作。1872年,法国人米尚出版《笔迹学的体系》和《笔相学的方法》两本专著,对巴迪尔的观点作了补充和详细的阐述。1895年,意大利人龙勃罗梭出版了《笔相学指南》,再次对笔相学体系进行论述。法国的贝蒂隆在1883年创造了科学的"人体测量法",并应用于建立刑事犯罪档案;同时,他还创建了世界上第一个司法鉴定机构——刑事鉴定局。曾在孟加拉当警官的欧洲人格尔舍从1859年开始研究指纹。起初他利用指纹来确定养老金领取者的身份,后来他又将指纹技术应用于识别罪犯。1892年,加尔登出版了《指纹学》一书,他认为建立罪犯指纹档案是切实可行的。于是,另一位在印度任行政官员的英国人亨利,又在《指纹学》基础上对指纹进行分类编码。1900年,英国警方以亨利创造的"指纹分类法"为基础而重建了身份鉴别制度。从此,指纹技术作为侦查部门鉴别人身的主要方法传遍世界各国,并延续至今。

1893年,奥地利的侦查学教授汉斯·格罗斯(Hans Gross,1847—1915)将他自己和前辈同犯罪作斗争的技术和策略加以系统总结,出版了《司法检验官手册》(又名《犯罪侦查》)。这是世界上第一本理论体系较完整的犯罪侦查学专著。它不仅将犯罪侦查原理、措施与法医学、毒物学、司法化学、人体测量法、指纹学、笔迹鉴定、枪弹痕迹检验技术等融为一体,而且在书中首次提及"犯罪侦查学"这一术语,还提出勘验犯罪现场必须遵循"先静后动"的顺序规则等著名论点。因此,汉斯·格罗斯以其独创性的成就被誉为犯罪侦查学的鼻祖;同时也标志着近代意义上的犯罪侦查学诞生。

三、现代犯罪侦查学的发展时期(19世纪末至今)

自从1893年汉斯·格罗斯创立犯罪侦查学理论体系之后,各国的侦查实践和理论研究不断地丰富了该学科的内容。社会科学和自然科学研究成果的引进,犯罪侦查学分支学科之间的互相渗透,专业化侦查队伍的日益壮大,以及苏联侦查专家波塔波夫等人同一认定理论的创立,都促使这门应用性法律学科的发展;然而,其自然科学属性似乎大于其社会科学属性。

也许是受资本积累和科技进步的刺激,侦查技术在欧美等资本主义国家得到异乎寻常的重视,独立的犯罪侦查实验室纷纷建立,结果导致本应密切联系的侦查技术与侦查策略、方法在理论研究上分道扬镳。在警察技术与法庭科学蓬勃兴起之际,欧美等国在犯罪侦查领域实际上侧重于发展"物证技术学",其英文对应词为 criminalistics,它囊括法医学、法齿学、法昆虫学、法植物学、法工程学、法人类学、痕迹学、司法弹道学、外貌识别学、指纹学、笔迹学等众多法庭科学(forensic science)研究范畴。这种模式的犯罪侦查学,不仅包括物证鉴定原理,而且还包括法化学、法物理学、法生物学等,几乎涉足法庭科学技术的各个领域。诚然,欧美国家将物证作为主要对象而贯穿于学科研究始终,这对于正确适用法律无疑具有积极的意义,但是他们把本来与侦查措施、策略相交融的侦查技术、手段孤立化,恐怕未必有利于犯罪侦查学的发展。据法国《拉鲁斯大百科全书》第六卷第3476页记载,法国的犯罪侦查学体系是由警察科学(主要是研究如何寻找、解释犯罪线索与痕迹)、警察技术和法医学三部分构成。《犯罪侦查基础》一书的作者卡尔斯·奥哈里等则主张以三个"I"(即information,interrogation,instrumentation)来构建犯罪侦查学理论体系。可见,美国、西欧等国偏向实用侦查学研究。

苏联(含东欧诸国)的犯罪侦查学理论,代表着现代犯罪侦查学发展的另一种方向和流派。其理论体系的显著特点就是文理结合,全方位研究与犯罪侦查相关的内容。瓦西利耶夫著的《犯罪侦查学》(莫斯科大学出版社,1980年版)也反映了这一特点。该书在理论体系上采用"三块结构说",即侦查技术、侦查策略和侦查方法。这种体系的优点在于它既有现代技术和自然科学成果的内容,又重视以人文科学理论来指导研究犯罪侦查的各种措施、策略和方法,并且引入心理学、语言学、逻辑学、情报学和管理科学等成果,把自然科学、社会科学与侦查技术、措施、方法有机地结合在一起,从而使现代犯罪侦查学的发展充满生机和活力。

中国虽然是古代犯罪侦查技术的发源地之一,但因受封建社会的长期统治和近代外来资本主义的入侵,直到新中国诞生前在犯罪侦查学领域几乎未取得任何值得称道的成就。中华人民共和国成立后,公安机关在总结解放区同犯罪作斗争的经验基础上,批判地继承、借鉴旧警察机构遗留下来的侦查技术设施和犯罪档案资料,开始探索犯罪侦查这门科学。由于众所周知的历史原因,建国初期我国翻译了一批苏联犯罪侦查学专著和教材,在高等院校的法律系开设刑事侦查学课程,很自然地选择苏联犯罪侦查学理论模式来作为自身研究和发展的基点。

自20世纪50年代末到60年代初期,中苏关系恶化,这也是新中国犯罪侦查学发展史上的一个重要转折点。形势迫使我国独立自主,但当时国内新型的侦查学体系业已形成。1978年中国共产党第十一届三中全会以后,政府工作重点发生转移;犯罪侦查在保卫社会主义现代化建设中的作用凸显,随着科学的刑事诉讼法律制度确立,进一步推动了侦查学的发展。目前,具有中国特色的犯罪侦查学理论研究已经日臻完善。

我国现代的犯罪侦查学主要特点有:

(1)形成本学科特有的基础理论。马克思主义的认识论、同一认定理论以及信息论、控制论、系统论等构成了指导犯罪侦查工作的理论基础。

(2)形成本学科特有的研究体系。经过历时半个世纪的司法实践和法学教育改革,多数专家、学者认为"侦查原理、侦查技术、侦查措施和侦查方法"这四部分是构成当代犯罪侦查学理论体系的核心内容。无论从理论研究抑或课程教学的角度,都有利于传授侦查学知识以及对司法人才的培养。20世纪80年代以来,为迎合犯罪侦查实践的需要,侦查心理学、侦查语言学、侦查逻辑学、侦查情报学、侦查管理学等隶属于侦查学的分支学科纷纷创立,从而拓宽了犯罪侦查学研究的范畴,丰富了研究的内容。

(3)学科理论研究服务于实践。在中国,犯罪侦查学的理论工作者和侦查业务部门都十分注重学术研究,理论联系实际,取得了不少成果,有效地指导犯罪侦查实践。譬如,按照我国刑事诉讼法的程序规定,将犯罪案件侦查步骤归纳为立案、侦查、破案三大步骤；又根据现代犯罪特点，将侦查途径划分成"从事到人"和"从人到事"两种；经过长期研讨后明确了侦查措施与侦查策略之间的关系，将侦查策略界定为侦查人员在采取侦查措施过程中使用的智谋运筹艺术及方式方法，两者之间犹如建筑材料与建筑蓝图的关系，从而提高了策略的学术地位和价值；针对职务犯罪等新领域，在不断总结侦查经验的基础上亦创建了新的侦查理论体系等等。

总之，现代犯罪侦查学是在适应各国国情的前提下起步的；其学科内容与理论体系受经济全球一体化的影响，正朝着逐步兼容和趋同方向不断充实、发展。

第二节　犯罪侦查学的研究对象及体系

一、犯罪侦查学的概念及其性质

犯罪侦查学（science of criminal investigation，又称刑事侦查学或犯罪对策学）是以实现刑法和刑事诉讼法的任务为目的，专门研究如何查明案情、搜集证据、查缉犯罪人的方法、措施以及技术手段的一门应用性法律学科。[①]

目前，我国的法学界和司法业务部门基本上认为犯罪侦查学是法学的一个分支学科，是隶属于刑事法学的一个部门学科；但也有少数学者以为它应归属警察（或公安）学科体系。之所以将犯罪侦查学的性质定在法学研究的范畴内，一是因为它是为实现刑法和刑事诉讼法的任务而服务的应用性学科；二是因为它着重研究如何依法取证来揭露犯罪、证实犯罪人，其立足点是司法活动，并非纯属警务活动；侦查，是刑事诉讼活动不可缺少的一个环节，因此"任何侦查行为都是诉讼行为"。[②]　当然，也有人认为它是一门法律边缘学科。[③]

---

① 周应德.中国大百科全书（法学卷.犯罪侦查学分篇）.北京：中国大百科全书出版社，1984.127.

② 邹明理.侦查学.北京：法律出版社，1996:2.

③ 所谓刑事法学，即由刑法、刑诉、刑侦三个"铁三角"构成的部门法学。自我国教育部近期将"公安学"列为一级学科后，有学者认为"刑事侦查学"可以上升为二级学科的地位；而以往多数学者则将"刑事侦查学"视为隶属于"诉讼法学"的三级学科。

二、侦查与侦察、犯罪侦查与刑事侦查

我国的学术界对"侦查"和"侦察"两个术语概念上有不同见解。一些学者非但认为"查"与"察"的字义及其起源存在差异,并且认为"侦查"是一种公开的司法行为,是刑事诉讼法律调整的取证措施,属一般性侦查活动;而"侦察"则指秘密的调查行为,是按宪法规定由行政法规调整的取证措施,其活动内容既包括对公开的犯罪嫌疑人又包括对隐蔽的犯罪嫌疑人的侦查,既有对犯罪行为实施完毕的案件侦查,又有对预谋犯罪案件的侦查;它仅指公安机关(含国家安全机关)进行的特殊侦查活动。

但更多的学者认为,如此区分"侦查"与"侦察"的概念,从法律的角度看既不科学,也无必要。尤其在诉讼程序中根本没有必要区别"侦查"和"侦察",凡是侦查机关都有权依法使用公开或秘密手段进行侦查取证活动;采用何种手段实施侦查,往往取决于案情的客观需要,并非根据案件管辖的机关。将"侦查"与"侦察"定义为两种不同的权力有悖于法理,法律赋予侦查机关的侦查权是等同的,任何法定的侦查机关均享有同样的侦查权。必须强调指出,侦查管辖权与侦查权的概念不同,侦查权的适用范围与侦查手段的运用也不是一回事。侦查活动是司法行为、诉讼行为,因此必须严格依法行事;侦查的概念与措辞,同样应严格遵循法律的规定。

犯罪侦查(criminal investigation),又叫"刑事侦查"或"侦查",是指侦查机关在刑事诉讼活动中,为了查明案情、搜集证据、查缉案犯,依照法律进行的专门调查工作和有关强制性措施的总称。犯罪侦查是一个法律概念,它具有四个基本特征:

(1)犯罪侦查是主权国家的重要职能之一,它只能由法定的侦查机关行使;其他任何机关、社会团体或个人都无权实施侦查活动,否则就构成违法行为。

(2)侦查活动的内容与方式是法定的,即依法进行的专门调查工作和相应的强制性措施。例如,勘验、搜查、辨认、询问、讯问、监视、拘留、逮捕等。

(3)犯罪侦查是一种司法行为,无论是公开抑或秘密的侦查活动都必须依法进行,不得滥用。

(4)侦查是刑事诉讼必经的一道程序,也是起诉和审判的基础。倘若未经过侦查取证活动来揭露犯罪人,那就无法提起公诉;假如在侦查阶段,办案质量不高,证据不足,那也会使起诉和审判工作受挫。

三、犯罪侦查学研究的对象与体系

（一）侦查学的研究对象

任何一门科学都有其特殊的研究对象，它是该学科建立的基础，也是区别于其他学科的依据。犯罪侦查学研究的对象是侦查活动的规律和方法。

犯罪侦查活动是一种特殊的社会活动，其中包括侦查主体的认识活动和实践活动；它有其自身的规律。例如，侦查主体的思维活动规律；认识犯罪及其对策规律；调查取证活动的规律；适用侦查技术和措施的规律；在各类犯罪案件侦查过程中，运用各种策略和方法的规律，等等。如何发现并认识这些规律，正是侦查学所研究的。只有通过理论学习和侦查实践，才可能掌握这些规律；只有真正掌握了侦查活动的规律，才能够提高侦破刑事犯罪案件的工作效率。

（二）侦查学的体系

犯罪侦查学隶属于法学体系，它是刑事法学中的一个部门。现代刑事法学的三大支柱学科：刑法学、刑诉法学、刑侦学都是研究如何同犯罪做斗争的法律科学。它们分别从不同角度和侧面研究控制犯罪现象的理论对策与实践方法，虽然它们的基本任务与目的相同，但因各自研究的对象和体系差异，从而形成功能互补、相辅相成的学科群。刑法学主要研究犯罪构成的理论以及对各类犯罪的定罪量刑等问题；刑事诉讼法学侧重研究办理刑事犯罪案件的程序及其基本原则；刑事侦查学着重研究侦查犯罪活动的规律与方法以及如何提高侦查破案的效率。三者的共同任务都是研究如何合法、有效、及时、准确地揭露犯罪，惩罚罪犯；因此倘若法学体系内缺少其中任何一个学科，同犯罪做斗争的任务就难以实现。

我国犯罪侦查学的理论体系是经历半个世纪的司法实践不断发展而完善的。侦查学研究的内容主要是侦查原理、侦查技术、侦查措施和侦查方法，它们也是侦查活动规律和方法的具体化；换言之，这四个方面内容构成了犯罪侦查学的理论体系。

（1）侦查原理。这部分内容主要阐明犯罪侦查学的基础理论。譬如，侦查学的发展史；侦查学与其他相邻学科的关系；侦查学的研究对象及其体系；犯罪侦查的任务、方针和原则；侦查机构与侦查人员；同一认定理论；刑事犯罪案件侦查的管辖等基本法律知识。

（2）侦查技术。这部分内容主要介绍在侦查破案过程中，为了获取各种犯罪证据而常用的记录技术、勘验技术、鉴定技术和手段。譬如，犯罪现场照相和绘图；手印勘验与鉴定；足迹勘验与鉴定；工具痕迹勘验与鉴定；枪弹痕迹勘验与鉴定；声纹鉴定；DNA 鉴定；文书检验及其他痕迹、物证勘验和鉴定等。

（3）侦查措施。即侦查机关为了揭露犯罪事实、证实犯罪人依法采用的公开或隐蔽的侦查取证手段。譬如，勘验、检查、询问、追缉、堵截、通缉、通报、辨认、侦查实验、跟踪、守候、监听、监视居住、搜查、扣押、特情耳目、拘留、逮捕等。

（4）侦查方法。即以侦查原理为指导，根据具体案件的特点，将侦查技术、侦查措施、侦查策略综合应用于专案侦查的模式。理论上也可以将侦查方法分为犯罪案件的一般侦查方法和个案侦查方法两种。

在普通刑事犯罪、职务犯罪、特务间谍犯罪这三种类型的案件中，由于其犯罪主体和犯罪手段不同，因此采用的侦查步骤、侦查技术、侦查措施、侦查策略和方法等亦有较大差异，选择的侦查途径有所区别。对于普通刑事犯罪案件，多数选择"由事到人"的途径开展侦查；少数案件是"由人到事"开展侦查。职务犯罪和间谍特务犯罪案件，却多数选择"由人到事"的途径进行侦查；少数案件则是"由事到人"进行侦查。凡侦查途径类同的案件，所采取的侦查步骤和方法也基本一致。例如，对于间谍制造的破坏性犯罪案件、普通刑事罪犯的杀人或纵火案件、国家公职人员玩忽职守造成的重大责任事故案件、普通刑事罪犯实施的爆炸或投毒案件，一般采用的都是"由事到人"的侦查途径。再如，对于特务派遣案件、贪污犯罪案件、贩卖毒品案件这三种不同类型的案件，因其侦查途径都是"由人到事"，故它们的侦查步骤与方法也基本相似。

从犯罪侦查学的体系反映出这门刑事法学的独立学科具有综合性、技术性、实用性强的特点，其内容涵盖了自然科学、社会科学和人文科学的研究成果，因此蕴含着旺盛的学科生命力。

（三）侦查学的分支学科

虽然犯罪侦查学是一个独立的刑事法学部门学科，但其实该学科又包容着许多分支学科，它们彼此相辅相成，构成了一个完整的子学科群体。侦查学的分支学科主要有：

侦查逻辑学：专门研究形式逻辑的思维方式、规律及方法在犯罪侦查活动中具体运用的科学。

侦查心理学：以普通心理学的原理为基础，专门研究如何掌握并调节侦查主体和侦查客体的心理活动规律，并适当地运用于侦查破案实践的科学。

侦查语言学：以普通语言学的原理为指导，专门研究侦查主体和侦查客体的语言现象规律与特点，并应用于侦查破案实践的科学；如"犯罪嫌疑人的言语识别""询问语言""讯问语言"等。

侦查情报学：根据现代情报学的理论和技术，专门研究如何搜集、整理、储存、传递、管理、检索应用犯罪侦查情报的科学。

　　侦查管理学：根据管理学原理，专门研究如何建设、管理侦查机构和侦查队伍，指挥、协调侦查破案活动，保障、实施犯罪侦查的后勤服务等规律与特点的新型管理科学。

　　此外，还有"现场勘查学""侦查策略学""预审学"等分支学科。尽管上述子学科的理论基础和研究对象有所不同，然而它们均为"揭露犯罪、证实罪犯"的总目标服务，是"研究侦查活动规律和方法"的辅助性学科。

四、侦查学与邻近学科的关系

　　（一）侦查学与刑法学、刑事诉讼法学

　　刑法学、刑事诉讼法学、刑事侦查学是在不同的层面和环节上研究跟犯罪做斗争的科学。虽然它们各自研究的对象不同，互相不能取代，但三者的许多内容关系密切，其目标是一致的。刑法，是犯罪侦查学研究立案、案件分类管辖、破案的理论基础和法律依据。刑事诉讼法，是犯罪侦查学研究办案程序、侦查活动的法律依据。虽然国家以刑法规定来惩罚犯罪人，以刑事诉讼法规定追究犯罪人罪责的程序，但仅依靠这两部法律，根本不能实现对罪犯的惩罚；因此需要侦查学等工具性学科协助履行有关法律规定。侦查，是实践刑法的前提条件，也是刑事诉讼必不可少的环节之一；只有依法侦查，才能保证破案的质量。将侦查活动的合法性和有效性统一起来，是实现侦查职能的关键因素。

　　（二）侦查学与犯罪学、犯罪心理学

　　犯罪学是研究犯罪成因、犯罪形态、犯罪规律、犯罪特点、犯罪手段、犯罪趋势、犯罪预防、犯罪矫正以及对犯罪现象进行综合治理的一般规律和方法的科学。侦查学和犯罪学有一些共同的研究内容，可以互相借鉴、互相补充、互相促进；但是两者研究的目的和侧重点有所差异。前者研究犯罪成因、犯罪规律、犯罪手段、犯罪特点、犯罪趋势等内容，主要为了加强侦查基础业务建设、制定侦查战略部署、及时更新侦查手段和对策；后者研究的这些内容，则是为拟订不同时期的犯罪综合治理战略方案、研制预防犯罪的社会方法与对策等服务。然而，两者在维护社会秩序、控制犯罪活动的目标上是一致的。

　　犯罪心理学是研究犯罪人的心理活动规律、特点及与其行为之间关系的科学。研究犯罪人的心理活动规律与特点，往往需要依靠侦查技术（如：测谎）、侦查措施（如：讯问）和方法来揭示。另外，对犯罪人心理活动规律特点与其行为关系的研究成果，反过来又能更有效地揭露犯罪、证实罪犯，可以丰富和发展侦查学理论，提高侦查破案的效率。可见这两门学科之间的关系也十分密切。

　　（三）侦查学与法医学、物证技术学

　　法医学是应用医学、生物学和其他自然科学的理论与技术，研究并解决司法实践中涉及尸体、活体、人体生物组织检验等各种与法律有关的医学问题的科学。虽然侦查学与法医学是各自独立的学科,两者之间不存在从属或包容关系,但它们之间还是互有联系的。法医学的检验和人体鉴别技术广泛地应用于杀人犯罪、强奸犯罪等案件的侦查工作;侦查学的实践与发展也离不开法医学研究成果,以利进一步完善侦查措施和手段。譬如,法医临床学、法医人类学、法齿学等都是侦查学研究人身伤害、性犯罪之类案件侦查方法的重要内容。

物证技术学是以自然科学理论为基础,专门研究如何应用各项科学技术来解决案件中有关物证问题的一门学科。西方国家把法医学与物证技术学融合在一起,称之为"法庭科学";在我国的司法理论和实践中,习惯上将这两者分离,甚至有人将物证技术学视为一门自然科学与法学交叉的边缘学科。[①]

犯罪侦查学与物证技术学的关系十分密切,因为侦查取证必然需要侦查技术,必须研究物证;而司法实践中大量的物证鉴定是为侦查工作服务的;所以它们研究的内容有许多共同之处。但是侦查学研究物证技术侧重于发现、收取物证的程序,识别、分析物证的方法,以及对物证鉴定结论的审查和运用等方面。物证技术学则侧重研究如何有效地发现、鉴定物证的基本原理、技术手段和方法等方面。当代的侦查人员、鉴定人员及其他司法人员,必须具备并掌握犯罪侦查学和物证技术学知识,才能胜任办理刑事案件。

此外,侦查学还与社会学、哲学、逻辑学、语言学、证据学、伦理学、司法精神病学等相关学科研究的内容有联系。总之,犯罪侦查学作为一门多学科融会而成的应用型法律边缘科学,与自然科学、社会科学、人文科学有着千丝万缕的关系。目前,很难说哪一门自然科学是与犯罪侦查无关的。可见,犯罪侦查学是在广泛汲取并运用其他学科的研究成果基础上,不断繁荣发展的。

第三节　犯罪侦查的任务、方针和原则

《中华人民共和国刑事诉讼法》第 58 条第 1 款规定:"侦查是指公安机关、人民检察院在办理案件过程中,依照法律进行的专门调查工作和有关强制性措施"。侦查,是刑事诉讼的一个重要阶段。依据现行法律,侦查活动通常在立案后开始,直至案件事实全部查清,犯罪嫌疑人已查获,做出起诉、免予起诉或撤销案件的决定时终结。犯罪侦查工作具有阶级性、法律性、专门性、特殊性几方面重要性质。

---

① 　孙言文.物证技术学.北京:中国人民大学出版社,2000:8.

一、侦查的任务

（一）基本任务

作为国家专政职能组成部分的犯罪侦查工作，其基本任务是围绕执政党及其政府各历史时期的中心任务，运用宪法和法律赋予的权力，通过积极侦查破案，依靠广大群众对少数刑事犯罪分子实行专政，惩罚犯罪，控制犯罪，保护公民的合法权益，保障国家安全和社会公共安全，维护正常的社会秩序和经济秩序。

（二）主要任务

犯罪侦查作为社会管理职能的一部分，其主要任务体现在两个方面：一是侦查破案；二是防控犯罪。

侦查破案是惩罚犯罪的前提和基础，是政府同刑事犯罪做斗争的主要手段之一，因此成为各级侦查机关一项经常性的主要任务。只有通过有效的侦查破案才能严厉地打击刑事犯罪分子，以维护公民的生命财产安全和稳定的社会秩序。侦查机关的所有职能部门和业务手段都要为"侦查破案"这项任务服务。实际上，破案率（指单位时间内已破案数和已发案数的百分比）的高低，既能反映出侦查机关对犯罪活动的打击能力，又是衡量犯罪侦查效率的重要标志。所以各级侦查机关对已经发生的犯罪案件和重大预谋案件，必须集中侦查力量，统一部署，周密设计，综合运用各种侦查手段，速侦速破。在实施侦查破案过程中，要坚持侦破重大犯罪案件与侦破一般犯罪案件相结合；侦破现行案件与侦破积案相结合；个案侦查与并案侦查相结合；开展专项打击与组织破案战役相结合；努力提高各类刑事犯罪案件的破案率，增强有效打击犯罪活动的力度。

预防和控制犯罪是社会综合治理的重要内容，也是侦查机关承担的主要任务之一。侦查工作的防控犯罪功能与治安管理及其他司法业务有所不同，它主要是通过侦查破案的过程与结果而对犯罪活动起威慑、遏制的作用。从广义上理解侦查所承担的防控犯罪任务还包括：采取主动，破获预谋犯罪案件，把犯罪遏止在萌芽状态，防止犯罪危害结果的发生；通过及时破案，惩罚罪犯，剥夺犯罪分子继续作案的条件；重视侦查基础业务建设，加强阵地控制和技术防范，减少犯罪发生的机会；通过询问和讯问，发现防控犯罪的管理漏洞，及时改进或完善防范措施，切实发挥社会治安综合治理的防控罪犯作用。

（三）具体任务

犯罪侦查的具体任务是：搜集证据；查明案情；揭露犯罪、证实犯罪人；破案追赃；预防和控制犯罪、减少犯罪案件发生。

1. 搜集证据

证据是指能够证明案件真实情况的一切事实。它在刑事诉讼中占有极其重要的位置，是司法机关正确处理案件时最根本的依据。只有掌握真凭实据，才可能客观全面地查明案情，才能对犯罪嫌疑人是否有罪、罪重或罪轻做出正确的结论，进而适用相关法律。倘若没有证据，就无法揭露犯罪、惩罚罪犯，甚至还会造成冤假错案。因此，搜集证据是侦查具体工作的首要任务。现场勘查、物证鉴定、询问证人、辨认、监听、搜查扣押、讯问犯罪嫌疑人等侦查措施和手段的运用，其目的就是为了搜集证据。侦查取证的环节一般包括：①寻找和发现证据；②固定和收取证据；③检验和审查证据等内容。

2. 查明案情

查明案情是正确处理案件的基础。全面查清案件事实，才能做到定性准确、量刑适当，正确适用法律，使犯罪分子受到应得的惩罚，使无罪者免受刑事追究。因此，查明案情是侦查工作的具体任务之一。所谓查明案情，就是要查清何人实施犯罪、犯了何罪、用何手段犯罪、在何时何地犯罪、由于何种原因或动机犯罪、造成何种危害结果、行为人有无责任能力、有哪些涉案证人等事实情况。

3. 揭露犯罪、证实犯罪人

在侦查中，搜集证据、查明案情的目的就是为了揭露犯罪，为了证实犯罪人。为了执行此项任务，侦查人员不得不采取必要的措施、手段来寻找和发现犯罪嫌疑线索，查清是否存在犯罪事实，证明谁是犯罪人。多数情况下，犯罪分子作案是秘密实施的，作案后又可能制造假象、毁灭罪证，因此侦查人员只有掌握侦查学理论知识，不断在侦查实践中总结经验，才能顺利完成揭露犯罪、证实犯罪人的重要任务。

4. 破案追赃

所谓破案，是指侦查人员在查明案件的主要犯罪事实和作案人后，并获取了确凿的罪证，依法采取强制措施将犯罪分子缉拿归案。追赃，是指侦查人员破获涉及财物的犯罪案件后，依法采取必要措施来追查犯罪分子非法占有的赃款赃物下落，并设法将赃款赃物如数归还原主，减少犯罪给国家、集体和公民所带来的财产损失。倘若案情已查明，罪证已取得，犯罪人也证实，然而犯罪人却仍逍遥法外或者其非法占有的赃款赃物尚未追回，这不能视为圆满完成侦查任务。近阶段，我国开始了大规模施行境外追逃、追赃活动。

5. 防控犯罪

虽然侦查的主要任务是破案，力求使一切犯罪案件真相大白、使一切犯罪分子难逃法网，但是侦查工作也承担着预防和控制犯罪的任务。譬如，某一地区的侦查部门工作出色,发一案破一案,连续几十年破案率达 100%;这在客观上就会对那些企图到该地区作案的犯罪分子起着震慑的作用,使其不敢在此地轻举妄动,从而达到防范和制止犯罪的目的;并且可以教育公民遵纪守法。此外,侦查人员通过侦查破案实践不断地总结犯罪活动的规律特点,及时发现并堵塞某些地区或部门防范工作中存在的漏洞,完善安全保卫制度;平时增强预防犯罪意识;同时要落实政策,做好刑满释放犯罪人员的监督和帮教工作;能够有效地控制和减少犯罪的发生。

二、侦查工作的方针

我国目前刑事侦查工作的方针是:"依靠群众,抓住战机,积极侦查,及时破案。"这个十六字方针是我国公安机关在长期同刑事犯罪做斗争中,在不断总结侦查实践经验的基础上形成的。

"依靠群众"是犯罪侦查工作的基础和力量源泉。众所周知,犯罪分子作为社会成员必然生活在群众之中,难免与群众相接触,不管其作案多么隐蔽,手段多么狡猾,作案前后都不可避免地会留下某些蛛丝马迹,而被周围群众所察觉。侦查人员依靠群众犹如增添了无数耳目、触角和智慧,使得犯罪分子及其罪恶行径原形毕露;反之,若不依靠并发动群众,侦查人员就如同睁眼瞎子,从而使犯罪分子从眼皮底下溜走,丧失揭露犯罪的良机。此外,人民群众同犯罪作斗争的积极性最高、力量最强,依靠并发动他们不仅可以广辟线索来源,而且能形成发现、追踪、堵截、搜捕犯罪分子的天罗地网。实践证明,专门机关与群众路线相结合是犯罪侦查工作的根本指导思想。

"抓住战机"是犯罪侦查工作能否取得主动权的关键;它是由侦查工作的特点所决定的。抓住战机原本是战争中的战略战术问题,侦查工作的战机是指一切有利于发现、查获犯罪人,而不利于犯罪人隐匿、逃遁、毁证的时机。其实,战机存在于侦查破案过程的各个阶段,只不过初始侦查阶段的战机更多一些,若能够及时抓住并有效利用,其效果也更显著。

"积极侦查"是对犯罪侦查工作的基本要求。它要求侦查人员要有坚定的破案信心,以认真负责的精神,实事求是的态度,雷厉风行的作风,快速反应的能力来主动进攻,机动灵活力求提高破案效率。在专案侦查的设计指挥上,应贯彻先发制敌的原则;尤其对严重暴力犯罪和预谋犯罪案件,应充分利用犯罪情报网络系统,及时发现重大预谋犯罪,力争把犯罪制止在预谋阶段,减少国家、集体和公民的损失。

"及时破案"是犯罪侦查工作所要达到的目的。一般犯罪案件只要肯定了其性质,查明了案情和主要犯罪成员,并取得了确凿的证据,就应迅速破案,以便减少犯罪行为给国家、集体的财产和公民的生命财产安全带来的危害。至于个别重大犯罪集团或跨境犯罪案件,认为有必要长期"经营"的,可以采用破案"留根"策略,积极而艺术地继续侦查,最终达到斩草除根、一网打尽的目的。

我国侦查工作的方针内容是一个相互联系、相互制约、互为条件、相互促进的有机整体。在侦查实践中贯彻这十六字方针时,应当全面理解其精神实质,不能偏颇某一方面。不折不扣地执行侦查工作方针,才能适应当前同犯罪做斗争的需要,符合客观形势发展的要求。

三、侦查工作的原则

犯罪侦查工作的基本原则,就是侦查人员在执行侦查任务时必须遵循的行为准则。为确保侦查破案任务顺利完成,不仅需要有正确的方针指导,而且需要有基本原则来规范侦查人员的思想和行为,以便有效地打击犯罪活动。

犯罪侦查工作应遵循的基本原则是:依靠群众;实事求是;遵守法制;迅速及时;侦查协作。

(一)依靠群众原则

《中华人民共和国刑事诉讼法》第 6 条明确规定:"人民法院、人民检察院和公安机关进行刑事诉讼,必须依靠群众。"走群众路线,是我国侦查工作的优良传统。依靠群众原则,贯穿于侦查工作的始终。常见的依靠群众方式有:依靠群众提供犯罪信息,检举、控告犯罪人;依靠群众发现线索,查证犯罪事实;依靠群众收取鉴定样本、保护现场;依靠群众辨认物证、尸体和犯罪嫌疑人;依靠群众控制阵地、监视犯罪嫌疑人的活动;依靠群众围捕、追缉、堵截犯罪分子;依靠群众配合或掩护某些侦查措施的实施;依靠基层治安保卫组织协助侦查破案和预防控制犯罪;依靠宣传媒体适当公布案情、通报侦查信息,发动群众协助破案等等。

侦查工作在任何时候都必须遵守依靠群众原则。即使当代运用最先进的科学技术手段侦查破案,也离不开群众的协助;因为先进的科技手段应用,需要人的操作和配合,更需要广大公民的支持和帮助。同时,自觉将犯罪侦查工作置于群众监督之下,虚心倾听群众的意见,才可能不犯错误或少犯错误;即使犯了错误,也容易发现和纠正。

侦查工作必须依靠群众,走群众路线,并非意味着可以削弱侦查机关的专门工作,更不能以群众斗争来代替犯罪侦查工作,而是实行依靠群众和侦查机关工作相结合的方针。具体地说,专门机关必须组织和依靠群众同犯罪做斗争,群众同犯罪分子斗争的积极性需要专门机关给予保护;专门机关的侦查工作需要群众支持,提供线索和证据,但是专门机关依法应对它们进行查证,不是一切都由群众说了算,不能搞群众破案。总之,人民群众是侦查工作的基础和源泉,侦查工作是保护人民的手段;只有依靠群众,实行专门的侦查机关与广大群众相结合,才能使犯罪侦查工作沿着正确的轨道和方向前进。

(二)实事求是原则

实事求是,一切从实际出发,这是辩证唯物主义认识论的观点;它对任何工作都有指导意义,对于侦查工作显得尤其重要,因为侦查假设、侦查推理、侦查联想都必须建立在客观事实基础之上。犯罪活动千差万别,每一起案件的侦查工作均涉及现象与本质、偶然与必然、特殊与一般等问题,有些犯罪分子还会制造假象、设计圈套,嫌疑线索错综复杂,侦查人员只有坚持实事求是,运用辩证唯物主义的认识方法,才能从复杂纷繁的现象中去伪存真,由表及里,客观全面地认识事物本质,及时调整侦查方向和范围,准确揭露犯罪人。

坚持实事求是原则,必须反对先入为主、主观臆断、偏听偏信等主观主义办案作风。在侦查过程,必须全面查清与犯罪案件有关的一切情况(如作案时间、作案地点、作案动机和目的、作案手段与工具、作案过程与后果、犯罪分子基本情况等等);必须全面收取各种证据材料(既要搜集犯罪嫌疑人有罪或罪重的证据,也要注意收集犯罪嫌疑人无罪或罪轻的证据),对于任何证据材料都必须反复核实、鉴别其真伪、审查其对案件事实的价值。对于案件的任何疑点及矛盾之处,都应当彻底调查清楚,切忌牵强附会、断章取义;只看现象,不及本质。严禁对犯罪嫌疑人引供、诱供、指供和刑讯逼供。要敢于坚持真理,修正错误;在犯罪侦查中决不允许将错就错、文过饰非。在侦查工作的各项原则中,实事求是原则处于核心地位;脱离实事求是,去贯彻其他原则就毫无意义。

(三)遵守法制原则

侦查工作是一项司法活动,即依据刑法、刑事诉讼法和其他有关法律法规,执行调查取证和破案任务。侦查工作只有严格遵守法制,依法办案,才能实现揭露犯罪、惩罚罪犯的目标。侦查的中心任务是破案,破案的核心问题是搜集罪证,而证据的要素之一又是合法性,即必须由法律所规定的人员提供,必须依照法定程序及方法收集,查证属实后才能作为定案依据。

侦查工作必须遵守法制原则,以事实为根据、以法律为准绳;对公民在适用法律上一律平等;犯罪嫌疑人有权利获得法律帮助等。遵守法制原则要做到三点。首先,要求侦查主体必须学法、懂法,切实做到有法必依、执法必严、违法必究。侦查人员是国家和公民利益的忠实保护者,执行法律的规定、维护法律的尊严是其神圣的职责;因此每位侦查人员必须学习并掌握刑法、刑事诉讼法等相关法律法规的内容,领会其立法精神和实质;熟悉侦办各类犯罪案件的法律程序;精通侦查业务工作。其次,侦查主体办案中应当严格执行法律。例如,严格按照法定条件和标准进行立案;认真执行侦查工作中立案、破案、销案、终止侦查的审批管理制度;采取侦查措施(尤其是秘密侦查)时,必须遵守法律法规和政策的规定;执行拘留、逮捕等强制性措施时,不能违背法定条件和时效规定;讯问犯罪嫌疑人严禁刑讯逼供。第三,坚持违法必究,对侦查活动中的违法行为必须严肃处理。对个别徇私舞弊、贪赃枉法情节严重的侦查人员,应当依法追究其刑事责任。

（四）迅速及时原则

迅速及时的侦查原则是由刑事犯罪案件本身特点所决定的。犯罪分子一般作案时间相对短暂,逃跑、藏匿迅速,犯罪得逞后销赃、毁证及时。针对这些特点,侦查活动必须迅速及时,以快制快,不给犯罪分子任何喘息、隐匿、毁灭罪证或继续从事犯罪活动的机会。特别是对持枪抢劫、武装贩毒、劫机劫船等严重暴力犯罪案件,更应"先发制敌、速战速决",避免更严重的危害结果发生。

侦查活动中坚持迅速及时原则,要求侦查人员树立抓住战机、积极侦查、及时破案的指导思想。趁犯罪案件发生不久,现场痕迹明显,证人记忆犹新,罪犯未远遁,赃物未处理等有利时机,及时取证,快查快办。为使迅速及时原则落到实处,侦查机关有必要建设一支反应快速的侦查队伍,并有先进的通讯、交通设施等物质保障;只有这样才能迅速赶赴犯罪现场,及时开展勘验和调查工作,尽快采取侦缉措施来发现嫌疑线索,查明案情,获得罪证,及时破案。

（五）侦查协作原则

侦查协作是指在同犯罪做斗争过程中,各级侦查部门应当打破机构和区域界限,互相配合,齐心协力开展侦查破案与防控犯罪工作。随着经济全球化的趋势,国际社会交往频繁,犯罪活动的空间范围也在扩大,跨区域、跨国界犯罪活动十分猖獗,面对这些犯罪新动向,如果没有上级侦查机关的指挥协调和外地侦查机关的协作配合,侦查破案工作就很难奏效。侦查协作可以弥补地区之间、部门之间在侦查力量、业务水平、技术装备等方面的弱势,增强整体作战能力,因此是长远之计。

国内侦查协作的形式有横向协作、纵向协作、纵横交叉协作三种。横向协作是不同地区的同级侦查部门之间或侦查部门与其他部门之间的协作配合。如为了打击流窜犯罪而建立的协作区或临时性单联协作关系。纵向协作是侦查机关内部上下级之间的一种相互配合的侦查协作关系。我国现行的侦查体制中,犯罪案件侦查有着级别管辖问题,业务部门之间既有隶属关系又有指导关系,若遇特别重大案件或需要较大范围的缉捕行动时,往往离不开侦查机关上下级之间纵向的协作配合。纵横交叉协作是指上下级侦查机关之间，国家各侦查机关之间，侦查机关与武警、海关、银行等机关之间进行的多层面、多渠道的联合侦查活动。

有些侦查协作是必须照办的，有些是请求协助的，如协查通报、转发通缉、控制销赃等措施；有些侦查协作还需要签订协议，如联合侦查，建立区域侦防网络等。中国侦查机关与国际刑警组织之间的侦查协作内容包括：互通犯罪情报信息，协查缉捕国际犯罪分子，引渡已逃亡成员国的罪犯，传授侦查业务技术，培训侦查人员等。

国际侦查协助是主权国家之间享有刑事管辖权的机关在犯罪侦查领域互相给予支持、便利及援助活动。它是一国侦查机关根据外国当局委托，在国内代为请求国实施的一项侦查措施；其实它也是国际刑事司法协助的重要组成部分。国际侦查协助的类型，按级别可划分为：①国家级侦查协助；②区域侦查协助；③洲际侦查协助；④全球侦查协助。1973 年 12 月 3 日联合国大会第 3074 号决议通过的《关于侦查、逮捕、引渡和惩治战争罪犯和危害人类罪犯的国际合作原则》中，详细地阐述了侦查方面的国际合作问题。各国遵循该原则所进行的侦查协作活动，便属于全球侦查协助。国际侦查协助的方式主要有两种：国际通告与国际追捕。例如，当前我国正在实施的跨境追逃的"天网"行动。

国际通告是国际刑警组织为了交流情报、调查或追捕跨国刑事犯罪案犯，而向有关国家发出的一种侦查通报。国际通告的内容大量涉及犯罪情报、犯罪手段及技术等方面，但更主要的是关于查缉人员方面的；按通告封面右上角的方块标识颜色可分为五种。一是红色通告，俗称红色通缉令。该通告上有检察官或法官签发的逮捕令号码及细节内容，警察可以据此进行逮捕。红色通告实质上就是逮捕令，其目的在于将被通缉的案犯逮捕后引渡给请求国。二是蓝色通告。发该通告的目的是要求协助调查某人的真实身份，主要是审查那些不明原因而离开国家的人，并非为了逮捕。三是绿色通告。它用来提醒国际刑警组织各成员国对跨国犯罪分子采取预防性措施，监视其活动，因此它实质上是一种关于危险犯罪分子的预警通报。四是黄色通告。它主要针对情况不明的失踪人或由于精神不正常等原因可能出现危险的人员；它要求各国发现其下落后立即通报签发黄色通告的国家中心局或总秘书处。五是黑色通告。它实质上是关于不明身份的尸体或伪造身份的死者的通报。

国际追捕是国际刑警组织为了有效地打击国际刑事犯罪活动，而要求有关国家协助缉捕那些从事恐怖主义犯罪、暴力犯罪、麻醉品犯罪、盗窃犯罪、伪造犯罪等跨国犯罪案犯的一项侦查措施。为了便于国际追捕，国际刑警组织专门设有一个通讯联络中心站连接各区域站、各国家站的专用无线电通讯联络网。

中心站与许多国家站建立了电脑和电报传真,可以在数秒钟内交换彼此掌握的嫌疑人照片及其指纹图像等资料。通过协调,国际刑警组织结合国际通告所获得的犯罪分子行踪和活动情况,便可在全球范围内通缉、查控、搜捕犯罪分子,然后根据引渡条约、协商、谈判等途径将追捕的犯罪嫌疑人依法移交给请求国归案。

第四节　物证鉴定的任务、原则和特点

一、物证鉴定的任务

在犯罪侦查活动中,物证鉴定的主要任务就是帮助侦查人员核实证据、查明案情、揭露犯罪和犯罪人。

二、物证鉴定的原则

（一）合法性原则

该原则要求鉴定人员必须依照法定的程序受理鉴定案件,鉴定人员应具备法定的资格,鉴定过程应遵循法律规定操作,鉴定结果应符合法定的要求。

（二）客观性原则

该原则要求鉴定人员必须抛弃主观偏见,实事求是地对检材和样本进行检验,出具符合客观事实的分析判断意见。

（三）科学性原则

该原则要求鉴定人员必须结合法律与科学,借助科技手段依法得出终结性鉴定意见;倘若法庭审理需要,鉴定人有义务出庭向诉讼参与人对其判断意见做出科学的必要解释。

三、物证鉴定的特点

（一）鉴定的被动性

被动性,即鉴定是受人委托或指派才启动的,它不主动地干预社会生活。

（二）鉴定的中立性

中立性,即鉴定主体的意志不受除法律、科学以外的其他因素所左右。

（三）鉴定的专业性

专业性，是指鉴定主体的知识结构应具有专业特殊性。

第五节　侦查机构与侦查人员

一、侦查机构的设置及其职能

（一）公安机关

我国公安机关的侦查机构，经历"侦审合一"等体制改革，按照侦查程序和犯罪案件性质，现分为政治侦查和刑事侦查两个主要机构。公安部政治侦查局，负责管理和指导一部分危害国家安全的犯罪案件侦查工作，并直接侦办少数属该机构管辖的犯罪案件。公安部刑事侦查局，负责管理和指导全国范围内普通刑事案件的侦查，并直接侦办属该机构管辖的部分犯罪案件。公安部刑侦局是我国普通刑事侦查工作的决策机构，具有指导、监督、协调各地侦查活动的职能。

省、自治区公安厅设有政治侦查处、刑事侦查处（或刑侦总队）、经济犯罪侦查处（或经侦总队）；这一级的侦查机构主要是管理和指导辖区范围内的侦查业务工作，并直接侦办少数直接管辖的案件，具有指导、监督、协调、实战四方面的职能；其业务机构设置与中央一级大体相似，但职责范围相对缩小。中央直辖市及以下侦查机构是按实战特点和要求设置的。直辖市公安局设有政治侦查处、刑侦总队、经侦总队等；大中城市公安局和州公安局、地区公安处设有政治侦查处、刑侦支队、经侦支队，这两级侦查机构均具有实战、指导、协调、服务四个方面的职能。县、市公安局和大城市区公安分局设立的政治侦查科（股）、刑警队（或大队）都是基层侦查实战单位，负责本辖区内的犯罪案件侦查，并指导公安派出所查破一般刑事案件，或与派出所和内保部门共同开展预防犯罪工作。

我国铁路、交通、民航、林业部门的专门公安机关设有与其职权相应的侦查机构。铁道部、交通部、林业部和中国民航总局的公安局设有侦查处，负责本系统范围内犯罪案件的侦查和指导工作；各省、自治区、市交通、林业厅（局），各大区铁路局以及民航局公安局（处）设有侦查科和刑警队，负责辖区范围内的侦查工作。

（二）国家安全机关

国家安全机关的侦查机构，原先是从公安机关分离出来后组建而成的。它的各级侦查机构规模与职能同各级公安机关的政治侦查机构相类似,但是它的技术侦查力量较强,秘密侦查措施应用较广。

（三）检察机关

我国检察机关的侦查职能,主要针对国家工作人员利用职权,从事职务犯罪活动而行使侦查。根据刑事诉讼法规定的监督制约原则,人民检察院的侦查权在其内部是相对独立的,分别由贪污贿赂犯罪案件、渎职犯罪案件等侦查部门行使。各级贪污贿赂犯罪侦查局主要负责贪污、贿赂犯罪案件的侦查工作;各级渎职犯罪侦查局主要负责国家工作人员利用职权侵犯公民民主权利和人身权利的犯罪案件、渎职犯罪案件的侦查。[①]

（四）武装部队

中国人民武装部队,军以上的保卫部门也设有侦查处(科),依法负责发生在军队内部的刑事犯罪案件侦查工作。

我国军事检察院的侦查机构设至军一级以上。例如,中国人民解放军军事检察院;各大军区军事检察院、空军军事检察院、海军军事检察院;地区军事检察院、空军军一级检察院、海军舰队军事检察院;三级检察院都设有贪污贿赂案件检察机构和渎职案件检察机构。他们主要负责现役军人职务犯罪案件的侦查。

（五）监狱

我国的各地监狱依法设有狱侦机构,负责侦查发生在监狱内部的刑事犯罪案件,以及协助其他侦查部门的侦查工作。

除了上述五个法定的侦查机构外,改革开放之后我国海关系统设立了走私犯罪案件侦查机构,中国人民银行设立了洗钱、证券等金融犯罪案件侦查机构,虽然它们相对独立,但其实它们都属于协助公安机关侦查破案的合作单位。犯罪侦查是法律赋予具有侦查权限的特定机关的一项专门工作,其他任何机关、团体或公民都无权行使侦查权,否则就构成违法或犯罪行为,应当追究法律责任。至于今后税务机关、保险公司、私人侦探机构是否享有独立的调查取证权,仍值得研究,需要立法上的完善。

二、侦查人员的素质及其职权

刑事侦查人员的素质是指刑侦人员政治、业务、身体等基本品质、素养条件

---

① 我国铁路运输检察院设立的侦查机构,主要负责铁路系统人员的职务犯罪案件侦查。随着我国司法体制的改革深化,各地铁路运输检察院的侦查职能亦逐渐地与地方检察院并轨实施。

的总和;具体可概括成政治素质、业务素质、智力素质、身体素质四个方面。

(1)政治素质,即政治立场、政治态度、思想觉悟、品德作风等方面的综合修养程度。它要求侦查人员:①无产阶级政治立场坚定;自觉坚持党的四项基本原则,坚定不移地执行党的路线、方针、政策;政治上、思想上、行动上与党中央保持一致。②树立严明的组织纪律观念;自觉做到有法必依,有章必循,有令必行,有禁必止;遵纪守法,执法如山;听从指挥,服从命令;不畏艰险,勇于献身。③热爱犯罪侦查工作,有强烈的革命事业心和高度的社会责任感;恪守公安人员职业道德,忠于职责,廉洁奉公,依法办案;牢记全心全意为人民服务的宗旨,做人民的忠诚卫士。

(2)业务素质,特指侦查人员应具备的刑侦专业知识和技能。除了要求侦查人员必须熟悉与侦查工作相关的法律法规,善于依靠群众,能够依法办案外,还要求做到:①会勘查现场;②会调查研究;③会综合运用各种侦查措施、策略、方法开展案件的侦查工作;④会审查并运用物证鉴定结论;⑤会积累资料,总结经验。优秀的侦查人员还应当掌握驾驶技术、射击和擒拿格斗等技能和战术。

(3)智力素质,是指一个人的记忆能力、观察能力、想象能力、判断能力、分析综合能力、应变能力、自制能力等方面的总和。敏锐的观察力要求刑侦人员通过自身的视觉、听觉、嗅觉、触觉等感官,能够对发生的事件或现象进行有计划、有目的的认识活动。丰富的想象力要求侦查人员根据犯罪现场勘查结果,回溯推理的案发经过及犯罪活动情景,能够符合实际。灵活的应变能力要求侦查人员在机敏应付突发情况时,能够随机应变地迅速做出正确选择或采取相应的措施。倘若刑侦人员不具有超人的智力,就难以胜任犯罪侦查工作。

(4)身体素质,包含心理和生理两方面内容。它不但要求侦查人员具备良好的心理素质,而且必须有较强健的体质。

由于刑侦人员的任务艰巨,工作特殊,对象狡猾,环境险恶,所涉及的知识面广泛,因此客观上要求每一位侦查人员平时不断学习,在实践中提高自身的素质,只有这样才能适应现代犯罪侦查工作。

依据修改后颁布的《中华人民共和国刑事诉讼法》和《中华人民共和国人民警察法》的规定,侦查人员依法享有以下职权:立案权、调查询问权、鉴定申请权、刑事鉴定权、现场勘验和检查权、组织辨认权、执行搜查权、扣押物证权、执行通缉权、讯问犯罪嫌疑人权、执行强制措施权、追缴赃款赃物权、执行技术侦察权、侦查实验权、决定移交案件权、中止侦查活动建议权、撤销案件建议权、合法使用警械和武器权等等。当侦查人员行使上述职权时,必须考虑审批程序、适用对象以及时效等其他法定条件和酌定条件。

第六节 改革中的我国司法鉴定制度

司法鉴定制度是对依法设立的鉴定机构、取得鉴定资格的人员及其从事鉴定活动的规则总称。司法鉴定是伴随着诉讼或仲裁活动而产生的。

据史料考证,我国最早的司法鉴定活动始于周朝(距今 2000 余年的奴隶社会)的伤害鉴定。秦汉(封建社会)以后,法医鉴定、文书和笔迹鉴定、痕迹鉴定逐渐普及。唐宋时期,司法鉴定体制已较完备。唐代法律规定:鉴定"作虚假结论依罪受罚";宋代法律则对鉴定人员的身份与职责、检验内容及检验记录的格式加以明文规定。

西方国家的司法鉴定制度始于 16 世纪(封建社会初期)。1532 年,德国的《加洛林纳法典》219 条中有 40 条涉及司法鉴定。中国现代司法鉴定制度确立于 20 世纪初期。1907 年清朝政府颁布的《各级审判厅试办章程》中就有许多关于鉴定的条款;有关鉴定人规定了两个条款,"凡诉讼上有必须鉴定,始能得其事实真相者,得用鉴定人"(第 74 条);"鉴定人须由审判官选用,不论本国人或外国人,凡有一定学识经验及其技能者,均得为之"(第 75 条)。1928 年国民政府颁布的《中华民国刑事诉讼法》对鉴定做了较具体的规定。新中国成立以来,司法鉴定向来被视为辅助司法审判的重要手段之一;每年鉴定的案件由新中国成立初期的几万件上升至如今近百万件。

随着司法鉴定案件的逐年上升,沿袭苏联体制的我国司法鉴定制度已经开始不能适应司法公正目标的实现,改革"自审自鉴、自检自鉴、自侦自鉴"的司法状况势在必行。

一、司法鉴定的概念与类型

(一)概念

司法鉴定是指在诉讼活动中鉴定人员运用科学技术或者专门知识对诉讼涉及的专门性问题进行鉴别和判断并提供鉴定意见的活动。[①]

(二)类型

国家目前对司法鉴定业务实行登记分类管理制度。司法鉴定的类别可分

---

① 见《全国人民代表大会常务委员会关于司法鉴定管理问题的决定》(2005 年 10 月 1 日施行),第一条。

为四大类：①法医类鉴定（包含法医病理、法医临床、法医物证、法医精神病、法医毒物鉴定等）。②物证类鉴定（包含痕迹鉴定、文书鉴定、微量物证鉴定等）。③声像资料类鉴定（包含对录音带、录像带、光盘、磁盘等载体所记录的声音和图像信息进行分析、比较、鉴别）。④其他类（除了上述之外的鉴定事项都归属于这一类）。

二、司法鉴定机构的设立条件及主管部门

公正司法是法治国家的重要标志，也是社会主义民主法制建设的客观要求。鉴定意见作为诉讼、仲裁活动中的法定证据之一，在司法活动中，只有合法的鉴定机构、合格的鉴定人做出的鉴定意见才是可以采纳的有效证据。

（一）鉴定机构设立条件

我国法人或其他组织申请从事司法鉴定业务的，应当具备下列基本条件：①有明确的业务范围；②有在业务范围内进行司法鉴定所必需的仪器、设备；③有在业务范围内进行司法鉴定所必需的依法通过计量认证或者实验室认可的检测实验室；④每项司法鉴定业务有三名以上鉴定人。①

（二）鉴定机构主管部门

我国面向社会服务的司法鉴定行业的主管部门是各级司法行政机关，由它们负责对司法鉴定机构及其鉴定活动进行指导和监督。国务院司法行政部门主管全国鉴定人和鉴定机构的登记管理工作。省级人民政府司法行政部门依法负责对鉴定人和鉴定机构的登记、名册编制和公告。

司法鉴定机构应当具备法定的条件，经司法行政机关核准登记，取得司法鉴定许可证，方可从事面向社会服务的司法鉴定活动。它是司法鉴定人的执业机构；它统一接受委托，依法收取费用。

三、司法鉴定人的管理

（一）面向社会服务的司法鉴定人

面向社会服务的司法鉴定人，是指取得司法鉴定人职业资格证书，在司法鉴定机构中执业，运用专门知识或技能对诉讼、仲裁等活动中涉及的专门性技术问题进行科学鉴别和判定的专门技术人员。

---

① 见《全国人民代表大会常务委员会关于司法鉴定管理问题的决定》（2005 年 10 月 1 日施行），第五条。

（二）司法鉴定人的资格条件

具备下列条件之一的人员，可以申请登记从事司法鉴定业务：①具有与所申请从事的司法鉴定业务相关的高级专业技术职称；②具有与所申请的司法鉴定业务相关的专业职业资格或者高等院校相关专业本科以上学历，从事相关工作五年以上；③具有与所申请从事的司法鉴定业务相关工作十年以上经历，具有较强的专业技能。[1]

因故意犯罪或者职务过失犯罪受过刑事处罚的，受过开除公职处分的，以及被撤销鉴定人登记的人员，不得从事司法鉴定业务。

（三）鉴定人的权利与义务

司法鉴定人执业，享有下列权利：①查阅与鉴定有关的案件材料，询问与鉴定事项有关的当事人、证人等；②应邀参与、协助委托人勘验、检查和模拟实验；③要求委托人补充鉴定材料；④委托人提供虚假情况或拒不提供鉴定所需材料的，有权拒绝鉴定；⑤拒绝解决、回答与鉴定无关的问题；⑥与其他鉴定人意见不一致时，有权保留意见；⑦获得执业报酬；⑧法律、法规规定的其他权利。

司法鉴定人执业，履行下列义务：①按时完成鉴定任务；②依法主动回避；③保守在执业活动中知悉的国家秘密、商业秘密和个人隐私；④依法按时出庭；⑤遵守职业道德和执业纪律；⑥法律、法规规定的其他义务。

四、我国司法鉴定体制的改革

为了维护司法公正，与国际惯例接轨，全国人大常务委员会决定：人民法院和司法行政部门不得设立鉴定机构。侦查机关根据侦查工作的需要设立的鉴定机构，不得面向社会接受委托从事司法鉴定业务。[2]

目前，我国在维持公安和检察机关鉴定机构（主要对内服务）的同时，允许民间各种鉴定机构并存的现状，也是司法改革的一种过渡体制。深入的司法鉴定体制改革还会涉及其他方面，譬如需要国家从立法上通盘安排，整体规范，才可能真正将司法鉴定纳入法治的轨道。在完善具体制度设置方面，应当进一步明确司法鉴定执业机构必备的资质条件及鉴定人的执业资格；司法鉴定的科学执业分类；申请司法鉴定的条件、期限、费用规定；司法鉴定结论的法律效力以及过错鉴定的法律责任追究等。只有确立和完善上述制度规范，才是深化我国司法鉴定体制改革，促进和保障公正司法的有效保障举措。

---

[1]　见《全国人民代表大会常务委员会关于司法鉴定管理问题的决定》（2005 年 10 月 1 日施行），第四条。

[2]　见《全国人民代表大会常务委员会关于司法鉴定管理问题的决定》（2005 年 10 月 1 日施行），第七条。

第七节　侦查与鉴定的基础理论

侦查与鉴定的基本原理是犯罪侦查学、司法鉴定学应用研究的理论依据，对指导侦查和鉴定实践具有普遍的指导意义。侦查与鉴定的基础理论主要包括犯罪侦查的物质性原理、因果关系原理和同一认定原理；由于同一认定理论是犯罪侦查、物证鉴定的基础，所以要求司法人员重点掌握同一认定理论；正确理解和运用同一认定理论，有助于避免在侦查、起诉、审判各阶段产生冤假错案。

一、侦查与鉴定的物质性理论

（一）犯罪行为具有客观实在性

犯罪行为是危害社会直接侵害行为，也是客观存在的社会现象，与其他事物一样，都是沿着自身固有的规律发展、变化着的，这是不以人的意志为转移的客观存在；它具有物质性。

1. 犯罪行为是客观存在着的物质反映

犯罪行为和其他物质一样，具有物质运动的根本属性。在繁杂的刑事案件中，尽管犯罪行为不同，犯罪类型各异，但从本质上看构成犯罪行为的基本要素是一致的，其全部内容都具有客观的实在性。即犯罪行为是犯罪人在某种动机支配下，选择一定的时、空条件，借助一定的作案工具，对特定的人或物所实施的侵害行为，并造成严重的社会后果。犯罪动机是犯罪行为的内在起因，犯罪时间反映了犯罪行为的顺延关系，犯罪空间表现了犯罪行为存在的状态范围，侵害的对象是犯罪行为的承受者，而犯罪结果则造成物质移位、破坏或人身伤亡等客观实在。由此可见，一切犯罪行为都是由人、事、物、时、空等五个基本要素构成的。这五个基本要素并不是简单堆积式的组合，而是一个互为联系、相互制约的综合体。犯罪行为的发生，不仅要具备五个基本要素，还需要具备外部相关因素才能实施，如被害人的诸因素、犯罪客体物的诸条件、作案环境等等，这些外部相关要素的构成内容也是客观存在的物质。由此可见，犯罪行为的构成要素和外部相关因素是物质的，它不依赖于我们的主观意识和感觉而存在，是客观存在着的物质反映。

2. 犯罪行为是可以被认识的客观实在

犯罪行为的物质性是决定犯罪行为可知性的根本依据。犯罪人实施犯罪行为以后,总想掩盖自己的罪行,企图不被人发觉,但只要犯罪行为发生,必然造成犯罪侵害客体及其客观物质环境等发生变化,这是不依犯罪人的意志为转移的,这种客观存在的本质,使人们可以从其外部联系中去寻找、发现、研究犯罪的现象、过程和事实。侦查人员对刑事案件的认识多是从犯罪结果开始。一起刑事案件发生后,通过现场勘查,发现、寻找、提取痕迹物证,研究作案人的作案过程,判断作案时间和作案动机,并由此去寻找犯罪嫌疑人。只有人们认识犯罪行为发生、发展的基本规律之后,才可以根据案件发生、发展的实际情况,溯源性地开展侦查活动。

（二）犯罪行为必然具有一定形态

辩证唯物主义认为,物质是运动的物质,而物质运动必需要采取一定的形态。犯罪行为是一种物质对另一种物质发生剧烈冲突的表现形态,犯罪行为形态是犯罪行为的本质的外部表现形式,是一种特殊的,相当复杂的物质运动形态,它储存于人们的记忆和犯罪活动之中。刑事侦查就是研究犯罪人在实施犯罪行为的过程中所形成的物质形态,进而去揭示犯罪行为的本质。研究犯罪行为形态是研究刑事犯罪行为本质的基本方法。

1. 犯罪行为形态具有客观性

一切犯罪行为形态都是犯罪行为本质的客观反映,只要犯罪人实施犯罪行为,必然形成一定的犯罪行为形态。犯罪行为形态一经形成就成为客观存在。没有行为的形态和没有形态的行为都是不存在的。

2. 犯罪行为形态具有特殊性

各类犯罪行为都有其特殊的表现形态。如杀人行为是行为人对他人生命的剥夺,表现为被害人的死亡;盗窃行为是行为人采取秘密的方式,侵占他人的财物,表现为财物的缺失;抢劫行为是行为人直接对被害人实施暴力或者威胁等行为,强行劫取或索取被害人财物;寻衅滋事行为是行为人肆意挑衅,骚扰他人、起哄闹事,表现为社会秩序被破坏等等。这些特定的犯罪行为形态具有相对稳定性,反映出各类刑事案件的规律特点。

3. 犯罪行为形态具有多样性

犯罪行为形态的多样性是由犯罪行为的多样性所决定的。同为杀人行为,有的采取枪击的方式,尸体呈现出弹孔的形态;有的采用钝器打击的方式,尸体表现为大面积的损伤;有的采取锐器的方式,尸体呈现出形态各异的刺切创;有的采取投毒的方式,尸体表现为中毒的迹象等等。不同的犯罪行为造成不同的犯罪后果,形成各式各样的犯罪现场。形态各异的犯罪现场表现出犯罪行为形态的多样性。刑事侦查工作就是从认识犯罪行为的多样性入手,找出同类案件的共性规律,并以此为指导,研究个案的个性特点,寻找、发现犯罪嫌疑人。

4. 犯罪行为形态储存犯罪信息

犯罪行为形态是侦查人员认识犯罪的前提和基础，因为犯罪行为形态中储存着相应的信息。犯罪信息是指与某具体案件有关的，能够反映犯罪事实的表征。犯罪信息存在于犯罪现场和人们的记忆之中，反映着犯罪行为的发生、形成及犯罪人特征等方面信息，并能为人们所感知。不同的犯罪行为形态输出不同的犯罪信息，这样为侦查人员区分不同的犯罪行为提供了客观依据。因此，不管犯罪人从犯罪动机的形成到实施犯罪行为的过程是多么隐蔽，但只要实施犯罪行为，就会形成一定的形态，这些形态作为犯罪信息烙印在现场上，构成了犯罪人与犯罪现场的联系。从某种意义上说，侦查破案的过程就是通过运用各种侦查措施，最大限度地发现、收集、查证犯罪信息的过程。

（三）犯罪行为必然造成物质的互换

现代科学发展证明，物质在运动中由于接触、摩擦、撞击必然引起两个客体接触面上的物质成分相互交流的关系和变化状态，造成此物体的某些物质成分会转移到彼物体上，彼物体的某些物质成分也会转移到此物体上，称之为物质互换。由于犯罪行为是一种特殊的运动形式，当犯罪人作为一种物质实体在实施犯罪过程中，与其他物质实体发生联系时，也同样会造成相关物体的物质互换。研究物质互换同样可以为侦查人员提供认识犯罪的依据。

1. 物质互换的条件

物质互换关系的构成必须具有以下条件：①相互交换的物体。物质互换是在两个或两个以上物体之间进行的，没有施力物体（一般称为造形客体）和受力物体（一般称为承受客体）这两个物质实体，物质互换关系就无法构成。②外力的作用。物质互换必须具备外力条件，没有外力的作用，施力物体就不能对受力物体施加作用力，因而也就不能构成互换关系。犯罪行为造成的物质互换关系的外力主要来自与犯罪相关的人的行为的力量。一般来说，外力越大，物质互换就越明显，反之，则相对不明显，甚至不明显。因此，外力与互换成正比关系。③必须紧密接触。即施力物体与受力物体必须发生紧密接触，否则就可能不发生交换关系。④原有物体状态发生变化。物质交换必然产生一种效应，表现为物质的增加或减少、留下或带走，这就是物质互换所带来的结果。

2. 物质互换的基本形式

犯罪活动中的物质互换关系相当复杂，概括起来有：①实体互换。作案人实施犯罪行为，都不可避免地会带走一些物质实体，留下一些物质实体，两者互相交换。实体又分为物质性实体和痕迹性实体，前者为作案人从现场取走的赃物，留在现场的工具等，后者为留在现场的手印、脚印、工具痕迹，作案人身上沾附死者的血迹或现场上的可粘性物质等；无形物体互换。如不同气味的互换，有毒气体和无毒气体的互换等。②能量交换。犯罪人通过犯罪行为或其他途径,给客体物造成影响,既释放能量又吸收能量,如使物体移位、表面变形,以及向空气中辐射热能等。

（四）物质性原理在犯罪侦查和物证鉴定中的应用

物质性原理是侦查与鉴定的基础理论之一,它对指导犯罪侦查、物证鉴定工作具有重要的意义。

1. 物质性原理是指导现场勘查的理论依据

犯罪现场是作案人实施犯罪行为的场所。物质性原理阐明了由于犯罪行为的作用,现场上的物质发生了变化,产生了特定的物质互换现象,必然留下痕迹物品,从而确定了现场勘查的必要性和可能性。因此,一旦发生了刑事案件,一定要重视现场勘查工作。凡是作案人实施犯罪行为的地点,以及作案人作案前、作案后活动地点,都应进行认真细致的勘验检查,发现作案人活动的各种迹象。同时,应注意全面访问被害人、知情人,了解作案人的个人特点及相关案件情况。通过现场勘查工作,为下一步的侦查工作奠定良好的物质基础。

2. 物质性原理是鉴定微量物证的理论依据

物质性原理表明犯罪现场上的物质互换既有宏观的,也有微观的。随着犯罪智能程度的提高,作案人在实施犯罪行为过程中所遗留的痕迹物品越来越少,侦查人员感到取证难。而物质性原理告诉人们,只要作案人实施犯罪行为,就不可避免地要留下大量的微量物证。这些微量物证同作案人的犯罪行为有着直接联系,只要侦查人员注意发现提取,对认定作案人具有重要意义。因此,物质性原理为发现、利用、鉴定微量物证奠定了理论基础。

3. 物质性原理是采取侦查对策的理论依据

物质性原理表明在侦查中可以利用现场上已知互换物体为依据,即现场上多的或少的物品,即作案人少的或多的物品,这样就为发现作案人提供了条件,进而以物找人,查找作案人。此外,被害人、知情人或多或少地了解掌握作案人的相关情况,侦查人员可以通过调查访问来获取有关情况。物质性原理为侦查人员选择侦查途径、采取询问、辨认、控制赃物等侦查措施提供了理论支撑。

4. 物质性原理是进行物证鉴定的科学依据

在物证技术鉴定中,反映形象痕迹鉴定、步法特征鉴定、整体分离物鉴定等,都是以物质性理论为基础的,离开了物质性原理,司法鉴定就失去了理论的依托。鉴定的过程就是研究、认定造形客体与承受客体之间是否发生了互换关系。如果认定,就表明此物体与彼物体发生了互换关系,否则,就说明它们没有发生互换关系。因此,物质性原理为进行物证鉴定提供了科学依据。

二、犯罪侦查的因果关系理论

（一）因果关系理论的概念

犯罪侦查是由许多相互联系、相互制约的事物所构成的统一整体。因果关系原理是揭示侦查中普遍联系事物的先后相继、彼此制约的规律。引起一定结果的现象叫原因；由于原因的作用而必然引起的现象叫结果。原因和结果的关系是辩证的，同一现象在这种关系上是原因，在另一种关系上又是结果，各种现象之间互为因果的关系，就是因果关系规律。

原因和结果这种引起和被引起的关系是因果关系的本质特征。原因不同于条件，条件是对于原因引起所必不可少的各种现象的总和。条件虽然是事物产生所必需的，但条件本身并不引起该事物。犯罪动机是作案人实施犯罪行为的内在动因，而被害人对财物保管不善、财物外露等方面只是促使作案人实施盗窃犯罪的因素条件，而不是原因。因此，刑事侦查中的因果关系所要研究的是引起犯罪结果的内在的、直接的、本质的原因。正确区分原因和条件对深刻认识因果关系，开展刑事侦查工作有着重要意义。

原因和结果在时间上的先后相继，是因果关系的外部特征。原因在前，结果在后，所以因果关系是确定的。在一对因果关系中，原因就是原因，结果就是结果。这一特征告诉人们要从结果发生以前的时间内去寻找原因。但是，时间上的前后相继的现象并非都是因果关系，只有引起和被引起的关系才是因果关系。

因果关系上述两个特征表明：犯罪侦查中的一切现象都有其产生的原因，任何原因都必然引起一定的结果，原因和结果都具有客观的实在内容，只有具有时间顺序和必然联系两个特征，才能构成因果关系。因果关系是侦查中所固有的，是不以人们的意志为转移的。因此，即使侦查中一时找不到因果关系，只能说明在一定时间内由于具体案件的客观条件的限制，还没有找到原因而已，并不是说不存在因果关系。

（二）犯罪案件中因果联系的内容

因果关系原理是犯罪侦查中的一个重要规律，它贯穿于侦查活动的始终。犯罪侦查过程是溯源性的认识过程，即一个不断地由结果推导原因，沿着结果到行为，行为到动机，动机到作案人的途径，探求事物之间因果关系，最终查明刑事案件的事实真相的认识过程。

1. 犯罪动机与犯罪目的之因果联系

犯罪动机是作案人实施行为的内驱力，犯罪目的是作案人希望达到的结果,是犯罪动机的直接指向。二者密切联系,又严格区分,犯罪目的只存在于直接故意犯罪之中,不同的犯罪动机,可以产生不同的犯罪目的,相同的犯罪目的,可以由不同的犯罪动机所形成,同一犯罪动机可以产生不同的犯罪目的。同时,犯罪动机、目的可以因犯罪的具体情境的不同或变化而发生转移或变化,因此,有些刑事案件中可能出现多种动机目的,侦查人员需区分原始动机和临时起意动机。总之,分析犯罪动机,对查明有无某种犯罪目的,对于区分罪与非罪,此罪与彼罪具有十分重要的意义。

2. 犯罪动机与犯罪行为的因果联系

犯罪行为是作案人实施的危害社会并应受刑法处罚的行为。它受犯罪动机支配,是犯罪动机的外在表现。同一犯罪动机可能实施不同的犯罪行为,同一犯罪行为可能出于不同的犯罪动机,这种动机与行为的因果联系是客观存在的,不以作案人的主观意志所转移,即使作案人千方百计地扭曲动机与行为的因果联系或故意破坏、改变、伪装现场现象,转移原因等,但只要认真分析其侵害的对象、现场痕迹物品、现场现象,就可以判明犯罪动机。如前所述,犯罪动机是可以改变的,并随着被侵害对象的变化而变化,研究犯罪动机转化的原因,有利于分析案情,刻画作案人。

3. 犯罪技能与犯罪方式之间的因果联系

犯罪技能是作案人具有的技巧与能力,犯罪方式是作案人实施犯罪行为时所采取的方法和形式。犯罪技能制约着作案人的犯罪行为,犯罪技能的高低决定了作案人实施犯罪行为方法的高明或笨拙。能力制约一方面说明犯罪技能是因,犯罪方式是果,能力制约行为;另一方面则可以从作案人所采取的作案方式方法去分析推断作案人所具有的技巧与能力。

4. 犯罪行为与现场痕迹的因果联系

作案人在特定的时间、空间条件下,对特定对象实施侵害行为,必然造成被侵害对象及其物质环境的变化,留下痕迹。行为是形成痕迹的原因,痕迹是实施行为的结果。虽然作案人千方百计地破坏痕迹,但破坏本身又形成新的痕迹。因此,通过认真分析痕迹的特点,就能判断作案人实施了何种犯罪行为。

5. 犯罪行为与犯罪结果的因果联系

犯罪结果是犯罪行为的客观表现。一般说,动机引起行为,行为造成结果,不同的犯罪行为产生不同的犯罪结果。犯罪行为的实施造成被侵害对象发生变化,如被害人的死伤、财物的损坏失少等结果。这些可以通过现场勘查等查明,进而由犯罪结果推断犯罪行为并研究犯罪行为的特点,为侦查工作提供依据。

6.犯罪结果与罪后行为的因果联系

犯罪结果发生后,犯罪人慑于法律威严,想方设法逃避打击。他们会逃离作案地区、销赃毁证、刺探消息、转移视线等等。因此,侦查人员应加强对作案人作案后的行为进行研究,并采取相应的对策。

以上因果联系是刑事案件中因果联系的主链条,但是还应注意到犯罪人在作案过程中实施的某些行为,不一定都是由犯罪动机引起,有的是由于偶然因素的介入,有的是在无意识的心理状态下实施,与犯罪动机并无因果关系。因此,在侦查活动中,必须查清引起犯罪行为的原因,以便分清主次,抓住主要矛盾。

（三）犯罪案件中因果关系的复杂性

犯罪案件中的因果关系是复杂多样的。由于犯罪成员的特殊性、犯罪动机的复杂性、犯罪手段的狡猾性以及犯罪过程中环境、条件的多样性,使不同类型案件的因果联系具有不同性质和情况。即使同一类型的案件,因昊关系也不相同。

1.犯罪案件因果联系表现形式的多样性

（1）一因多果,同因异果。一因多果是指一种原因同时引起多种结果。一个犯罪动机的产生,在一般情况下会产生几种结果,如预谋准备、实施行为和罪后应变等,同时对侦查来说,一个犯罪行为的产生,常常会引起多种侦查行为的发生;同因异果,是指相同的原因在不同条件下可以引起不同的结果,如盗窃、强奸、杀人等。

（2）一果多因,同果异因。一果多因,是指一种结果是由多种原因同时起作用引起的,如被害人死亡,可以由仇杀、财杀等原因共同引起;同果异因,是指相同的结果是由不同的原因引起的,如同为被害人死亡,此案是仇杀,彼案是财杀。

（3）多因多果,复合因果。是指多种原因交织在一起综合作用引起某一结果,这一结果作为原因又引起多种结果。

2.犯罪案件层次结构的复杂性

因果联系的复杂性,还表现为在于案件层次结构的复杂性。犯罪案件就其基本结构层次来说,有犯罪意图与犯罪行为之间的因果关系,犯罪行为与犯罪结果之间的因果关系,犯罪结果与罪后行为之间的因果关系,构成了四个层次结成的三对因果关系。在每个层次中又包含了一些具体的因果关系。这种错综复杂的结构形式,一方面对认识案件的因果关系带来困难,同时又为认识因果关系提供了基本条件。

3.犯罪案件因果关系复杂性的成因

因果关系的复杂性,首先表现在犯罪行为的隐蔽性。由于犯罪行为是危害社会的行为,并应受到刑罚处罚的,所以作案人多采取隐蔽的形式,并对犯罪现场进行破坏、伪装,转移视线等,造成侦查人员认识上的难度。其次,由于天气等自然因素的介入,也会改变现场上的某些痕迹物品、现场现象。其三,由于被害人及其他人员的不当行为(是指非故意行为),也会对犯罪现场造成不同程度的改变或破坏。其四,刑事案件中的因果关系有的是明显的,有的是不太明显的,甚至有的是潜在的;同时,有的是现在的,有的是过去的,甚至是很久以前的。其五,侦查人员在勘验检查过程中,由于工作失误而造成对现场的破坏等。由于上述情况的存在,往往会使现象与本质、真象与假象、偶然与必然同时存在,进而造成刑事案件中的因果关系更为复杂,给侦查工作增加了难度。

(四)因果关系原理在犯罪侦查中的应用

1.因果关系原理是确定侦查对策的前提

准确、全面地掌握案件情况是确定侦查对策,开展侦查工作的基础,而全面、准确掌握案件情况,要求侦查人员多角度、多方位地分析刑事案件中的因果关系,分清主要和次要、直接和间接、内部和外部、主观与客观等原因,才能正确地把握刑事案件中的因果关系,使认识符合客观实际。

2.因果关系原理是推进侦查活动的动力

刑事侦查的基本方法,是通过研究各种犯罪现象之间以及各种犯罪现象与作案人之间的内在联系,查明犯罪事实真相,揭露、证实犯罪,这一基本方法正是建立在案件自身因果关系的基础之上的。侦查中,既可以采取由果查因,即从案到人,又可以采取由因到果,即由人到案的侦查方式。

3.因果关系原理是指导防范、控制犯罪的重要理论

因果关系原理告诉我们,任何刑事案件的发生都有一定的原因,有的案件因果关系较明显,有的案件不太明显,但只要认真调查研究,肯定能够发现的。因此,侦查人员应加强情报工作,并注意分析研究犯罪的原因和条件,为防范、控制犯罪提供依据,进而采取有效的防范、控制措施。

三、同一认定理论

在当今社会,各国警方侦查破案都离不开物证技术的应用。同一认定理论是犯罪侦查学和物证鉴定学的基础理论之一。司法鉴定之所以能通过鉴定人的科学实验活动,认识并揭示物证与犯罪案件、犯罪人之间的关系,是因为任何物的本身都具有某些属性。

(一)物的基本属性

1.特定性,即物的特殊性,是指此物与彼物的本质区别。人类社会、自然界从不存在两个完全一样、互相同一的物体;由于世界上任何事物都只能与其自身保持同一,因此事物的特定性便成为物证鉴定的前提条件。

2.稳定性，是指物体的本质特性在一定条件下、一定时间内保持基本不变的属性。虽然万物都在不断运动、发展，但在变化、发展过程中，总会有一段时期它的基本特性处于相对稳定静止的状态，或者只发生极其缓慢的量变；因此，事物的稳定性是物证鉴定的必要条件之一。

3.反映性，是指事物呈规律性的特点，在一定条件下能直接或间接表现出来的属性。事物的反映性也是物证鉴定的必要条件之一。

事物的上述基本属性构成了物证鉴定的科学理论依据，其中特定性是鉴定的基础，稳定性和反映性则为鉴定提供了实际可能。凡特定性明显、稳定性强、反映性好的客体，物证鉴定的客观条件就充分；否则，鉴定条件就差。可见这三个客体属性在鉴定中是既互相依存，又互相制约的。为了保证鉴定质量和鉴定结论的准确性，从客体的特定性和反映性着眼，在发现、提取、运送、管理物证的全过程中都应采取必要措施来保全物证的原始特征；从客体的稳定性着眼，要求侦查人员勘验物证、鉴定人员鉴定物证都应当迅速及时。此外，鉴定主体的业务水平、对客体的认识能力以及鉴定仪器设备的差异，对能否客观地揭示事物的特殊规律也会产生一定的影响。

（二）同一的概念

所谓同一，即通过科学技术鉴定证实，在侦查中获取的某个嫌疑客体（及其反映形象），与在犯罪现场上发现的那个客体（及其反映形象），两者为同一客体（或同出一源）。

"同一"和"相同"的含义有区别。同一认定中的"同一"是指客体自身与自身的等同，指的是一个物体。"相同"通常是指一个客体与另一个客体是否相似，指的可能是两个物体。一个物体可以和许多其他物体相同或相似，但决不会与其他任何物体同一。"相同"或"相似"其实指一个客体与其他客体在种类特征或部分细节特征上雷同。倘若将相同或相似视为"同一"，那么极可能会出现鉴定结论错误，最终导致冤假错案。

司法活动中，在审查证据时，常常会遇到如何区别同一、相同或相似的问题。在鉴定实践里，区别同一与相同的界限既重要又困难。同一是检材和样本之间共同反映出的种类特征和细节特征所构成的特性等同，即两者特征都是同一客体的反映。通常认为，检材与样本的特征能达到80%以上一致，且差异点比例极小，便属同一的质的规定性。但这只是同一认定理论的一个模糊概念，并非任何鉴定结论的标准。

（三）与"同一认定"相关的术语

1.客体，即鉴定人依法进行鉴定的人（活人或死人）、事（某些事实或现象）、物（物质或物品）。

2.客体的反映形象,是指物体或人体某一部位在一定条件下所形成的痕迹。

3.被寻找客体,是指与案件相关的人或物,即通过鉴定所要确认的对象。鉴定中确认的被寻找客体,多数仅是人或物自身的一部分实体。在鉴定某个物品或某种痕迹时,被寻找的客体通常只有一个;但是多人书写一份文书、一份血痕检材中掺杂着数人的血、一份毒物检材中混杂着多种毒物等情况也是存在的。

4.受审查客体,是指与案件有关的嫌疑人或嫌疑物。物证鉴定中的受审查客体往往不止一个。鉴定是以被寻找客体为依据,以受审查客体作为比较检验的参照物。倘若通过鉴定做出肯定同一结论,从诸多的受审查客体中确定其中一个客体即被寻找客体,便达到了鉴定目的;同时排除了其他涉嫌的受审查客体与被寻找客体之间的关系。

5.检材,鉴定中是指被寻找客体自身的一部分及其反映形象。它们是案件中的原始证据材料,鉴定前多数为"未知物",具有不可替换性。譬如,犯罪现场上遗留的血迹、毛发、指印等。

6.样本,鉴定中是指受审查客体自身的一部分及其反映形象。它们是鉴定中供比较检验用的材料,源自嫌疑人或嫌疑物,在鉴定前为"已知物",具有可替换性。

（四）同一认定（identification）的概念

同一认定,通常是指鉴定人员运用必要的科学技术手段,来确定受审查客体与被寻找客体是否同一人或同一物而形成的一种判断。同一认定是指判断的过程,并非判断的结果。肯定的判断结论为"同一",否定的判断结论为"不同一"。科学、正确的判断,往往离不开客观因素和主观因素。

（五）同类认定理论

1.同类的概念

同类,在鉴定中是指鉴定人员经过检验、鉴别后,认定受审查客体和被寻找客体是同属一类人或物的判断结果。至于这两个客体是否同一人或同一物的问题往往不必解答或者无法解答。

2.同类认定的概念

同类认定,通常是指鉴定人员运用必要的科学技术手段,来确定受审查客体与被寻找客体是否同属一类人或物而形成的一种判断。肯定的判断结论,叫作"同类";否定结论,称为"不同类"。

同类认定,又称"种属认定";它往往是同一认定的前提条件。虽然同类认定结论的证据价值不如同一认定,但是它在司法实践中仍具有一定的证据意义。譬如,同类认定的肯定结论可以为犯罪侦查指明方向,缩小侦查范围;它的否定结论,有时可以起到澄清某些事实,排除某些嫌疑的作用。

（六）同一认定结论的审查与评断

同一认定结论，又称"鉴定意见"，它是法定证据之一。《中华人民共和国刑事诉讼法》第 42 条规定："证据必须经过查证属实，才能作为定案的根据。"因此，同一认定的结论性意见也应当和其他证据材料一样，经过审查属实后，才能在侦查、起诉、审判中加以运用。审查和运用鉴定意见，主要考虑它是否合法、是否可靠及其在案件中的证据价值等方面。

1.审查鉴定结论的合法性

（1）审查鉴定主体是否合法。如鉴定人是否具备法定资格，有无需要回避等情形。

（2）审查鉴定对象是否合法。如鉴定必需的检材与样本是否依法收取的，有无非法取证等问题。

（3）审查鉴定程序、标准、结果是否达到法定要求。如鉴定的委托和受理程序是否合法，鉴定过程是否按照分别检验、比较检验、综合评断这样的顺序进行，鉴定书的内容与格式是否符合法定标准等等。

2.评断鉴定结论的可靠性

鉴定结论的可靠性，往往受诸多因素的影响。只要其中有一个因素发生偏差，结论就可能出错，在司法活动中应用它就有问题。因此，评断鉴定结论是否科学可靠，必须全面分析，着重审查结论是否客观、真实，及其与案件本身有无联系等因素。

（1）审查鉴定材料的客观条件。如检材数量是否充分、外形是否完整，它们所反映的特征是否具备检验条件；样本的来源是否真实、可靠，它们的种类、质量和数量是否符合鉴定要求等。

（2）审查鉴定的方式方法。如被比较的鉴定材料有无混淆，检验方法是否恰当，是否有悖于科学原理等。

（3）审查鉴定的理论依据。如对事实的确认是否以同一认定理论为基础，是否以研究客体的特性为前提；对客体的符合点及差异点分析、解释是否合乎情理，是否符合逻辑，说服力强不强；做出的结论性意见是否明确、客观，有无违背科学原则等。

（4）审查鉴定结论和案件中其他证据的关系。如案件中已得到证实的其他证据材料与鉴定意见之间能否相互衔接、相互印证，有无矛盾、有无联系等。

（5）审查鉴定部门的仪器、设备及鉴定人员的专业技术水平是否合格，是否符合鉴定的要求等。

3.评价鉴定意见在案件中的证据意义

即使是合法、可靠的鉴定结论性意见，它们在案件审理过程中所体现的证据价值却大相径庭。在司法实践中,鉴定意见多数属于间接证据,少数属于直接证据;一般而言,直接证据在认定事实方面的价值往往大于间接证据。

(1)对人身同一认定结论性意见的评断。目前常见的有:手印鉴定、赤脚印鉴定、人像鉴定、牙印鉴定、笔迹鉴定、声纹鉴定和 DNA 鉴定等 7 种。

有时,鉴定意见能直接表明被认定同一的人就是罪犯。例如,通过笔迹鉴定确认反动传单、信件的书写人,即危害国家安全的犯罪分子。此类鉴定意见的证据价值较大。

有时,鉴定意见只能表明被认定同一的人与犯罪事件在时间或空间方面有某种联系。例如,对犯罪现场遗留的手印进行鉴定后所做出的人身同一肯定结论,只能说明被认定者曾经到过现场或接触过现场上的某些物体,但是据此不能直接肯定他就是此案的犯罪分子。

有时,鉴定意见既不能表明被认定的人与犯罪案件有直接联系,也不能肯定其与犯罪案件在时间或空间方面的联系。例如,对被犯罪分子有意或无意抛掷在现场上的物品所作出的鉴定意见,其实该物品的主人与案件本身毫无关系。

(2)对认定同一物的结论性意见评断。通常应首先确定被认定同一的物与犯罪案件的关系,然后再确定该物与犯罪人之间的关系。目前常见的此类鉴定有:鞋印鉴定、工具痕迹鉴定、枪弹痕迹鉴定、印文鉴定、断离痕迹鉴定、编织物接触痕迹鉴定、牲畜蹄爪痕迹鉴定等。

有时,鉴定意见表明,被认定同一的物就是案件中的犯罪工具。例如,根据现场弹头、弹壳上的发射痕迹与嫌疑枪支所作出的同一认定结论;这种鉴定意见的证据价值较大。

有时,鉴定意见认为某物在犯罪现场被使用过或者可能在实施犯罪行为时遗留的。例如,根据犯罪现场的轮胎印痕而对某辆嫌疑汽车做出的认定同一结论,可以确定嫌疑物与犯罪案件的空间联系,但不易确定它们的时间联系。

在个别情况下,鉴定意见中被认定同一的物既不是犯罪工具,也未被罪犯在犯罪现场使用过;它只不过被犯罪分子有意或无意地抛掷在现场。例如,经过断裂痕迹检验表明:犯罪现场上的半截扁担与某人家中的半截扁担,两者断口对接后凹凸处恰巧能自然吻合。但实际情况是犯罪分子为了转移侦查视线、嫁祸于人而故意将某人的半截扁担扔在犯罪现场。

确定被认定同一的物与犯罪事件的联系,一般可以参照认定人身同一的方法进行审查。要确定被认定同一的物与犯罪嫌疑人的联系,审查工作可从以下三个方面入手:一是查明被认定同一的物属谁所有,由谁使用。二是查明被认定同一的物平时保管过程、使用情况,以及哪些人具备接触该物的条件。三是查明现场物品在何时、何地、何种情形下遗留的。通常只需查明这三个问题,便不难发现曾使用该物的犯罪嫌疑人。

(3)对同类认定结论性意见和推断性意见的评断。同类认定意见与推断性鉴定意见的证据价值虽然不及同一认定结论,但它们在案件侦查中,仍然可以为揭露犯罪,证实犯罪人效力。

评断这两类鉴定意见的证据价值,往往需要把侦查中所占有的材料同本案的其他证据结合在一起分析、比较,互相印证,从中找出现场物证与其他证据材料之间的联系,确定它在案件证据锁链中的位置,进而明晰被认定的人或物与犯罪的关系。例如,根据敲诈勒索信函上被严重歪曲的字迹所作出的推断性鉴定结论,显然不能以此来认定涉嫌书写这封信的人即罪犯;但若又对敲诈勒索函上的潜在指印与嫌疑人的指印进行比较检验后作出鉴定结论。指纹鉴定结论与笔迹鉴定结论相吻合,那么先前所做的笔迹鉴定推断性结论便可以用来印证嫌疑人就是罪犯的重要依据。再如,侦查一起杀人案件,将凶犯遗留在犯罪现场的血痕与嫌疑人的血液样本进行比较检验后,认定两者血型同类的结论不能证明嫌疑人就是本案的杀人犯;但再将从嫌疑人手臂上提取的咬伤痕迹,与被害人的牙齿进行比较检验,也得出认定同一的结论;由此表明先前的血型同类认定结论在该案中具有重要的佐证意义。

总之,审查评断同类认定结论性意见和推断性意见的证据价值,是不能脱离案件中的其他证据孤立进行的。

思考题与案例分析

1.为什么司法人员应掌握刑侦知识?

2.简述犯罪侦查学的研究对象和体系。

3.我国刑事侦查工作的方针、任务、原则是什么?

4.你如何理解犯罪侦查中必须贯彻实事求是原则?

5.何谓同一认定理论?

6.如何正确审查与评断物证鉴定结论?

7.我国目前合法的侦查机关有哪些?

8.简述目前我国设置司法鉴定机构的条件和司法鉴定人应具备的条件。

9.试比较司法鉴定委托书、司法鉴定协议书和司法鉴定文书。

10.出具一份规范的司法鉴定委托书。

第二章 物证鉴定与侦查技术

第一节 手印鉴定

一、手印的概念与种类

(一)手印的概念

手印是典型的反映形象痕迹,是指人手皮肤的乳突花纹在承受客体表面上的反映形象。手印,通常可分为指印和掌印两部分。由于指印,即指纹在承受客体上的反映形象痕迹,在各类犯罪现场中出现频率较高,所以它也是各国痕迹物证鉴定的主要内容之一。

(二)手印的种类

通常根据承受客体表面有无发生变化,理论上可分为立体手印和平面手印(含平面加层手印、平面减层手印)。根据手印能否被肉眼所察觉,还可以将其分为显在手印(常见的如血手印、粉尘手印、颜料手印、油墨手印等,即有色手印)和潜在手印(如汗液手印、油质手印等,即无色手印)。区分手印的种类,有利于现场采用相应的显现和提取方法;采集手印是手印鉴定的前提条件。

二、指纹的特性和作用

(一)指纹的特性

由于指印的特征最为典型,因此利用指印来识别人身,就必须了解指纹的基本特性。

1. 稳定性

人的指纹从胎儿四个月时开始生长，六个月基本成形，出生后至生命终结，在尸体被火化或腐败以前，其花纹结构、形态和特征体系始终保持基本不变。

2. 特定性

指纹有很明显的特定性，"人人不同，指指相异"。人与人之间、一个人的十个手指之间的皮肤花纹均不相同。指纹各人各指不同，有其哲学、生理学、遗传学、数学的科学依据，并已为数千年以来全世界的指纹应用，数百年以来的指纹鉴定实践和指纹档案储存历史所证实。

3. 规律性

人的指纹由许多纹线组成，有条有理，毫不杂乱。指纹的出现和分布在生理上有一定的规律，表现在指纹种类的遗传规律、手别和性别的规律、手别和指纹的纹线流向规律、纹线细节特征的分布规律、左右手各指花纹类型对称性规律、十指花纹类型相同规律及其各类型花纹在各手指上的出现规律。

4. 反映性

因人的指纹布满汗液，又经常附着油垢、灰尘等物质，触摸承受客体时就会留下印痕。对这种印痕可通过一定的理化技术方法进行处理，使其显而易见，从而反映触物留痕的指纹特定性。

由于指纹具有上述基本特性，因此它在世界各国司法领域都得到了广泛的应用，特别在侦查和审判活动中，手印鉴定结论往往起着重要的作用。指纹的这些特性是人身识别的理论基础，也是指纹鉴定结论成为"证据之王"的依据。

（二）指纹的作用

人的指纹的上述特性决定了它在司法实践中具有重要的作用。

（1）侦查中，指纹是为侦查提供线索、分析案情、确定侦查方向和揭露犯罪的重要证据。

（2）审判中，手印鉴定结论是重要的诉讼证据之一，能有效地帮助证实犯罪、查证某些待证事实。

（3）在交通事故、空难等事件中，指纹可作为识别特定人、辨别无名尸体的有效媒介。

三、指纹的种类特征和细节特征

（一）种类特征

指纹的种类特征，也称一般特征。由于种类特征的重复性，利用这类特征只能对某类人做出同类认定而不能对人身进行同一认定。

指纹是由单一中心纹线,内部、外围、根基三个纹线系统和"三角"组成。以中心花纹纹线的类型特点、三个纹线系统的完备程度、"三角"的数量为条件,指纹的种类特征主要包括三大类型,九种形态。三大类型是指弓型纹、箕型纹、斗型纹。九种形态是指弧形纹、帐形纹、正箕形纹、反箕形纹、环形纹、螺形纹、囊形纹、双箕形纹、杂形纹。

1. 弓型纹

弓型纹上部由弓形线,下部由较平缓的弧形线或横直线组成,无明显的三个纹线系统,没有明显的"三角"。弓型纹可分为弧形纹和帐形纹两种。弧形纹的上部由平缓的弓形线组成。帐形纹上部由弧度较大的弓形线组成,花纹中部有直立或倾斜的纹线将弓形线撑起呈帐篷状。此类纹型在中国人群中约占 2.5%。

2. 箕型纹

箕型纹的内部至少有一条完整的箕形线,具有三种纹线系统和一个"三角","三角"的上下支线包围中心花纹。箕型纹可分为正箕形纹和反箕形纹两种。从手指上观察,反箕的箕口朝向拇指,正箕的箕口朝向小指。此类纹型在中国人群中约占 47.5%。

3. 斗型纹

斗型纹的三种纹线系统完备,中心花纹具有一根以上完整的环形线、螺形线、囊形线、曲形线或两种以上的混合纹线,一般有两个"三角",左右分布。斗型纹根据中心花纹的特点可分为环形斗、螺形斗、囊形斗、双箕斗和杂形斗五种。斗型纹在中国人群中约占 50%。

(二)细节特征

指纹的细节特征,又称个别特征。利用这类特征可以对人身进行同一认定。认定人身的依据是多个细节特征的组合,一般需要根据 10 个以上的细节特征,才能做出是否同一的认定。

指纹的细节特征主要有以下 9 种。

(1)纹线起点。按顺时针方向观察,两条平行线之间,中途增加一条独立纹线向同一方向延伸,这条新增纹线的起始端即起点。

(2)纹线终点。按顺时针方向观察,两条平行的纹线,有一条中途终结,这条纹线的末端就是终点。

(3)纹线分歧。按顺时针方向观察,一条纹线分为两条或三条之处,称为分歧。

(4)纹线结合。按顺时针方向观察,两条或三条平行纹线中途合并成一条纹线之处,称为结合。

（5）小勾。一条较长纹线分出的一小段叉线,称为小勾。

（6）小眼。一条纹线分歧以后又结合,形成一个闭合的圆形或椭圆形纹线,称为小眼。

（7）小桥。连接两条相邻纹线的短横线,称为小桥。

（8）短棒。两条纹线之间独立存在的短线,称为短棒。

（9）小点。两条纹线之间孤立存在的乳突点,称为小点。

此外,指纹的细节特征有时还包括:细线特征、皱纹特征、汗孔特征、乳突线边缘特征和伤疤特征等。

四、现场手印的发现与显现

（一）犯罪现场易留手印之处

（1）现场的出入口。主要包括室内现场的出入口及行为人出入现场途径中必然触动的部位。

（2）作案的中心场所。如杀人现场的尸体及其周围物品;盗窃现场被盗财物原存放地点附近等。

（3）现场遗留物。犯罪嫌疑工具、嫌疑物及不属于现场和受害人的物品等。

（4）可能接触物品。犯罪可能接触的家具、门窗、照明设备等。

（二）发现手印的方法

现场手印,如立体手印、有色指印等可直接用肉眼观察到。但犯罪现场手印大多为无色的潜在手印,需要采用相应的方法和手段才可以发现。如果手印是遗留在有光泽的物面上,可采用侧光观察法、透光观察法、哈气法来发现手印。如果手印遗留在没有光泽的物面上,可采用激光照射法,有时还需经过显色处理才能发现手印。

在各类犯罪现场发现和寻找潜在的手印,应循序渐进、重点突出并采用一定科学的方法,不可随意翻动现场的物品;在勘验的过程中应始终戴着手套,并尽可能使用镊子等器械接触物体,只能直接接触一般人不可能触动的物体部位;光源不可使用温度过高的光源,应用手电筒或专用灯;对已发现的手印必须做好记号,采取必要的保护措施。

（三）显现手印的方法

对于已经发现的潜在手印,应根据承受手印客体的性质、形成手印物质、当时当地的气候条件,选择恰当的方法予以显现。潜在手印被显现的可能性取决于手印遗留时间的长短、承受客体表面的光滑程度和渗透力、空气的温度与湿度以及显现方法是否适宜等因素。

显现潜在手印,通常有物理、化学和物理化学三种显现方法。

1.物理显现法

(1)粉末法。利用手印物质的吸附性能,选用颜色、粗细、比重与承受客体反差大的金属或非金属粉末,采用一定的方法使手印纹线吸附粉末,从而染色。常用的粉末有铝粉、青铜粉、石墨粉、铁粉等。显现操作方法主要有毛刷法、撒粉刷显法、喷粉刷显法、磁性刷法、撒粉震荡法等。

(2)熏染法。主要使用烟熏和碘熏的方法,使松香燃烧的烟末或挥发的碘蒸汽粘附于手印的汗垢物质上而显现黑色或棕褐色。熏染法主要适用于搪瓷、陶器、竹器、金属制品等光滑物体表面上遗留的陈旧手印。

(3)天然荧光法。利用手印物质中的特性激发其产生荧光现象,显示纹线,或用荧光粉末直接喷撒于疑有潜在手印的物面上,以增强手印在激发光源下的荧光效果。运用的主要光源通常为短波紫外线或激光,采用多波段光源能获得较佳的显现效果。

(4)真空镀膜法。利用真空镀膜仪,以金属或非金属元素作蒸发料,元素通过电能加热后会急剧蒸发气化,定向均匀地喷镀到被显物表面,从而显现出较清晰的手印纹线。适用镀膜的通常为木制品、皮革、塑料制品、橡胶制品、金属制品、玻璃、纸币等物体表面的手印。

2.化学显现法

(1)硝酸银显现法。利用硝酸银与手印物质中的氯化物发生化学反应生成氯化银,曝光时起光化学作用,产生银沉淀,使手印纹线呈棕黑色显现。

(2)茚三酮(Ninhydrin)显现法。利用茚三酮(又称宁西特林)与手印物质中的氨基酸作用生成络合物,从而显现出紫蓝色的手印纹线。但此方法不能用于显现塑料和油漆表面的潜在手印。

(3)四甲基联苯胺显现法。此方法适宜显现浅淡的血手印或潜在血手印,利用血液中存在的过氧化酶与过氧化氢相遇产生初生态氧,使无色的四甲基联苯胺氧化,形成四甲基联苯胺蓝,从而显出蓝绿色的手印纹线。

3.物理化学显现法

(1)8-羟基喹林法。利用试剂与手印汗液中的多种阳离子和有机物合成荧光物质,经短波紫外线激发,手印纹线呈绿色荧光而被显示。适用的对象为墙壁、各类纸张、聚苯乙烯塑料、陶瓷、油漆物体表面的手印。

(2)"502"胶显现法。利用潜在手印中的氨基酸和水分与"502"胶中挥发出的物质发生聚合反应,而显出白色手印纹线。适用物体有油漆表面、瓷器、玻璃制品等。

(3)DFO显现法。利用DFO与手印中的氨基酸反应生成淡红色物质,在光激发下产生强烈的荧光反应,达到显现潜在手印的目的。适用物体主要是各种纸张。

五、现场手印的提取与鉴定

（一）手印的提取

对已显现出的现场手印应以科学的方法提取,主要方法有下列四种。

1. 提取手印载体。只要现场条件许可,将已发现的手印连同其载体一道直接提取。这是提取现场手印较理想的方法之一。

2. 摄影提取。采用胶片式照相、磁带式摄影、数字式照相、摄影等方法,将已显现的手印拍摄下来,保存于胶片、磁带、芯片或硬盘内,以备随时使用。

3. 胶纸粘取。对粉末法、熏染法显出的手印,可利用透明的指纹胶纸粘取,再将其复粘于有一定反差的衬纸上固定。

4. 制模法。对立体手印,可采用硅橡胶等材料制作手印模形后提取。

（二）手印鉴定

1. 鉴定前的准备。①熟悉有关案情。鉴定人员应了解基本案情以及现场手印显现、提取、固定等情况;对手位、指位的判断分析;核对手印检材的质量、数量是否符合鉴定的要求等。②收取手印样本。根据检材手印的种类和数量,依法采用公开或秘密方式捺取嫌疑人的手印样本。③准备鉴定材料。鉴定人员应对送检材料逐一加以登记,对检材手印和样本手印复制成同等大小比例的照片或复印件。对检材指印纹线不清的,可采用分色照相等方法作清晰处理。准备妥手印鉴定所必需的器材和工具。

2. 分别检验。依次先对检材手印,后对样本手印分别进行观察分析,确定各自的种类特征和细节特征。

（1）检材手印检验。首先确定检材是否为手印纹线;手印的手位和指位;研究乳突花纹类型;分析手印上、下、左、右方位;区分乳突线与小犁沟;判定手印有无重叠和变形。在此基础上,确定检材手印的种类特征和细节特征的数量、质量和具体所在位置。

（2）样本手印检验。在检材手印的相应部位寻找样本手印特征,如果两者种类特征相符合,则可进一步寻找细节特征。若种类特征有差异,需经正确评断或利用细节特征核实后方可予以否定。

3. 比较检验。在分别确定检材手印和样本手印的特征后,应对两者的特征组合进行全面的比较,以便确定它们之间的符合点和差异点,为解决是否同一问题提供依据。常用的比较方法有特征对照法、特征连线法、特征重叠法等。

4.综合评断。对比较检验所发现的两者特征符合点和差异点进行全面、客观的分析。重点评断特征总和的性质,以便作出正确的同一认定结论。

5.鉴定意见。手印的鉴定意见一般有两种。①肯定同一结论。必须具备三个条件:一是种类特征相同;二是各个细节特征相同;三是少数不同特征有确切依据证明是主客观因素引起的临时或自身的变化。②否定同一结论。必须具备三个条件:一是花纹类型不同或类型相同但纹线形态有差异;二是细节特征少数或部分相同,但特征总和不同;三是相同特征在不同人的手面上完全可能出现相似性的偶合。出具是否同一人指印的鉴定意见,判断时主要是观察比较检材和样本中特征的质量,并非是数量。

6.制作鉴定意见书。手印鉴定意见书是手印鉴定结论的证据表现形式,其格式必须符合法律、法规的要求,内容应明确具体、客观真实,文字准确简练、逻辑性强,图片清晰、特征准确。手印鉴定意见书由文字说明和图片说明两部分组成。文字说明是手印鉴定的重要部分,包括序言、检验、论证和鉴定意见;最后由鉴定人、复核人签字并注明职称,同时加盖鉴定机构的鉴定专用章。图片说明是手印鉴定意见书的有效补充;应有与检材和样本手印同等大小的图片,及同等比例的特征比对图片等;必要时应在图片上标明特征的异同点。

第二节　足迹鉴定

一、足迹的概念、种类和作用

(一)足迹的概念

足迹,又称脚印,是指人足在站立或行走过程中遗留在承受客体上的反映形象痕迹。足迹是犯罪现场出现率较高的痕迹之一,因此也是一种常见的物证。

(二)足迹的种类

足迹按其形成的主要因素,可作下列分类。

1.按造型主体可分为赤脚印、鞋印和袜脚印三种。赤脚印是留印人脚趾、脚掌形态和皮肤乳突线花纹的反映形象;鞋印是鞋底外表结构的反映形象;袜印是袜底外表结构和脚底面基本形态的双重反映形象。

2.按承受客体表面变化情况可分为立体足迹和平面足迹。立体足迹是赤脚、鞋和袜与稀泥、松土、细砂等可塑性较强的软性承受客体接触后,使其体积发生变形,形成凹凸形态的痕迹;平面足迹是赤足、鞋和袜在水泥地、砖瓦等硬性承受客体上形成的痕迹,承受客体并不发生变形。

(三)足迹的作用

1.可以判断罪犯在现场的活动情况。如罪犯进出现场的路线,作案方式等。

2.研究足迹形成的新旧程度来推断罪犯作案的大致时间。

3.根据现场足迹的形状、大小、数量和特点,可判断罪犯的身高、体重、性别、年龄、人数和行走习惯等。

4.根据足迹遗留的物质、气味等可以利用警犬进行追缉。

5.为人身同一认定提供证据,从而直接或间接证明某个人是否与犯罪案件相关联。

二、足迹的特征

足迹中出现的特征有多种,但在足迹鉴定中主要考虑的有两种。

(一)足迹的形象特征

足迹的形象特征是指单个足迹中反映造型客体外表结构形态的特征。按造型客体的不同,有赤脚印特征、鞋印特征和袜印特征。

1.赤脚印特征

(1)赤脚印的种类特征。赤脚印的大小,包括全长和脚掌、脚弓、脚跟的宽度;赤脚印的形状,包括脚趾、脚掌前缘、脚掌内缘、脚掌外缘和脚跟的形状;脚趾分布状况,主要有分散型、并拢型、重叠型;脚掌乳突纹的类型等。

(2)赤脚印的细节特征。脚趾大小及其比例关系;脚趾畸形,如多趾、缺趾、断趾、联趾等;脚掌乳突线的细节特征,如起点、终点、分歧、结合等;脚掌上的其他特征,如皱纹、裂纹、伤疤、鸡眼、脱皮等。

2.鞋印特征

(1)鞋印的种类特征。鞋印的形状,包括整个鞋印的形状、鞋头形状和鞋跟的形状;鞋印的长度和宽度,长度为全长、前掌长、鞋弓长和后跟长,宽度为前掌宽、后跟宽和鞋弓宽;鞋底图案花纹的种类,如波折型纹、角型纹、圆环型纹等;鞋底的标记,如商标、厂名、鞋号等;鞋底的质料等。

(2)鞋印的细节特征。鞋底生产过程中形成的特征,如鞋底切割的形状和特点,缝线的针脚、断线,钉帽的形状、大小、位置等;鞋底穿用过程中形成的特征,如磨损、沟痕、裂纹、附着物的印痕等;鞋底修补过程中形成的特征,如补丁、鞋掌、鞋钉等。

3.袜印的特征

(1)袜印的种类特征。袜底原料、编织方法、织线密度和粗度、花纹类型等。

(2)袜底的细节特征。编织中的断线、跳线、接头;磨损、破洞的形状、大小;织补、补丁的形状、大小等。

(二)足迹的步法特征

足迹的步法特征反映作用力方式即人的行走动作习惯,主要包括四种。

1.步幅特征

步幅特征指反映人行走过程中左右脚搭配关系的特征。包括步长、步宽、步角。步长指相邻的左右脚足迹相应部位的垂直距离,分为长步、中步和短步;步宽指相邻的左右脚足迹的后跟内侧沿之间的水平距离,分为特宽步、较宽步、搭跟步、较窄步、特窄步;步角指左右脚各自足迹的中心线的延长线与步行线的夹角,分为外展步、直行步、内收步、不对称步等。

2.步态特征

步态特征指人行走时由于作用力方式、大小不同,在足迹中反映的落脚、支撑和起脚阶段的特征。包括落脚特征、支撑特征和起脚特征。落脚特征指脚跟接触地面时形成的反映落脚部位、方向和轻重的痕迹特征,即踏痕和伴生的推痕、跑痕、磕痕等;支撑特征指脚跟和脚掌都着地,支撑体重的痕迹特征,即压痕和伴生的坐痕、迫痕、拧痕等。

3.动力形态特征

动力形态特征指用动力面、重力面在足迹中的位置、面积大小、形状和形状走向来表示落脚、脚跟、脚弓、前掌、脚趾等部位的特征。

4.鞋底磨损特征

鞋底磨损特征表现为鞋底的磨损形状、磨损程度或大小、起落脚力的方向和形态等,既反映了鞋底面的外貌形象,又反映了作用力方式的特点。

三、足迹的发现与分析

(一)现场足迹的发现和测量

(1)寻找足迹的重点部位。可能藏身伺机作案的处所,如屋前屋后、墙角、窗跟、屋顶等;现场的出入口和来去的线路;被侵害目标所在的处所;可能踩踏攀登过的物品;抛埋尸体和隐藏赃物的处所等。

(2)发现足迹的方法。从中心到外围,从室内到室外。立体足迹和有色足迹可通过肉眼直接观察;粉尘足迹可通过测光或半测光来观察,也可以用静电吸附仪来发现;无色汗液足迹可利用显现无色汗液指印的方法来显现。

（3）现场足迹的测量。现场上发现的足迹，对单个足迹，应分别测量其全长、各部分的宽度与长度；对成趟足迹，除测量上述数据外，还要测量步幅的长度、宽度和角度。

（二）现场足迹的识别和分析

1. 现场足迹的识别

识别现场足迹是否为罪犯所留，主要依据的情况有：分析足迹遗留的部位是否与罪犯作案的活动一致；观察足迹与其他痕迹的相互关系；分析足迹的新旧程度与发案时间是否一致；分析足迹上的附着物与现场的关系等。

2. 现场足迹的分析

（1）分析遗留足迹的人数，如赤脚印可依据其全长、各部分宽度，趾跟、趾球大小，脚面各部分的形态，步幅、步态特征等判断。

（2）分析身高，如通常人的身高约等于赤足长的七倍。

（3）分析性别，如对鞋印，可根据鞋底结构、鞋底大小、鞋底花纹类型判断。

（4）分析年龄，可根据步态特征中的压力面与虚实边等推断。

（5）分析体重与体态，一般来说，体胖的人迈步迟缓，步幅短而宽，步角大，多为外展角，压痕较均匀、压力面宽，足迹边沿明显，少出现蹬、挖痕，常伴有擦痕、挑痕等。

此外，还可分析案件或事件的性质、发生的过程、留痕人的职业特点等。分析只能起参考作用，不能替代鉴定。

四、足迹的提取和鉴定

（一）现场足迹的提取

根据足迹形成的条件，分别采用不同的提取方法，主要有下列五种方法。

（1）提取足迹载体。只要现场条件许可，将足迹连同其载体一道提取，便于保持足迹特征的原始状态，有利于识别和鉴定。

（2）摄影提取。采用胶片式照相、磁带式摄影、数字式照相、摄影等方法，将已显现的脚印拍摄下来，保存于胶片、磁带、芯片或硬盘内，以备随时使用。

（3）粘取法。对某些物面上的平面足迹，提取原物有困难时，经摄影记录固定后，可用带粘性的复写纸、透明胶纸、照相感光纸等进行粘取。

（4）静电吸附法。既是发现足迹的方法，也是提取足迹的方法，适用于地毯、沙发、家具、水泥地面上灰尘足迹的发现与提取。对较大物面上的足迹，亦可用静电吸附器吸取。

（5）制模法。立体足迹通常采用石膏制模法和硅橡胶制模法。对泥地、沙地、雪地上的立体足迹一般采用石膏为材料制模。对油脂、灰尘、食物等结构细密客体上的立体足迹,宜用硅橡胶为材料制模。

(二)现场足迹的鉴定

(1)鉴定准备。首先应了解与鉴定有关的情况,如现场足迹的数量、清晰度、分布状况以及提取和运送的方法等;其次应查验送检材料,如送检样本质量、数量等;最后应对检材足迹和样本足迹,按比对要求进行复制、制作同等大小比例的比对照片或图片。

(2)分别检验。依次对检材足迹和样本足迹分别进行观察分析,确定各自的形象特征和步法特征。分别检验的顺序是:先检材、后样本,先一般、后细节。一般特征是在判明足迹有无伪装、变形的基础上,确定足迹的种类、大小、形状以及步幅特征。细节特征包括脚掌、鞋底和袜底痕迹中反映出的各种细微特征。

(3)比较检验。对检材足迹和样本足迹的特征进行对照比较,找出二者的特征符合点和差异点。比对的顺序是先一般特征后细节特征。若检材和样本在一般特征上存在无法解释的明显差异,可直接做出否定同一的鉴定。比对的方法有数据测量法、特征对照指示法、重叠比对法、线痕接合比较法等。

(4)综合评断。对比较检验中发现的特征符合点和差异点的数量、质量进行综合分析做出评价,以得出是否同一的结论。

(5)鉴定结论。足迹的鉴定结论有肯定同一结论和否定同一结论两种。在足迹鉴定结论中,赤脚印可认定人的是否同一;鞋印可认定物的是否同一;单独依据袜底印只能认定物的是否同一,同时依据袜底和脚底面两方面的特征才能做出人的是否同一认定。

(6)制作鉴定书。足迹鉴定书是足迹鉴定结论的书面载体,制作形式与手印鉴定书相同。

第三节　工具痕迹鉴定

工具痕迹是指犯罪分子使用某种工具或器械破坏、移动或毁损某种客体时,在该客体表面因静态或动态作用力而留下的反映器械外表结构形态的显像,亦被称为破坏工具痕迹或器械痕迹。根据材料力学的观点,一个固体客体在承受外力作用时,会在其表面或断面上留下永久性的痕迹。

一、工具痕迹的分类和特征

工具痕迹的形成离不开三个要素,即工具、客体物和作用力。不同的工具在各种不同的作用力的支配下,会在客体表面留下各自的细节特征,可以据此进行同一认定。上述三个要素之间相互依存,互为影响,缺一不可。例如,作用力的方式、大小等与工具的类型有密切的关系,同时作用力留下的痕迹与客体的弹性、脆性、可塑性、硬度及物质结构等存在密切的关系。

按工具在客体表面是否运用滑动方式的作用力,可分为静态工具痕迹和动态工具痕迹。

(一)静态工具痕迹

静态工具痕迹是指工具与客体表面作垂直方向运动而留下的凹陷状痕迹,主要有打击痕迹和撬压痕迹。其中打击痕迹是指工具敲击客体表面时留下的凹陷痕迹,主要使用的工具有锤、棍棒等,在物体表面会留有凹陷、孔洞或粉碎性痕迹。撬压痕迹是指犯罪分子利用杠杆原理撬压表面时留下的痕迹,主要使用棍状物和条状物,会在表面留有支点和重点。

静态工具痕迹,一般都是由工具以垂直方式接触客体表面而留下凹凸状的三维痕迹。工具开始与承受客体接触时的上边缘称为痕起缘,工具结束与承受客体接触时形成的底部边缘称为痕止缘;痕迹的底面称为痕底,痕迹的周围纵向面称为痕壁。① 静态工具痕迹的一般特征包括痕迹的形状、大小等,可以反映出造型工具与客体接触部位的形状、尺寸、花纹等,由此可用来认定工具的种属。静态工具痕迹的细节特征,包括痕迹反映的工具的磨损、缺损、弯曲、凸点、凹坑等及它们在痕迹表面的相互位置和分布状况,由此可以用来对造型工具进行同一认定。

就打击痕迹而言,应打击而形成边沿规则呈圆形或半圆形凹陷的多为圆形工具造成的;打击而无明显边沿分界线的多为平面工具打击造成的。同时,痕迹的形象特征又与工具的接触面、作用力及其角度有关。就撬压痕迹而言,运用的原理是杠杆作用,其支点和重点受垂直外力的作用,接触部位留下的凹痕能清晰地反映造型主体外表的一般特征和细节特征。

(二)动态工具痕迹

动态工具痕迹是指犯罪分子运用工具在承受客体表面来回滑动,在切向力作用下造成的线形痕迹。动态工具痕迹主要包括剪钳痕迹、砍切痕迹、割削痕

---

① 邹明理.司法鉴定.北京:法律出版社,2000.156-157.

迹、旋切痕迹、擦划痕迹。剪钳痕迹是指用剪刀或钳切断客体所表现出的断面痕迹,主要工具有工业或民用剪刀或各类钳子(如钢丝钳、断线钳)。砍切痕迹是指用单刃的工具砍切客体使其断裂造成的痕迹,主要工具有刀、斧等,其损害表面呈现断面或反映工具形状的孔洞。割削痕迹是指带齿工具利用来回作用力在客体表面留下的痕迹,主要工具有带齿工具(如锯、锉)。旋切痕迹是指利用旋切力在客体表面留下的痕迹,主要工具是钻状物(如电钻)。擦划痕迹是指工具与客体表面接触滑动时,因摩擦力的作用在客体表面留下的线状痕迹,任何工具包括人体的指甲等都可能留下此类痕迹。

动态工具痕迹是由工具边缘经过承受客体时形成的凹凸线组成的,其一般特征包括客体断面的形状;线形的方向、宽度、数量、密度;断面上的花纹特征及其分布位置等。依据动态工具痕迹的一般特征可以判断工具的种属及工具作用于客体时的方式。动态工具痕迹的细节特征包括制造细节特征和使用细节特征,反映在痕迹中即为工具上明显的凹凸点、断离状况及其相互关系,由此可以对工具进行同一认定。此外,由于动态痕迹的产生往往伴随着碎屑的脱落,碎屑的形态、大小等亦可作为同一认定的依据。

不同的动态痕迹应注意不同部位的特征。如剪钳工具留痕的主要部位是工具的上下刃口、刃端和刃侧。砍切工具留痕的主要部位是单刃的刃口、刃侧及双刃的刃口、刃端、刃侧。割削工具留痕的部位要注意带齿工具的齿尖、齿面、齿宽。旋切工具留痕应注意钻头的宽度、旋转面等。擦划痕迹一般多为犯罪分子作案时运用打击、撬压、剪钳、割削、砍切时留下的附带痕迹,应注意从其线痕间距、粗细、数量、深浅等判断可能形成痕迹的工具。

二、工具痕迹的发现和固定

(一)工具痕迹的发现

一般而言,犯罪分子在作案时会使用一定的工具。有预谋的犯罪分子往往会自备工具,激情型或冲动型的罪犯则可能在现场就地取材。在现场勘查时,首先应进行的是在进出现场路线中的障碍物上找寻,如门窗、屋顶、墙、通风口等处,查看这些部位的锁、插销是否被毁损,墙和屋顶等处是否被破坏,通风口是否被开启,并在其周边部位寻找工具痕迹。其次对盛放目标物的器具、抽屉、柜子等处进行查看,检查是否有毁损、移动的痕迹。最后针对目标物进行勘验,如果现场留下的是尸体,则尸体上的创口、勒痕等将成为很好的痕迹来源。

在现场勘验时,有几点值得充分重视:一是注意日常生产、生活中留下的痕迹与犯罪分子作案痕迹的差异,可以从痕迹创面的新旧程度、轮廓周围是否清晰等方面加以判断。二是注意自然物理、化学现象(包括其他生物的啃噬)的留痕与作案工具留痕的差异。三是注意重点查找犯罪分子破坏现场痕迹后残留的原始痕迹。四是注意伪造现场中伪造痕迹的区分,这可以从作案先后等逻辑顺序上加以区别。五是适当运用不同光源查找细小的工具痕迹。

（二）工具痕迹的分析

对工具痕迹的即时分析,可以从中得出犯罪分子作案时使用的工具种属、作案过程、作案手段以及犯罪分子的个人习惯等,有利于及时确定案件的性质和侦查方向。

首先,分析工具种类。从客体上留下的痕迹形状可以推断工具与客体接触部位的形状,再结合周围脱落的碎屑、残留物等分析该工具的性能、结构和使用方法,从中得出工具的种类。从痕迹的某些特征如花纹、间距等推断工具的生产商或者加工方式。同时也应该注意现场的空间范围,从而确定工具的总体尺寸。如果现场有几处留痕,可以将它们联系起来考察。

其次,根据痕迹的性状特点,判断犯罪分子的作案手段和过程。例如,在同一处痕迹中留有几种工具痕迹,像犯罪分子对挂锁的处理,可能先用撬压的手段,在无法打开时选择了剪钳的手段,从中能判断作案的进程。

最后,根据生理学上的特点,每个人由于生理、职业、体能、身高、性别、年龄等原因,不仅采用的作案手法不同,而且留痕的形态也会有所区别。例如在剪钳时,左撇子的剪钳方向与普通人正好相反;女性在剪钳时因用力不足,会呈现出顿切的形态,留痕的断面呈梯状深入,与强壮男子一下切断有着明显的区别。

（三）工具痕迹的提取和固定

工具痕迹是重要的物证,应正确地提取和固定,以保证在转移过程中不至于受损,有必要明确在勘验中提取和固定痕迹的方法和顺序。

首先,进入现场后应对痕迹进行照相。从方位照相、概览照相、中心照相到细目照相全方位加以运用,为日后的研究、破案提供材料和证据。

其次,对小巧的或能够拆卸的客体,应尽可能提取原物,并予以妥善包装。

再次,对不宜提取原物的痕迹,应选取适当材料制作模型加以固定。方法主要有以下几种:①较深或面积较大的痕迹,采用硬塑料制模法。材料的主要成分是黄蜡、松香、白垩、氧化锌等。制模时,先在表面涂上甘油,然后用温热水将硬塑料软化,在平面上压平后压入痕迹,待其冷却后取出即可。②硅橡胶制模法。制模时将 $1\%\sim3\%$ 的二月硅酸二丁基锡与 $3\%\sim4\%$ 的正硅酸乙酯调匀,注入痕迹中待其固化后取出即可。为加速固化,可加入 $1\%\sim2\%$ 的异辛酸亚锡。其特点是不易破裂,能反映细节特征;缺点是成本较为昂贵。其他方法还有 AC 纸制模法、软橡胶制模法、易熔合金制模法等,可视具体情况酌情选用。

最后,收集痕迹周围的残屑,分别保存。

（四）工具痕迹的保存

提取实物的,可盛放于木盒、纸盒或用塑料薄膜包好,一方面可防止外力或生物的侵蚀,另一方面也可以保存上面可能留存的指印。制模提取的痕迹也可以采用上述方法加以保存。在保存中另一项重要的工作是记录,内容主要包括留痕客体的名称、形状、破坏程度、位置以及痕迹的性状和提取的时间、地点、数量、编号等,以便于日后采用。

三、工具痕迹的鉴定

工具痕迹鉴定是指依据现场工具痕迹的一般特征和细节特征,分析、判断痕迹是否为某嫌疑工具所遗留。鉴定的主要工作包括:预检、现场痕迹和嫌疑工具的分别检验、提取微量物质、检材和样本的对比检验、综合评判等。

（一）预检

预检的主要任务是对提取的痕迹进行分类登记,对案情有所了解,从而明确检验所要达到的目的,进而安排鉴定工作的下一步计划。

（二）现场痕迹与嫌疑工具的分别检验

现场工具痕迹检验主要任务是通过检验从中推断工具种类,判断工具作用力的方式、分析现场痕迹的形成条件及找寻痕迹上的微量物质等。对嫌疑工具的检验任务是:分析嫌疑工具是否有条件形成现场痕迹,主要从工具局部与痕迹的吻合程度、能否在机械性能和结构等方面达成痕迹的产生这些方面进行判断;寻找可能接触的部位,并找出该部位的主要特征;寻找工具上的附着物和微量物质,如工具上附着的碎屑成分是否符合现场条件、工具上的微量物质成分确定等。

（三）检材和样本的比较检验

在分别检验的基础上,需要进一步判定嫌疑工具接触部位所留痕迹与现场痕迹的细节特征是否吻合,这就要求在适合的材料上模拟痕迹形成的过程,以便取得实验样本进行对比。选择的实验材料主要有铝片、铜线等金属材料和各种木板、塑料、玻璃、纺织品等非金属材料。选择的原则是先在较软的材料上做实验,在寻找使用工具的方位、角度、作用力等条件时,选取与实际痕迹遗留处尽可能相近的材料,制作实验样本。这里相近的材料指的是和承受客体在材料结构、硬度、干湿度等相近的材料。

在具备了检材和样本的前提下,主要采用以下方法进行比较检验:

（1）特征对照法。这是工具痕迹检验的主要方法，适用于静态痕迹的对比检验。这种方法借助于放大的方式，对照样本和检材的细节特征，找寻两者之间的相应部位的特征及形状、间距、方位分布等。

（2）特征重叠法。这是工具痕迹检验的辅助方法，也适用于静态痕迹的对比检验。该方法先将检材和样本拍摄成倍数一致的照片，再将两者的底片重叠，观察两者细节特征是否重合。

（3）特征结合法。这是检验动态工具痕迹的主要方法。该方法是将检材和样本在相同部位截断，再将两者相应部位对接，置于比较显微镜下，观察对接部位的线痕是否吻合。

比较检验的主要任务是比对细节特征的形态、动作习惯的反映痕迹等，具体运用何种方法应视具体情况而定。

（四）综合评断

对工具痕迹的鉴定，主要是为了认定犯罪分子作案时使用的工具。在检材和样本进行对比的情况下，首先应该从两者的差异点开始解释，如果差异点是随着时间的推移而造成的，例如犯罪分子在作案后继续使用该工具，则不能得出同一否定的结论；如果纯属是实验操作不当造成的差异点，则应重新制作实验样本；如果差异点属于实质差异，则可以得出认定同一否定的结论。其次比较相同点，如果在检材和样本之间找到一定数量的相同点，且这些相同点特征明显、轮廓清晰，在无实质差异点的情况下则可做出同一认定的结论。

第四节　枪弹痕迹鉴定

所谓枪弹痕迹是指枪支在射击过程中产生的痕迹，依据其在不同物体上的留痕，可以分为被击中客体上的痕迹和发射用的枪支、枪弹上的痕迹。枪弹痕迹鉴定主要是运用枪弹痕迹检验技术来解决涉枪案件中的一些专门性问题。

一、枪弹和枪械的分类和构造

（一）枪械的种类与构造

1.枪械的分类

枪械的种类繁多，其分类一般依据枪管构造、机械性能及口径大小等来分类：

按枪管构造可分为平滑管枪和膛线管枪（来复枪），其主要区别在于枪管内有无膛线。现代枪械为了保证弹头飞行的平稳性，并且保证较远的射程，一般采用膛线管枪。平滑管枪仅用于自制枪支、猎枪和15世纪以前的枪支。

按机械性能，枪械可分为非自动枪支、半自动枪支、自动枪支和转轮枪支。

按口径大小。枪械可分为小口径枪支（口径在6.5毫米以下）、中口径枪支（口径在7～9毫米）和大口径枪支（口径在9毫米以上）。其中口径的测算以枪管的内直径为准，膛线管枪指的是阳膛线的内圆直径。

按机械用途，可分为军用枪支、特种枪支、猎用枪支、教学枪支和运动用枪支等。

按发射性能，可分为气体推动枪支和火药推动枪支。

2.枪械的构造

现代化枪械的基本构造一般都由枪管、枪机、机匣以及击发器、弹夹、瞄准具、枪托等组成，其中前三者与形成枪弹痕迹具有密切的关系，下面对这三者进行分别解析：

(1)枪管：是形成弹头痕迹的最基本部分，其内部主要由弹膛、坡膛和膛线区三部分组成。弹膛位于枪膛的后部，是枪弹处于待发时的状态，其形状主要有圆柱形和瓶状两种。坡膛位于弹膛前方，从后向前直径逐渐变小，呈现由高到低的坡状，其作用是引导弹头沿着轨道正确进入膛线区。膛线区位于坡膛前缘至枪口。在枪械发射过程中，子弹被枪机的击针击发，火药爆炸产生高压，推动弹头经过坡膛进入膛线区。在膛线区内螺旋状的膛线使子弹产生旋转，由此来提速和增加稳定性，从而提高射程和命中率。

(2)枪机：亦称枪栓，是在发射时用于锁闭枪膛和促使枪弹火药爆炸的击发装置。主要组成部分包括闭锁机件（弹底窝、复进簧、推弹突笋）、击发机件（击针、击锤、击发阻锤）和抛壳机件（拉壳钩、抛壳挺、抛壳口）组成。其中弹底窝呈圆状凹槽，位于枪机前表面，用于将枪弹推上弹膛并封闭以防滑动；复进簧利用弹力在发射时前后移动，形成连续发射的动力；推壳突笋位于弹底窝下部凸起装置，用于顶推枪弹上膛。击针是位于弹底窝中心的针状机件，用于引发枪弹底火；击锤位于击针正后方，用于击打击针；击发阻锤形成保险机件，用于阻止击发枪弹。拉壳钩位于弹底窝上端或两侧，其作用在于借助后坐力，将弹壳从弹膛抛出；抛壳挺一般位于弹底窝的左侧或下部，呈突出状，与拉壳钩配合运动；抛壳口一般位于枪身右侧或上部，用于排出弹壳的出口。

(3)机匣：一般位于枪把上，由弹匣、弹仓组成。弹匣、弹仓的主要作用是装盛枪弹和固定枪管、枪机等部件。

在上述机件中，阳膛线、弹底窝、击针、拉壳钩、推弹突笋、抛壳挺、弹匣等都可以在弹壳弹头表面形成痕迹，它们是用于射击枪械、枪弹同一认定的主要依据。

（二）子弹的类型和构造

1. 子弹的类型

（1）依据子弹的不同发火部位，可分为中心发火弹、边缘发火弹、针状发火弹和旁侧发火弹。

（2）依据子弹用途不同，可分为战斗用子弹（普通弹和特种弹）和辅助用子弹（练习弹、空包弹等）。

（3）依据子弹形状不同，可分为瓶形弹和柱形弹；无底缘弹和有底缘弹；尖头弹、平头弹和圆头弹。

（4）依据子弹适用枪械的不同，可分为手枪弹、机枪弹、冲锋枪弹、猎枪弹等。

2. 子弹的构造

现代化子弹的用途虽然各异，但其基本构造通常都由以下四部分构成：

（1）弹头：是借助于火药爆炸产生的推动力击中目标的部分，其内部构造分为弹头壳、铅件和钢心三部分。

（2）弹壳：是储藏火药并连接弹头、底火的部件，通常用铜锌合金或软钢制造。为方便抛壳起见，弹壳的底部一般都有环状凹凸。

（3）底火：位于弹壳底部，在击针撞击时引燃火药的装置。其由引火帽、起爆器（由雷汞—发火剂、氯酸钾—氧化剂和三硫化二锑—燃烧剂组成）和箔片（锑锡合金—防潮防脱落）组成。

（4）火药：是推动枪弹飞行的动力源，其种类分有烟火药和无烟火药两大类。有烟火药俗称黑火药，一般由 75％ 的硝酸钾、15％ 的碳和 10％ 的硫磺混合而成。无烟火药有硝化甘油和硝酸纤维两类，为现代广泛采用的火药。

（三）弹道术语

为方便对枪弹痕迹的研究，有必要在此就弹道术语做统一的界定。

（1）射击弹道：是指子弹被击发，弹头沿枪管脱离枪口后，弹头在空气中、固体中或液体中飞行的轨迹。

（2）射击点：是指枪口所处的位置，即射击弹道的起算点。

（3）弹着点：是指弹头接触、嵌入或穿过客体时的命中点。

（4）弹道诸元：是指弹头脱离枪口后飞行过程中的坐标、飞行时间、速度等。

二、枪弹痕迹勘验

勘验枪击现场的首要任务是仔细找寻射击后留下的弹头、弹壳、枪支和弹着点、射击附带痕迹，同时对各种枪弹痕迹进行分析，理清侦查方向和线索。

（一）现场弹头的寻找和提取

由于子弹被击发时产生的强大冲击力，使弹头在飞行过程中可能穿透障碍物或目标客体，也可能遭遇坚硬的障碍物形成反跳而改变飞行方向。因此，在寻找子弹过程中应采取不同的方法。一般首先以弹孔、弹道等形成特点，以被射中的障碍物或目标物为中心进行寻找和提取工作。如果弹头射入墙、地板、桌椅、泥土等部位，应在弹着点附近顺着弹道指示的方向进行挖掘、筛滤、劈取工作。射中人和动物的弹头，如果造成的是盲管枪创，可由法医通过 X 光线透视法确定其所处的位置，然后取出。如果造成的是贯通枪创，则应根据射入口和射出口的方向、射击角度等，顺着弹道用磁力探测仪寻找。如果是反跳弹，则应根据弹头反跳的入射角和反射角的关系，确定反跳后的飞行方向及大致的落点范围。

在提取弹头时，以不损伤弹头上的痕迹和附着物为原则。在提取时，应使用带有橡皮套的镊子提取，并用细软物加以包装。同时，将弹头提取时所处的客体、弹孔位置、数量等情况详细记录。

（二）现场弹壳的寻找和提取

枪击现场一般留有射击后散落的弹壳。通常首先应确定持枪射击时的位置，再以此为中心在直径 5～10 米的范围内搜寻。如果已初步掌握发射枪械的种类，可以按枪械不同的排壳方向寻找。在犯罪分子遗留有现场足迹的活动路线上应重点排查。对在现场未发现弹壳的，有两种可能性：一是已被犯罪分子取走，因此如果发现犯罪分子物品的，要检查物品里是否夹带着弹壳；二是犯罪分子使用的是非自动枪械，弹壳仍留在枪械的弹膛内。提取弹壳的方法和记录与提取弹头时相同。

（三）现场枪械的寻找和提取

除自杀或伪装自杀的现场外，犯罪分子一般都会将枪械带走。犯罪分子如果出于再次使用的目的，则会将枪械随身携带或者藏匿。如果出于隐藏罪证的考虑，犯罪分子往往会将整枪或拆卸后的部件抛弃在江河湖泊、粪池、地下管道或者埋于地下。因此在条件成熟时，可以在现场及途经现场的道路附近使用探测仪等进行搜寻。在提取枪械时，首先，应在现场进行拍照记录。其次，用脱脂棉塞住枪口，以防枪管内的烟灰继续自然消散。最后，将子弹退出并锁闭保险装置，包装后连同记录一起存档。

（四）弹着痕迹的寻找和提取

根据弹头飞行方向、反跳方向等要素，寻找弹着痕迹。在发现此类痕迹后，应判明是孔洞或是弹着点。之后要进行的就是拍照、测量，准确记录弹着痕迹的形状、位置、相互距离等内容，以便日后检验之用。

（五）射击附带痕迹的寻找和提取

射击附带痕迹是指近距离（一般为 1 米以内）射击时，在弹着点周围附着的射击残留物，如火药烟灰、金属碎屑等。此类痕迹一般残留在死者或犯罪分子的身体和衣物射入口部位、其他弹着点附近、枪械零部件等处。对于深色纺织品上的火药烟灰，可利用红外线照相法清晰地反映烟灰的分布状况；其他的显现、提取方法，还有四氧化碳显色法、PDT 丙酮溶液显色法、皮肤硝酸盐检验法等。

三、枪弹痕迹的鉴定

（一）枪弹痕迹的特征反映

1.弹头发射痕迹的特征反映

弹头发射痕迹是指枪管内壁膛线和坡膛的外表结构特征在弹头受爆炸力推动下运动而产生的动态复合痕迹。当弹头滑过枪管时，就膛线枪而言，一般会留下阳膛线的擦痕。阳膛线的数量、宽度、起末端形状、旋向等结构特征将决定发射弹头痕迹的特征，可以用于认定弹头与发射枪支的同一，这主要依据阳膛线本身带有的纹线、凹凸点、裂纹等细节特征。这种痕迹被称为次生痕迹。

与之相应的是坡膛痕迹被称为初生痕迹。坡膛痕迹是与弹头中心轴平行的痕迹，就右旋膛线枪管而言，初生痕迹位于次生痕迹的左侧。坡膛痕迹产生于膛线痕迹之前，是弹头通过坡膛时与其表面发生摩擦形成的。

弹头的直径大小会产生不同的弹头发射痕迹。当弹头直径过小时，弹头经过枪管会左右碰撞造成痕迹分布散乱，只反映部分片段；当弹头直径过大时，膛线痕迹会显得深长甚至造成弹头外壳的破裂。

2.弹壳痕迹的特征反映

子弹从被压入弹匣、上膛、击发直至排壳的全过程，会在弹壳上留下许多静态和动态痕迹。这些痕迹无论在质量和数量上都远远超过弹头，因而用于认定发射枪械同一更为可靠。其中弹膛痕迹、击针痕迹、拉壳钩痕迹、弹底窝痕迹等尤为重要。

（1）弹膛痕迹：子弹发射时，火药爆炸产生的巨大气压将弹壳紧贴在弹膛表面，使弹膛内壁的不同烧灼点、加工花纹、缝隙等形象地反映在弹壳表面，形成弹壳上的弹膛细节特征。

（2）击针痕迹：指击针撞击子弹底火引爆时产生的凹陷痕迹，可以反映出枪械击针的位置、外形、撞击深度等细节特征。

（3）拉壳钩痕迹：子弹发射后拉壳钩卡入弹壳底边时会留下摩擦和顶撞痕迹。这种痕迹的位置、形状、凹凸等特征可用于发射枪械的同一认定。

（4）弹底窝痕迹：子弹发射时的强大压力将弹壳底部与弹底窝压紧，从而反映出弹底窝的花纹、加工细节等。

（5）弹匣摩擦痕迹：当子弹被逐个装入弹匣时，会在子弹表面与弹匣棱口摩擦时留下擦痕。

3.弹着痕迹的特征反映

子弹射击障碍物或目标后形成的弹着点或弹孔是形成弹着痕迹的主要方面。下面以弹孔为例，说明弹孔射入口与射出口的特征反映。射入口的一般特征是入口较小、平滑、凹陷并会带有冲击轮，附带射击痕迹等。射出口的一般特征是出口较大（近距离射击除外）、外翻、粗糙并无附带射击痕迹。

（1）人体上的射入口与射出口

射入口特征：入口周围较光滑；由于弹速较快，易形成圆形缺口；在近距离射击时由于弹速极快并带有火焰，会造成冲击轮和擦拭圈；在射入口周围带有烟垢、火药粒和枪油等射击附带痕迹。

射出口特征：通常比射入口要大；出口处呈之状组织，可以合拢；常常有人体组织外流；无冲击轮、擦拭圈和附带射击痕迹。

（2）玻璃上的射入口和射出口

射入口特征：入口较小且平整；辐射状断面的箕口状汇集点处于入口一面。

射出口特征：出口较大且层层剥落，形成喇叭状；同心圆密集。

（3）木板上的射入口和射出口

射入口特征：入口边缘光滑，带有射击附带痕迹。

射出口特征：出口边缘不规则，呈崩裂状或外翻状，有碎屑剥落。

（4）厚纸上的射入口和射出口

射入口特征：入口边缘规则且内凹。

射出口特征：出口边缘较粗糙，且有碎屑剥落。

（5）纺织品的射入口和射出口特征

射入口特征：入口处较平整，内凹，周围往往会带有烟晕或呈灰黑色。

射出口特征：出口边缘不平整，呈纤维状外翻。

（二）枪弹痕迹的鉴定

1.鉴定准备工作

首先，向鉴定人提交现场提取的枪械、弹头、弹壳等物。其次，向鉴定人说明枪弹的提取经过、痕迹的形成过程等情况。在此基础上，选择相应的枪械，制作射击实验样本。

2.分别检验和比较检验

按照分别检验的顺序即先检材后样本的顺序,分别确定弹头、弹壳上痕迹的一般特征和细节特征。例如弹头上膛线的数量、宽度等一般特征和纹线、裂缝、凹凸点等细节特征。可以使用照相法等方法将细节特征固定下来,并按次序依次标明。

在分别检验的基础上,将检材和样本的特征进行比较检验。对于动态线痕,如膛线痕迹,可以采用线痕接合法进行比较。这种方法借助于比较显微镜,重点查找线痕的连贯性和自然延续性,以及线痕间的位置、宽度等。对于静态痕迹,如击针痕迹,通常采用特征比较法。该方法是将检材和样本摄制成倍数相同的照片,在一定光源下对底片上反映的细节特征逐一比较,找出相同点和差异点。

3.综合评断

在比较检验找出差异点和相同点的基础上,首先,对差异点进行评判,找出差异点是由于何种原因造成的:如果差异点是由于提取、保存过程中造成新的差异点或发射后形成的烧灼、磨损,可以排除这些差异点;如果差异点是本身固有的,则可以做出否定同一的认定。其次,对相同点进行分析:如果枪弹痕迹的细节特征基本一致,只存在某些后来外力造成的差异,可以得出认定同一的结论。

(三)相关射击痕迹的分析和判断

相关射击痕迹包括射入口和射出口痕迹、附带射击痕迹以及射出的方向、距离、顺序和枪械的种类、案件性质的分析。这些分析判断,一方面可以提供侦查的方向,另一方面也可以作为鉴定结论的辅助性结论。

1.附带射击痕迹

近距离射击时,射击后产生的烟垢、枪油、火药粒等物质,会随弹头飞行而附着在弹着点周围表面。这些微量物质,可采用光谱分析仪等方法确定其中的化学成分、含量,从而确认其可能的种类或品牌。

2.射击方向和角度

主要指枪械射击时,枪支和障碍物或目标物的相对位置。分析判断射击方向和角度,有利于弄清案件的性质和案发时射击者与受害人的位置及案发经过。主要分析判断如下:

(1)根据射入口和射出口的特征,确定射击的大致方向。

(2)根据弹孔或擦带痕迹形状判断:如果弹孔为正圆形的,则射入方向为正前方;如果弹孔呈椭圆形并带有擦痕的,子弹应沿着擦带方向射入,这时射入角小于 90°。

（3）如果是跳弹，应先测出射入角和反射角，再行计算其方向。

（4）形成两个以上孔洞时的发射角测算：先测出两孔洞间的直线距离，以直线距离为斜边，以水平距离为直边，运用三角函数计算出相应的角度。

3. 射击距离

射击距离可分为贴近距离射击（一般为 15 厘米以内）、近距离射击（15～100 厘米）和远距离射击。前两种射击距离，可从弹孔的烧灼程度和残留的火药、烟垢加以判断。

远距离射击，一般只有弹着点痕迹，没有附带射击痕迹。其计算公式如下：

（1）当射入口高于射出口时

　　　实际射击距离＝（枪口高度－弹着点高度）×弹孔到发射点的水平距离/（弹孔高度－弹着点高度）

（2）当射入口低于射出口时

　　　实际射击距离＝（弹着点高度－枪口高度）×弹孔到弹着点的水平距离/（弹着点高度－弹孔高度）

（3）利用一个弹孔测算射击距离

　　　最大射击距离＝弹孔角度的正切函数值×弹孔高度

　　　实际射击距离＝（弹孔高度－枪口高度）×弹孔角度的正切函数值

4. 射击顺序

当现场留有数个弹击痕迹时，常要分析射击的前后次序。可以根据弹孔裂纹的中断特征、弹头和弹壳上的烟垢多少等来确定。当第一发弹头穿过脆性客体（如薄骨、玻璃）时，其造成的辐射状纹线向远处畅通地扩散。后发射的弹头会造成辐射纹在扩散时遇阻。同时，经过擦拭的枪械，弹头和弹壳上的烟垢随连续发射次数的增加而逐渐增多。对于持枪自杀而言，位于致命部位的枪伤应是最后一次射击。

5. 射击时间

（1）气味判断法：一般射击后的气味在枪管、弹膛等处可以保留数小时之久。如果枪械在射击后立即密封保存，则气味可以保留数天之久。

（2）亚硝酸盐测试法：枪械在射击时，伴随的高温、高压会使枪械上的烟垢、枪油等物质转化为亚硝酸盐，可以通过化验其成分来确定射击时间。通常在射击后 3～4 天内可以检测出来。

（3）观察枪械表面变化法：枪械在射击后如果未经擦拭，很快就会产生灰色雾斑，约 1 天后又会变成棕色锈斑。用 10% 的硫酸溶液加上 5% 的硫氰酸氨，如果呈红色反应，则可认定为射击锈斑。

6. 枪械种类

根据现场的弹头和弹壳的直径、标识等特征,一般即可判明枪支的口径与种类。应该注意的是,弹头直径一般大于枪管口径 0.3~0.5 毫米。同时,利用通过膛线痕迹的不同,再加上其他一些痕迹辅证,也可以判明射击枪械的种类。

7. 案件性质

分析枪案现场的特点,查清他杀、自杀和误杀的可能性。如从死者的手上有无射击残留物、射击的距离、有无搏斗的痕迹等可以判断是否属于自杀;如果不具备自杀的条件,则应从发射地点的远近判断有无瞄准的可能性、射击者与被害人的关系等判明是否属于误杀;如果能够排除自杀、误杀的可能性,则他杀的概率会大大增加。明确了案件的性质,将有助于及时确定侦查方向。

第五节　声纹鉴定

一、声纹、声纹鉴定和声纹学

声纹(voiceprint)的本意是指人的讲话声音通过声谱仪转换成的静态频谱图像;它被称为人的"可见语言"或"第二指纹"。广义的声纹,包括非语声的音响所转化成的频谱图像。

声纹鉴定,是指鉴定人员先将未知人的语声和已知人的语声分别通过声谱仪转换成声纹图谱或数据加以固定,然后针对其各方面特征的异同进行分析、比较、判断,最后做出两者语声是否源自同一人发音器官的检验过程。[①]

专门以声纹分析、描绘、储存、管理、查对及声音再生等内容为研究对象的科学,即声纹学。对声纹的研究始于第二次世界大战。"二战"期间美国人首先提出"声纹"的概念,当时美国研究声纹技术,主要用于分析、了解敌军的军事情报,后来才逐步发展为侦查技术,并广泛地应用于司法领域的人身同一认定。

二、声纹鉴定的原理

在日常生活里,人们可能都曾有过这样的经验,当你拿起电话的话筒,对方一声"喂!"你就能知道他(或她)是谁。通过语声辨听来识别人,是古老而常用

① 董光斗. 现代司法科技词典. 贵阳:贵州人民出版社,1998.478.

的一种方法。听觉辨认,在各国的司法实践中也有悠久的历史,迄今仍不失为行之有效的侦查措施之一。随着科技的进步,人们可以把声音用仪器记录、储存、固定下来,需要时还能将其再现;例如声纹,即图像化或数据化的声音,就是现代司法实践中用于鉴别人身较可靠的侦查新技术。无论证人的主观辨听,抑或仪器的客观识别,其鉴定原理是基本雷同的。

人说话发出的声音是由声带的振动或气流擦过口腔、鼻腔等气道而产生的。声带的往返振动,周而复始,呈周期性运动状。一秒钟振动的周期数称振动频率,以赫兹(Hz)为单位表示。人耳接收的声音是振动源振动了传播介质(如空气等),产生声波再传到人耳内。不是所有的声音都能被人耳所接收,人类听觉系统能听到的声音频率范围(又称听阈)相当宽,一般认为是 $20\sim20000Hz$;低于此范围的次声和高于此范围的超声,人耳是听不见的。除频率以外,人耳还对声音的强度——音强(用单位分贝(dB)表示)和声音的时间长度——音长(用单位毫秒(ms)表示),均有较宽范围的解析能力。

人对声音的感受不仅表现为对声音上述三个参数的绝对感受性,还表现在对它们差异的分辨能力即差别感受性。若用仪器接收和描记单纯的声音——纯音,可画出一幅正弦波形的振动曲线图,称频谱图。在自然界中,正弦波式的纯音比较罕见,大多数声音(如乐器音、噪音等)都是复合音,即一个声音包含着若干频率成分的分音,也叫基音。其他分音定为第二分音、第三分音,也叫第二谐音、第三谐音……从声学上分析,复合音的基频等于组成它的所有分音频率的最大公约数。对复合音的音高感觉是以此基频为基础的。

现代语言学认为,言语是语言的行为和结果的具体表现。言语作为语言的行为和结果的具体表现,不但属于人的生理和心理行为,而且是一种社会行为。一个人谈吐言语的方式必然长期伴随着其生活语境而形成,因此难免带有其所处的社会环境及社会各种因素的烙印。无论孩童学话抑或成人学习一种新的语言,都需要反复在听、说、读、写、译等方面练习,力求符合其周围语境和人群的言语规范;基本符合规范了,才可能与其周围的人们通过语言进行思想交流。可见,每一个人学习言语的过程必然会受到其所处社会环境的强烈影响,他学会的这种言语往往既有本地方言的特征,又有其个体特征。

之所以每个人的语声各具特征,主要是因为每个人的发音器官的生理构造(声带的长短厚薄、口腔与鼻腔的大小、舌唇齿腭的相对位置距离等)和发音方法不同。人与人之间的语声特征差异,体现在音频、音高、音长、音响、音色等方面。经专家论证,人的声纹有 80 多个特征,它可用于识别案件中的录音资料与犯罪嫌疑人的语声是否同一；故刑事技术专家称其为第二指纹。① 声纹的特征在一定年龄阶段内（通常是在 12 岁左右的"第一次变声期"至 60 岁左右的"第二次变声期"之间）基本保持不变，亦具有相对稳定性。因此，声纹的特定性和稳定性，为人身同一认定提供了鉴定理论基础。

三、声纹鉴定技术的司法应用

如前所述，声纹鉴定技术的研究始于第二次世界大战的美国，当时位于新泽西州的贝尔实验室承担了声纹研究任务。经过研究和大量实验，有关声纹鉴定技术的第一本专著《可见语言》于 1947 年首次出版问世。1962 年，贝尔实验室在物理学家劳伦斯·G. 克斯特主持下，以 123 名健康的美国男性为研究对象，在 1.6 万个实验组不同的声纹中进行了五万余次的鉴定分析，取得了 99.5％的识别准确率。② 1966 年密歇根州警察局证实了声纹鉴定技术的实用价值，并于次年派警官到贝尔实验室学习该技术。随后，日本警方也加紧此项技术的研究，创造了日语声纹识别的方法。科学研究结果表明，经过专门训练的鉴定人员对人的语声做出的鉴定误差很小。1981 年 5 月 14 日，在密歇根州成立了国际声纹鉴定协会（简称 IAVI），其宗旨是推广并促进声纹鉴定技术成为人身识别的科学方法之一。

自 20 世纪 60 年代起，世界上的许多国家如苏联、日本、德国、英国、意大利、罗马尼亚等也都先后成立了专门实验室，开始研究声纹技术，均取得了成功。不少国家应用声纹技术侦破了一大批疑难犯罪案件。一些国家已将声纹鉴定结论作为法定证据，例如美国的 50 个州法院都已经确认了声纹鉴定的法律效力。

中国研究声纹鉴定技术，始于 20 世纪 80 年代后期。1988 年中国刑警学院建立了我国第一家声纹鉴定实验室，于 1989 年成功办理了中国首例声纹鉴定案件。其后，公安部第二研究所、南京市公安局、上海市公安局等也相继开展了声纹技术的研究。迄今为止，我国已创建了一套汉语语声声纹鉴定的科学方法，并且已经广泛地应用于犯罪侦查和司法鉴定实践之中。1996 年 3 月 17 日，全国人民代表大会第八届四次会议通过的《关于修改中华人民共和国刑事诉讼法的决定》中，将"视听资料"规定为证据之一，从而使声纹鉴定的法律地位在中国得到了确立。声纹鉴定结论，可以为刑事诉讼、民事诉讼、行政诉讼以及仲裁

---

① 张玉镶，文盛堂.当代侦查学.北京：中国检察出版社，1999：231.
② 岳俊发，王英利.声纹鉴定.北京：警官教育出版社，1996：2.

案件服务。

人的语声是一种复杂的振动波,欲将这种看不见、摸不着的声音固定为可见的图像来分析,通常需要借助声谱仪。声谱仪的工作原理是:首先,由声谱仪分别录下检材语声和样本语声;然后,用声音窄频滤波器或宽频滤波器对输入的声波进行显现、分析、处理;最后,输出比较检验的结果。输入的声波可换算成以频率为 Y 轴、时间为 X 轴的直线坐标,再用等高线形分析法对坐标数据进行二次处理,形成附有数量方程的几何图形。复杂的语声就这样被变成具有严格对等关系的数学模型,互相之间可以进行细致、精确的比较。窄频滤波器输出的是条形纹,宽频滤波器输出的是等高形纹。在人工识别声纹工作中,条形纹比较法和等高形纹比较法是两种最常见的比较检验方法。

任何两个人的声纹总会存在着某些差异,一个人与别人的声音绝对不同。世界上尚未发现声纹完全相同的两个人。即使在同样环境中长大的双胞胎,其父母都难以区别他们的声音,但在声谱图上却仍可看出两者的细微差别。随着激光技术的开发利用,鉴定人员又开始采用激光的光学滤波系统来检验人的语声频谱图,从而将声纹鉴定技术向着更客观、真实的方向推进了一步。如今美国、日本、德国、俄罗斯等国的侦查机关已经研制出"计算机自动识别声纹系统",建立了犯罪分子的声纹档案库。一旦需要鉴定,只要把嫌疑人的语声输入声谱仪进行分析编程,然后电脑即自动与储存的"声纹档案"进行快速比对,最后自动输出鉴定结论。值得强调的是在收集嫌疑人的声音样本时,必须尽可能录制与罪犯作案相似环境下所说的相同或相似语句,以便减少鉴定的误差。

第六节　DNA 鉴定

一、DNA 鉴定技术概述

DNA 技术是 20 世纪 80 年代中期兴起的一项新兴鉴定技术。经过十多年的发展,DNA 鉴定技术取得了突破性的成就。分子克隆、分子杂交、序列分析等新技术的发展应用,使人们得以在 DNA 分子水平上研究基因组 DNA 的差异,实现了物证检验从否定到认定的飞跃,在法庭科学史上具有划时代的意义。目前 DNA 分析技术广泛应用于杀人、强奸等案件的物证鉴定及亲子鉴定、个人识别、性别鉴定等,并发挥着十分重要的作用。DNA 鉴定技术已成为各国在解决亲权争议和与犯罪做斗争中不可缺少的工具。

DNA(deoxyribonucleic acid)即脱氧核糖核酸,是一切生物体最基本的遗传物质,位于细胞核中,与蛋白质共同构成染色体。个体遗传差异的本质不是在蛋白质,而是在 DNA 分子水平。DNA 分子是由脱氧核糖、磷酸和 4 种含氮碱基构成的两条方向相反且互相缠绕的多核苷酸链。生物体的各种遗传性状均由 DNA 分子上的遗传基因控制。实际上各种基因就是 DNA 分子链的各个片段。人类在进化过程中 DNA 不断发生突变,DNA 在复制时的序列滑动和染色体的分离、组合,形成人类 DNA 的个体差异和 DNA 的多态性。DNA 鉴定技术就是利用 DNA 的个体差异和多态性进行亲权鉴定和生物物证的个人识别。DNA 分析技术主要有两大类:DNA 基因纹图(使用探针的 DNA 分子杂交)和 PCR 技术(不使用探针的非杂交技术)。

二、DNA 基因纹图

DNA 基因纹图是指将人体基因组 DNA 经过特定的限切酶消化后,经电泳分离,萨森印迹转移,然后用小卫星 DNA 探针杂交而显示出的高多态性图谱。由于这些图谱表现出高度的个体特异性,并遵守孟德尔遗传规律,与人的指纹一样具有专一性和特异性,故形象地称之为"DNA 指纹"。从理论上讲,除同卵双生子外,绝无两个个体具有相同的 DNA 基因纹图可能。英国的 Jeffreys 教授在 1985 年首先发现和建立了 DNA 基因纹图的检验方法,并鉴定了一宗移民纠纷案,开创了人体物质检验技术的新纪元。

由于 DNA 基因纹图具有稳定性、高度个体特异性的特点,并严格按照孟德尔方式遗传,故可以用于个人识别和亲子鉴定。DNA 基因纹图的应用,突破了传统法医物证检验中只能排除而不能认定的局限性,促进了法医物证检验的迅速发展。但是由于 DNA 基因纹图技术对检材的要求高,所需检材量较多,对严重降解的 DNA 检材难以获得准确可靠的信息、过程复杂等方面存在着局限性,此技术已基本不做。

三、PCR 技术

PCR 即聚合酶链反应,也叫 DNA 体外括增,是由美国 1993 年诺贝尔奖得主卡里·穆里斯发明的,被誉为分子生物学发展史上的又一里程碑。通过 PCR 技术,鉴定人员可以快速、简便地获得所需要的特定 DNA 片段。

PCR 技术的基本原理是依赖于靶 DNA 序列侧翼上所结合的两个寡核苷酸引物经体外酶促合成特异 DNA 片段的方法。其过程包括 DNA 热变性,适当温度下引物退火、引物延伸三个步骤。DNA 热变性是指加热使模板 DNA 双链解离变成单链,以便使所加入的引物与模板结合;引物退火是指在适当温度下,使引物结合到靶 DNA 侧翼的对应位置上;引物延伸是指引物在 DNA 聚合酶的催化下沿模板 DNA 链的 $3'$-末端向 $5'$-示端延伸。通过这三个步骤的重复循环,使每次循环中目的 DNA 片段的拷贝数呈几何级数增长,得以提供足够的目的 DNA 量供分析使用。

PCR 技术具有操作简单、成本低、高灵敏度的特点,而且它对部分腐败降解、高度降解的微量检材均能有效检出。PCR 技术的高灵敏度性已能对纳克级超微量检材作出鉴定。PCR 技术已基本成熟,已发展到多重 PCR、自动测序阶段。PCR 技术不仅克服了 DNA 指纹技术的局限性,而且以 PCR 基本原理为基础的 MVR-PCR、RAPD 等技术的发明应用,为刑侦工作提供了新的强有力的技术手段。目前 PCR 技术得到了广泛的应用,它的研究应用已涉及医学、考古学、法医学、生物工程等领域。PCR 技术大大地拓宽了物证检验范围,被称为法医 DNA 检验的第二代技术。

四、DNA 鉴定技术在司法中的运用

只要是含有一定量大分子 DNA 的新鲜与陈旧生物细胞组织或斑迹,如毛发、骨骼、血液、血斑、精液、精斑、唾液、唾液斑、毛发根、骨髓、肌肉、精液与阴道分泌液形成的混合斑等均可以进行 DNA 鉴定。DNA 鉴定技术具有高效率的个人识别能力,对现场收集生物学检材与嫌疑人样品的同一认定接近肯定结论,故在司法应用中具有极大的价值。同时,从 DNA 分子上的遗传差异获取证据,从根本上克服了以往遗传标记检测的各种缺陷。自 1989 年我国 DNA 基因纹鉴定技术研究获得成功并正式用于法医物证检验以来,DNA 技术已经为侦查破案发挥了重要的作用。目前,DNA 鉴定技术主要应用于以下几个方面。

（一）亲子鉴定

根据孟德尔遗传规律,子女基因型中所有的母方基因型中不存在的等位基因都应从子女的生物学父亲的基因型中获得。若争议男性的基因中不存在这一等位基因,就为排除其是生物学上的父亲提供了依据。由于 DNA 分子的高多态性,DNA 亲子鉴定在认定或排除亲子关系上优于常规血型测定。亲子鉴定在解决胎儿,尤其是妊娠早期胚胎的亲子鉴定等问题中有着重要的实用价值。

（二）现场的物证鉴定

对犯罪现场提取的含有 DNA 分子的人体组织细胞均可以进行 DNA 检

测。由于人类基因组 DNA 的遗传稳定性,同一个体的唾液、血液、精液以及各器官组织 DNA 型别一致性,并表现出高度个体特异性,所以对现场提取的物证如血斑、精斑、唾液斑等组织液和器官,均可通过提取 DNA 分子与检材比较,进行同一认定,从而排除或认定嫌疑人。

(三)无名尸体的鉴定

在我国,无名尸体案件呈上升趋势。常规个人识别方法包括颅像重合、牙齿磨耗度、耻骨联合面形态观察技术尚不能达到肯定的结论。而通过 DNA 检测分析,所得结果的准确性远远高于常规检测。只需将无名尸骨 DNA 分子与可疑的双亲或子女的 DNA,作亲权鉴定,就可以准确地确定死者身源。而且 PCR 技术具有高灵敏度,对高度腐败组织、陈旧骨骼等检材均可进行 DNA 分析。在空难、火灾、水灾等灾难性事件中,许多受害者的面貌已难以辨认,这时通过 DNA 检测可以准确认定死者身份。

(四)碎尸鉴定

同一个体各种器官组织的 DNA 型别具有一致性和稳定性,因此可对碎尸案中寻找回来的尸块进行 DNA 检测,以确定是否来源于同一个体。将尸块组织中的 DNA 与可疑双亲或子女的 DNA 作比较,从而可以确定死者身份。

(五)财产鉴定

DNA 可以用来作为个人财产的证明标志。如将 DNA 涂在珍贵财产的隐蔽处,以备在涉及财产纠纷中鉴定这些财产所有者的财产权。

五、DNA 鉴定技术的现状与展望

DNA 鉴定技术自问世以来,发展极为迅速,在我国司法领域内得到了广泛的应用。现在全国绝大部分省(直辖市、自治区)厅(局)刑侦部门、省会城市公安局和部分经济发达城市公安部门都建立了 DNA 实验室,并利用 DNA 技术成功地侦破了许多疑难案件。DNA 鉴定技术的应用,极大地推动了人体物质鉴定技术的发展,为法医物证学开辟了新天地。植物 DNA 鉴定技术,也为一些疑难案件侦查中排查嫌疑人是否到过犯罪现场提供证据。

目前,我国 DNA 数据库的建立尚在进行中。英国是世界上第一个建立 DNA 数据库的国家,该国在 1995 年建立了全国范围的 DNA 数据库。DNA 数据库是将特定人群(有犯罪前科及不良行为记录的人群)进行 DNA 分析,并将检测结果输入计算机中。在刑事侦查过程中,只需将现场提取的罪犯遗留的唾液、血液、毛发、精液等组织液和器官进行 DNA 检测,并将检测结果与罪犯 DNA 数据库中的记录进行比较,即可快速查找犯罪嫌疑人,大大提高了犯罪侦查的效率。

目前,DNA 鉴定技术正逐步向标准化、测序化、计算机自动化和高鉴别机率方向发展。随着人类基因组研究计划的进展、单核苷酸的多态性的发现、DNA 数据库的建立、基因芯片技术的开发等,DNA 鉴定技术将更加迅速、简便、可靠、鉴别率更高。国外已成功研究出生物芯片技术,只要将待测微量样品注入芯片入口中,终端即显示检测结果,操作十分简便。随着对 DNA 序列研究的深入,DNA 鉴定技术将会在更大领域内得到应用。DNA 鉴定技术已成为现代法庭科学和生物物证检验的主要手段之一,其在法庭科学应用中的地位将会得到进一步加强。

第七节　其他痕迹的鉴定

一、断离痕迹鉴定

（一）断离痕迹的概念和种类

断离痕迹（又称整体分离痕迹）,是指一完整的物体在外力的作用下分离为若干部分后,在断离部位所形成的痕迹。如一根绳子被扯成两段,在断离边缘上形成撕扯的断离痕迹;一根电线被剪成两段,形成反映剪切工具刃口及作用方式的断离痕迹;一台机器被拆下一个螺丝,反映出该螺丝与机器其他部件组合时接触面处的断离痕迹等。

断离痕迹按整体物的结构不同（同质整体物和异质整体物）,可分为断裂痕迹和分离痕迹两大类。

断裂痕迹是指单体物受外力作用或自然断离为若干部分后形成的痕迹。断裂痕迹表现为不同的断裂线或断裂面。两个相邻部位的断裂线或断裂面相互对应、凹凸互补,如撕裂的纸张、刀上的刃口、折断的粉笔等。分离痕迹是指合体物受外力作用或自然脱落,从而使合体物整体受到破坏形成的痕迹。整体分离痕迹表现为分离线或分离面的特征,如锄头上脱落的木柄、家具上脱落的油漆、掉落的衣扣等。

（二）断离痕迹的特征

断离痕迹的特征主要包括断离物体的固有特征、附加特征和断离特征。

断离物体的固有特征,是指物体未断离前,在生长或制造过程中,因特定个体不同的特性和受外界特定因素影响而形成的特征。如树木的生长年轮和节孔、玻璃的条纹等。

断离物体的附加特征，是指物体因使用、维修或受环境影响而在物体表面形成的特征。如裤子上的破孔、农具表面书写的字迹或涂抹的油漆、工具上增加的维修痕迹，如钻孔和加楔、钢铁受潮湿作用而锈蚀等。

断离物体的断离特征，是指物体在断离后形成的断离线或断离面所表现出来的特征。利用折、撕、揉、扯等非工具方法断离物体时，除物体严重变形或粉碎外，物体各断离部分的断离特征一般均可相互对应和接合。如撕下的布料，其断裂线一般能相互对应吻合。利用工具方法断离物体时，若使用剪刀、玻璃刀等非破坏性断离工具，因不会破坏断离线或断离面的完整性，可以直接进行对接检验；若使用锉子、钻头、锯子等破坏性断离工具，因对断离物体的断离线或断离面破坏性较大，不能利用断离特征进行整体同一认定。

（三）断离痕迹的发现、提取和固定

对现场发现的可能与案件或事实有关的断离物体，均应立即妥善提取。在提取断离物体之前，应当先详细记载断离痕迹所处的位置、方向及与周围物体的关系等，并加以拍照或录像。在提取断离物时，应注意保持断离痕迹的原始形态，对断离线、断离面应采取妥善的措施加以固定，以防损坏、变形或脱落。根据断离物的不同性质，断离痕迹的提取方法也不相同。

对提取的纸片、布片等断离物，编号后可夹在玻璃片或书本中存放，以防丢失。对提取的玻璃碎片、碎漆片等易碎物体，最好先用较厚的玻璃夹固后，再用细绳捆牢，以免破碎。对棍子、刀柄等木质断离物，应用牛皮纸或硬纸板加以包裹，保证其断离端不会破坏。对断离端易松散的绳类等物品，可用细线或胶纸予以固定。对弹头、弹壳、断刃等较硬的断离物，应分别用棉花和薄纸包裹，然后放入包装筒内，以保证安全地运送。

（四）断离痕迹的鉴定方法

断离痕迹的鉴定方法一般有以下四种：

1.特征对照法，是指将两个断离部分放在同一视野里进行观察对比的方法。这种方法适用于任何类型的断离物。检验时应全面地对照断离物体的特征，比对完成后，应对断离物各部分进行拍照，并标出特征所在。

2.接合对照法，是将两个断离部分的断离线或断离面进行比较对接，观察断离线或断离面处的凹凸特征是否相互吻合的方法。这种方法适用于纸片、布片、绳索、塑料制品等多种物体断离线或断离面的检验。断离部分一旦完全严密接合，应立即拍照，以固定接合对照检验的结果。

3.重叠对照法，是指将两个断离部分拍成比例相同的、一正一反的负片，然后进行重叠对比，观察两部分特征是否完全重叠的方法。这种方法一般只适用于断离面较平整的断离物鉴定。

4.理化检验法,是指将断离部分的物质成分结构进行分析,以确定不同部分是否属于同一的方法。这种方法一般只适用于对单体断离物的鉴定。

二、牙齿痕迹鉴定

(一)牙齿痕迹的概念

牙齿痕迹,又称咬痕,是指牙齿在行使咬合功能时,在承受体上遗留的痕迹。牙齿具有较强的差异性、稳定性和反映性。通过检验牙齿痕迹,可以区分是人的咬痕还是动物的咬痕。若是人的咬痕,还可以进行人身同一认定,并可以提供该人的年龄、性别、生活习惯、种族、职业等有关资料。

(二)牙齿痕迹的特征

人的牙齿痕迹特征与牙齿结构形状相关。人类牙齿属双列牙,一生中有乳齿列和恒齿列 2 副牙列。乳齿共 20 颗,成年人的正常恒齿共 32 颗。恒齿生长在上下颌齿槽内,有规律地排成齿弓。根据恒齿生长部位、形态和机能不同,可分为切牙 8 颗、尖牙 4 颗、双尖牙 8 颗、磨牙 12 颗。每颗牙齿由牙根、牙颈和牙冠组成。牙冠是形成牙齿痕迹的主要部位,其形状、大小是牙痕鉴定的基础。切牙形如凿刀,切缘锐利平直,唇面光滑突出,舌面较凹陷。上颌中切牙最大,下颌中切牙最小。尖牙牙冠呈矛状,切缘有突出的齿尖。双尖牙牙冠呈立方形,颌面有两个尖。磨牙牙冠体积大,颌面宽阔。全部牙齿生长在上下颌齿槽内,并连续排列成曲线,称牙弓或牙列。人的牙齿因发育不正常,会表现出牙齿异常结构特征,如数目、形状、大小、位置和咬合等异常情况。牙齿可能因病变或受损伤形成病变、损伤、职业磨损、整复等特征。牙齿的异常和后天特征对牙痕鉴定很有价值。

动物的牙齿痕迹特征因动物牙齿特征、咬合方式不同而不同。如兔牙坚硬,被咬物的表面常出现并列凹沟痕,且凹沟痕的深浅、宽度、堆积物方位不一。在被咬物附近还可能留有动物的排泄物、体表的毛发、特殊气味、蹄爪痕迹等。

(三)牙齿痕迹的提取

牙齿痕迹的提取主要有提取实物、照相、制作咬痕模型三种方法。对于牙痕需要拍摄概貌照片和细目照片。对立体牙痕应制作硅橡胶模型。如果条件许可,应将咬痕同其承受体一并提取。咬痕上大多带有唾液,可作为判断留痕人的依据,可以用镊子夹取用蒸馏水浸湿的纱布擦拭牙痕及邻近部位,然后将纱布置于干净的玻璃片上晾干保存。

(四)牙齿痕迹的鉴定方法

对人牙齿痕迹的鉴定首先要确定咬痕的牙位,是上颌牙印还是下颌牙印,是左侧牙印还是右侧牙印,是哪种牙留下的。其次确定咬痕的特征,通过测量齿弓的弧度大小,左右两侧对应牙的直线距离确定齿弓形状;检查牙齿结构方面的特征,有无过剩牙齿或缺损牙齿、牙齿排列情况、有无异常牙齿、有无假牙等情况。最后对嫌疑人的牙痕样本特征与现场咬痕特征进行特征对照,做出是否属于同一的结论。对动物牙齿痕迹的鉴定方法主要是依据动物牙痕特征,以确定现场痕迹是否动物牙痕以及是何种动物。

三、车轮痕迹鉴定

（一）车轮痕迹的概念

车轮痕迹是指车轮、车体或车辆的附带部件在其接触的承受体上形成的痕迹。利用车轮痕迹可以对车辆进行种类认定、同一认定,可以推断车辆行驶方向速度,可以查明有关事实。

（二）车轮痕迹的特征

车轮痕迹的特征可分为一般特征和个别特征。一般特征是指同类型的车辆所共同具有的特征,主要有车体结构特征,如轮数、轮宽、轮距、轮径等;胎面花纹特征,如花纹类型、花纹宽度、花纹沟的类型、宽度和深度等。个别特征是指车辆自身所具有的独特特征,主要有车胎表面的磨损、损坏、修补特征、轮胎附加特征以及车辆附属特征。

（三）车轮痕迹的提取

提取车轮痕迹时,应详细记录痕迹所在地点、形状、长度等,并用比例照相法拍照固定。对立体轮胎痕迹,可用制模法提取。对于遗留在物体表面如受害人衣服上的轮胎花纹痕迹可提取原物。提取车轮痕迹时,还应注意提取车体上的脱落物或分离物,如汽油、玻璃碎渣等。

（四）车轮痕迹的鉴定方法

车轮痕迹的鉴定方法与其他痕迹的鉴定方法基本相同。对车轮痕迹进行鉴定时,先根据发现的一般特征确定车辆的种类,然后根据个别特征以确定具体车辆。在鉴定时,还需对可疑车辆的内、外部进行认真检查,注意发现并提取残留痕迹,通过整体分离痕迹鉴定,为认定车体提供依据;注意提取车辆轮胎中的附着物质进行定性、定量分析,以确定车辆是否经过某一特定区域;注意车辆发案或肇事后,有无调换轮胎、修理车体的情况等。

四、畜蹄痕迹鉴定

（一）畜蹄痕迹的特征

畜蹄痕迹即畜类动物的足迹。畜蹄痕迹的特征可分为一般特征、细节特征和步法特征。一般特征是指畜蹄痕的大小、形状、长度、宽度、蹄壁厚度、蹄底着地时的形状等特征。根据一般特征能判断出畜蹄的种类。细节特征是指蹄支的粗细、形状、角底与蹄叉之间的沟宽，挂掌的形状、大小、种类、花纹分布、磨损、脱落等特征。步法特征是指畜蹄在运动过程中留下的反映畜蹄动力定型的痕迹特征，如前后畜蹄痕迹的分布位置、距离、角度、用力方向等。结合细节特征和步法特征能认定出具体牲畜。

（二）畜蹄痕迹的提取

提取畜蹄痕迹，可采用照相法和制作模型法。对发现的畜蹄痕迹，应用比例照相法进行记录和提取。对于立体畜蹄痕迹，还可以采用制模法提取。

（三）畜蹄痕迹的鉴定方法

鉴定畜蹄痕迹时，先根据一般特征确定出牲畜的种类，然后再根据细节特征和步法特征，分析动物的活动情况，以认定具体的牲畜。

第八节　文书检验

一、文书检验的对象与任务

（一）文书与文检

文书（document），泛指一切记载有文字、符号、图案的物体的总称。生活中，人们利用文书可以突破时间和空间的限制，表达思想、进行交际、记录事实。犯罪分子也会利用文书来从事各种犯罪活动，例如书写反动传单或信函，伪造印章印文或涂改文书内容进行诈骗、贪污等犯罪。侦查中的文书，特指与犯罪案件有关的，以文字、符号、图案为其表现形式的各种书证、物证。如证件、公文、信函、货币、票据、字画、照片等。

文书检验（简称"文检"）是运用语言学、生理学、心理学、物理学、化学等科学原理，研究并鉴定与诉讼或仲裁案件有关的文书物证材料，为审判提供证据的一项物证技术。文检若为犯罪侦查服务，也是一项侦查技术。

（二）文检的对象

文检的对象，按照其工作原理和检验方法，可分为"文书的笔迹检验"和"文书的物质材料检验"两大类。文书的笔迹检验，是通过检验文书手写文字所反映出的书写人的书面语言习惯、书写动作习惯、文字布局习惯等特点来发现并认定文书的书写人。文书的物质材料检验是通过检验文书的物质材料及非手写的文字、符号、图案等来辨别文书的真伪，判断伪造或变造的方法，查明文书损伤、毁坏的原因，辨别文书物质材料、印刷或制作工具的种类，恢复、显现文书原有的内容等等。

（三）文检的任务

文书检验的基本任务是通过研究手写文书字迹和文书的制作材料来确定文书与书写人或制作者之间的关系。在犯罪侦查中，文检的具体任务主要有：

（1）根据文书内容、文字特征及文书物质材料，分析判断案情，为侦查提供线索和方向。

（2）鉴别有关文书、印章印文的真伪，判明伪造或变造的方法。

（3）显现被掩盖、销蚀或褪色的文书内容。

（4）检验与案件有关的文书物质材料，如纸张、墨水、墨汁、印油、胶水、糨糊等，以确定其种类、品牌、成分，并查明其来源及案发时间。

（5）检验有关文书的语言材料，分析判断文书制作者的性别、年龄、文化程度、职业、籍贯及其思想类型等。

（6）通过对手写字迹的比较检验，确定文书的书写人。

二、笔迹鉴定的科学原理

（一）笔迹与书写习惯

笔迹，是书写习惯的表现形式；即人们根据书写文字符号规范，运用书写工具，通过书写器官的活动，遗留在纸面上或其他书写面上的痕迹。

书写习惯，是指人们在实践书写技能活动中所表现出来的，与书写规范不相同的思维和动作特点。

书写技能是指人们在书写符号的自动化操作系统中所达到的规范化程度和完善化程度。书写习惯则指人们在长期反复练习书写技能活动中所表现出来的，与书写规范不同的种种个人特点。书写技能与书写习惯，既有联系又有区别。前者是后者形成的基础。书写技能是有意识形成的书写动作系统，带有某种规范性和共同性。书写习惯却是在人们书写技能形成过程中无意间养成的，它是伴随着技能活动的实施而表现出来的。书写习惯往往带有一些地区性特点,但更多的是带有个人特点。

书写习惯,包括书面语言习惯、书写动作习惯和文字布局习惯三个方面内容。笔迹与书写习惯,是既互相矛盾又互相依存的一个统一体。笔迹是书写习惯的反映,书写习惯寓于笔迹之中,笔迹是反映书写习惯的媒介。没有笔迹就无法考查书写习惯,认识书写习惯必须从研究笔迹入手。

（二）书写习惯的形成

书写习惯,是人类高级神经活动中两种信号系统的协同活动的产物;它是由语言、文字作为主要刺激物在大脑皮层建立起来的一种巩固的动力定型。[①]人的书写习惯是经过长期的书写练习逐步形成的,它是通过不断学习和反复实践逐步形成和巩固下来的,并且随着主客观条件的变化而不断演变进化。在书写习惯的形成和发展过程中,它始终受人的生理、心理及书写的时间、环境、工具等多种因素的制约。

书写习惯的形成一般经历三个阶段:

1.初学阶段。一般指小学文化阶段,处于识字和学习基本书法技能阶段的人写字,往往需要描摹练习,即使有点书写习惯,但也不太巩固。

2.巩固阶段。一般指初中文化阶段,对于基本掌握书写技能的人而言,经过长期的练字,形成了一定的个人书写习惯特征,并逐渐趋向巩固。

3.定型阶段。一般指高中及高中以上文化程度的人,书写习惯已经形成,书写动作呈自动化状态,即写字时考虑的是书写内容,而不是字该怎么写。任何人的书写习惯这三个阶段都是逐步形成的,但其实各个阶段之间并无一个明显的界限。一个人的书写习惯一旦定型,若想有意识地改变自己的书写习惯,或者摹仿他人的书写习惯,都是十分困难的。

（三）书写习惯的特定性

书写习惯的特定性,是指每个人书写的文字符号所反映的书写动作体系,作为一个整体,人与人之间决不会重复。书写习惯的特定性,是由每个人形成自己习惯的一系列主客观因素决定的。影响一个人书写习惯特定性的因素主要有:各人的生理与心理条件存在差异,各人形成书写习惯过程中所遭遇的客观条件也不相同。文检的任务之一就是要辨别、认识不同人的书写习惯,从而认定文书物证的书写人。每个人书写习惯的特定性,是确定文书字迹书写人的客观依据。

---

①　由颜色、声音、气味等具体信号作为刺激物所引起的反射活动,叫作第一信号系统活动;由语言、文字、图像等抽象信号作为刺激物所引起的反射活动,叫作第二信号系统活动。

（四）书写习惯的稳定性

稳定性是指书写习惯形成之后，能在一定时期内保持其基本特性相对稳定不变。书写习惯的相对稳定性，是确定书写习惯自身同一的必要条件。在一个人丧失正常的书写技能之前，其书写习惯的本质决不会消失。书写习惯的稳定程度在人的各年龄阶段有差异。此外，书写习惯的稳定性与人的学历、职业、书写技能等方面也有关系。通常，文化程度高的人、经常从事书写活动的人，其书写习惯的稳定性较强。书写习惯定型后，由于种种主客观因素的影响，也可能产生一定的变化。这种改变对笔迹鉴定有一定影响，但一般不会完全丧失鉴定条件。

正由于书写习惯的特定性和相对稳定性，所以笔迹鉴定结论才可以在各国法庭上用作证据。

三、笔迹特征

笔迹特征，是人们思维语言习惯和书写习惯动作特点的综合反映；它是人们书写习惯的外在表现形式。因此，笔迹鉴定必须从研究笔迹特征入手，才能确定书写习惯，进而认定手写文书的制作者。笔迹特征的内容主要有：书面语言特征、文字布局特征和书写动作特征三个方面。

（一）书面语言特征

语言是人类最重要的交际工具，文字是记录语言的符号。语言与文字紧密相关，因此笔迹鉴定也离不开语言与文字两方面的内容。之所以每个人的思维语言（母语）习惯不同，是由于各人的生活环境、受教育程度、工作经历、职业范围等众多因素差异造成的。一个人的思维语言习惯特点反映在文书上，就会暴露出拟稿人的思想内容和遣词造句的特征。在分析案情时，根据这些书面语言特征，有助于判断文书拟稿人的居住地区、生活经历、文化程度、职业身份等。书面语言特征具体表现在语音、语法、词汇、文体、习惯性错别字以及标点符号的应用等方面。

1. 文体特征。此类特征往往与书写人的职业、爱好和知识有关。例如，采用寓言、诗歌、政论等体裁的文章或函件，说明书写人擅长这类表达方式。

2. 语音特征。书面语言中的语音语调特征，往往可以反映出书写人的地方口音特点，有助于判断书写人的籍贯和居住地区。

3. 词汇特征。使用和选择的词汇，与书写人的文化程度、知识水平、职业行业、社会经历、居住区域有着十分密切的关系。对侦查破案价值较大的主要像一些特殊词汇、专业术语、方言土语等特征。

4.语法特征。语法特征可分为词法特征和句法特征两方面内容。在语言识别中,语法特征差异虽不如语音特征、词汇特征那么明显,但它另有十分重要的鉴定特点。受方言的影响,一个人的语法结构习惯特征一旦定型,企图加以改变或伪装是相当不容易的。

5.内容特征。尤其是在较长篇幅的手稿中,笔迹中流露的内容往往能够反映出书写人职业、思维特点及其所关心的东西。据此可以缩小侦查范围。

（二）文字布局特征

笔迹鉴定中的文字布局,是指文字符号在书写面上的安排形式及分布状况。它也能反映出一个人的书写习惯。这类特征一般不易被人注意,具有较大的隐蔽性,尤其在长篇手稿中表现得较明显。司法实践证明,一些狡猾的犯罪分子即使在文书中改变了书面语言特征和字迹特征,却往往会忽视对自己文字布局习惯特征的伪装。可见,文字布局特征在侦查或鉴定过程不仅是确定书写习惯的重要补充,而且是分析判断罪犯职业、身份、视力、性格等的重要依据。

1.字行的方向与形态特征。即字迹行线的走向和倾斜状况。

2.字间、行间的间隔及字行与格线的相对位置特征。

3.页边的大小、形状特征。页边是指成篇文字的字行与纸张四边的空白部位。

4.标题、程式语、落款等位置安排特征。

5.分段、提行、缩头的习惯特征。

6.标点符号的习惯位置特征等。

（三）书写动作习惯特征

书写动作习惯特征,又叫"书法特征",是指一个人的书写动作习惯在笔迹中的反映或表现。这种特征是以字迹来认定书写人的重要依据。

1.笔迹的一般特征

它能反映一个人书写习惯的一般特点。根据这类特征,通常可以判断一个人书写技能的高低,及其书写动作习惯的一般特征。例如:

（1）字迹熟练程度。它是指一个人书写动作的自动化程度、笔画准确程度和协调程度。字迹熟练程度,在不同的语言文字中有着不同的标准。汉字笔迹的熟练程度标准,主要以书写动作的准确程度、笔画结构的布局合理程度、运笔动作的技巧等三方面因素来衡量的。字迹的熟练程度,通常可按熟练笔迹、中等笔迹、不熟练笔迹三个层次来评价。

（2）书体、字体、字形。书体,对手写文字而言,尤指汉字书写体系。汉字书写体系有几十种之多,常见的有十二种,最常见的有五种:行书、楷书、草书、隶书和宋体。字体,仅指手写汉字中书体的一个分支,或称某著名书法家的流派风格。如汉字软笔书法中的五大流派:颜(真卿)、柳(公权)、欧(阳洵)、苏(东坡)、赵(孟頫)。

(3)字的倾斜程度。即文字符号的中轴线与行线所构成的角度。

(4)字迹的抑压力。即书写时,笔尖对纸面所施加的习惯压力,简称笔压。根据字迹抑压力的大小特征,可以判断书写人平时写字时用力轻重的习惯。一个人在正常情况下写字,其笔压是均匀、一致的;若在心情紧张时,其笔压则会发生异常变化。判断笔压的强弱,通常根据字迹笔画的粗细、墨迹的浓淡、笔尖的分叉状况、圆珠笔油的堆积状况、笔画沟痕的深浅等因素来分析。我国目前采用的静电复印技术可以显现出第五张衬垫纸上的字迹压痕。这些字迹压痕,既能为侦查提供线索,又可以作为定案证据;它们对于经济领域内犯罪案件的侦查颇有价值。

由于笔迹的一般特征容易受主客观因素影响而发生变化,加之犯罪分子故意伪装笔迹时,首先考虑的也是改变笔迹的一般特征,因此,笔迹鉴定还需要进一步分析研究笔迹的细节特征。

2.笔迹的细节特征

笔迹细节特征,是人们在自由书写练习过程中形成的个人书写动作特点反映。它是一个人书写动作习惯特殊性的集中体现,所以也是笔迹鉴定中认定书写人的重要依据。人与人之间笔迹的绝对不同,主要表现在他们字迹的细节特征总和的差异。根据汉字的特点,笔迹细节特征主要有:单个笔画运笔特征;笔画间交叉、连接、搭配特征;合体字各组成部分特征;笔顺特征;错别字特征;标点符号和辅助符号特征等。以下介绍几类汉字主要的细节特征:

(1)运笔特征。即笔尖在书写面上的运动状况,包括起笔特征、行笔特征、连笔特征、收笔特征等。

(2)笔画间的交叉、连接、搭配特征。众所周知,绝大多数汉字都是由两个以上笔画构成的。凡是由两个以上笔画组成的字,难免会出现交叉、连接、搭配的特征;这些特征所反映的书写动作习惯,往往比较特殊、稳定、隐蔽,而且不容易伪造,因此鉴定价值较大。

(3)笔顺特征。它是指违反汉字笔顺书写规则而形成的特殊(或者错误)笔顺习惯。笔顺特征的稳定性比较强,书写人也不容易伪装;因此,笔顺特征往往成为笔迹检验中做出肯定或否定结论的重要依据之一。判断有连笔的汉字笔顺不难,若判断不连笔的汉字笔顺,通常可从笔画的起收笔动向、运笔趋势、邻位笔画间的位置或者借助显微镜观察笔画交叉部位的特点进行分析。

(4)错别字和异体字特征。错字是指书写人由于不知道或遗忘某个字的正确笔画结构而误写的字。别字是指书写人由于不清楚某个字的正确用法,而将另一个发音或字体相似的字来替代。异体字是指书写人自己创造或模仿的字，但其未经得社会的普遍承认；异体字往往带有某种地区性、行业性和时代性的特征。总之，错别字和异体字都是由于书写人主观认识错误（自己并不觉得有错）而形成的，因此具有较强的稳定性。在文化水平和书写技能较高的人所写的字迹中，出现错别字、异体字特征，它们的笔迹鉴定价值更大。在鉴定错别字、异体字特征的同时，应注意把偶然性误笔与习惯性错别字区别开来，还要注意犯罪分子是否故意伪装。

（5）标点符号和辅助符号特征。在现代语言中，凡是稍长一些的文字手稿必然会伴随着标点或其他符号的出现。这些符号既是语言文字的附属内容，也是人们书写动作体系的一个组成部分。标点符号和辅助符号的特征，主要表现在它们的形态、运笔习惯及其位置安排等方面。

上述这些有规律的笔迹细节特征是一个人的书写动作体系在文字手稿中的反映，也叫个人书写动作习惯特征的总合表现；因此笔迹的细节特征是认定书写人的最主要依据。当然在笔迹鉴定中，认定人身同一时这些细节特征往往不可能，也不需要全部相同；但笔迹检材与样本之间，至少有几类细节特征相同或不同，才能做出肯定或否定的结论。

四、伪装笔迹的特点及其识别

伪装笔迹，是指书写人企图达到使人难以辨别、嫁祸于人、转移侦查视线、逃避法律惩处之目的，而故意歪曲自己固有的笔迹特征或摹仿他人的笔迹特征所写的字迹。

伪装笔迹是书写人在某种动机驱使下，以临时的条件反射去干扰自己已经定型的书写动作自动化系统。人的书写习惯形成之后，若企图完全改变它是不可能的，但在主观意识的控制下部分地歪曲自己的某些笔迹特征则是可能的。不管犯罪分子采用何种手法来伪装笔迹，其固有的书写习惯特征仍然不可避免地会暴露出来，从而为笔迹鉴定提供了可能性。笔迹特征伪装程度的大小是受各种主客观因素制约的。

（一）决定笔迹伪装程度的因素

根据研究表明，决定笔迹伪装的成功率及其伪装程度的因素主要有：①书写技能的高低；②伪装手法的繁简；③书写文字的多少；④书写速度的快慢；⑤摹仿能力的强弱等。

(二)常见的伪装笔迹特点及其鉴别

1.随意歪曲自己的笔迹特征

即书写人采用不正常的书写方法,仅凭自己临时的想象,肆意加快或放慢书写速度、改变字体或字形来歪曲自己原有的笔迹特征。这类伪装笔迹,总的特点是前后缺乏规律性。笔迹中相同的单字、单字中相同的部分或相同的笔画之间特征,先后往往不一致。只要找出它们的规律性特征,仍可供鉴定识别。

2.左手伪装笔迹

即一贯用右手写字的人,为了逃避侦查,有时会临时改用左手书写的字迹。左手伪装笔迹特征明显,较易识别。①横的笔画呈左高右低,单字和字行会向右下方倾斜;②笔压不均匀,行笔断断续续,笔画转折生硬,起收笔有拖带痕迹;③偶尔还会出现反起笔,甚至组成部分颠倒的字。

3.摹仿他人笔迹

摹仿他人的笔迹,有两种情形:一是仿写;二是摹写。

仿写(又称"临摹"),是以被仿写人的笔迹作为样本,通过观察、记忆、对照练习,再根据仿写人自己所能理解和记忆的他人笔迹特征而进行的脱手书写。仿写笔迹总的特点是:既有被仿写人的笔迹特征,也有仿写人自己的笔迹特征;同时还会出现某些因仿写而走样的特征(即不呈规律性的反常特征)。

识别仿写笔迹的具体特征有:

(1)笔压不均匀,运笔不自然,墨迹浓淡先后不一致。

(2)行笔过程有不恰当的断笔现象,笔画中有停顿、重描、修饰、收笔无力等现象。

(3)字间与行线之间的排列不整齐等。

摹写(又称"套摹"),是指摹写人把被摹写人的字迹作为底样,利用透光描写等手法,逐字逐划地复制笔迹。摹写笔迹的特征主要有:

(1)书写速度缓慢,笔压不均匀。

(2)运笔动作不流畅,连接笔画有重描或笔连意断的现象,邻位笔画的起收笔之间缺乏照应。

(3)检材上可能留有笔迹压痕或复写材料的痕迹。

如果摹写人书写水平不很低,利用这种手法作案一般都可能达到目的。实践中,摹写他人笔迹作案比较多见,但也有摹写自己笔迹作案的。目前侦查部门经过笔迹鉴定往往只能认定摹写事实,而认定摹写人难度较大。

除了上述几种常见的伪装笔迹外,还有一些犯罪分子采用点线字、曲线字、尺划字或者混合伪装等手法来作案的。

五、笔迹鉴定

笔迹鉴定,即根据笔迹检验中发现的书写习惯来确定嫌疑文书书写人的活动。通常,笔迹鉴定离不开比较研究的两方面材料:一是笔迹检材;二是笔迹样本。在侦查实践中,检材是指犯罪分子书写的文字手稿,它是一种未知来源的原始证据材料。样本则指受审查人书写的文字手稿,它是一种已知来源的供比较检验用的笔迹。依法收取笔迹检材与样本是笔迹鉴定前必不可少的准备工作之一。

（一）笔迹样本的种类及其收取方法

1.收取笔迹自由样本

笔迹自由样本(又称"自然样本"),是指受审查人在发案前后,不知道侦查意图时所写的文字手稿。因为自由样本是最能够反映一个人书写习惯的字迹,所以鉴定任何笔迹都必须收取这种样本供比较检验。收取自由样本的方法有:

(1)收取档案中受审查人自己书写的笔迹材料。

(2)收取发案前不久受审查人亲自书写的现成手稿。

(3)发案后,在受审查人未觉察侦查意图的情况下设计套取其手稿。

2.收取笔迹实验样本

笔迹实验样本,是指受审查人已经觉察侦查意图的情况下而被强制要求书写的文字手稿。它常作为鉴定左手伪装笔迹等特殊笔迹时,用以比较检验的补充样本材料;单凭实验样本做出的笔迹鉴定结论是不可靠的。收取实验样本的方法有:

(1)用不同速度,令受审查人听写一段文字。

(2)限定时间,令受审查人抄写一段文字材料。

(3)规定字体或字形,抄写一些单字或一段文章。

(4)令受审查人在特殊环境下或以特殊姿势来书写一些文字。

司法机关或鉴定机构在提取文字书写人的笔迹实验样本后,必须要有在场的见证人签名(承办法官、律师、当事人等),并注明书写日期。

3.收取笔迹对照样本

笔迹对照样本,是指与案件有关的第三者书写的文字手稿,它只作为笔迹鉴定中的一种参考样本。譬如,鉴定摹仿笔迹时,除了收取摹仿人的笔迹样本外,还要收取被摹仿人的笔迹来作为对照样本。收取笔迹对照样本的方法和要求,类似于收取自由样本。

4.收取笔迹样本的基本要求

(1)必须遵守法律和政策,要保守秘密。

(2)尽量使样本与检材有可比条件。

(3)样本的来源应当真实、可靠。

(4)样本的数量尽可能充足。

(5)应用科学的方法收取、保管检材和样本,不能混淆。

(二)笔迹鉴定的步骤与方法

做好笔迹鉴定前的准备工作后,便可以按规定的程序对检材和样本进行分别检验、比较检验、综合评断、制作鉴定书等项工作。

1.分别检验

即先后分别确定检材笔迹和样本笔迹的各自特征。首先,应判断检材笔迹有无变化或伪装。接着寻找并确定检材笔迹的一般特征和细节特征。然后再寻找和确定样本笔迹的一般特征与细节特征。

2.比较检验

在分别检验的基础上,比较检材和样本笔迹特征之间的异同点。比较时,必须针对它们同类性质的特征进行比较;先比较一般特征,后比较细节特征。比较过程,需要选择检材和样本中相同的单字或笔画,制成笔迹特征对照表,进行比较说明。

3.综合评断

即根据特征符合点或差异点的质量、数量等比较检验的结果,确定检材与样本的字迹是否同一人书写;做出肯定同一或否定同一的结论性意见。

4.制作鉴定书

笔迹鉴定的最后一道程序是制作鉴定书。笔迹鉴定书,作为一种法定诉讼证据,要求形式合法、内容客观。合法的鉴定书包括"文字叙述"和"图片说明"两部分,缺一不可。

(1)文字部分。通常由绪言、检验过程、论证、结论等四部分内容组成。在鉴定结论的右下方,应有鉴定人、复核人的签名,写明鉴定日期,加盖鉴定机构的专用章。

(2)图片部分。通常由检材与样本的全貌照片或复印件(加文字说明)、单字特征比对表等内容构成。

笔迹鉴定书,应当加封面装订成册,编好页码。鉴定书至少一式两份,一份交给送检单位或个人,另一份留鉴定部门存档备查。

六、伪造变造文书的检验

（一）伪造变造文书检验的任务

前面所述的文检内容主要是笔迹检验，这部分内容侧重于技术检验。一些犯罪分子为了达到某种犯罪目的，在搞不到真实文书的情况下，就会想方设法制造假文书来作案，伪造或变造文书便是其惯用的伎俩。

1.伪造文书，是指犯罪分子按照真实文书的内容与格式，用复印、描绘、印刷等方法，设计制造的假文书。

2.变造文书，是指犯罪分子利用物理或化学方法消除真实文书上的一部分内容，并加进自己所需要的内容，从而改变真实文书原意所形成的假文书。

3.检验任务。检验伪造变造文书是文检技术的重要组成部分，它的基本任务是：辨别文书的真伪，判明伪造、变造的方法；鉴定文书的物质材料及印刷工具的种类；显现文书中被销蚀、掩盖的文字内容；恢复被毁坏的文书，为揭露犯罪事实，证实犯罪行为和犯罪人提供证据。

（二）伪造、变造文书检验的方法

伪造、变造文书的检验步骤，一般是先初步审查，后技术检验。初步审查的内容有：审查文书的内容、格式及持有人之间有无矛盾；审查文书的纸张、颜料、印文、照片、手写文字等方面有无异常，有无技术性伪造、变造的迹象；初步推断文书伪造、变造的手法等。经初步审查后，再将有伪造、变造嫌疑的文书提交技术检验。技术检验的方法包括：普通光检验、显微镜检验、不可见光检验、化学检验等方法。

（三）印章印文的检验

违法犯罪分子因受种种技术条件的限制，难以用与真实文书相同的纸张、颜料来印制假文书，他们为了达到使用某种文书的目的，便会借助伪造变造印章印文的方法。

印章，是国家机关、群众团体、企事业单位或个人为了表示文书的真实性而使用的，刻有文字图案的章戳总称。印章可分为公章、私章、专用章三种类型。印章一般由印柄和印面两部分构成；常用的制作材料有木头、石块、角骨、金属、有机玻璃、橡皮等等。

印文，是指印章的印面在文书上的反映痕迹，它也是鉴别真假印章的媒介。无论是手工抑或机械方法刻制的印章都会形成某些特征，这些特征必然也会在印文中得到反映，从文检实际出发，应当着重研究印文的特征。

1.印文的特征

印文特征,分为一般特征和细节特征。印文的一般特征包括:印文规格的大小、印文的结构形态、印文的名称以及字体、字形等。印文的细节特征,主要指印章在雕刻或使用过程中形成的特征。譬如:印文图案和文字中各部分的比例、距离和位置关系,印文上的暗记与疵点等。

2.印章印文的鉴定

(1)鉴定前的准备工作。例如,向送检单位或个人了解案情;收集印文样本;将样本制作成与检材同等大小的复印件等。

(2)常用的印文检验方法,主要有以下几种方法:

特征标示比较法。先从同等大小的检材和样本印文的相同位置上找出各细节特征的异同,然后将各细节特征用直线引伸出来,按顺时针方向编号。一般要求找出 10 个以上相同的特征,才能做出认定同一的结论。

同心圆鉴定法。针对圆形的印文,先在检材和样本的圆心上,以不同的半径分别画几个圈,然后观察这些圆圈所经过的印文图案文字部分的位置特征异同,最后作出鉴定意见。

图像拼接比较法。先将同等大小的检材和样本印文图像,用一样的几何图形,在印文的相同部位分别剪开;然后调换拼接在一起,观察两者结合处的特征能否自然吻合;最后作出鉴定意见。

印文重叠比较法。先将检材印文和样本印文制作成同等大小的照片或图片,再把检材和样本重叠在一起,利用文检仪器,采取透光或反色的方法来观察两者的边框线、文字笔画、印文图案等特征能否上下吻合;最后作出鉴定意见。

思考题与案例分析

1.指印的细节特征有哪些?

2.试述如何根据犯罪现场足迹来分析判断作案者的人身特征。

3.简述工具痕迹的种类及其特点。

4.简述动态工具痕迹的鉴定方法。

5.如何根据车辆痕迹来判断运输工具行驶的方向?

6.分析判断枪支射击方向、角度、距离有哪几种方法?

7.声纹鉴定在侦查和审判中有何意义?

8.试述 DNA 鉴定技术在司法领域内的应用。

9.整体分离痕迹与反映形象痕迹有何区别?

10.简述文书检验的对象和任务。

11.何谓思维语言习惯? 何谓书写习惯? 它们与笔迹有何关系?

12. 笔迹的一般特征和细节特征有哪些?
13. 试述收取笔迹自由样本和实验样本的方法与原则。
14. 试述检验伪造、变造文书的基本方法。
15. 鉴别印章印文的真伪,着重研究哪些特征?
16. 布置文检案例实习作业或期中测验。

第三章　犯罪现场勘查

第一节　犯罪现场的概念及其分类

一、犯罪现场的概念

犯罪现场，是指犯罪分子实施犯罪活动的地点以及遗留有与犯罪有关的痕迹、物品的一切场所。犯罪分子作案的地点，是指犯罪分子直接实施侵害行为的中心场所，这是犯罪现场的主要内容。遗留有与犯罪分子犯罪有关的痕迹、物品的一切场所，是指犯罪分子作案前后出入现场的路线，作案后隐藏、处理赃款赃物及其他罪证或者肢解、抛弃、掩埋尸体等场所。

构成犯罪现场的客观因素包括：①时间、空间的要素；②犯罪对象及物质环境变化的要素；③犯罪人的行为要素。

正是由于这三个构成要素的存在，才使得犯罪现场具有阶段性、特定性、暴露性、易变性等特点。

二、犯罪现场的分类

（一）根据现场在犯罪过程中的地位及其相互关系，可分为主体现场和关联现场

1. 主体现场

主体现场是指犯罪分子实施主要犯罪行为的处所。通常在主体现场上，犯罪分子停留的时间较长，活动较充分，因此遗留的犯罪痕迹、物证相对也较多。侦查人员接到报案后，首先要能发现主体现场，然后应投入较多的力量对主体

现场进行勘查。

2.关联现场

关联现场是指除主体现场以外的与犯罪行为相关的一切地点。例如,犯罪分子实施犯罪前踩点、窥视、逗留等活动的地方;作案后隐藏赃物、尸体、尸块的地点,毁坏或抛弃犯罪工具、物证的场所等。关联现场是犯罪现场的有机组成部分,对关联现场的勘查取证,亦有助于查明案情。

（二）根据现场形成之后有无变动,可分为原始现场和变动现场

1.原始现场

原始现场是指犯罪现场形成后到侦查人员赶到现场勘查之前,没有遭受自然或人为因素破坏的现场。原始现场,基本保持了犯罪分子逃离现场后的原来物质环境状态。它能为研究现场情况提供真实可靠的依据,对侦查破案具有较大的价值和作用。

2.变动现场

变动现场是指案件发生以后由于人为或自然的因素,使现场原始形态遭到改变的现场。此类现场上可能增加或减少一些痕迹、物品,犯罪后遗留的痕迹物品也可能不同程度地受到破坏,因而造成现场上的一些情况真假难分,给勘查工作带来了一定的难度。虽然变动现场对收集证据,分析研究犯罪现场的一些情况十分不利,但是有时候人为地变动现场也是必要的。譬如为了急救人命、排除险情,而不得不触及现场的某些部位;有些案件的现场,在未被发现之前,早就遭到风雪雨的破坏;事主、群众、基层保卫组织,由于不懂得保护现场的知识或采取的保护措施不当,也会导致现场的原始状态遭到非故意的破坏。

（三）根据案件事实的真伪,可分为真案现场和假案现场

1.真案现场

真案现场是指确实存在犯罪行为的现场。这种现场有三种情况:一是无伪装的真实案件现场。犯罪分子实施犯罪行为后,没有任何掩盖、伪装,对现场上物质环境也没有故意摆布,这是无伪装的现场。二是有不同程度伪装的真案现场。犯罪分子在实施犯罪过程中,或在实施犯罪后,为了消灭罪证、逃避罪责或企图转移侦查视线、嫁祸于人,故意对现场进行某些改变的,又称为伪装现场。三是有不同程度破坏的真案现场。犯罪分子在现场上已经达到既定的目标之后,为了设置障碍,逃避侦查,故意将其在作案过程中留在现场上的痕迹、物品进行破坏的现场,又称为破坏现场。

2.假案现场

假案现场是指行为人出于某种个人动机和目的,虚构情节,谎报案情、故意设置或伪造的"犯罪现场"。此类现场,由于实际上没有犯罪事实的存在,所以

行为人所指陈的情况往往与现实情形不符,自相矛盾,漏洞百出。只要认真仔细地勘查现场,是不难揭穿谎言的。

（四）根据现场所处的空间位置,可分为露天现场和室内现场

1.露天现场

露天现场是指犯罪分子在室外作案时形成的现场。如犯罪分子在田野、树林、山地、公园、体育场、街道、院落等处作案时所形成的现场。露天现场,一般范围比较大,易遭自然或人为的破坏。

2.室内现场

室内现场是指犯罪分子在室内作案时所形成的现场。如犯罪分子在山洞、防空洞、商店、仓库、银行、财会室、车间、居民住房内等处作案时所形成的现场。室内现场,一般范围较小,不易遭到破坏。

（五）根据现场与犯罪活动之间的联系,可分为中心现场和外围现场

1.中心现场

中心现场是犯罪分子实施主要作案活动的场所,或遗留犯罪物品较集中的地点,是现场勘查的重点,所以现场勘查时需明确所处的是否是中心现场,以便组织力量进行勘验、调查。

2.外围现场

外围现场是指与中心现场相联系的周围有关地带和场所。譬如犯罪分子进入某一现场作案前后停留或藏身的地方,来去的路线以及其他遗有相关痕迹物品的地点。

需要明确的是,中心现场和外围现场不是两个独立的现场,而是一个现场的中心部分和外围部分。

此外根据案件性质,还可以分为盗窃案现场、杀人案现场、抢劫案现场、强奸案现场、爆炸案现场、纵火案现场等等。

第二节　现场勘查的任务和要求

现场勘查,是指侦查人员为了查明事件性质和犯罪事实,搜集犯罪证据,查缉案犯,依法对与犯罪有关的人、事、物及场所进行的现场调查（访问）和实地勘验活动。它是立案审查工作的依据,也是一项综合性侦查取证措施。

一、现场勘查的任务

（一）查明事件性质

所谓事件性质，是指已经发生的事件是犯罪案件或是非犯罪事件。侦查工作的开展是以犯罪案件为前提的，对于非犯罪事件则不适用侦查。无论是机关单位、人民团体或公民个人，向侦查部门所做的发生某种事件的报告，往往是以他们所看见的表象作为认识判断的依据。基于这种原因，认识判断难免出现差错。只有通过现场勘查，确认犯罪行为引起的事件，并且达到了规定的立案标准，才能立案侦查。否则，侦查活动便会失去客观依据。

（二）查明犯罪活动的情况

犯罪活动是在一定的时间，一定的地点，由一定的人采取一定的方式完成的。查明犯罪活动情况主要有以下内容：

1.犯罪时间：指犯罪分子实施犯罪侵害行为所经历的时间。

2.犯罪地点：指犯罪分子实施侵害行为的场所及其在周围环境中的位置。

3.犯罪人的情况：包括犯罪分子的基本情况和作案所具备的条件，如人数、姓名、性别、年龄、籍贯、体貌特征、语言特征、文化程度、职业习惯、犯罪手法是否熟练等。

4.犯罪工具及手段：犯罪分子借助何种工具、采用何种手段作案；在现场实施了哪些犯罪行为，造成了什么后果。

5.犯罪过程：犯罪分子侵入现场的部位，现场活动的先后顺序，逃离现场的方向和路线等。

6.现场上有无反常情况。

（三）发现、搜集犯罪证据

现场勘查的过程，也是发现证据和搜集证据的过程。把犯罪分子在现场上留下的各种各样的证据，尽可能毫无遗漏地搜集起来，是现场勘查的一项重要任务。在实施勘查时，不仅要注意发现、搜集证明某一犯罪事实存在的证据，也要注意发现、搜集能够据以确认犯罪人、揭露与证实犯罪的有关证据。

（四）记录现场情况

现场勘查记录，是法定的证据之一。在实施勘验过程中，运用笔录、照相、绘图、录像、制模等方法，客观、全面地把现场勘查的情况记录固定下来，也是现场勘查不可忽视的一项重要任务。

（五）初步确定侦查方向，划定侦查范围

初步确定侦查方向，划定侦查范围，是现场勘查直接的重要任务，是上述四

项任务的归宿和落脚点。侦查方向定得对不对,范围划得准不准,直接影响侦破工作的速度和质量。但要将侦查方向定对、范围划准,就必须认认真真、扎扎实实地搞好现场勘验和现场访问工作,搞好临场分析研究工作。

二、现场勘查的要求

(一)及时

就是要抓住有利时机。侦查人员接到报案后突出一个"快"字,要以最快的速度,立即赶赴现场。只有这样,才能抓住发案不久犯罪痕迹变化不大、罪证未及破坏、群众记忆犹新、罪犯未及逃远、赃物未及脱手等有利时机。这是根据刑事犯罪现场的特点提出的一个要求。

(二)全面

就是对现场进行全方位、周密地勘验检查和现场访问。要求侦查人员在勘查现场时,凡是与犯罪有关的场所都应进行勘查;凡是与犯罪有关的人和事都应一一调查;凡是能够认定和证实犯罪,以及对侦查有价值的材料,包括正反两方面的材料都要进行收集;凡是与犯罪有关的事实都要进行全面分析。

(三)细致

要求侦查人员在现场勘验与现场访问中,不仅要注意那些明显的痕迹、物品与情节,而且还要注意发现、收集与案件有关的各种细枝末节。无论进行勘验或访问,都应当仔细精心,特别不要漏掉那些有价值的点滴材料和片纸只字。要特别注意勘查容易被人忽视的地方、方面与物质,注意发现微小、量小的物质,注意勘验那些无形的或常人不关心的物质变化。在向当事人、知情人调查访问时,要耐心详细地搞清对方所知道的与案件有关的一切情况。不轻易放过任何与案件有关的细节和可疑情况。反对勘查"走马观花"和粗枝大叶,以免给侦查破案工作造成损失。

(四)客观

要求侦查人员按照事物的本来面目去认识现场。现场勘查是一项脚踏实地的调查研究工作,必须要有实事求是的科学态度,无论是发现、提取痕迹物品,还是听取、收集群众反映和制作现场记录都应持客观的态度。绝不能先入为主,按自己的主观需要,抹杀或增添额外情节,或者对某些事实任意夸大或缩小。因为那样会改变客观事物的本来面目,给侦破工作造成损失。

(五)合法

要求现场勘查工作必须严格依法办事,勘查主体要合法,勘查程序要合法,取证方法要合法。譬如,事先应依法办妥"现场勘查证",聘请两位符合法律规定的见证人,提取的证据应具有合法性,等等。

第三节　犯罪现场的保护

一、现场保护的意义

刑事犯罪现场是犯罪活动的遗址，现场上既有犯罪的后果，也有犯罪的其他证据，同时还有反映犯罪过程以及犯罪人的各种信息。案件发生以后，实施勘查以前，一般都有一段或长或短的时间间隔。在这段时间里，现场极易受到外界的影响，改变其原始状态，导致痕迹、物证的毁损，侦查线索的淹没。因此，刑事案件发生以后，及时把现场保护起来，尽量减少人为因素和自然因素的改变和破坏，这对于保证现场勘查质量，完成现场勘查任务，是极其重要的。实践证明，凡是现场保护工作做得好的，侦查人员实施勘查时往往都能顺利地查明案情，获取较多的痕迹、物品和侦查线索，给侦查工作的开展直至案件的侦破创造良好的条件。相反，凡是没有及时保护好现场，现场的原始状态以及痕迹、物品遭到破坏，应该发现获取的痕迹、物品没有发现、获取，应该收集到手的侦查线索没有收集到手的，侦查工作就不能顺利进行，甚至造成案件久侦而不破。

保护现场的意义归纳起来有几点：①有助于查明犯罪活动；②有助于收集犯罪证据；③有助于发现侦查线索；④有助于提高现场勘查工作的效率。

二、现场保护的任务

保护犯罪现场是一项群众性的工作。它不仅是每位公民应尽的义务，同时也是基层公安保卫组织的干警、治安保卫委员会成员等的一项重要任务。《刑事诉讼法》第一百零二条规定："任何单位和个人，都有义务保护犯罪现场，并且立即通知公安机关派员勘验。"保护现场的任务如下。

（一）划定保护范围，封锁犯罪现场

保护现场的人员，在及时报案之后，应根据犯罪现场的情况及周围环境，划定保护范围。随后组织有关干警、治安人员、民兵或可靠群众进行警戒，把整个犯罪现场封锁起来。对于意欲清点财物的事主、悲痛欲绝的被害人、抚尸痛哭的亲属以及其他人员，应动员其离开现场，以便尽可能维持现场在犯罪后的原始状态。在勘查人员到达之前，不允许任何人进入现场。现场保护人员也不能随意进入，不得触摸、乱动现场上的任何物品，更不能擅自进行勘查。如果有必要对现场某些痕迹、物品或尸体施以具体保护措施时，也要选择不致破坏现场的适当路线进出，不能因为采取具体的保护措施而改变现场的原始状态。对于发生在农村房舍或院落的案件，必须把散养的家禽、家畜隔离在保护现场范围以外，避免家禽家畜的活动破坏现场。

（二）了解发案情况，听取群众反映

现场保护人员在实施保护现场的过程中，要听取事主、被害人以及发现案件者等人对于案件发生、发现经过情况的反映。调查了解的内容包括：

1. 发现案件的时间、地点，当时的现场情况，有无采取何种措施，发现人是一人还是多人，其姓名、职业、住址等。

2. 发生案件的时间、经过，造成了何种后果。如果犯罪伤及人身，要了解被害人受伤害的程度及部位；如果是财物被抢被盗，要了解财物的价值、种类、名称、数量、特征等。

3. 事主、被害人的姓名、性别、年龄、职业、住址等。

4. 犯罪分子的人数、姓名、性别、年龄、口音、衣着、身形体态、相貌特征、使用何种凶器和交通工具、逃跑的方向等。

5. 是否有人目睹犯罪，有哪些见证人和知情人。

此外，凡是现场周围群众对案件的反映和议论，以及群众提供的疑人疑事等情况，都必须认真听取，必要时可做详细笔录。

勘查人员到达现场后，现场保护人员应及时向指挥员汇报案件发生、发现的经过，现场保护措施以及初步了解的案件情况，以便勘查人员采取相应的措施，尽快投入勘查工作。

（三）针对紧急情况，采取紧急措施

在保护现场的工作中，常常会遇上某些紧急情况，比如伤者需要救护，火险需要排除，正在扩大的犯罪后果需及时进行控制等。凡遇上紧急情况，现场保护人员都应有针对性地采取相应的紧急措施，进行恰当的处置。

遇有人命危险（包括受重伤的被害人和犯罪分子），应当派专人组织急救，或者送附近医院抢救。在急救人命时，对于因此而引起的现场变动情况以及伤者的位置、姿势等，要注意加以标记和记录清楚，并尽可能地防止毁坏其他痕迹、物品。同时还应从伤者口中了解有关案件的情况。对受伤的犯罪嫌疑人进行急救时，要布置专人严密监视，以防发生行凶、自杀、毁证灭迹等意外。

对于纵火、爆炸现场，除急救人命外，还应及时组织群众，扑灭火险，抢救财物，以缩小危害后果。在救护、抢险过程中，亦应尽量减少破坏，并记明救护、抢险前的原始状态。

发生在交通要道或闹市地段的案件,往往会引起群众密集围观,交通堵塞。在排除交通障碍时,也要记明变动前的情况,同时注意维护秩序,否则,现场极易遭到破坏。

（四）看管犯罪嫌疑人

在对现场进行保护时,如有群众扭送的犯罪嫌疑人或发现犯罪嫌疑人尚未逃离,应立即采取果断措施,当场予以扣留,并由专人看管起来。对于已经逃跑的犯罪嫌疑人,如知其姓名、特征、逃跑方向的,应立即报告上级公安机关,采取追缉、堵截等紧急措施。对于尚未脱逃而又负隅顽抗的犯罪嫌疑人,应组织干警、民兵就地包围,及时报请上级公安机关派出侦查人员或武装力量进行处理。

三、现场保护的方法

（一）不同现场的保护方法

1.对露天现场的保护。通常是划出一定的范围布置警戒。范围的大小,原则上应包括犯罪分子作案的地点和犯罪分子可能遗留痕迹物品的场所。这种范围,开始的时候应划得大一点,待侦查人员到达现场后,可以根据具体情况和实际需要,再作适当调整。范围划定后,即可采取保护措施进行保护。对于范围不大的露天现场,条件许可时,可以在现场周围绕以绳索或撒以白灰作为标记,防止人们闯入;对现场上重要部位的进出口,应当设岗看守或者设置障碍阻挡;对于通过现场的道路,必要时可以中断交通,指挥行人绕道而行;对于大院内空地上的现场,可以将大门关闭;如果院内有其他住户,可以划出通道,以免影响群众出入。有些露天现场位于旷野偏僻的地方,虽然行人稀少,不易受到破坏,但也不能因此而疏于保护。有些露天现场范围较大,可在中心现场及其四周设岗把守,禁止通行。

对于行人、车辆来往繁忙的街道现场的保护,可以在划定的范围设置屏障,并派人警戒,根据具体环境,临时停止交通或组织车辆绕行。繁华街道的现场,行人、车辆流动量大,封锁范围应适当缩小,以免堵塞交通。

铁路现场保护,要在尽量保证火车顺利通行的情况下,采取切实有效的保护措施。如果铁轨上有尸体或障碍物,可将其移到适当位置,但要将原位置及形态记录下来。

2.对室内现场的保护。通常是在门窗和重点部门设岗看守,必要时,可将房门关闭,但应防止破坏门窗上的痕迹。具体的做法,可根据现场的环境灵活确定。倘若案件发生在独门独院的房间内,可在房间周围划出一条警戒线,设岗看守。倘若案件发生在楼内某个房间内,可在出事房间的门、窗外设岗看守。

无论哪种室内现场，在勘查人员不能及时到达的情况下，必要时，也可以先将门窗封闭起来，但应事先记明门窗的原始状况，如门是敞开的，还是关闭的，玻璃和窗纱有无损坏，门窗周围有无可疑痕迹、物品等。保护人员在封闭门窗时，不要接触门柄、锁头等可能留有犯罪痕迹、物品的地方，以免破坏痕迹甚至将自己的指纹留在上面。

（二）现场上不同客体的保护方法

无论露天现场还是室内现场，都必须注意保护各种痕迹、物品和尸体不受破坏。如果因为自然的、人为的原因致使痕迹、物品和尸体有可能受到破坏时，应当另行采取专门的保护措施。

1. 痕迹的保护方法

对于手印、脚印、工具痕迹、枪弹痕迹、血迹等，要特别加以保护。对于室内痕迹，一般情况下，保护人员只在门口设岗看守即可。遇有特殊情况，如急救人命、抢救财物、排除险情等，必须进入现场时，保护人员应尽量避免踩踏现场上的足迹和触摸现场上可能遗留有作案痕迹的地方。对于行走路线上已经发现的痕迹，可用粉笔及时就地画图标出来，以免后来的人不注意而毁坏。对于露天现场上的痕迹，保护人员已经发现而且有被破坏可能的，可以用粉笔、白灰等画圈标志，以便引起注意。没有发现的，或发现但无破坏可能的，不必进入现场搜寻和作标记，以免因此而使现场受到破坏。但是，遇有气候发生变化，痕迹有可能被风吹、雨淋、雪盖、雷击而破坏时，则要设法用盆、塑料布等予以遮盖。但要忌用带有浓烈气味的器皿（如盛过农药的盆，肥皂箱、汽油桶等）遮盖，以免破坏嗅源，妨碍使用警犬追踪鉴别。

2. 物品的保护方法

上述对痕迹的保护方法，亦同样适用于对物品的保护。所不同的是，有些物品，如犯罪分子遗留在露天现场上的纽扣、纸张等小型物品，遇有易被变动、损坏等情况，在记明原始面貌的同时，可以妥为提取收藏；但一定要注意不能损坏上面的痕迹，更不要留下新的痕迹。

3. 尸体的保护方法

对于室外暴露在露天中的尸体，可用苇席遮盖，以防烈日曝晒，加速腐败过程。如遇雨、雪等气候变化时，应用不透雨的物品遮盖，以免尸体和其他附着的血迹、毛发、精斑等被污染、散失、破坏。对于山林、旷野等处发现的尸体，应加强值班看守，以防尸体受到鸟兽啄食破坏。对于水中的尸体，只要没有救活的希望，又不会被水冲走的情况，就不必打捞上岸。因为尸体暴露在空气中较之浸泡在水中更容易腐败。而在打捞时，稍有不慎，极易损伤尸体和尸体上的附着物，增加检验的困难。但如水流过急，尸体有被冲走的危险时，应设法加以固定。无法固定时，仍应打捞上岸。对于火场中的尸体，如不能制止火势蔓延或建筑物即将倒塌，尸体有被烧毁或被倒塌的砖石等物覆盖时，应将尸体移出火场妥善保存。如火已被扑灭，建筑物不会倒塌，则可就地保护，不必移动。对于吊挂的尸体，如刚吊上不久，需要抢救人命时，可用剪刀将颈部未打结处的绳索剪断，并将绳索完整地保存起来。如果确已死亡，没有救活的可能时，应照原样保存起来，不必将尸体放下来。移动搬运尸体时，应尽量使用担架、门板等适当工具，避免因搬动不当而造成新的伤痕，或沾染上新的物质。对于运出的尸体，如无特殊原因，仍应按搬动前的姿势存放，以便勘验。

第四节　现场勘查的组织与指挥

一、现场勘查的实施

根据公安部颁布的《公安机关办理刑事案件程序规定》，现场勘查的实施，由县级以上公安机关刑事侦查部门负责组织勘查。重大、特大或一般案件的现场勘查，在城市由公安分局的刑事侦查部门负责；在农村由县公安局的刑事侦查部门负责。勘查比较复杂的重大、特大犯罪案件现场，上级公安机关应当派员予以指导。

机关、团体、企业、事业单位内部发生的案件现场，由所在地公安机关的刑侦部门负责勘查，本单位的保卫部门或当地派出所予以协助。

涉及两个县、市以上的重大、特大案件的现场，在上级公安机关的统一指挥下共同进行勘查，也可由上级公安机关指定负责案件侦查的县（市）公安机关进行勘查；涉及几个地、市的重大特大案件，由省、市、自治区公安机关负责组织有关地、市公安机关共同进行勘查，或者指定一个地、市公安机关为主组织勘查；涉及几个省、自治区、直辖市的特别重大案件现场，由公安部组织勘查，或者指定一个省、自治区、直辖市的公安机关为主进行勘查。

铁路、交通、民航系统范围内发生的刑事案件，现场勘查分别由发案地的铁路、交通、民航公安机关主管部门负责勘查。破坏森林案件的现场勘查，由发案地区的林业公安机关负责；发案所在地未建立林业公安机关的，则由当地公安机关负责现场勘查。

二、现场勘查的受理

（一）现场勘查的物质准备

1. 勘查器材的准备

勘查器材主要包括照相器材、录像设备、勘验器材以及绘图工具等。上述各种勘查器材，平时要确定专人保管，加强保养、维护，随时保持最佳状态，以适应勘查时的需要。

2. 交通工具的准备

为了保证现场勘查的快速性、机动性，加强战斗力，刑事侦查部门应配备一定数量的汽车、摩托等现代化的交通工具。司机应加强对车辆的维修保养，使其经常保持良好的状态，一旦接到报案，能够立即出动。

（二）受理报案工作

1. 建立健全受理报案的制度，是做好受理报案工作的主要条件。

2. 受理报案。这是值班侦查员的首要任务，受理时能否抓住要点，方法是否妥当，对以后的侦查工作将会有很大影响。

刑事侦查部门受理报案的渠道主要有：一是被害人及其亲属或其他发现人直接到刑事侦查部门报案，或者通过"110"报警服务台向公安机关报案；二是基层公安保卫人员接受群众报案后，再转报刑事侦查部门。不管哪种情况，值班员在接到报案时，必须首先简明扼要地、迅速准确地问明案件的紧急程度和需要采取紧急措施的有关事项，然后再问其他问题。

询问的要点包括：①何时、何地发生何事情。②事主或被害人的姓名、住址及有无受伤，伤害的程度等情况。③被侵害财物的种类、数量、毁损等有关情况。④犯罪分子的人数、姓名、性别、年龄（不明确的要询问判断年龄）、身高、体貌、衣着、口音、语言、侵害方式；身上是否有伤痕，伤的部位及形态；逃跑的方向路线，携带何种凶器和物品等。⑤案件的概况和现场的简要情况。⑥报案人的姓名、性别、年龄、职业、住址及联系方式。

值班人员受理报案之后，必须立即把案件的概况和已采取的措施向值班的领导报告。如果是重大特大案件，受理报案人员还应按照值班领导的意见，向有关部门进行通报。受理报案后，值班侦查人员必须按照值班领导的指示，迅速赶赴现场，执行勘查任务。

三、临场指挥

（一）了解情况，取得指挥主动权

1. 听取汇报

现场由哪个刑侦部门负责勘查，就由哪里的刑侦业务领导干部负责指挥。指挥员到达现场后，要听取先期到达的侦查员和基层公安保卫人员的汇报。汇报的内容包括：简要案情；案件发现人的姓名、年龄、职业、住址及其他情况；对紧急情况的处理经过和结果；现场保护及变动、变化情况；初步调查访问情况。

2. 必要时询问被害人（事主）、发现人和报案人

通过询问，了解案件发生、发现的时间、地点、经过以及人身、财物被侵害的情况；犯罪分子的体貌特征，作案过程等。

3. 巡视现场

巡视现场是了解现场情况的基本方法。因此，指挥人员要在现场保护人员的陪同下，亲自对现场进行巡视，察看现场的位置、环境，并在现场周围观察犯罪分子可能进出现场的通道、来去路线、遗留的痕迹和物品，然后，察看现场内部的状态和痕迹、物品的分布情况等。

（二）检查现场保护情况

指挥员在巡视现场的过程中，要注意检查现场的保护情况。如果发现保护措施不当的，要立即进行纠正；保护力量不足的，要进行补充；保护范围过大过小的，要适当进行调整；未划保护圈的，要进行补划，并让无关人员退出保护圈。要指定有关人员维护好现场周围的秩序，防止来往行人和车辆堵塞交通，造成人身伤亡事故。

（三）对现场勘查人员的分工

为了能够高质量、高效率地进行现场勘查，指挥人员要对参加现场勘查的人员进行恰当的分工，使其各自明确自己的任务，分头进行工作，并最大限度地施展自己的聪明才智。在勘查重大、特大案件的现场时，一般的做法，是将现场勘查人员分成下列各组。

1. 实地勘验组

主要由技术员、侦查员组成，有时还需要法医，有关专家或具有专门知识的技术人员参加。其主要任务是：负责对犯罪有关的场所、物品、人身、尸体进行勘验、检查，发现提取痕迹物品，制作勘验、检查笔录等。

2. 现场访问组

主要由侦查员和派出所民警或保卫干部组成。该组负责对案件事主或被

害人、证人和其他知情人员进行调查访问,了解一切与案件有关的情况,发现、收集侦查线索和犯罪证据。

3.机动组

一般由侦查人员、警犬训练员、派出所民警等人组成。主要负责追踪、搜索和监视,看管抓获的犯罪嫌疑人。

4.现场保护组

通常由辖区派出所民警、保卫干部和治保人员组成。如果现场情况复杂,可根据需要,动用武装警察或民兵参与,其主要的任务是负责警戒,维持现场秩序,不准无关的人员和车辆进入现场,防止现场被破坏,保证现场勘验工作的顺利实施。

现场勘查指挥员在对勘查人员进行分工时,一定要合理进行安排。在一般情况下,参加实地勘验的人员不宜过多,过多了容易造成混乱,甚至破坏痕迹物品。参加现场访问的人员,可适当多一些,以便及时访问证人和其他知情人。

(四)邀请见证人

为了保证现场勘查的客观性和合法性,使发现的痕迹、物品以及勘验记录具有充分的证据作用,在实地勘验前,必须根据《刑事诉讼法》和公安部关于《公安机关办理刑事案件程序规定》的有关规定,邀请两名与案件无利害关系、为人公正的公民做见证人。

见证人的主要职责是:证明勘验人员在犯罪现场上发现、提取了些什么与犯罪有关的痕迹物品。如果在诉讼活动中对这些证据来源发生争议,见证人可以出庭作证,见证人必须自始至终亲临现场。侦查人员在勘验过程中,发现的痕迹物品,应主动提请见证人过目。勘验结束后,要请见证人在笔录上签名或盖章。

在实地勘验以前,侦查人员应向见证人交代法律所规定的权利和义务。见证人不是勘查人员,只能观察和监督侦查人员、技术人员进行勘验,自己不能触动现场上的任何物品,不准泄露勘验中了解到的一切情况。见证人有权对侦查员或其他勘验人员的行动提出意见,并要写入现场勘查记录。

由于见证人在诉讼活动中处于特殊的地位,下列人员不能邀请做见证人:

1.现职公安、司法人员;

2.与案件有利害关系的被害人及其亲属;

3.生理上有缺陷,妨碍其完成见证义务的人;

4.精神病人和心理特点不适合完成见证义务的人;

5.有犯罪嫌疑或因犯罪受过打击处理的人;

6.不足法定年龄的人;

7.流动暂住人员。

（五）聘请具有专门知识和技能的专家或技术人员

现场勘验涉及的知识范围很广，经常会遇到一些专门性问题和技术难题，需要有关专家或技术人员提供帮助。现场勘查指挥员在勘验前预见到，或在实地勘验过程中感到有需要解决的专门性问题时，可按《刑事诉讼法》有关规定，聘请所需要的专家或技术人员协助进行勘验。

对于聘请来的专家或技术人员，指挥员应明确向其说明任务职责和应遵守的纪律，并主动向他们介绍情况，提供方便条件。

对于聘请来的专家或技术人员，应在勘验笔录中加以说明，对他们直接发现，经指挥员确认、提取的痕迹物品以及有关声明等，应记入现场勘验笔录。但他们对各种专门性问题所做的解释、说明和初步评断，则不应记笔录，一般只能供侦查人员分析判断案情时参考。如果需要作为证据使用时，专家和技术人员应单独制作检验鉴定书。

聘请的专家或技术人员一定要在现场勘查指挥人员的主持下进行工作。其职责范围只限于解决专门性问题。勘验中需要采取某些行动，或者需要变动现场上的某些物品时，应事先向指挥员进行说明，经同意后，方能采取行动，以免破坏现场。同时，还应当遵守保密纪律，不应随意透露现场上发现的有关情况。

四、现场勘查的指挥要点

现场勘查的准备工作就绪之后，指挥员的使命是组织与指挥侦查人员不失时机地开展现场勘查活动，随时掌握勘查工作的进展，果断地处理勘查中遇到的问题，有效地推动现场勘查工作向前发展。

（一）对现场访问的指挥

现场访问的对象往往是临时选定的，侦查人员事先并不知道谁是案件的知情人以及知情范围和程度怎样。所以在访问过程中不确定的因素多，时间性很强，难度比较大。指挥人员必须加强领导，紧密围绕以下问题进行指挥。

1.抓住战机，及时组织现场访问

现场访问应当以快速、准确为原则，特别是最初阶段的现场访问，时间更为宝贵，任何对访问工作的延误都可能导致永远失去罪证和放纵犯罪分子的严重后果。现场勘查指挥人员除需要集中力量处置应急情况外，必须抓住发案不久犯罪分子未及逃远、赃物尚未脱手、罪证未及毁灭、新的危害后果尚未形成、群众记忆犹新的有利时机，及时组织侦查人员开展现场访问，迅速了解犯罪分子的行踪,以便为采取紧急措施和案情分析提供客观依据。

2.安排访问顺序,突出询问重点

现场访问的具体对象是多种多样的,待访的问题也极为广泛、复杂,不是一下子就能搞清楚的。现场勘查指挥人员必须根据案件的性质,危害后果,紧急程度等情况,做出切合实际的判断,分清轻重缓急,安排好访问顺序,突出询问重点。下列对象应首先安排访问:事主或被害人;报案和最先发现现场的人;目睹犯罪分子作案的人;了解犯罪分子行踪的人;了解事主或被害人行踪的人;流动人员中的知情人;其他能为采取紧急措施提供某种情况的人。

(二)对实地勘验的指挥

对实地勘验的指挥主要是对勘验的范围、重点和方法等问题,提出切合实际的要求,并组织侦查技术人员予以贯彻实施。

在勘验方法上,不能拘泥于一般性的指挥,要把注意力放在解决重点和难点的问题上,进行针对性的指挥,着重应抓住以下问题:一是要抓紧急和特殊情况的处置;二是帮助侦查人员建立和审查各种推断;三是合理地组合各种技术手段方法,密切注视勘验工作的进展情况,随时帮助解决一些重大、疑难问题。

(三)对紧急情况的处置

当前,刑事犯罪活动日趋猖獗,尤其是暴力性案件增多,对社会治安危害极大。对这一类案件的现场勘查工作,不能采用常规的勘查方法,按部就班地进行。必要时,可以先采取紧急措施,随后再对现场进行勘验检查,或者边进行勘验检查,边采取紧急措施,以利于及时缉获作案人。

(四)组织临场讨论

现场勘查基本结束之后,指挥员应召开临场会议,根据实地勘验和现场访问所得信息资料,对案件性质、实施犯罪的基本情况做出分析判断,并在此基础上推断出犯罪分子应具备的条件,从而初步确定侦查方向和范围。

指挥员在主持分析讨论时,应充分发扬民主,让与会人员畅所欲言,各抒己见,认真听取各种不同见解和意见。根据临场讨论的结果,如认为某一情节需要进一步勘查,某一问题需要进一步查明时,应及时地进行补查。认为没有必要继续保存的现场,应当通知事主进行处理。对重大复杂现场需要继续研究或勘验的,可部分保护起来或全部封闭。对死因不清、身份不明的尸体,认为必要时,经领导批准,可以进行解剖检验。需要提取的带有痕迹的贵重物品、文件,要妥善保管,不得随意使用或损坏,并当场开列清单一式二份,由侦查人员、见证人和事主签名或盖章,一份交事主,另一份附卷备查。

第五节　现场访问

现场访问(又称现场调查),是侦查人员在进行实地勘验的同时或其前后,深入群众,询问了解犯罪事件的有关情况,发现、收集侦查线索和犯罪的证据的一项侦查活动。

一、现场访问的任务

(一)查明犯罪嫌疑人基本情况

主要查明犯罪分子的性别、年龄、身高、体态、外貌特点以及说话口音等生理特征。

(二)查明案件发生、发现的情况

1.最初发现案件的人是谁? 发现案件的时间、地点、详细经过,发现时现场的情况。采取了何种紧急措施? 现场是否变动? 何人经过现场? 触动过何物体、何部位?

2.查明案件发生的时间、地点、犯罪人数、起因、经过和后果。

3.查明犯罪分子实施犯罪的手段方法。

(三)查明被侵害财物的情况

1.被侵害财物的种类、名称、特征等情况。

2.平时财物的占有、使用和保管情况。

3.犯罪分子对财物的选择情况。

4.保管财物的处所是否有不安全的因素存在。

(四)查明现场遗留物品的情况

犯罪现场上,犯罪分子遗留的物品,往往与被害人家里的物品、其他无关人员的物品混合并存,甚至还可能有各种假象和偶然因素掺杂其间,形成一种比较复杂的环境。所以要通过现场访问查明哪些物品是被害人家里的,哪些是案前案后无关人员留下的,哪些是犯罪分子遗留的。

对于发现的犯罪分子的遗留物品,要通过走访专业技术人员和有关群众,及时查明其种类、名称、数量、形状、牌号、用途、结构成分、产地、销售途径、新旧程度以及使用、维修过程中形成的特征、暗记等情况。

实践中,犯罪分子在逃离现场时,往往在现场附近丢弃、隐藏犯罪凶器、工具、赃物及其他的随身物品。这些物品不一定被侦查人员发现,可能被现场附近群众或过往行人所发现,因此,侦查人员必须深入群众开展现场访问,才能发现和获取这些遗留物品。

（五）查明被害人的情况

主要查明被害人的姓名、住址;如果被害人是不知名的尸体,应以查明死者的身份为主,展开现场访问。

二、现场访问的对象

现场访问的对象,通常有两部分人:一是被害人和事主。被害人和事主通常是案件的直接受害者,被害人、事主及其陈述是侦查人员获取案件证据的重要来源,也是他们协助侦查机关查获犯罪人,保护自己合法权利的一个重要手段。

二是目击者和知情人。目击者是指耳闻目睹犯罪案件发生经过的人,知情人通常是指知道（或了解）与案件有关情况的人,他们能准确地向侦查人员反映了其所知道的案件情况。目击者和知情人,在刑事诉讼中都称之为证人;所以证人必须对客观事物有正常的感知能力。访问证人是广泛开辟侦查线索和犯罪证据来源的重要途径。因此,侦查人员到达现场后,必须立即采取措施和方法,从下列几方面的人员中去寻找和发现证人。譬如:现场上看热闹的群众;现场周围定居或工作的人员;途经现场及附近的路人;犯罪分子往来路线上的有关人员;犯罪嫌疑人的亲友和同事;已经离去的围观和过往人员;被害人所在单位、领导和其他有关人员等。

三、现场访问的方法

（一）对被害人、事主的访问

1. 选择适当的询问地点

对被害人、事主进行询问,要根据案件的性质、危害后果,现场的位置环境、气氛、询问对象的人数及其心理状态等因素综合考虑,选择恰当的询问地点,以利于被害人脱离现场环境的影响,克服思想、情感上的障碍,平静地进行陈述,从而取得良好的访问效果。

2. 询问前要稳定被害人的情绪

询问前,侦查人员必须根据案件发生的具体情况,通过与被害人接触交谈,摸清其心理状态和个性特征,采取切实可行的措施,做好安定情绪的工作,以利询问工作的顺利开展。其主要方法有:①改变被害人所处的环境,避免犯罪现场再度对他们产生刺激。②侦查人员要以满腔热情的态度接待被害人,使他们从紧张中松弛、清醒过来,给询问工作创造条件。

3. 向被害人说明调查访问的意图

我国《刑事诉讼法》第一百条规定,在侦查阶段,被害人应尽的主要义务是:应当如实向侦查人员提供所了解的案件情况,不能作虚伪的陈述,如果有意捏造事实,提供虚假情况,陷害他人要负法律责任。在告诉上述规定时,应根据具体情况,用灵活的方式说明,以免他们冷静下来的情绪重新紧张起来。

4. 询问的顺序和内容

(1)应迅速而准确地把需要采取紧急措施的有关事项问清楚。

(2)要询问犯罪分子在现场上遗留有什么物品,携带何种凶器、犯罪工具逃跑,逃跑的方向路线和手段方法等。

(3)要询问案件发生、发现的时间、地点、经过、后果,犯罪分子在现场上的活动情况,人身财物的被侵害情况,如财物的种类、名称、数量、特征以及财物的存放地点和保管情况;被害人的社会交往关系、债务关系、财产纠纷关系、生活行动的规律、经济收入情况;发案前室内物品的情况;发案后是否触动过现场? 触动了哪些部位? 是如何触动的? 等等。

(二)对目击者和知情人的访问方法

1. 查明被访问人的身份及其和案件的关系

根据被访问人的不同情况确定询问的方法,并防止他们提供伪证,诬陷他人,或为嫌疑人开脱罪责等情况发生。

2. 营造适合访问的环境气氛

在友好、平和和互有诚意的气氛中,容易取得良好的访问效果。所以现场访问,除特殊和紧急情况外,一般不宜操之过急。侦查人员与被访问对象之间,必须要有一个沟通思想情感、建立对话关系和相互了解的短暂过程,营造出适合于敞开思想交谈的环境气氛。

3. 做好疏导转化工作,消除各种思想障碍

由于被访问对象的情况非常复杂,他们对待访问的态度也必有差异,所以做好这一步是现场访问取得成功的关键。做好疏导转化工作的方法主要有:有针对性地做好思想教育工作;侦查人员以实际行动影响和帮助被询问人克服思想障碍;要以平等的态度对待被访问人;应体谅被访问人的处境和困难。

4. 询问的方式

实践中,询问的方式较多,要根据访问对象的情况确定询问的方式。主要有:笼统地提问,让对方在自己知道的范围内自由回答;针对具体问题提问,即询问者自己所要了解的情况具体地提出来,要求对方照此做出回答;肯定和否

定性的提问,这种方式有启示性的作用。

5.询问的步骤

(1)先向访问对象提出询问内容。

(2)让访问对象自由进行陈述。

(3)根据对方的陈述再提出问题。

(4)制作并核对询问笔录。

四、现场访问笔录

现场访问笔录,是指侦查人员在访问过程中,将被害人、证人陈述的案件事实用文字记录下来的一种书面材料。根据法律规定,调查访问主体一般不得少于两人。现场访问笔录的基本内容包括:概况、陈述事实、访问人和被访问人签名三个部分。

概况部分记录下列内容:现场访问的起止时间;现场访问的地点;被访问人的情况。陈述事实部分是现场访问笔录的中心,应记录以下内容:侦查人员向访问对象提出的访问事项和问题;被访问人对提问做出的具体陈述。访问人和被访问人签名部分应注明:被访问人核实现场访问笔录的意见;被访问人、侦查人员签名或盖章及在场其他人的情况。

第六节　实地勘验

实地勘验是刑事侦查人员运用科学技术方法,对犯罪的中心地点、外围场所、尸体、人身、痕迹、物品等进行观察、检验、记录、提取的一项侦查活动。

一、实地勘验的对象

实地勘验主要以作案地点、场所及与犯罪行为有关的痕迹、物品、尸体、人身等客体为对象。不同的勘验对象,各有其不同的勘验内容。

(一)现场中心地点的勘验

犯罪分子在作案中心地点遗留的痕迹物品较多,储存信息最丰实。比如,杀人现场上尸体发现处,使用暴力致死的地方,被害人与犯罪分子搏斗的地方,血迹滴落的地方等;拦路抢劫、拦路强奸现场,被害人同犯罪分子搏斗的地方,纠缠的地方等;盗窃现场物品被盗的地方,门、窗、柜、桌被破坏的地方等。因此作案中心是实地勘验的重点,要仔细观察、认真勘验,寻找各种微痕细物。

（二）外围场所的勘验

这里所指的外围场所,是与犯罪行为有关的处所。主要包括犯罪分子作案前在现场周围潜伏、窥视、守候、等待作案时机的处所;作案后在现场附近隐藏、处理赃物、凶器和其他罪证,以及抛弃、掩埋尸体的处所等。

尤其应关注扩大现场外围的勘验。现场外围一般是犯罪分子预备和掩盖犯罪的处所,从心理学角度上讲是容易暴露其特征的地方,在其休息或分赃处就会发现不加掩盖的痕迹物品。同时,现场外围一般离中心现场较远,不易引起围观群众的注意,不易遭到破坏,能够保持其原状,为提取有价值的痕迹物品提供了较好的条件。

（三）尸体检验

这里所指的尸体检验,主要包括杀人案件中的知名尸体和无名尸体的检查、检验等活动。杀人案件现场,一般都有尸体存在,也有的杀人后移尸野外或分尸抛尸多处,一经发现,要进行认真的观察和检验,特别是对于碎尸、抛尸案件,要详细检查尸体肢解的方法、包裹物、捆绑物等等。

尸体检查主要解决三个问题:查明死亡原因和事件性质;查明死亡时间和死者身源;查明致死工具和杀人手段。

（四）活体检查

这里所指的活体检查,是检查与案件有关的被害人身体或者犯罪嫌疑人身体。活体检查必须严格按照《刑事诉讼法》的有关规定进行。通过对人身检查,查明有无与作案行为有关的某些特征、受伤情况或生理状态等,进一步查明案件的性质,为破案提供线索和证据。

（五）痕迹勘验

这里所指的痕迹,主要是现场上的反映形象痕迹、动态痕迹和分离痕迹等等,如指印、鞋印等,都是勘验的重点。

（六）现场遗留物的勘验

这里所指的遗留物,是指犯罪分子有意或无意遗留在现场上的作案工具和其他物品。现场上任何物品都应该把它看成为潜在证据,必须认真地进行勘验。对于发现的可疑物品、物质,要注意查明种类及各种特征,如形状、质量、气味、颜色、新鲜程度等;有无附着的痕迹和微量物质,以及这些物品、物质所在的部位与周围物体的关系等。

（七）文书勘验

这里所指的文书,主要是与犯罪案件相关的各种书写或印刷的文件材料。勘验中,只要发现书写字迹的地方或部位,就要认真地勘验,弄清文书的内容、外形、纸张和印刷的情况等。特别是在纵火案件现场上,更要认真地勘验账簿、发货票、人民币、有价证券等物品。

二、实地勘验的步骤

实地勘验是一项复杂而又细致的工作,是一项系统工程。为了提高实地勘验的质量,避免勘验工作中的重复和遗漏,必须有条不紊地由一般到个别,逐步深入地进行。

（一）巡视现场

勘查人员到达现场,听取了现场和案件的简要情况后,就要在现场保护人员的指引下,对现场的周围环境、内部状况进行观察了解,这对正确制定勘验方案,从现场获取更多的证据是非常必要的。作为现场勘查的组织者和指挥员,巡视现场时,要有敏锐的观察力。

通过了解现场的环境条件,判明现场的方向、位置,观察现场内部的概况和犯罪分子进出现场的入出口等情况,以便对现场的全貌获得一个比较完整的概念。然后根据现场的具体情况确定实地勘验的范围,明确勘验的重点,选择进入现场的路线,确定勘验的起点等。巡视现场的目的如下。

1.明确实地勘验的范围

在确定勘验范围时,一要突出重点,二要照顾全面,三要在保护的范围基础上适当扩大一些。所谓重点,就是现场的入出口处,实施破坏、盗窃、抢劫财物的地点,实施强奸、杀人和发现尸体的地点,起火点、爆炸点以及犯罪分子遗留的各种痕迹物品等处。所谓照顾全面,就是凡属犯罪现场内的地方,凡是犯罪分子可能涉及或者由于犯罪行为引起变动、变化的地方等,都要注意勘验检查。所谓适当扩大一些,就是指勘验开始阶段,情况不太明了时,为避免遗漏重要的痕迹物品,而在现场保护确定的范围内再扩大一些。这样做,工作起来尽管辛苦些,但有了主动权,发现痕迹物品的概率往往就大些。

2.确定嗅源追踪方向

巡视后,如果认为现场环境适宜于警犬追踪,则需确定嗅源方向,使用警犬进行追踪。

3.制订实地勘验的方案

巡视后,要有一个明确的勘验方案,特别是对于一些损失大、范围广、情景惨的现场,如连续性杀人现场,爆炸、放火现场,系列盗窃现场等,应制定方案,才能开始勘验。

现场实地勘验方案的主要内容是:勘验的任务和分工;勘验的方法和顺序;

邀请参加现场勘验的专家和见证人。

(二)初步勘验

所谓初步勘验(又称"静态勘验"),是指侦查人员在不改变现场原貌的情况下所进行的观察和勘验。即对于已发现的痕迹物品在不触动、不变动的情况下,进行观察、研究、分析,以便对现场中心变动变化的主要情况有个较明确的了解。初步勘验的目的如下。

1.确定现场的入出口

初步勘验时,应搞清现场的入出口。这个问题有时十分清楚,如挖墙洞、钻地道、揭瓦、攀窗、撬门等等。但有时门窗无明显痕迹,又无明显的其他反常迹象,确定现场的入出口就比较困难。要注意发现疑点,准确确定入出口,以便有重点地进行详细勘验。

2.确定进入现场中心的通道

为了便于勘查人员进入现场中心而又不损坏痕迹物品,初步勘验时必须确定一个恰当的通道,以便为实施进一步的勘验打下基础。常常采用四种方法:

(1)圈记法。如果现场地面是光滑的油漆地板或较光滑的水泥瓷砖,一般情况下用逆光观察可以发现遗留的足迹、血迹,可用粉笔等将痕迹物品圈起来作为标记,加以保护;然后勘查人员可以在粉笔圈外进入现场中心。

(2)提取法。如果现场是普通水泥地面、泥土地面或者铺有地毯,足迹则难以发现。在这种情况下,可采用静电吸附机从门口开始逐步向现场中心地面提取灰尘足迹,然后勘查人员可以进入现场中心。

(3)衬垫法。如果现场范围较狭窄,而一时又难以确定是否有痕迹时,则可以采用干净的木板覆盖,作为跳板,然后勘查人员可从木板上进入现场中心。

(4)沿障碍物进入法。如果现场范围大,较为开阔,室内陈设又比较简单时,则可以根据实际情况,勘查人员沿着障碍物进入现场中心,如沿着墙根进入现场中心。

3.拍摄现场概貌

初步勘验开始,要拍摄或采用录像录取现场的概貌、方位、现场中心的陈设、尸体姿势等等。这是初步勘验阶段很重要的工作。

4.固定和研究较明显的痕迹物品

初步勘验时,要集中精力观察每个物体的具体位置、状态,物体上有无明显的痕迹,察看研究物体与物体之间,痕迹与痕迹之间的相互关系以及犯罪过程。对于现场上较明显的足迹、手印、工具痕迹、枪弹痕迹、整体分离痕迹等,以及遗留在现场上的血迹、毛发、唾液、粪便等,要用粉笔等圈记起来,防止触摸、损坏,以便下一步详细勘验,有时还要标出痕迹的遗留方向,以利分析研究。

5.注意发现异常气味和反常情况

初步勘验时,首先,要注意各种异常气味,如香烟味、煤气味、火药味、香水味、腐臭味、酒精、汽油、煤油以及其他挥发性物质的气味,根据不同气味,有目的地寻找可疑物,如毒物、尸体、尸块等。其次,要注意各种反常情况,如杀人现场,尸体姿势与其身上或衣服上血迹的流向不一致;尸体躺在污泥中,但鞋底却没有污泥。盗窃现场,发现有证明从屋内撬破门窗的痕迹。强奸、抢劫现场,被害者声称与犯罪分子进行过激烈的搏斗,但找不到搏斗的痕迹等等。

(三)详细勘验

所谓详细勘验(又称"动态勘验"),是指在初步勘验的基础上,侦查人员戴上手套对现场上的各个部位和各种痕迹物品一一地仔细研究,想方设法进行提取。详细勘验过程中要注意做好以下工作。

1.仔细寻找痕迹物品

详细勘验时,要利用各种光照角度和技术手段,对每寸地面,每个角落、空间,每个微小可疑物品,进行观察,必要时还要翻转、移动进行观察,反复查看,寻找细痕微物。例如,无色汗液手印,不易见的灰尘脚印,细小的划痕、毛发、纤维、血斑、精斑、泥土等等。

2.认真研究痕迹物品

详细勘验时,对于发现的痕迹物品,要仔细研究痕迹物品的形成、发展状况和特征,特别要就地研究与犯罪行为的关系。为此,往往要改变现场物体的位置和状态,以便于观察分析。

3.记录提取痕迹物品

对于勘验过程中所发现的与犯罪行为有关的痕迹物品,要进行记录、提取。记录的主要内容是遗留的数量、部位、方向、颜色、物质等等,然后采用照相、胶纸粘取、复印提取、提取原物等方法对痕迹物品进行提取。

4.绘制现场图

详细勘验过程中,要绘制现场图,把整个现场的方位、大小,主要的陈设、痕迹物品等"固定"下来。

必须明确,实地勘验的上述三个步骤不是截然分开的,是有机联系和配合进行的,实际上它们是一个连续的、交叉的、逐步深入的工作过程。

三、实地勘验的顺序

根据案件具体情况和现场范围的大小,地形地物等差异,应有针对性地采取一些勘验的顺序。

（一）从外围向中心勘验

现场范围较大，涉及面广，中心难以确定，痕迹物品比较分散的室外现场，以及现场中心部位尽管在室内，但留在室外的痕迹物品因自然或人为的原因随时可能受到破坏，或者走近现场中心可能使现场外围痕迹物品遭到破坏的现场，就可以采用这种勘验顺序。从现场的边缘开始，逐渐缩小圈子，直至勘验到现场的中心部位。

（二）从中心向外围勘验

现场范围不大，中心部位比较明显，痕迹物证比较集中的现场，可采用从中心向外围勘验的顺序。特别是一些室内现场，应从现场的中心部位，从被破坏、被翻动或尸体倒卧的地点开始，逐步向外进行勘查。

（三）从入口或出口勘验

这种方法多用于出入口比较明显的室内现场，如犯罪分子撬门入室作案，翻窗而出，在门上留有较明显的痕迹，采用这种方法勘验较好。

（四）沿线路或河流勘验

这种勘验方法多用于三种情况，一是现场范围较小，现场上留下的痕迹能够明显地反映出犯罪分子的作案过程，行走路线。二是在车盗现场，如火车、汽车上的物品被盗走或者劫车杀人等，可以沿公路、铁路沿线进行勘验，发现、搜集沿途可疑的痕迹、物品。三是发现河中漂浮的尸体，可以从尸体发现地沿河的两岸向上游进行勘验，发现抛尸的可疑处所、可疑线索等。

（五）分部位分层次勘验

现场范围较大，若案中犯罪分子破坏多处或在同层楼房中多处作案，像这样涉及几个地点、几个场所、几个楼层，就可以根据勘验力量，分成若干部位、若干层次分头勘验，包干负责。如有的可以勘验入出口处，有的可以勘验中心现场，有的可以勘验现场外围等。对于高楼中多处作案，有的可勘验一层，有的可勘验二层，有的可勘验三层等。

（六）分片段分主次勘验

现场范围大，面积较宽或者狭长地带以及移尸、碎尸多处的现场，多采用分片段勘验的方法。根据现场在犯罪案件发展过程中所处的地位和作用，可以分清主次来进行勘验，将主要精力和力量勘验中心现场，其余力量勘验外围现场。

四、实地勘验的次序要求

（一）先静观后动手

勘查人员到达现场后，要克服急于动手的毛病，首先要观察现场所发生的一切,特别是在巡视现场时,要把双手插在衣袋里,集中精力进行观察。在初步勘验时,也不要忙于动手,对于现场局部异常现象,个别明显的痕迹,醒目可见的物品,不要随便触摸、拿取移动,只是对犯罪行为所引起的系列变化不加触动地进行观察。观察时,先用肉眼观察,若模糊不清时,可借助放大镜观察。然后再动手翻转,移动物体,寻找痕迹,发现物品。

（二）先拍照后提取

拍照是客观反映现场原貌的一种有效手段。在提取痕迹,提取原物或其他与犯罪行为有关的物品时,均要先拍照,保证刑事诉讼证据的客观性、真实性。拍照后,才可提取原物或者采用其他技术手段进行提取。

（三）先地面后高处

无论室内室外现场,也无论现场范围的大小,勘验时,必须先检查地面上有无遗留各种痕迹物品。如现场足迹,是犯罪分子必然会留下的客观痕迹,必须先观察先处理,勘查人员才可放心大胆地进入现场,从事高处的勘验工作,如对桌、椅、柜、门、窗、床、墙壁、顶棚、屋檐、悬挂物和蜘蛛网等一一勘验。室外除先勘验地面外,要特别注意树上的反常现象。对能隐匿较小贵重物品的树洞、鸟巢要认真检查。

（四）先外表后内部

这主要是针对一般有空间的物体或人身、尸体而言的。比如对尸体,要切记先勘验外面的衣着,由外向内一件一件勘验,不可交叉。再进行体表检查,从头、面部、眼睛、口腔、耳鼻腔、颈项部、胸腹部、四肢、背部、生殖器、肛门等一一仔细检查,查看伤痕、尸体现象。最后解剖尸体,检查内脏。公文柜、衣柜、办公桌等也要由表及里,层层勘验,以免错乱。又如勘验保险柜、公文柜、衣柜、办公桌等也要遵循先勘验外面再勘验里面的抽屉、衣服、账册、人民币等。

（五）先重点后一般

实地勘验时,各类刑事案件中现场均有各自的重点部分、重点物品,首先要进行勘验。如杀人现场以尸体处所为重点,盗窃现场以被盗处所为重点。勘验时,要把主要技术力量、主要精力用于重点部位的勘验,然后再勘验与犯罪行为有关的来去路线,遗留物品的场所及现场外围等。

（六）先易消失后稳定

案件发生后,由于自然条件的变化以及作案的工具、手段、方位不同,有的痕迹物品容易消失,有的比较稳定。勘验时,要先勘验容易消失的,后勘验比较稳定的痕迹物品。如当室外室内现场同时存在时,有可能遇到下雨、下雪、刮风,为了保证室外痕迹物品不被风吹雨淋、雪盖或往来车辆行人的践踏破坏,就要先勘察室外易遭破坏的现场,后勘验室内的现场。有时还会遇到一些易于挥发的气体、汽油、呕吐物等,也要先进行勘验。现场上的立体痕迹,特别是工具在木制品、金属制品上形成的破坏痕迹,都比较稳定,可以稍后进行勘验。

第七节 现场勘查记录

现场勘查,应制作现场勘查记录,把现场上一切与犯罪有关的客观事物和侦查人员执行勘验检查的情况,如实地记录下来。现场勘验记录由现场勘验笔录、现场绘图、现场照相、现场录像和现场制模等部分组成,它们之间相互配合、相互补充,才能组成一份完整的现场勘查记录。

一、现场勘验笔录

（一）现场勘验笔录的结构及其内容

现场勘验笔录的结构,分前言、叙述事实和结尾三部分。

（1）前言部分记录如下内容:受理案件的情况;现场保护的情况;参加勘验人员的情况;邀请见证人以及其他有专门知识的人参加勘查的情况;勘验工作开始和结束的时间及当时的天气、光线和气温条件。

（2）叙述事实部分记载如下内容:现场的具体位置;勘查所见的详细情况;现场所见的反常现象。

（3）结尾部分记载如下内容:提取痕迹、物品的名称和数量;拍摄现场照片和绘制现场图的种类和数量;现场勘查人员和现场勘查见证人的签名。

（二）制作现场勘验笔录后注意的问题

（1）笔录记录的顺序,应与实地勘验的顺序保持一致。

（2）笔录记录的内容要客观,繁简得当。

（3）用语要力求准确。

（4）现场勘查中同时进行的尸体外表检验和现场实验等应另行单独制作笔录,但在勘验笔录中应有相应的反映。

（5）凡多次勘验的现场,每次勘验应制作补充笔录。如一案多现场的则要分别制作笔录。

（6）笔录一经有关人员签字,特别是见证人签字后,原则上不能再改动。

二、现场绘图

现场绘图是根据制图学的原理方法,用画图的形式来反映现场的情况。

（一）现场图的种类

现场图按其内容和作用的不同，一般分为三种。

1. 现场方位图

主要反映犯罪现场及其与周围环境的联系。

2. 现场全貌图

主要反映现场内部全面的情况。

3. 现场局部图

主要反映现场重点部位的详细情况。根据现场的不同情况和要求，这种图又可分为以下几种：①现场局部平面图：以平面的形式来反映犯罪现场的某一部分，以及痕迹、物品在这一部分上的分布情况和相互关系。②现场局部展开图：绘图时设想将墙壁向外推倒，把立面与地坪结合为一平面。③现场局部立面图：反映立体物某一方向的一个立面，呈现的面无任何透视变化。④现场局部剖视图：为了反映建筑物内部的现场上各种痕迹、物品及其联系，设想从建筑物的某一部位上切开，去掉挡住视线部分。⑤现场局部立体图：以立体的形式，反映现场上痕迹、物体的位置、状态及相互关系。⑥现场局部综合图：把各种图形组合在一起形成。

现场图按其表现方法的不同，一般也可分为三种：

1. 比例图

把现场的大小和现场上的物体、尸体、痕迹、遗留物等及其相互关系按一定的比例缩小、绘制在图纸上。

2. 示意图

大体上测定现场上各种物体的位置、距离关系后，把它们的分布情况和大致的形状描绘在图纸上。

3. 比例与示意结合图

现场中心部位按比例绘制，现场外围以示意的方法绘制。

（二）室内现场平面图的绘制

室内现场平面图的画法是设想将所需要的一幢房屋的有关部分，沿门洞和窗洞的水平方向切开，移去房盖部分，这时由上向下俯视，就能直接连贯地反映出室内陈设和犯罪分子遗留的痕迹、物品等实际位置及其相互关系。

具体测绘方法如下：①图面结构和内容构想。制图前要先拟定图面的结构、范围、重点，图的名称，图例等放置的位置，及指北针、比例尺标的位置。②确定图的比例、方位。现场图的比例应根据现场状况、面积范围、图纸大小而定。图纸上的方位和实际现场方位要统一起来。③绘制墙壁内侧线。④绘制墙壁外侧线。⑤绘制门窗。⑥绘制室内结构和陈列物品。⑦绘出与案件有关的细小痕迹、物品。⑧局部特写。⑨核对。⑩描图(也称上墨)。

三、现场照相

犯罪现场照相,是指在现场勘查过程中运用摄影技术记录现场状况和现场上各种同案件有联系客体的各种照相方法总称。勘查任何一个犯罪现场,都要求拍摄现场方位照相、现场全貌照相、现场中心照相和现场细目照相。

1.现场方位照相:主要用来反映犯罪现场所在的地理位置及其周边环境关系。其画面内容包括犯罪现场及其周围景物和永久性标志。因此,拍摄的地点应选择较远、较高处。倘若表示现场方位的标志较小,如路名、门牌号码、单位名称等,可采用特写镜头将其从原位置放大引伸出来。使得未到过现场的人,能对现场方位和周边环境关系一目了然。

2.现场全貌照相(又称现场概览照相):主要反映犯罪现场及其内部的全部状况。其画面内容包括现场的空间、现场出入口、被侵害客体的状况、现场痕迹物证的分布状况等。拍摄全貌照片,应当从现场的不同角度,拍摄多张,尽可能反映犯罪现场的全貌。

3.现场中心照相(又称现场重点部位照相):主要反映现场上与犯罪行为有关的重点部位状况及其同犯罪痕迹、物品的联系。凡能说明案件性质、反映犯罪特点、表明物证来源等重点部位,都需要逐个拍照。

4.现场细目照相:主要用于固定犯罪现场的痕迹、物证及其细节特征的照相。拍照的内容包括现场上各种与犯罪行为相关的物品、物质和痕迹,及其位置、形状、大小、数量、颜色、距离等细节特征。

犯罪现场的照相方法常用的有:相向对称拍照法、十字交叉拍照法、平行连环拍照法、回转连环拍照法、比例照相法等。

第八节　现场分析

现场分析(又称"临场讨论"或"临场会议"),即在现场勘查基本结束后,由现场勘查指挥员主持,就地召集全体勘查人员对案件性质和事实、勘验和访问的情况、勘查后的处理等有关问题进行的案情分析、讨论活动。

一、现场分析的意义

现场分析是现场勘查的一个重要组成部分,是现场实地勘验和调查访问的继续和深入,是一个关键性的步骤或环节。分析判断恰当与否,不仅直接关系到现场勘查的质量,而且左右着侦查的成败。

（一）有助于对案件认识的进一步升华

实地勘验和现场访问分工较细,所获得的材料和线索很多,但这些材料和线索是分散的、孤立的、片面的,只是对事物的直观反映,往往只反映事物的各个方面和表面联系,有其局限性,难以反映事物的本质。通过现场分析,把若干个现象、线索、痕迹、物品综合起来进行研究,去粗取精,去伪存真,由此及彼、由表及里地思索,抽象和概括,判断和推理,反复比较,"吃透"现场,找出本质的联系,使认识来一个飞跃。

（二）有助于采取最佳的对策和手段

现场分析是制定侦查计划,采取侦查措施的基础和前提,对侦查破案有重要的指导作用。一言以蔽之,分析研究在于找到适合案件侦破的最佳手段和对策。通过现场分析后,无论对案件的性质,作案的目的、动机,还是作案的时间、地点、手段、人数、特征等有了较明确的认识,就可以采取针对性较强的侦查措施或者行之有效的办法。

1.帮助进一步复勘现场

临场分析中如果对于痕迹的产生、被害人致死的原因、作案的过程等提出疑问,发现矛盾,会后即可迅速补救勘验的漏洞,重新有针对性地复勘现场,发现新的痕迹物品,确保现场勘查全面、细致、客观、准确。

2.帮助进一步调查访问

勘验伊始,时间紧迫,现场访问有可能欠仔细。通过现场分析,加深了对案件宏观及微观的了解,可以开阔视野,进一步有针对性地开展调查访问,获取新的线索或情况。

3.帮助进一步采取其他侦查手段

现场分析是一次集思广益、献计献策的活动,从分析中找出对策,有助于采取行之有效的措施、手段去解开疑团,突破难关。如派人立即进行搜查、守候、追击、堵截或发通缉、通报等等。

（三）有助于较准确地确定侦查范围

立案侦查,目的在于破案,找到作案人。通过现场分析,将所获得的勘验材料和访问线索结合起来,就能给犯罪分子"画"一个较准确的"像",确定一个较准确的范围,加速案件的侦破。

二、现场分析的步骤

现场分析的步骤一般分汇集材料、专题分析、综合研究三步进行。

（一）汇集材料

实地勘验和现场访问中所获得的材料是正确分析研究现场情况的客观依据。因此,指挥员组织现场分析时,首先必须将技术员、侦查员所获得的各种材料汇集起来,加以科学的分析和综合的研究。

由于实地勘验、现场访问的材料较多,情况较复杂,参加分析研究的人员又多,为了减少时间的浪费,汇集材料时,最好分类分层次地进行。

（二）专题分析

指挥员在全面听汇报的基础上,要组织侦查员、技术员对现场情况进行一些专题分析。把现场整体分解为若干问题,分门别类,如痕迹、物品、证人证言、被害人陈述等以及案件的性质,作案的目的、动机、时间、地点、手段、工具、人数、特征等等,然后进行质与量、因与果、现场与本质、必然与偶然等多方面的剖析探讨,分析各种材料的可信度,找出与犯罪有关的依据,剔除与案件无关的材料,做出初步判断。

（三）综合研究

综合研究就是将各专题分析的主要材料、主要内容、主要意见彼此组合在一起相互比较探讨,对整个案件作出判断。综合研究是侦查员、技术员由浅入深、由片面到全面、由低级到高级认识现场的必然过程,也是衡量侦查员、技术员分析能力、思维能力的关键步骤。只有经过综合研究,才能抓住事物之间的内在联系,在整体上达到现场的本质认识。

综合研究时,要有整体联系的观点。现场上任何现象、任何痕迹物品都不是孤立的偶然的,而是互相联系、互为因果、一环紧扣一环、一步紧接一步,不能就现象分析现象,就痕迹分析痕迹,就物品分析物品,而应该把各种情况看成是整个犯罪系统中的有机组成部分。因此,研究时要进行多方面、多层次的探讨。要善于抓住案件的本质特征、基本属性,突出该案的特色;发现特殊的矛盾、反常的现象,选准突破口。

三、现场分析的内容

现场分析的内容较多,为了抓住要领,着重分析解决以下问题。

（一）分析事件性质

接到报告,赶到现场,面对已经发生的事件,是不是一起犯罪案件? 是不是属于侦查部门的管辖范围? 是不是需要立案进行侦查? 这是现场分析首先要研究解决的问题。

事件的性质可能有三种情况:第一种是意外事故,第二种是犯罪行为,第三种是伪造假案。一般情况下,通过调查事件的性质是不难确定的,如门窗被撬,保险柜砸开,财物被盗走;翻船落水,汽车相撞,造成人员伤亡等。但是,实际生活中常常碰到一些比较复杂的情况,要分析它究竟属于何种性质,一时难以说清。比如,爆炸现场是操作失误引起的还是人为破坏? 起火现场是电短路引起的? 雷击造成的? 自然形成的? 还是人为破坏? 还有,现场上发现财物短缺,可能是外盗,也可能是监守自盗或内外勾结,还可能因管理不善造成差错等。对这些问题,均要认真分析,仔细研究,发现矛盾,寻求答案,找出否定立案的依据,确定立案侦查的事实。如果是正常死亡,不幸事故,或者犯罪事实显著轻微,不需要追究刑事责任的,就不立案。如果与犯罪行为有关而且造成了严重的后果,应当受到刑罚的处罚,根据有关规定,就要立案侦查。

以命案现场为例,现场上发现了一具尸体,这个人究竟是自然死亡? 不幸事故死亡? 自杀还是他杀? 要做出肯定回答,就得从六个方面认真地进行分析。一是从现场环境进行分析。查死者本人有没有到达现场的可能,凶手有没有到达现场或进入现场的可能。二是从死者生前表现进行分析。查有无自杀因素或自杀的准备行为。三是从致死方法和行为能力分析。看现场上有没有死者本人无法致死的或无法完成的行为。四是从现场遗留痕迹进行分析。看现场上有没有死者遗留的足迹、手印等。五是从凶器与尸体的关系进行分析。看现场上有无凶器,凶器的种类、来源,凶器与尸体的位置关系、距离远近等。六是从死者伤痕情况进行分析。看伤痕的轻重、部位、方向、形状,是生前伤还是死后伤,有无抵抗伤等。通过调查、勘验、分析、研究,平时性格开朗,无自杀因素,而死者手上有抵抗伤痕,且致命伤两处,未发现杀人凶器,那么死者系他杀无疑。

（二）分析作案过程

作案过程,是指犯罪分子从进入现场起到完成作案逃离现场时的经过。分析犯罪分子熟悉不熟悉现场内部程度,以及判断犯罪分子作案的目的、动机等。

1. 根据现场足迹遗留的情况分析作案过程

犯罪分子作案,由于走了一段路,或者天阴下雨,或者气候干燥,在赤足底或鞋底黏附有泥土、灰尘等,进入室内作案,入口附近有的足迹反应明显清晰,甚至有掉落的泥块,随着进入现场中心,足迹逐渐由清晰变为较清晰甚至看不见,根据遗留足迹清晰的程度可以分析犯罪分子作案活动的过程。

2. 根据现场微量物质遗留的情况分析作案过程

犯罪分子作案,绝大多数是夜深人静时进行的,或者穿过一般人不经常住的巷道、杂屋、顶棚等进入现场,在手上或身上黏附了这些地方的灰尘、污垢等,而带入到中心现场等处。有的犯罪分子十分贪婪,往往连续作案。如窜入一座办公楼或一栋高层宿舍后,撬开十多扇门,二三十张办公桌,拉坏木柜、铁柜、保险柜等。侦查人员可以根据这些物体上灰尘物质遗留的不同部位、数量多少以及被撬痕迹处黏附的不同颜色、不同性质的微量物质,如油漆、木屑、铁锈等来分析作案的先后顺序。若甲处办公桌上的黄色油漆黏附在乙处绿色的保险柜门上,则可以判断犯罪分子先撬办公桌,后撬保险柜等情况。

3.根据现场陈设物品的变化分析作案过程

犯罪分子进入室内后,有的侵袭目标十分明确,但多数是毫无目标地寻找,甚至翻箱倒柜,十分盲目。根据现场不同部位翻动物品相互层叠情况以及桌子上的茶杯摆设、地面上的烟头、果皮、瓜壳抛撒等情况,也可以分析作案过程。

(三)分析作案的目的

作案目的是作案人实施犯罪所期望达到的结果。比如,实施杀人目的,就是意图非法剥夺他人的生命,从肉体上将被害人消灭。实施盗窃的目的,就是意图秘密将公私财物据为己有。实施爆炸的目的,就是意图毁灭生命财产等等。

作案目的直接反映着犯罪行为的社会危害程度,在某些情况下,还直接影响到犯罪行为的性质。比如,故意杀人罪和伤害致死罪,两者之间的根本区别就在于犯罪目的的不同。

作案目的是犯罪主观方面的因素,它只存在于直接故意犯罪中。就多数刑事案件而言,作案目的是比较明确的,一般从行为本身及其危害后果就可以分析判断。但有的复杂案件,如故意杀人罪和伤害致死罪,从行为本身和所造成的后果来看,就很难划分。再如,有的犯罪分子到银行抢劫,表面看来是为经济目的,而实质上其筹集经费是为了从事危害国家主权达到颠覆政权的目的等等。

(四)分析作案动机

作案动机是指引发作案人实施犯罪行为的内心起因。这种内心起因,在整个犯罪活动中始终对犯罪人起着"激励"的作用,是作案人进行犯罪活动的动力,是促使犯罪目的形成的主观因素。作案动机不同,现场痕迹物品和现场状况往往明显不一样。

现场上,如果箱柜翻动很乱,被盗财物较多,或者被害人随身携带的现款、贵重物品被劫,就很可能是盗窃或抢劫杀人。

现场上,倘若死者是位女性,衣服被扯破,裤带扯断或者解开;下身裸体、半裸体或全身一丝不挂;生殖器发生损伤、大腿内侧有表皮剥脱;阴部及附近衣服上附着有精液;未婚女青年处女膜破裂及其尸体解剖发现怀孕;或者被害尸体躺在被窝里,或者躺在防空洞、窑洞、田间、密林等偏僻处,周围又无搏斗和移尸痕迹等,就很可能是强奸或奸情杀人。

现场上,如果死者被砍杀得惨不忍睹,面容毁坏,难以辨认,而死者身上值钱的手表、项链等物并没有丢失,则很可能是仇杀。

为了分析作案人的动机,应该仔细研究被害人的工作性质、政治态度、生活情况、社会关系等,从被害人的具体情况中去发现因果关系,探求犯罪的动机。当然,分析作案动机并非是件轻而易举的事情,往往相当复杂棘手。一是动机为"内心世界",较为隐蔽,难以窥测。二是有的犯罪分子故意把水搅浑,隐匿销毁罪证,移花接木,布设疑阵,制造假象,转移侦查视线。三是结伙犯罪的成员"各怀鬼胎",往往难以同一而论。四是有时一个作案人在同一个现场上同时存在两个以上的动机,甚至在现场实施犯罪过程中又突发新的犯罪动机。五是动机与目的有着不可分割的联系,相互依存,难分难解。因此,常常要等抓到作案人才能最后搞清其真正的作案动机和目的。

(五)分析作案时间

任何犯罪行为都离不开时空条件。因此,判断作案时间,把它压缩在最短而又最可靠的时段内,对于确定排查范围,肯定或否定嫌疑对象,追缉堵截罪犯,审核被害人的陈述和证人证言等都有重要的作用。因此分析犯罪分子的作案时间要花气力,想方设法对此做出符合客观实际的正确判断。如下十个方面因素值得考虑。

1.从访问对象的陈述内容分析时间

案发后,往往要访问发现人、报案人、事主、被害人以及知情群众等,从他们所提供的发案经过及其耳闻目睹的情况中可以分析时间。如室内杀人案,隔壁左右、楼上楼下见到死者生前活动的时间,听到呼救声的时间和异常响动的时间,或者看到犯罪分子或可疑人逃离现场的时间,门窗开闭的时间。被害人生前做饭、吃饭、清扫、洗涤、买东西以及应酬来访者等情况以及被害人生前最后一次被人见到的日期和具体时间等等,以此缩小时间范围,判断作案时间。

2.从现场能够表明时间的物品分析时间

可以根据现场钟表停止的时间来推断作案时间,特别是爆炸案、放火案现场上钟表的停止时间往往就是作案时间;还可以从被害人的手机通信记录、现场日历停翻、日记停记、盖有邮戳的信件、送来的报纸、拍照后尚未冲印的胶卷以及剧票、车船票、发货票、住宿登记等能反映时间标志的物品来分析作案时间。

3.从现场物品陈设的情况分析时间

现场上特别是室内现场上物品的变化往往是较大的。如被害尸体的摆布,衣着多少,鞋袜穿脱状况,翻箱倒柜的情景,电灯开关,火炉燃灭,毛巾干湿,被褥叠展,食物腐败,家具上的尘土、蜘蛛网,开水瓶内开水的多少,茶杯、酒杯内液体的蒸发情况,花的凋谢程度、花盆的干燥程度以及尿壶内尿的多少等,均可从中分析发案时间。

4.从现场遗留痕迹的新旧程度分析时间

犯罪分子作案往往要留下足迹、手印、工具痕迹、整体分离痕迹等,可以结合现场的具体情况分析时间。比如,室内现场留有的足迹是否有水渍,沾脱的泥土干湿情况;室外现场足迹内有无积雪?有无虫爬鼠窜痕迹?刮入脚印的树叶、泥沙有无被雨淋过?手印的灰尘情况以及工具痕迹,整体分离痕迹的新旧程度等均可用来分析时间。

5.从现场遗留的物品分析时间

杀人后的血迹,强奸后的精液以及尿斑、粪便等的干湿程度、颜色变化、火柴杆、烟头蜡烛、蚊香的燃灭情况,均可以分析时间。还比如,血液从人体内流出时,开始完全是液体,随着时间的延长而凝固。最初颜色是鲜红的,随着时间的流逝会变成暗红色、褐色,进而变成灰褐色。血液这些不同的状态和颜色也可以成为分析时间的依据。

6.从气候变化的情况分析时间

晴天、阴天、雨天、雪天、风天、雾天、雨前雨后、下雪前下雪后、刮风前刮风后等等,均可以结合现场痕迹物品的变化来分析时间。如雪后作案沿途必然留有足迹。室外尸体上覆盖许多雪,而搬开尸体后地面是干燥的,那么了解该地区天气情况,何时下雪,就可以分析判断降雪之前尸体已在该处。雨前足迹必然遭到破坏或呈麻点状。

7.从现场所处的环境分析时间

现场环境如何,关系到犯罪分子作案选择的时间。比如,现场附近热闹繁华,什么时间人员流量最少;单位上下班的时间以及值班人员交接班的情况等等均可用来分析时间。

8.从被害人的生活规律分析时间

每个人平时起床、吃饭、工作、学习、散步、休息、娱乐、睡觉等受集体的安排和"生物钟"的制约,久而久之,形成了一定习惯或规律,可以结合被害人的这一情况来分析时间。比如某被害人生前是按时吃晚饭,而在餐桌上留有食物,这就可以帮助判断作案时间或死亡时间。

9.从尸体变化现象分析时间

人死后,生命停止活动,随着时间的推移,环境气候的变化,尸体就会发生明显的变化,可以通过尸温、尸僵、尸斑、尸蜡、尸绿等尸体现象来分析时间。若尸体腋下尚暖,而且尸体没有僵硬,则是死后3小时以内。口唇黏膜、阴囊、皮肤或表皮擦伤等处出现皮革样化,则是死后 2 小时以上。眼角膜出现浑浊不清或有云雾状的东西,则是死后 8～10 小时;瞳孔不能透视,则是死后 48 小时左右。

尸僵开始出现,则是死后 1～3 小时,有的死后 10 分钟即可出现,也有的7～8小时才出现;尸僵在用力破坏后还可再次出现,则是死后 5～6 小时以内;尸僵开始缓解,则是死后 24～48 小时;尸僵部分缓解,关节可转动,系死后 2～3天;尸僵完全缓解,则是死后 3～4 天。

尸斑开始出现,则是死后 1～2 小时;尸斑指压褪色,则是死后 6～8 小时以内;尸斑在翻动尸体时可以转移,则是死后 12 小时以内;死后 12 小时以上,压迫尸斑难以褪色,较难转移。

尸蜡形成,则是死后 6～8 周比较明显;完全形成,则是死后 18 个月～2 年。

右下腹部腐败绿斑(尸绿)出现,则是死后 24～48 小时;腐败血管网出现,则是死后 2～3 天。

尸体上蛆的出现,则是死后 22 小时左右;尸体皮肤受到蛆的普遍侵蚀,则是死后 3 天以上;蝇蛆吃尽尸体软部组织,则是死后 1 个月左右。

水中尸体手部浮肿,则是死后 3 天以上;水中尸体外层皮肤脱落,则是死后5～6 天以内;水中尸体手上皮肤及指甲脱落,则是死后 8～10 天;水中尸体上有藻类生物,则是死后 8～10 天;水中尸体浮起,温水中则是死后6～8 天,冷水中则是死后 2～3 周。

野外尸体白骨化,约在 5～6 周以上;野外小儿尸体白骨化,约在 4～5 周;成人埋入土中白骨化,约在 5 年以上;小儿土中白骨化,约在 3 年以上;幼儿土中白骨化,约在 2 年以上。野外骨风化,约在 5～10 年;土中骨风化,约在 10～15 年。野外骨崩坏,约在 10～15 年;土中骨崩坏,约在 50 年以上。

10. 从胃内容等情况分析时间

(1)胃肠内容消化程度。各种咽下的食物在胃里停留的时间,取决于食物性质和所食量的多少。胃内充满未消化的食物,则系死者进食后不久死亡;胃内充满食物,但饭粒已变软,则系进食后 1 小时左右死亡;胃内食物已移至十二指肠,则系进食后 2～3 小时死亡;十二指肠中有没有消化的食物及残渣,则系进食后 4～5 小时死亡;胃及十二指肠均已空虚,则系进食后 6 小时以上死亡。

动物类食物则需要 4～5 小时才能由胃排到十二指肠和小肠。如果小肠也是空的,则系进食后 12 小时以上死亡。

(2)膀胱内尿量。通常排尿后入寝者,膀胱充盈,则死亡可能发生在后半夜;如无死后排尿情况,而膀胱空虚则考虑可能在前半夜死亡。

(3)肌肉兴奋状况。死后 1～2 小时,打击肱二头肌,可使肌肉收缩。

（4）尸体周围情况。尸体周围出现蛹壳，一般在 2～3 周以上。还可根据尸体下植物叶绿素的丧失情况来分析时间，被尸体所压植物由青变黄约 6 天以上，由青变白约 15 天以上。还可以根据覆盖尸体的树枝、植物生长阶段与邻近类似树、植物的生长阶段进行比较，也可以分析作案时间。

（5）衣服的腐烂程度。棉织物腐烂在 4～5 年以后；羊毛织物腐烂在 8～10 年以后；皮革和丝的腐烂在 20 年以上。

总之，分析推断作案时间的方法较多，途径较广。但必须说明，要绝对准确地断定死亡的时间或作案的时间并非是一个简单的问题，必须根据当时当地的具体气温、环境情况，以及死者身体素质、胖瘦、年龄、衣着的情况等，综合地进行分析判断，越准确越好。有时候只能将作案时间确定在一个阶段范围，如昼、夜、清晨、上午、中午、下午、傍晚、上半夜等，作为侦查人员则应尽可能将作案时间压缩在最短而又最可靠的范围之内，以利侦查。有条件时，可邀请有关专家、教授、学者协助分析作案时间。

除了分析作案时间外，有时还要判断犯罪分子在现场实施整个犯罪行为所需要的时间。这就是结合现场进入口损坏难易情况，现场面积的大小，被侵犯物的坚固程度以及移动程度等因素综合起来考虑，也可以通过现场实验来进行判断。比如，作案人挖红砖墙打洞入室，撬开办公桌，移开保险柜，翻倒在地，使用撬棍撬开保险柜，寻找人民币、国库券等物，然后从墙洞逃走。这就需要通过实验的方法来证实犯罪分子在现场作案所需要的时间。

（六）分析作案地点

作案地点就是实施主要犯罪行为的中心场所，分析时要弄清两方面的问题：一是分析判断发现案件的地方是否为犯罪分子作案的主体现场；二是分析判断有无关联现场等。

分析作案地点，有助于判明犯罪分子与被害人的关系，准确地发现和收集与犯罪有关的痕迹物品，对于寻找和找全主要作案现场具有重要作用。

一般情况下，作案地点是不难判断的，如爆炸案、放火案、盗窃案等。但是像杀人碎尸案、杀人抛尸案、拦路抢劫案、拦路强奸案等，就比较困难。杀人碎尸、杀人抛尸往往涉及的范围较广，而"两拦"案件往往发生在夜间、视线昏暗，有的被害人来自外地，精神高度紧张，案发时顾不上观察周围环境，案发后又急于脱离现场，常常记不清发生案件的准确地点。为此，可从如下五个方面分析判断作案地点。

1. 根据被害人和周围群众提供的案发经过分析作案地点

如目睹犯罪分子在何处进行犯罪活动，听到从什么地方传来呼救声和其他特殊声响，必要时，可由被害人或目睹者直接指点案发地点等。

2.根据现场的地理位置和环境分析作案地点

如在山下发现尸体,又有从高处坠落的痕迹,要注意从山上寻找杀人地点。在河流下游发现漂浮的尸体,要注意从河的上游寻找杀人地点。发现人的肢体、组织,要仔细研究其分布位置,周围环境,抛尸地点之间的联系,从中发现抛尸的时间、路线、顺序、方法等,从而分析杀人的主体现场。

3.根据现场上发现的各种痕迹物品分析作案地点

现场上遗留的痕迹物品是分析判断作案主体现场的重要依据。有的可以根据在人行走时留下的脚印或受伤后滴落的血迹,或遗落在现场上的各种物品,沿踪进行寻找。有时可以根据被害人身上黏附的泥土、树叶、杂草、种子、锯木屑、草木灰、金属屑、炭渣、砂石等附着物进行鉴定后寻找。还可以根据犯罪分子拖拉尸体的痕迹、交通运输工具的痕迹等沿踪查找,必要时可以这些痕迹物品为嗅源,利用警犬搜索寻找作案地点。

4.根据包裹尸体物分析作案地点

包裹尸体物主要是指包装物、衬垫物、夹带物、捆绑物等。犯罪分子为了掩人耳目,移尸灭迹,往往对尸体或尸块进行包装。移尸时,有的犯罪分子专门去购买塑料布、行李袋等新包装物来裹尸;但大多数犯罪分子是就地取材或用无意中发现的包裹物品包装的,如利用家中的旧麻袋、旧床单、旧衣服、旧手提袋等。所以认真地分析研究这些物品的用途、质量、颜色、新旧、记号、商标、产地等,对于分析、查找杀人主体现场有着很重要的作用。

5.根据尸体检验提供的各种信息分析作案地点

比如,根据尸体上尸斑花纹的形状、大小、数量及位置,有时可以分析出被害人在被害时或被害后一段时间曾经躺在什么地方或躺在什么物体上。根据尸体损伤部位、数量、形状和轻重程度等,可以在一定程度上分析出原始杀人地点应当具备的环境和条件。有时可以根据胃内容,研究被害人在哪里吃过东西以及进食时间来分析杀人地点。

（七）分析作案痕迹

现场上遗留作案人的痕迹是多种多样的。这些痕迹反映犯罪的重要信息,反映着不同性质的犯罪,不同的作案时间、地点、人数,甚至反映出不同的犯罪行为,动作习惯,犯罪人的特征等,对揭露犯罪和证实犯罪价值极大。因此,现场分析时,对于作案人遗留的痕迹,也要仔细观察,深入研究。

1.分析痕迹的种类

痕迹的种类繁多,分析时,可根据不同的分类标准,将痕迹区分开来。按造型主体,可分为手印、足迹、工具痕迹、枪弹痕迹、牙齿痕迹、车辆轮胎痕迹等。按作用的方式不同,可分为静态痕迹和动态痕迹等。

2.分析痕迹的形式

不同的反映形象痕迹,其形成的原理和条件基本相同;一般应具备造型主体、承受客体、作用力、介质等主要因素。分析时,要全面考虑这些因素,任何一个因素的变化,都会影响到痕迹的质量。要观察,测量遗留痕迹的深浅、大小、形状、角度,结合现场环境和条件,判断犯罪分子使用的工具;用多大的力、采用什么样的动作才能形成这样的痕迹。

3.分析痕迹的特征

不同的痕迹有不同的特征,要加以区别,防止混淆。分析时,要根据痕迹遗留的地点、部位、方向、反映的不同形态进行判断。在一般情况下判断是不太难的,但有时遇到局部的乳突花纹,到底是手指面、手掌面留下的,还是足趾面、足掌、足弓、足跟留下的? 就要根据乳突纹线的粗细、花纹的流向、形态结构等不同的特点进行分析,才能判断。否则,极易弄错。

4.分析痕迹的新旧

痕迹的新旧对于确定作案时间关系极大。分析时,可根据承受客体的性质、结构、现场环境、气温、温度、湿度、痕迹的光泽和清晰程度以及落尘等情况进行判断。一般情况下,有光泽的、清晰的、无落尘的和较潮湿的痕迹是新鲜痕迹,否则,就是较陈旧的痕迹。

（八）分析作案工具

犯罪分子无论是撬门扭锁入室盗窃,还是杀人放火爆炸投毒,往往借助于一定的作案工具来实施犯罪。因此,分析作案工具有助于确定犯罪分子的职业特点,通过分析工具,还可以缩小侦查范围。

犯罪分子使用的工具种类繁多,形状各异,大小不同,加之同一种或同一件工具由于用力的方向、大小、角度不同,使用的部位不同,可以形成不同形态的痕迹,这就给分析作案工具带来了一定的困难。分析时,要认真细致,考虑周到,必要时可通过实验确证。

1.根据工具痕迹的种类特征分析作案工具

现场遗留工具痕迹的形状、大小、深浅等形象特征,往往能反映犯罪工具的不同种类,可以判断是钳子、剪子、刀、斧、锯、锉、钻、锤、螺丝刀等常用工具,或者砖、瓦、石块等代用作案工具。

各种痕迹的整体形象都能反映工具接触部位的形态。凹陷痕迹的塌陷呈梯形,可能是螺丝刀或凿子类工具形成。塌陷呈方形或圆形的,可能是斧背或圆锤所形成。剪切断痕迹,断面中央部位呈山峰状,而两侧为斜坡的,一般是钳或剪等双刃类工具形成;断面无山峰状,一侧呈斜坡的多为中斧等单刃工具所形成。

2.根据现场遗留的与作案工具有关的物品分析作案工具

犯罪分子在实施作案时，由于紧张慌乱等原因，往往将作案工具或工具的外鞘、包裹物、擦拭物、工具袋等遗落在现场上。由此，可以判断工具的种类、大小、形状、特征等。如刀鞘遗留在现场上，就可以根据刀鞘的大小、形状等分析判断是匕首、三棱刮刀或其他工具。

3.根据遗留在痕迹内外的各种微量物质分析作案工具

犯罪分子在实施犯罪过程中，常常将工具上的油漆、涂料、黏附的泥土、灰沙、油垢以及工具的汗液、铁锈、碎渣、断片等留在痕迹或被破坏客体上，从这些微量物质可以分析判断作案工具。

（九）分析作案人数

分析作案人数，对确定侦查范围和进一步侦查取证具有十分重要的作用。

1.根据现场遗留的各种痕迹分析作案人数

犯罪分子既然要作案，就会在现场留下各种犯罪痕迹，为分析人数提供了有利条件。

（1）根据形象痕迹分析作案人数。根据现场遗留足迹、手印的大小不同、数量不同、鞋底花纹种类不同、磨损程度不同等可以分析作案人数。

（2）根据动作习惯分析作案人数。行为人的职业不同，受过的训练不同，所形成的动作习惯也不一样。如形成的绳结方法和使用工具破坏障碍物的方法就不一样。各人长期行走的习惯不同，形成的步幅步态特征就不同，由此也可以分析作案人数。

2.根据现场损失的程度分析作案人数

有的集体单位或个人家中被盗的物质数量较多，体积较大，又很笨重，是一个人一次难以搬走的，时间又不允许一个人来回搬多次，就很可能是两个人或多人所为。在现场上同时有多人被害，并且尸体上的伤痕形状、分布位置等明显不同，就可能是一伙人作案。

3.根据现场上遗留的各种物品分析作案人数

犯罪分子作案时，有的仓促中会遗留自己带来的物品；有的在现场上撒尿拉屎，甚至睡过觉、吃过饭、喝过水、换穿过现场的衣裤等；也可以此分析作案人数。或者根据遗留物的品种和数量，如大小不同的手套，不同型号的自行车，发射出来的不同弹头、弹壳，遗留下的不同烟头以及食物的种类、数量，碗筷的数量，甚至不同的粪便等等来分析作案人数。

4.根据被害人、知情人提供的情况分析作案人数

杀人、抢劫、强奸等案件，由于被害人与犯罪分子有过正面接触，提供的犯罪人数一般比较准确。但是要特别提防事主为了逃避责任而将事态扩大，如明

明是两个人抢劫,却说成是三个人抢劫。有的犯罪分子夜晚突然袭击或将被害女青年的眼睛蒙上而进行强奸时,女青年由于紧张、羞辱等原因提供的人数也不一定那么准确。因此,有必要结合犯罪嫌疑人的交代、实施犯罪的动作等情况来判断作案者人数。如果是在交通要道或繁华场所、人员来往较稠密的地方作案,除了要注意事主提供的人数外,还要考虑室外是否有人放哨、接应等。

（十）分析案犯体貌特征

分析案犯体貌特征,也就是侦查工作上常说的给犯罪分子"画像",以便及时发出通缉通报,迅速而又准确地发现犯罪嫌疑人。因此,在分析案犯的特征时,要充分地综合地利用现场勘验和现场访问所获得的材料,反复探讨,认真琢磨,必要时还应进行现场实验来证实作案人必须具备的条件。

1. 根据熟悉现场的程度分析作案人特点

作案时,犯罪分子选择作案时间合适,地点适当,现场周围无停留,无徘徊的痕迹,路线准确,了解内部情况,盗窃目标准确,说明是熟人作案的可能性大。作案时,现场门锁完好,有坐卧、饮酒、喝茶、吃饭、吸烟等接待应酬的痕迹,而侵害的对象被打击的部位又十分准确,也可能是熟人作案。

作案时,进出口表现不明显,打开门窗插销、卸掉玻璃、破坏或调换销头,而破坏部位较集中,方法比较巧妙,遗留的痕迹物证较少,选择作案目标一般较准,得手就走,不"恋"场,很可能是内部人员作案。

作案时,现场周围有逗留、藏身、徘徊痕迹,进出路线舍近求远,舍易求难,作案盲目性较大,见锁就撬,到处乱翻,无特定目标,见啥偷啥,或者作案准备不足,工具不合手,无效动作很多,现场表现乱而不准的,很可能是不熟悉现场的外部人员作案。

当然,根据现场被侵袭的目标等情况来分析案犯对现场的熟悉程度并非易事,有时是相当复杂的。譬如,本单位内部职工调离外单位工作多年后返回原单位作案,或者是流窜人员曾多次观察、踩点后作案,甚至还有内外勾结作案等情形,分析时要特别注意。

2. 根据现场作案特点分析作案者是否惯犯或初犯

作案时,选择目标比较准,手到之处多不落空,破门、破锁、破保险柜等使用工具熟练;选择破坏部位准确,破坏方法得当,有一定的习惯性;动作利索,遗留痕迹少;发现有人值班,沉着应付,不轻易罢休;或者配备有万能钥匙和专用作案工具等,就可能是惯犯作案。

作案时,选择目标能力差,东翻西找,盲目性大;对障碍物硬砸、硬撬、硬搬,无效动作很多;有的撬了明锁不会破暗锁,尽管带的作案工具齐全但干得笨拙,甚至费了九牛二虎之力,也达不到目的;一遇风吹草动,便惊慌失措,丢三落四,甚至有时到手或即将到手之物也弃之不要，逃之夭夭，就很可能是初犯或偶犯作案。

有时候，还可以将本县、本市、本省甚至附近省、市、县有作案手段相同的案件串并起来分析研究，从而进一步确定作案者是惯犯还是初犯。

3. 根据现场遗留的痕迹分析作案人的生理特征

所谓生理特征，通常是指作案人的性别、年龄、身高、体型、行走姿态等。分析这些特征时，主要是根据现场所遗留的痕迹、手印、足迹、工具痕迹等的形状、大小、深浅、进出口的位置、高低、大小、攀高、扛重的情况以及被破坏客体坚固程度来分析。

如果现场上遗留有血迹或血手印、血足迹以及被害人创口的部位、形状、数量等，可以根据血迹的面积大小、形状，血的数量等分析作案人受伤的部位和轻重程度。

利用现场痕迹分析作案人的特征时，还要结合被害人、目击者提供的材料，尽量减少分析上的失误。

4. 根据现场作案手段和案犯技术特征分析作案人的职业特点

有些案件现场，反映出作案人很内行。比如杀人分尸时采用解剖技术肢解尸体的关节部位，在骨骼上很少或者不留下刀的痕迹；用电击杀人或者采用电钻打开保险箱，对电源路线的安装很熟悉；还有的犯罪分子有选择性地偷窃电器设备等；投毒案件现场上出现的稀有罕见的剧毒物质或放射性同位素等；爆炸现场反映出安装炸药，改装爆炸装置很内行；采用选配钥匙开锁或使用技术方法打开保险锁；有的劫车杀人，驾车盗窃；有的攀援高层建筑物十分利索等等，均可从一定程度上反映作案人的职业特点。

5. 根据现场遗留物品分析作案人

有的犯罪分子作案中因紧张或被人发现，逃离现场时会将自己携带的随身物品遗留在现场上，据此可以分析作案者的生活习惯、民族、居住地区等。同时，还可根据现场被盗物品分析作案人的嗜好与需求。

（十一）确定侦查范围

侦查范围是指在案件侦查过程中，根据对案情的分析判断，确定寻找发现犯罪嫌疑人的居住地区、年龄阶段、职业特点的界限。一般从以下几个方面来确定：①根据案件的性质、发案时间、地点、作案的动机目的、手段等确定侦查范围；②根据犯罪分子作案所具备的条件确定侦查范围；③根据现场遗留的痕迹物品确定侦查范围；④根据因果关系确定侦查范围；⑤根据犯罪人对赃物的处理方法确定侦查范围。

思考题与案例分析

1. 阐述现场勘查的任务与要求。

2. 简述现场勘查的步骤与顺序。

3. 试述保护现场的意义与方法。

4. 临场讨论主要解决哪些问题?

5. 应当怎样依法制作现场勘查笔录?

6.【案例分析】1989 年发生在美国纽约州罗切斯特的系列强奸杀人案件中,法医发现数位被害人的乳房上都留有犯罪分子的牙印,于是便拍照提取。通过现场勘查和调查访问,联邦调查局侦查人员发现嫌疑人杰克有作案的主观条件和客观条件。

请问:此案应用何种物证鉴定技术来证明杰克是否犯罪嫌疑人?

第四章　侦查措施

第一节　摸底排队

一、摸底排队的概念和作用

摸底排队（又称排队摸底或摸底调查），指侦查部门对已发生的犯罪案件在现场勘查、案情分析的基础上，在侦查计划所确定的范围之内，根据刻画的作案人条件，发动群众和依靠群众而进行的寻找侦查线索、发现犯罪嫌疑人的一项侦查措施。摸底排队，是我国侦查人员在长期的侦查实践中提出并形成的专业术语。摸底排队是侦查破案的重要一环，也是侦查人员需要掌握的一项基本功。摸底排队是贯彻执行专门工作与群众路线相结合的侦查方针；依靠群众，犯罪分子隐藏得再巧妙，也能够发现其狐狸尾巴。

摸底排队在侦查实践中的作用表现在以下几点：①有助于发现侦查线索。侦查线索是指与案件有关的能反映犯罪分子活动的各种迹象材料。而摸底排队可以通过深挖细摸发现侦察破案的线索。②有助于发现犯罪嫌疑人。犯罪嫌疑人是指有迹象表明与犯罪可能有关系的人。摸底排队通过对犯罪有关的人、事、物进行普遍的调查工作来发现犯罪嫌疑人。③有助于发现和搜集犯罪证据。犯罪嫌疑人是否就是犯罪人，需要证据进行证明。摸底排队是获取犯罪证据的一个重要途径。④有助于搜集犯罪情报。犯罪情报是警方预防、控制和侦查破案的信息材料。摸底排队所发现的侦查线索、犯罪事实和犯罪动态等材料，是犯罪情报的重要来源。

二、摸底排队的范围和条件

（一）摸底排队的范围

摸底排队的范围指在什么区域和人员范围内来查找犯罪嫌疑人。没有范围，摸底排队犹如大海捞针，是无法进行的。摸底排队范围的确定可从以下几个方面进行。

1. 犯罪案件的性质

案件性质可以反映出犯罪分子的某种特征，如盗窃案件，内盗、外盗、内外勾结还是监守自盗，其摸底排队的范围是不一样的。

2. 犯罪现场的位置

有的案件其犯罪现场的位置与犯罪人平时工作和生活有这样或那样的内在联系，摸底排队的范围就应以犯罪现场为中心来确定。

3. 犯罪现场所处的环境条件

犯罪现场所处的环境条件，比如是繁华的商业区还是居民区、其人口流动状况如何、外来人员和当地治安状况如何以及其地形地物情况如何等，都是影响摸底排队范围的因素。

4. 犯罪现场遗留的痕迹物证

从犯罪现场遗留的痕迹物证可以分析出犯罪人应具备的作案条件，为摸底排队确定犯罪嫌疑人的范围提供依据。

5. 犯罪人的个人特征

通过现场勘查和现场访问所获得的犯罪人的特征，如体貌特征、口音特征、衣着特征、职业特征、技能特征、劣迹特征及心理特征，也是确定摸底排队范围的重要依据。

摸底排队的范围应该在以上这些依据和其他客观情况的基础上准确、具体地确定，并随着摸底排队工作的推进可作适时调整。

（二）摸底排队的条件

摸底排队首先要把握犯罪嫌疑人的根据和条件。案件性质不同，犯罪活动情况和特点不同，摸底排队的根据也会有所区别。一般来说，摸底排队可以把握以下一些条件进行。

1. 时间条件

时间具有一维性的特点，犯罪人在一定时间内只能实施一定的犯罪，不可能在同一时间进行其他活动。一个人有否作案时间是确定其有无犯罪嫌疑的重要条件。如果查明此人确有作案时间，应该进一步调查是否具备其他作案条件。在摸底排队中,要特别警惕犯罪人在作案时间上制造的种种假象。

2.空间条件

空间具有排他性的特点,一个人在一定的时间内在某一空间范围内作案,就不可能在同一时间在另一空间范围内进行其他活动。因此,在作案时间内是否到过作案空间的范围,是确定某人有无作案嫌疑的重要条件。

3.工具条件

犯罪人在作案时,往往要使用一定的工具和物品进行,而这些工具和物品又有一定的地区和行业特征,有特定的磨损特征、专门知识特征和其他特征。因此,是否具有或有条件获得实施犯罪时所使用的工具和物品,也是排查犯罪嫌疑人的一个重要条件。

4.痕迹物证条件

犯罪现场遗留的痕迹和物品,不仅反映出犯罪人的作案活动过程,也反映出犯罪人的某些个人特点,它是摸底排队的一个重要条件,应该充分利用。

5.赃款赃物条件

在侵财犯罪中,只要掌握了赃款赃物的种类、名称、数量和特征,就可以作为摸底排队的条件,根据赃款赃物可以排查和发现案件的犯罪嫌疑人。

6.体貌特征条件

犯罪人体貌特征如年龄、性别、身高、胖瘦、习惯动作、行走姿势、说话口音、脸型、头发、发型、衣着装束等特征以及在作案过程中在其人身上形成的痕迹特征,这些特征有的通过现场勘查发现、有的通过现场访问发现获得,是摸底排队的重要条件。

7.因果关系条件

在一些犯罪案件中,如杀人、伤害、爆炸、投毒、放火等,犯罪人与被害人之间往往存在着利害冲突,犯罪行为正是这种矛盾激化的结果。犯罪人与被害人之间这种因果关系作为客观存在,往往在犯罪现场不同程度地表现出来。这种因果关系也可以作为排查犯罪嫌疑人的根据之一。

8.知情条件

在一些犯罪案件中,从犯罪人的作案过程,特别是现场活动情况看,犯罪人熟悉现场环境,了解内情,知道事主或发案单位的生活生产工作规律等底细。他们准确地接近作案目标,顺利地达到作案目的。这种熟知底细,了解侵犯对象情况就是知情条件。知情条件也是排查犯罪嫌疑人的依据。

9.反常条件

不少犯罪人进行犯罪活动前后,特别是进行重大犯罪活动后,常常会出现这样那样的反常表现,包括言行反常和经济反常。因此,表现反常也应作为排查犯罪嫌疑人的一个条件,但是决不能仅凭这个条件就确定犯罪嫌疑人,因为反常现象与每个人的心理素质、意志及犯罪经验都有一定关系。

10.其他条件

有些案件经现场勘查和现场分析,可以判断出犯罪人的心理特征、嗜好怪癖、结交关系、需求特征等,这些也是摸底排队的条件。

三、摸底排队的步骤方法

(一)公布有关案情,发动群众提供线索

公布案情要有目标、有领导、有控制地进行,宜粗不宜细。有目标,要求在犯罪嫌疑人的工作单位内或可能藏身落脚、生活居住区域内公布案情;有领导,要求某起案件是否公布案情须经领导批准;有控制,宜粗不宜细,即并非任何一起案件都可以公布案情,也不是案件的所有情节都可以公布,尤其是犯罪分子作案的各种细节和痕迹、物证,更不应在群众中公布和泄露。如果向群众公布了,在犯罪分子交代作案过程时,就难以甄别其口供的真伪。公布案情的目的是为了依靠和发动群众,让群众提供与案件有关的疑人疑事等侦查线索。

(二)依靠基层公安保卫组织排查犯罪嫌疑人

发生犯罪案件后,应及时向有关派出所和内部保卫组织传达摸底排队的任务和条件,组织力量,分片包干负责,查档案、查人员,认真排查犯罪嫌疑对象,协助破案。

(三)利用犯罪情报资料排查嫌疑对象

发生案件后,可以充分利用犯罪分子的体貌特征、作案手段工具、侵害对象及遗留的痕迹物证等,从犯罪情报资料中检索嫌疑线索。现场留有犯罪指纹的,更应该加以利用,通过查对指纹档案,发现侦查对象。

(四)集中线索,突出重点

要把以上排查中发现的嫌疑对象的情况集中起来,对照排查的内容、条件,逐个分析研究,调查核实,反复"过筛",排除那些查无实据或与本案无关的线索,突出重点犯罪嫌疑对象,缩小侦查范围。

(五)深入侦查,核实罪行

经过重点排查后,否定一些嫌疑对象,突出了嫌疑重点,线索也比较集中;然后在这些基础上,要对筛选出的重点对象,反复进行查证。在深入查证过程中,必须坚持实事求是,调查研究,周密地搜集各种犯罪证据,详细地占有犯罪材料。同时,要重视每一反证材料,进行全面的分析和反复查证核实。要根据摸排的条件和所获得的材料,以发生的案件与犯罪重点嫌疑人之间,进行定时、定位、定罪行的三定核对,把重点嫌疑人的罪行、罪证核实清楚。

第二节 侦查询问

一、询问的概念与任务

（一）询问的概念

侦查询问，特指侦查人员在案件侦查过程中为了获悉案情，用问答形式依法向涉案人员所进行的调查取证活动。

侦查询问的主体应当是侦查机关的办案人员，若侦查人员不便直接询问，必须由侦查人员委托他人询问，否则，询问的结果无法律效力。

侦查询问的对象必须是涉案人员。涉案人员包括与案件侦查工作有关的群众、事主、被害人及其亲友、目击者、知情人、技术员、专家乃至受审查人。与案件侦查工作有关的群众是指那些知悉犯罪分子日常活动或犯罪活动的人，即与犯罪分子关系一般的亲友、同学、同事、邻居以及刑事案件现场附近的群众。他们本身虽然与案件并无直接的利害关系，但他们较客观的陈述却往往有助于案件侦查工作的进展。目击者是指那些曾耳闻目睹犯罪分子实施犯罪过程或情节的人。但他们不一定知道犯罪事件的内情。知情人是指了解犯罪事件来龙去脉的全部或部分内情的人，但他们不一定亲眼目睹犯罪案件的发生经过。知情人通常是与犯罪分子关系较密切的亲属或朋友。他们知晓的案情，有些直接源自犯罪分子本人透露，有些则间接源自知情的第三者表述。为解决与案件有关的专门性问题，侦查人员经常还需要向一些技术人员咨询，故这些技术员、专家亦是询问对象。受审查人是指侦查阶段被认为有犯罪嫌疑的人，因此在侦查初期他们也可能成为侦查询问的对象。在侦查过程中，一些涉嫌人员经查询被认为与犯罪无关，另一些涉嫌人员经查证被认定有犯罪事实。按我国法律规定：讯问对象是指依法被逮捕或拘留的人犯。由此可见，受审查人既可能是询问对象，也可能是讯问对象。在立案侦查之后至破案之前的阶段，受审查人应视为询问对象；只有在破案之后才可将受审查人列为讯问对象。

侦查询问的显著特点是侦查人员依据法律规定，必须通过与涉案人员的交谈、问答对话的形式才能达到目的。这种调查形式构成了询问与其他侦查措施的区别所在。同时，询问作为专门工作与群众路线相结合的一种模式，自始至终贯穿于案件侦查的全过程。任何一起刑事犯罪案件，从审查立案依据到分析判断案情，从发现侦查线索到查证犯罪嫌疑人，从收集证据直至最后破案，几乎都离不开询问。询问的作用主要体现在侦查活动中的不可取代性,因此,它是所有案件侦查中普遍适用的一项措施。在侦破那些无现场可查的案件、现场上的痕迹和物品已消失的案件以及某些预谋性犯罪案件时,采取询问措施的重要性便显得更为必要。

(二)询问的任务

侦查询问的根本任务是查明案情、收集证据、揭露犯罪。然而在案件侦查的不同阶段,询问的内容及其具体任务亦各有侧重。在侦查过程中的立案审查、现场访问、甄别嫌疑、取证破案等阶段,询问的具体任务主要有:查明基本案情、发现嫌疑线索、收集证据、排查涉嫌人员、缉拿犯罪嫌疑人。

1. 查明基本案情

接到报案后,侦查人员首先需要通过询问查明所报案件的基本情况。譬如发案的时间、地点和有关人员,发现案件的过程,造成的后果,以及报案人的姓名、住址、工作单位、联系方式等内容。

倘若属于杀人、盗窃、强奸等存在着犯罪现场的案件,侦查人员接到报案后应立即赶赴现场进行勘验,同时及时询问事主、被害人及其亲友、目击者、现场保护人员和现场周围的有关群众,以便为初步分析案情、判断案件性质奠定基础。现场调查还能为侦查人员决定是否立案侦查以及采取初步侦查措施提供依据。若逢贪污、诈骗、走私等没有明确犯罪现场的案件,侦查人员也可以通过询问报案人、被害人、知情人甚至嫌疑人来了解案件的基本情况。

在侦查初期,询问的基本内容包括:查明有无犯罪现场,现场最初发现时的原始状况及后来的变动情况;查明案件发生的时间、地点及其经过;查明犯罪行为造成人员伤亡、财物损失的情况;查明实施犯罪行为的人数、性别、年龄、穿着打扮、逃跑方向的情况;调查事主、被害人及其他有关涉案人员的情况等。

2. 发现嫌疑线索

立案侦查过程中,侦查人员面临的主要任务是发现嫌疑线索,甄别嫌疑线索。发现嫌疑线索是查获犯罪人的前提,寻找线索对于一开始尚无明确查缉对象的案件来说尤其重要,而此时的询问便担负着发现嫌疑线索的重任。

为了开辟线索来源,此阶段的询问对象比较广泛。询问的内容应视询问对象而定。譬如询问事主、被害人及其亲友要着重了解与发生的案件有因果关系的情况,如犯罪人所暴露的人身形象、口音特征、搏斗受伤等情况,以及怀疑谁是犯罪者,有何根据等内容。若询问目击者和现场周围群众,则着重了解他们在案发之际的所见所闻,以及案件发生前后曾耳闻目睹的疑人疑事。譬如某人在发案前有准备犯罪的迹象,案件发生之际某人曾在现场附近逗留过,某人无法提供自己发案时不在现场的证明,某人在发案后有反常表现,遗留在现场上的凶器或物品似乎是某户人家所有,群众对案件的议论与反映等等。随着案件调查工作的深入开展,大量嫌疑线索会不断涌现,这些线索往往既有事实也有假象,故需要侦查人员鉴别。甄别嫌疑线索的真伪,亦是询问所肩负的任务之一。

3.收集诉讼证据

揭露犯罪、证实罪犯都离不开证据,所以侦查工作始终要围绕着收集诉讼证据进行。询问是侦查人员收集法定证据的必然途径之一。例如,收集"证人证言""被害人陈述"等法定诉讼证据的任务,侦查人员不得不依赖询问才能完成。此外,侦查人员还可以利用询问来查获其他诉讼证据。譬如,根据询问者提供的线索去获取"犯罪嫌疑人供述"以及其他"物证和书证"等。

4.排查嫌疑人员

当案件侦查全面展开后,侦查人员往往或多或少地掌握有一定数量的嫌疑对象。既不让犯罪分子漏网,同时又要排除无辜者的嫌疑,便成为这阶段侦查任务的重点。此时,侦查人员除了在既定范围内继续向涉案人员进行询问,发现新的嫌疑线索、收集证据外,还需要采取询问措施来对证人提供的各种情况进行反复的印证。

对已发现的犯罪涉嫌人进行审查,不仅表明侦查工作开始由被动变为主动,而且是决定整个案件侦查成败的关键。询问,无疑将担负着排查犯罪涉嫌人的重任。为审查嫌疑人而进行的询问,多以其亲友、同事、邻居等为对象,有时也以嫌疑人本人为对象。询问的要点是逐个地调查涉嫌人员是否具备实施犯罪的主客观条件;询问的要求是以不放过任何疑点为原则,以澄清事实为归宿。询问的内容主要包括:①嫌疑人有无犯罪的动机;②嫌疑人有无犯罪时间;③嫌疑人有无犯罪工具及技能;④嫌疑人有无与犯罪人相似的体貌特征;⑤嫌疑人与犯罪现场上的痕迹物品之间的关系等。

5.缉拿犯罪嫌疑人

在某些案件中,犯罪分子的人数和身份虽均已查明,然而犯罪嫌疑人却逃匿在外,于是侦查人员除了及时采取追缉堵截、通缉等常用措施外,也离不开利用询问这项重要措施查找在逃的犯罪嫌疑人,将其缉拿归案。

查缉逃匿的犯罪嫌疑人,询问的对象通常以犯罪嫌疑人的亲属、朋友、同学或同事为主。由于这些人平时与其关系比较密切,因此侦查人员应当特别注意询问的策略和方法。这种情形下,询问的内容主要有:①该犯罪嫌疑人的日常生活规律和习惯,包括其平时去外地出差或探亲的落脚点,以及在本地经常出入的场所;②该犯罪嫌疑人可能逃窜的方向和路线;③该犯罪嫌疑人可能藏匿的地点和处所;④该犯罪嫌疑人可能与亲友联系的时间和方式等。

（三）询问的方式

理论上，侦查询问的方式可归类为直接询问和间接询问，正式询问和非正式询问，公开询问和隐蔽询问，走访询问和传唤询问等。实践中，上述几种询问方式往往是交叉重叠的。譬如，直接询问实际上亦可能是一种正式的、公开的走访式询问。

1.直接询问和间接询问

（1）直接询问。指侦查人员直接与被询问者接触，面对面进行交谈、问答的一种询问方式。根据我国和其他国家的司法实践，提交法庭的证人证言、被害人陈述等通常都是以直接询问方式获取的。

（2）间接询问。指侦查人员委托他人与被询问者接触并问话，或者指侦查人员借书信、电话、传真等媒介向被询问者进行的查问。这两种情况下的间接询问，往往是在询问主体与询问对象之间不必或不便面谈时才采取。但着眼于各国的侦查实践，间接询问的方式亦非罕见。

2.正式询问和非正式询问

（1）正式询问。指侦查人员依法向证人、被害人进行的询问。以这种方式的询问记录一般可以作为法定的诉讼证据，正式询问前，询问主体应向询问对象出示本人身份证件，或侦查机关的证明文件，并告诫对方所具有的权利和义务及其陈述的法律意义。正式询问是以"2∶1"模式为其特征的，即询问主体不得少于2人，询问的对象只能是1人；询问证人、被害人必须遵循个别询问原则。侦查人员不能用威逼、引诱、欺骗等非法手段迫使被询问者提供证言。正式询问应当依法制作笔录、录音资料等；询问完毕，应由侦查人员和被询问人在笔录上签名或在录音带留言。

（2）非正式询问。指侦查人员为了查明基本案情、发现嫌疑线索而向涉案人员进行的面谈或查访。涉案人员包括事主、被害人及其亲友、目击者、知情人、有关群众甚至嫌疑人。可见，非正式询问的对象比较广泛。采取非正式询问方式时，询问主体和询问对象既可以是单人也可以是多人。例如，为了澄清某个案件事实或解决某项专门问题，可以由一名或多名侦查人员主持召集有关群众开座谈会或召集部分专家、技术员共同研讨，集思广益，达成共识。此类非正式询问形式，在我国侦查实践中并不罕见，而且行之有效。非正式询问过程中，询问主体可以做笔记，但不必作笔录；倘若侦查人员发现被询问者提供的情况具有诉讼证据价值，那么就有必要将非正式询问转化为正式询问的方式，然后依法制作询问笔录。

3.公开询问和隐蔽询问

（1）公开询问。指侦查人员以公开的身份出现，就某些与案件有关的情况所进行的查询活动方式。由于这种询问方式需要侦查人员与被询问者正面接触，直接面谈，故又称之为"正面询问"。公开询问的特征是询问主体身份公开而且明确；询问的对象一般是与犯罪涉嫌者没有密切关系的人员。正式询问必然属于公开询问的范畴，但有时候公开询问也可能属于非正式询问。

（2）隐蔽询问。指侦查人员在不暴露自己身份和侦查意图的情形下，就案件中的某些问题所进行的询问方式。由于隐蔽询问需要侦查人员以其他身份和名义作掩护，或者物色并委托他人与被询问者面谈，旁敲侧击地了解有关案情，故又称之为"侧面询问"。隐蔽询问的特征是询问主体的身份保密，侦查意图隐蔽；询问的对象通常是与犯罪涉嫌者关系密切的亲属或朋友及其本人。隐蔽询问可以是直接询问，也可以是间接询问。

公开询问和隐蔽询问两种方式，在侦查活动中均十分重要而且常用，两者相辅相成，不可偏废。至于何时采用公开方式、何时采用隐蔽方式询问才能奏效，则应视案件的具体情况而定。但对选用隐蔽询问方式化装进行侦查的人员要求是：心理素质和语言能力良好，随机应变能力要强。公开询问时，侦查人员可以当场制作笔录；隐蔽询问时则不能当场制作笔录，但可以秘密录音或事后将询问情况整理成文字材料，附入侦查卷。

4.走访询问和传唤询问

（1）走访询问。是指侦查人员为了查明案情，发现线索而主动接触群众进行访问的一种调查形式。这种询问方式不仅方便群众，而且有利于密切警民关系，因此，它是各国犯罪侦查部门在案件调查初期最常见的询问方式。走访询问的对象，有时是特定的，如案件的事主、被害人、证人等；有时却是非特定的，如现场周围的群众。走访询问要求侦查人员深入群众进行细致的查访，必要时可以前往询问对象的住宅或工作单位询问。

（2）传唤询问。是指侦查人员通知被询问者来到侦查机关接受询问的一种调查形式。传唤询问的方式具有法律的强制性和严肃性，因此，它适用的对象通常是犯罪涉嫌者及其亲友或者那些不愿与警方合作的证人。因传唤询问又属于正式询问，故必须依照法律规定行事。

走访询问和传唤询问都属于直接询问的范畴，无论侦查人员采用何种方式进行询问，其性质都是调查取证，所以侦查询问必须坚持实事求是、依靠群众、遵守法制、迅速及时和保守秘密的原则。在我国的侦查实践中，询问也是侦查工作贯彻群众路线的主要表现形式之一；脱离群众，询问就难以进行，而离开了询问，任何案件的侦查任务几乎都无法完成。是否及时询问又善于询问，已经成为世界各国衡量一名优秀侦查人员的标准之一。

二、询问的策略与方法

侦查询问,是询问主体与询问对象之间语言交流、心理接触的过程。拟制询问计划、选择询问场合、巧用询问语言、驾驭询问心理构成了询问策略运用的主要内容。针对不同的询问对象如何实施与之相适应的询问策略,这是询问方法问题。侦查人员能否全面掌握并正确运用询问策略和方法,与其询问工作能否获得预期效果息息相关。

(一)询问的策略

1.拟制询问计划

侦查人员制定询问计划,从策略上着眼就是要在询问前做好各方面的充分准备,尽量地穷尽询问过程出现的种种可能性,掌握询问的主动权。询问计划并非一定要书面形式,但侦查人员对询问计划的内容、事项及其顺序安排等必须做到心中有数,适时调整。

(1)初步了解案情。主要通过报案人了解发案的时间、地点、案件性质及其造成的后果;了解事主、被害人、目击者、知情人、有关群众和嫌疑人等涉案人员(包括他们姓名、性别、年龄、住址、工作单位、文化程度及其相互之间的关系等)情况,以便减少询问的盲目性。

(2)确定询问对象。在上述这些涉案人员中间,选择哪些人作为重点询问对象,如何安排询问的先后次序,都应事前确定,以便提高询问取证的工作效率。

(3)询问主体分工。根据计划中所确定的询问对象人数、特点、分布状况等具体因素,须分别考虑派遣与之相适应的侦查人员负责询问。询问对象若是妇女、未成年人、聋哑人,指派合适的询问主体尤为重要。

(4)拟定询问纲要。询问计划应包括询问目的、主要问题、提问要点和提问方式,还应列举询问中可能出现的情形及其对策。侦查人员事先准备一份书面的询问提纲,无疑会有助于提高询问效率。

2.选择询问场合

根据国内外的侦查经验,选择恰当的询问时间和场所亦是一种策略。

(1)询问时间的选择。"迅速及时"是我国侦查工作的原则之一。它要求侦查人员接到报案后,应赶赴现场,尽快拟定询问计划以便抓紧时间开展侦查工作。询问被害人、目击者,应尽量在案发后不久他们记忆犹新的时候进行。但实践中坚持这项原则还需要结合具体情况,"迅速及时"并非意味着不顾时间场合，争先恐后地去询问，否则查询工作将事与愿违，"欲速则不达"。例如，走访某个特定的证人，侦查人员应当尽可能选择该证人空闲的时间，心平气和之际为佳。倘若在证人忙于工作的劳动时间，正在会客或就餐的时候，恰逢其神情沮丧或大发雷霆之际就开始询问，这样常会引起证人的反感，内心不愿与警方合作，从而使询问难以奏效。有时，询问时间双方也可以事先用电话约定。

（2）询问地点的选择。国内外侦查实践表明，针对不同的询问对象，选择适当的面谈场所往往有助于询问取得良好的效果。譬如，询问未成年人，可以安排在他的学校或其家中；询问企事业单位的负责人，可以在经理办公室或请他去公司外面的某茶室面谈；对于嫌疑人及其亲友，可以传唤其到公安机关或人民检察院询问……确定询问地点应尽可能以方便群众为原则，维护证人的隐私权。询问场所应安静，不受外界干扰，有利于交谈取证。总之，选择询问地点要根据具体情况，因人而异。

3. 巧用询问语言

询问，离不开语言。在交谈中策略地运用询问语言技巧，能引导对方畅所欲言，打破询问僵局；忽视询问语言的正确使用，常常会导致询问的失败。为了提高调查取证的工作效率，侦查人员有必要借鉴国外的侦查经验，重视研究并掌握询问语言的正确运用。

（1）询问主体的语言应用。在与被询问者面谈时，侦查人员作为询问的主体，发音要标准、清晰，措辞须谨慎、确切，语气应不卑不亢，谈话尽量做到简洁明了。要让被询问者多陈述，侦查人员还得少开口。因此侦查人员要学会用不加限制的特殊疑问句式发问，例如"请告诉我，您当时看见了什么？"因为这种询问是开放式的，得到的反馈信息较多。尤其在案件调查初期，广辟线索来源时应懂得多用特殊疑问句提问，尽可能少用限制性的简单疑问句式和选择疑问句式提问。否则仅仅得到对方"是"或"不是"的省略答复，无法了解更多的案情。但是在复查案情或线索时，则应选用后两种问句形式，答复明确而且省时。

侦查人员使用特殊疑问句时，还应注意区别直接提问方式和间接提问方式。所谓直接提问是指单刀直入式发问，问题内容确定，不易引起对方曲解。倘若侦查人员在已经掌握部分案情的前提下，为了核实案情或猎取新证据，多半会针对某特定内容而采用这种开门见山的直接提问方式。例如，"您和您的丈夫何时离开旅馆？"回答限定在时间上。所谓间接提问是指查询内容较含蓄的发问，它可能会导致各式各样的答复。通常在侦查人员手头证据不多、某方面情况了解较少时，才选用婉转的间接提问方式，以便从询问对象的自由漫谈中捕捉线索。例如，"婚后，您和您的丈夫相处得如何？"侦查人员在询问过程中，应视具体情形灵活地交替运用这两种提问方式。

为达到询问目的还需要营造融洽的交谈气氛,因此侦查人员说话措辞应小心谨慎,多用对方喜闻愿听的词语,尽量避免"告密""制裁""同案犯"等令被询问者不愉快的词汇。

(2)询问对象的语言利用。如何从被询问者的语言中筛选出对侦查破案有用的信息,是每位询问主体必然面临的问题。现代语言学的概念不仅指人类的口头言语和书面文字,而且还包括体态语言(body language),即人的目光、表情、肢体所传递的无声语言,排除那些与案件无关的信息,捕捉与侦查破案有关的信息和线索。

由于询问对象与案件的利害关系不相同,他们的陈述难免会有失实之处,因此侦查人员在审查并提取证人证言、被害人陈述时,特别要注意区分他们造成叙述失实的主观原因及客观原因。询问中甄别谎言最有效的方法,就是适时地要求被询问者复述。凡愿意反映真实情况的证人,复述时总能够将自己耳闻目睹的事件主要内容及其过程重复多遍,但在说话的语序、用词等方面会略有差异,某些案情细节甚至可能忘得一干二净。而编造案情的证人,对事件发生的日期、时刻等细节似乎记得十分清楚,案情的内容起初较简单,后来说得越来越复杂、完善;但他最初编造的案情很可能会被其多次的修正变得面目全非,过程颠倒,难以"自圆其说"。对于被询问者复述所暴露的自相矛盾之处,询问主体应选择适当时机委婉地要求他做出合理解释。

侦查人员除了利用复述,还可以通过察言观色来测谎,因为询问对象的体态语言同样传递着其心理信息。譬如,目光呆滞、额头冒汗、表情紧张、呼吸急促、手脚不安、全身颤抖等生理变化反应,都是说谎者焦虑或尴尬心理的典型流露。

总之,侦查人员巧用询问语言的策略主要有:结合具体情况选用不同的提问句式;一次只提一个问题;尽量让对方多叙谈;重视在适当时机采用复述手段核实案情等。

4. 驾驭询问心理

(1)询问主体心理的自我调节。要使调查询问初见成效,侦查人员不仅得灵活地运用言谈技巧,而且必须具备良好的心理素质。询问主体应学会控制自己的情绪,询问过程要始终保持自信、耐心、同情等积极的心理状态,不受询问对象的消极心理影响。

事主、被害人、目击者、知情人等涉案人员在被询问时,因受到案件刺激常会表现恐惧、愤怒、羞愧等情绪,倘若侦查人员缺乏抵制情绪感染的能力。心理也会失去平衡,难以维持稳定的心境,结果势必导致询问工作受挫。例如,交谈一旦陷入僵局,面临一言不发的询问对象,丧失耐心的侦查人员见状容易火冒三丈,甚至大声训斥其一顿,结果必然以失败告终。失策的侦查员应该记住:面对沉默寡言的证人,首先要有自信心,善于辞令,然后针对其不愿吐露真情的原因加以分析,反复地做耐心细致的思想工作。即使有时候遭受对方的不恭对待,侦查人员仍应不失"宽容待人、严于律己"的职业风度。只有善于自我调节心理状态的侦查人员,才能做到遇事不怒,因势利导,心平气和地把交谈引向深入。

询问主体能否保持乐观、自信的积极心态,主要表现在以下诸方面:首先,要看他刚开始接触交谈者时,能否主动与对方建立起一种互相信任的友好合作关系。譬如,可以通过握手、敬茶、递烟等方式博得对方的信任与好感。其次,侦查人员言行举止应使被询问者心理感觉到,双方的交谈是重要而且认真的。譬如,一边在聆听对方讲话,从片言只语中获取有用信息的同时,一边应注视对方的眼睛或一边做笔记,决不能轻易流露出对谈话内容无关紧要的态度。否则,被询问者会以为警方的调查似乎是装模作样,例行公事,故便懒得配合。再次,侦查人员应能恰如其分地克制自己的情感。对被询问者既富同情心,又不感情用事;不因询问顺利而喜形于色,也不因调查受挫而垂头丧气。除了询问主体应学会自我调节积极的心理外,还要重视利用询问对象的各种心理。

(2)询问对象心理的分析利用。侦查人员若能研究并掌握询问对象的心理活动规律,分析并利用不同询问对象的心理特点,将有利于及时调整询问计划,正确实施询问策略,最终使询问收到预期效果。

剖析影响证人畅所欲言的心理障碍因素,往往是因人而异的。自我保护意识,是妨碍询问对象交谈的消极心理因素之一。有些证人担心帮助了警察,事后会遭到报复;有些证人害怕在法庭上露面后,将损害自己的名誉;有些证人唯恐证词必然牵连到某些与自己不利的事实;还有些人甚至觉得去作证浪费时间,并会因此影响自己的经济收入等等。针对那些持"事不关己""满不在乎"心理状态的证人,侦查人员需要耐心地做思想教育工作,调整他们的无所谓心态,使其意识到用证词帮助被害人的重要意义,关键是启发他们觉悟,以取得被询问者的帮助和合作。对于那些以自己社会地位显赫或其他不便公开作证的因素为理由,坚持匿名向警方提供案情的证人,询问主体应设身处地谅解对方的心境,并可以答应在侦查阶段为他们的身份保密。对那些担心自己及其亲属的人身、财产可能会受到侵害的证人,侦查人员应及时采取必要的措施,确保其人身和财产的安全。只有消除这些心理障碍,证人才会乐意向警方提供破案线索与诉讼证据。

还有部分证人的心理障碍因受社会上某些世俗偏见影响所致。例如,有的青少年误以为向侦查人员道出事实真相,似乎意味着是一种"泄密"或"出卖"朋友的行为。假如在交谈中,侦查人员情不自禁地脱口说出像"告密""诱捕"之类的词语,这些证人就会联想到自己向警方提供线索的行为仿佛十分卑鄙,于是决心沉默不语。由于询问对象的心理常常会受到询问主体言行的影响,所以交谈过程侦查人员既应重视对方的语言及其心理,也不能忽视自己的言论和举动。总之,应对不同询问对象的心理特点运用相应策略。

（二）询问的方法

在侦查询问中,侦查人员所遇到的询问对象各种各样,他们的性别、年龄、职业、文化程度、心理素质等方面存在着差异,他们与案件之间的关系也不一样。因此,侦查人员应针对不同的询问对象,综合运用上述询问策略并采取不同的询问方法。

1.询问事主、受害人的基本方法

询问事主和受害人的时间应当及时,询问地点一般可安排在他们的住处或工作单位,询问方式以走访为宜。因他们在案发后不久便接受询问,往往求助心切,仍处于羞愧、惊恐、愤怒等亢奋的心理状态中,故在交谈伊始,侦查人员须善于运用亲切和蔼的询问语言,对他们的不幸遭遇表示同情,以博得对方的信任感。事主和受害人在心思不定情景下发泄情绪,态度急躁、辞不达意、陈述紊乱都是常见的现象,侦查人员仍应耐心听取他们对案情的描绘,不要轻易中断对方的倾诉。如果谈话离题太远,侦查人员可以适当地用几个特殊疑问句发问帮助对方回忆事实情节,引导其陈述回到案情正题上来。询问的要点包括:案件发生的经过;人身财物损害状况;案犯特征和现场搏斗情形;怀疑谁作案,有何依据等。

对于案情所涉及的隐私问题,询问时应以查明案情所必需的为限,凡与破案线索无关的细节不必追问。侦查人员对刑事案件的事主和受害人既要富有同情心,又不能感情用事。由于他们常怀有严惩案犯的欲望,所以往往会对某些事实作夸张的描述。还有一些事主和受害人考虑到本身利益,可能会隐瞒某些对自己不利的事实,甚至故意捏造出某些情节。对此,侦查人员一方面可以根据被询问者与案件之间的关系来考察其陈述的可靠性;另一方面可通过复述的方法,澄清有关事实或查明陈述中自相矛盾的问题。

2.询问目击者、知情人的基本方法

犯罪案件的目击者和知情人,在刑事诉讼中均属于证人。作为证人,依法他们就有义务向国家侦查及司法机关提供其耳闻目睹的与犯罪案件有关的事实和情节。这个道理,侦查人员在询问时必须向证人讲清楚。同时还要说明作伪证者应负的法律责任。询问目击者、知情人等与案件有关人员应坚持依靠群众的原则,采取方便群众的工作方法,具体落实在选择询问证人的适当时间和场所上。询问证人尽量安排在他们空闲的时候，或者事先通电话约定询问时间和地点。交谈场所尽可能选择周围安宁、无干扰的环境为宜。若有必要，侦查人员也可带证人到发案现场询问，以便启发他们回忆。询问要点包括：发案的时间和地点；作案的手段和过程；被害人的反抗和搏斗情况；作案者人数与特征；犯罪嫌疑人逃匿方向和路线等。

有些目击者原来与案件并无任何关系，但由于其在案发过程碰巧看见或听见某些情形而涉案成为证人。这类证人可能会抱着不愿多管闲事的心态，企图逃避作证的义务。询问他们时，侦查人员应着重以说服教育的方法帮助其认识犯罪行为的社会危害性；例如，讲明"如果大家都不愿作证而使犯罪分子逍遥法外，那么大家都有可能成为下一个受害人"等道理，有助于提高证人与犯罪行为做斗争的觉悟。

知情人通常是犯罪嫌疑人的家属、亲友、邻居、同学、同事或恋爱对象，平时关系比较密切，取证难度较大。在犯罪嫌疑人及其罪行尚未公开揭露前，侦查人员可以采用间接询问方式，物色适合的群众积极分子与之交谈，侧面探询情况。若有必要，侦查人员也可以直接找他们面谈。对积极配合的知情人，应当给予鼓励。对畏惧报复的知情人，一方面要采取措施确保证人的安全，另一方面应增强其与犯罪做斗争的勇气，树立起维持社会主义法制的光荣感和责任感。对知情不报的证人，要分析其心理区别对待。譬如对怕受牵连的知情人，应策略地讲清利害关系，消除戒备心理，指明前途；对重哥们义气的知情人，要教育他们懂得伏法才是挽救亲友的唯一途径；对怀有敌意的知情人，须积极做好思想开导工作，争取消除对立情绪，转变其立场。针对不同的询问对象及其心理，采取不同的询问方法，才能达到获取真实证言的目的。

3. 询问受审查人的基本方法

侦查阶段的受审查人，其实就是犯罪嫌疑人。他们经过审查，无非有两种结果：是或不是犯罪分子。由于受审查人对待询问普遍存有敏感而且复杂的心理状态，因此侦查人员询问他们时，特别要注意方式方法，否则询问不仅难以奏效，而且容易打草惊蛇。

通常在询问其他涉案人员能够解决问题的情况下，尽量不必惊动受审查人；能够用间接询问方式解决问题的，也尽量不必采用直接询问方式。除非案件无其他证人或证据可供作证时，才不得已与受审查人正面交锋。询问受审查人的主要任务是澄清某些事实或发现新线索新疑点。侦查人员在询问他们之前，应就询问的内容与方法制订出周密的询问计划。至于采取走访抑或传唤方式，则视具体情形因人而异。询问时，应尽可能做到使他们感觉自己只是一般证人而已，并非受审查对象。因为某些无辜的受审查人一旦意识到被警方怀疑时,对待询问的心态可能会显得不自然,出现委屈焦虑、急于表白、愤怒不满、沉默寡言等现象,结果导致询问工作受挫。当然,那些真正的犯罪分子觉察到自己已经涉嫌,在畏罪心理作用下很可能在陈述案情时避重就轻或佯装不知,有的甚至拒绝回答或编造伪证。询问这些对象时,侦查人员为了揭穿谎言,可以采用令其复述或适当地引用一些讯问的策略方法对付他们。

4.询问几种特殊对象的基本方法

(1)询问未成年人。由于未成年人的生理和心理发育尚未成熟,社会生活经验不足,对事物的判断理解能力较弱,综合思维和语言表达能力也有限,因此他们反映的案情往往只是某个片断,不够完全;询问时容易接受他人暗示。但未成年人比较诚实,一般不会说谎。

询问未成年人的场所,尽可能选择少年儿童所熟悉的环境,譬如中小学或其家里。询问时可以让其教师或家长在场,必要时也可以委托他们进行间接询问。询问必须使用未成年人能够理解的语言,谈话语气应和蔼可亲,同时避免用诱导性语言提问,防止其"顺杆爬"。还要注意询问未成年人的时间不宜过长,若询问内容较多,中途应给予其适当的休息。

(2)询问青年妇女。青年妇女的心理比较敏感,情绪容易波动,形象思维能力比抽象思维能力强,她们对事物的描述往往带有感情色彩,而且易于夸张。询问对象若是被害人,常有惊恐和羞愧心理,若是目击者或知情人常有害怕和戒备心理。

询问青年妇女的场所,尽量选择能避开他人视线的地方;询问主体尽可能选择女侦查人员。实践证明:尤其是对强奸案件的受害人,尽可能不要派遣年轻英俊的男性侦查人员去询问。对待女性证人,言谈举止要端庄有礼貌,使用的询问语言要委婉、谨慎。发现陈述前后自相矛盾时,可以婉言请其复述,不能简单粗暴地指出。假如交谈陷入僵局,要耐心细致地做思想工作,帮助其克服心理障碍,避免因操之过急而导致询问失败。

(3)询问盲聋哑人。盲人虽然丧失其视觉感知外界事物的能力,但是他们的听觉、触觉、嗅觉往往比常人更加灵敏,而且盲人的记忆能力也特别强。询问盲人前,侦查人员应先对他的听觉、触觉或嗅觉敏感程度进行反复测验,同时还要了解其属于先天失明抑或后天失明。询问时,语言要诚恳,语气要严肃,显得对盲人尊重。正式询问终结,侦查人员应将询问笔录念给盲人听,然后请他捺指印或签名。

聋哑人有三种情形,一种是因先天失聪而成为哑巴的,另一种是后天失聪而造成的哑巴,还有一种是先天哑巴但耳朵不聋。由于聋哑人的视觉比常人更加灵敏,加之其生理缺陷常使犯罪分子放松对他们的戒备,所以聋哑人常有机会成为目击者或知情人。询问聋哑人必须由懂得哑语的侦查人员或通过知晓哑语的翻译进行。对于受过教育有文字表达能力的聋哑人也可以采用"笔谈"的方式进行询问。询问过程,侦查人员还要善于从聋哑人的体态语言中获取准确的信息。正式询问终结,侦查人员应将询问笔录交给聋哑人过目或通过哑语翻译征求其意见,认为笔录无误的,询问双方都得在上面签名或捺指印。

(4)询问专业技术人员。为了解决案件中的某些专门性技术问题,有时候侦查人员需要向有关专家、教授、科技人员请教。询问专业技术人员可以开座谈会的方式或以单独咨询的方式进行,但事先应向他们简要地介绍案情,然后就具体问题征询他们的见解。倘若认为有必要,可以进行侦查实验。正式询问完毕,应当依法制作笔录。

三、询问结果的审查评断

侦查人员通过询问获取的材料,是分析案情,采取侦查措施的依据,其中有些材料又将成为对犯罪嫌疑人提起公诉的证据,因此认真地审查和评断询问结果十分必要。询问结果是以记录方式体现的,它包括录音和笔录两种法定形式。本节着重论述如何正确审查和评断询问笔录、询问结果的可靠性及其在侦查破案中的价值。

(一)询问笔录内容与形式的审查

凡是正式询问,侦查人员均应依法制作笔录。制作询问笔录,侦查人员可以边谈边记,也可以等交谈完毕再将询问要点整理成笔录形式。询问笔录的形式和内容一般应符合下列要求。

1.笔录的序言

规范的笔录首先应按统一格式填写询问时间和地点;被询问者的姓名、性别、出生日期、籍贯、职业、工作单位和家庭住址;被询问者与受害人或嫌疑人之间的关系等简况。实践中,侦查人员可参照询问对象的身份证填写上述内容。

2.询问的内容

笔录的实质性部分是由询问内容构成的,记录的形式一般采用问答式,即侦查人员先提问,然后把被询问者的回答要点如实地记录下来。笔录的语言应简明扼要,措辞应准确,叙述事实时不能用"大约""估计""可能""附近"等模棱两可的词语。记录尽量使用原词原句,若用经过润色的语言则力求不失原意。凡被询问者对案情吃不准的声明,亦要记录。笔录应满行书写,字迹清晰可辨。笔录原则上不允许修改,倘若经被询问者核对后认为需要改正或补充的,必须在添改处由被询问者签名或捺指印。如果被询问者自愿以书面陈述代替口头陈述,侦查人员应当准许;必要时侦查人员也可以要求被询问者亲笔书写证言。

3.笔录的结尾

正式询问后所做的笔录,必须有询问对象和询问主体双方的签名或捺指印、询问日期等内容。

除了审查询问笔录是否符合上述形式与内容要求外,还要注意审查它有无遵循个别询问原则。每一位被询问者的陈述依法必须单独制作笔录,一份笔录若同时有几个证人的签名便不合法。

(二)询问结果的可靠性审查

通过询问获得的结果中最常见的是证人证言和被害人陈述。证言,在司法实践中是指证人凭借自身的视觉、听觉、嗅觉、触觉对案件情节感受、认识、记忆后,再用口头或书面形式表述出来的语言。证人证言和被害人陈述作为法定证据之一,它们对侦查破案和刑事诉讼都起着重要作用。审查它们是否真实可靠,因综合考虑的因素十分相似,故以下重点对证人证言的审查进行论述,对被害人陈述的审查亦可参照进行。

1.对证人的审查

由于证言源自证人,所以证人本身各方面的素质往往会直接影响证言的真实可靠性。首先,应审查本案中证人的数目,他们平时的政治思想表现如何,他们与案件的利害关系如何,他们与被害人和嫌疑人的关系如何以及其他可能导致作伪证的主观方面因素。

其次,应审查本案中的证人是否具备行为能力(包括精神状态、年龄等),他们有无生理缺陷(包括视觉、听觉、嗅觉、触觉等),他们有无心理障碍(包括感受记忆阶段和语言表述阶段)以及其他可影响作证的客观方面因素。因为即使诚实公正的证人,受某方面客观因素的限制,难免也会做出与事实不符的证言。

2.对证言的审查

证言是证人对案件认识的载体,判断它所反映的人、事、物是否符合客观事实,着重应审查证言来源的可靠性及其形成过程有无违法因素。

评断证言是否真实,首先应审查其来源是否可靠。有些证言来自间接的传闻,其证明的可靠性就较差。多数证言源自证人本身,所以应当核实证人是在何时、何地、何种心态以及何种气候条件下感知记忆,表述有关证言的。譬如,凡是涉及视觉感受的陈述,应当审查该证人有无近视、色盲等因素;即使证人视力正常,还要审查他是在白天抑或黑夜看见有关人物的,当时所站的位置、方向、距离以及气候条件怎样等等。倘若一位视力较弱的证人说他在某个雨夜看见50米开外的抢劫情形和罪犯的外貌,那么该证言的可靠性便值得怀疑。再如,凡涉及案情记忆的陈述,则应审查该证人的年龄、职业,对事物的识别能力、发案时间与陈述时间两者相隔多久等因素。倘若一位 70 多岁的农夫说他在四个月前某晌午听到楼下有女人用外语敲诈他人的对话,那么此证言显然很不可靠。

评断证言是否可靠,还需要审查其形成的过程中有无违法情况。一方面,应调查证言有无在证人被收买、胁迫、指使等情形下做出的可能。另一方面,不能忽视审查办案人的询问方式方法是否合乎法律要求,有无存在用欺骗、暗示、引诱、威胁等违法手段获取证言的情况。

3.审查证人证言的方法

检验证人证言的真实可靠性,侦查实践中常用的方法有"互相印证"和"侦查实验"两种。

互相印证法。案件的发生表明犯罪事实的客观存在,因此证言与案情之间,证据与证据之间也必然存在着逻辑联系。证人证言是否真实可靠,只要将证人证言与其他涉案人员的证言加以比较,将证人证言与现场勘查后获取的痕迹物品以及侦查中所得到的其他证据进行比较鉴别,就不难印证其真伪。

侦查实验法。如果侦查人员怀疑某证人证言的可靠性,同时又无其他证据可以佐证,那么采取侦查实验也是一种适宜的方法。譬如,证人说他某晚借助月光在大树下,看清正在作案的杀人犯面孔。为了验证该证人证言的真实性,侦查人员就有必要在证人所说的时辰去实地考察一番,以便查明:当时的月光能否照在杀人犯的脸上,在大树下相隔多远的距离才能看清一个人的面部等事实。当然,实验的结果只解决可能性问题,至于证人是否案发时在场,尚需要结合其他有关证据才能断定。

(三)评断询问结果在侦查破案中的价值

在肯定询问结果真实可靠的基础上,还需要评价询问结果在案件侦查和刑事诉讼中能起多大的作用,即它们的证据意义。

1.能直接证明案件事实和犯罪人的询问结果

无论是被害人陈述还是证人证言,只要它们所反映的内容能证明案件的主要事实和指明某一个或几个犯罪嫌疑人,那么这些询问结果在该案所具有的证据价值就高。

此类询问结果的特点包括:涉案人员之间对于案情的陈述大同小异,事实清楚,互相没有矛盾;涉案人员分别对犯罪嫌疑人的人身形象特征描述基本一致;询问结果与现场勘查结果得出的分析判断结论基本吻合,能被通过其他侦查途径所获取的证据材料印证等方面。

2.能间接证明案件事实或犯罪人的询问结果

有些被害人陈述和证人证言仅能反映某一方面案情事实,不能证明案件全貌；或者只能证明犯罪嫌疑人的某一部分特征，无法确认其是谁。这些询问结果往往需要结合案件中的其他证据才起作用，因此其证据价值虽有，但不如第1种情况价值高。

此类询问结果的特点包括：陈述的内容与案件事实间存在着关联性；询问结果与侦查中获取的其他证据之间没有矛盾；询问结果所反映的只是与案件相关的人、事、物、时间、地点等部分情况；它们需要与该案的其他证据互相印证，形成证据链才能证明案件的主要事实等。

3. 不能证明案件主要事实或犯罪人的询问结果

有些被害人陈述和证人证言尽管真实可靠，可是它们反映的内容实质与案件所涉的人、事、物等方面无关，或者虽然有关，但模棱两可，无法确定。此类询问结果在侦查破案和刑事诉讼中的证据价值不大，仅供参考。

第三节 追缉堵截

一、追缉堵截的概念和作用

追缉堵截是侦查人员缉捕在逃人犯的紧急措施。它包括互相联系的两个方面，一是追缉，一是堵截。所谓追缉，指在案件侦查过程中，根据已把握的犯罪嫌疑人相关情况，循着其可能的逃跑方向，组织力量，循迹查缉。所谓堵截，指在犯罪嫌疑人逃跑时可能行经的道路上布岗设卡，盘查拦截。在实际运作中，追缉和堵截体现为紧密结合，相互配合的形式，追缉离不开堵截，堵截离不开追缉。

追缉堵截在侦查破案中的作用：

（1）有利于加速破案，提高破案率。犯罪嫌疑人逃跑，完全有可能携带与犯罪相关的物证和痕迹，若不及时缉拿归案，就有可能给侦查工作带来困难。若能及时抓获在逃人犯，就能获得有价值的犯罪证据，有利于破案。

（2）预防和制止犯罪分子继续作案，危害社会。在逃人犯一般均为社会不良分子，可能会继续犯罪。及时缉捕归案，有利于制止他们的犯罪行为，减少对社会的危害。

（3）维护社会主义法制的尊严。罪犯或犯罪嫌疑人逃跑的目的就是为了逃避侦查和法律的惩罚，将其追捕归案，有利于打击犯罪，维护法律的尊严。

二、追缉堵截适用的范围

追缉堵截是缉捕在逃人犯的一项有效措施。但是，并不适合所有犯罪案件中的侦查。追缉堵截措施适用于以下情况：①发案不久，在逃人犯在逃离现场的道路上遗留有明显的痕迹物品，能够显示出其逃跑方向的。②在逃人犯的体貌特征较为明显，易于识别，估计其逃离现场不远的。③在逃人犯在犯罪过程中受了外伤，或者在搏斗中衣服被剥脱、撕破或沾染上血迹、泥土、颜料等能引起沿途群众注目的。④在逃人犯携带赃物数量多、体积大、特征较明显的，估计尚在运赃途中的。⑤在逃人犯驾驶交通工具或乘坐交通工具逃跑，被及时发现的。⑥正在侦查的重大犯罪嫌疑人或预备逮捕的犯罪嫌疑人因控制不严而逃跑，或已经拘捕在押的罪犯或犯罪嫌疑人潜逃的。

三、追缉堵截的方法

追缉堵截罪犯或犯罪嫌疑人，特别是严重暴力犯罪者，各地要建立和健全统一的指挥系统，健全全天候的值班制度，并针对不同的案件及在逃人犯逃跑的地理、人文等情况及时制定和组织实施追缉堵截的方案。在具体运用时，追缉堵截有以下几种方法：

（1）就地查缉法。在罪犯或犯罪嫌疑人刚刚逃跑或者尚未逃离本地的情况下，迅速查明其姓名、性别、人数、体貌特征和携带的物品等，通知各卡点堵截，把好关卡认真盘查可疑人员，防止犯罪嫌疑人逃往外地。同时，要组织力量在其可能落脚的地方进行清查。

（2）尾追前堵法。案件发生后，根据犯罪嫌疑人逃跑的路线和方向，及时组织力量携同认识逃犯的有关人员，寻踪追缉；另外，及时通告犯罪嫌疑人可能经过的路线的前方，在交通要道、车站、码头等地设卡堵截，也可派人乘坐高速交通工具赶到犯罪人逃跑的前方实施堵截。

（3）跟踪追缉法。在犯罪嫌疑人已经逃离本地时，组织力量沿其逃跑的路线和踪迹，跟踪追缉。根据案情，可以单路尾随；也可以兵分多路，中间直追，两侧迂回、包抄；或者按不同的方向分兵追缉。条件允许，还可以利用直升机在空中监视控制，以配合地面或海上的追缉行动。

（4）包剿围捕法。在追缉堵截过程中，发现犯罪嫌疑人进入一个较小的地域范围之内，如窜入楼群、商场，钻进树林或庄稼地，缉捕人员应迅速抢占有利地形、地物，封锁控制所有的出入口进行缉捕围歼。为避免或减少伤亡，可以开展心理战术,促其缴械投降。对一些负隅顽抗的犯罪嫌疑人,必要时指挥员可下令就地击毙。

(5)架网监控法。根据有些犯罪嫌疑人在逃跑过程中找其社会关系落脚藏身的情况,及时了解其社会关系的住址,通报当地侦查部门组织力量秘密监控,张网以待。一旦犯罪嫌疑人入网,当即捕获。

四、追缉堵截的注意事项

(1)部署及时,行动迅速敏捷。在明确案犯体貌特征和逃跑路线后,领导下令布置追堵措施要及时,迅速出击,不给在逃犯罪人以喘息之机。

(2)追缉过程应坚持沿途查访。要注意发现、收集、分析犯罪人在沿途抛失或遗留的各种痕迹物品,询问沿途群众,弄清犯罪人逃跑的方向。在岔道上,如果一时难以断定犯罪人的逃跑方向,追缉人员应分头追踪,决不能主观武断地认定犯罪人的逃跑方向,而放弃在其他道路上的追缉。有条件情况下,可利用步法追踪技术和警犬追缉。

(3)要发挥协同作战的作用。对于一些重要的涉及范围较少的犯罪人的追缉堵截工作,要注意发挥地区之间、部门之间的密切配合和协同作战的作用,防止失控和漏堵事件的发生。

(4)讲究策略,避免伤亡等损失。对带有凶器和枪支或劫持人质的在逃犯罪分子,追缉堵截时,要提高警惕,周密准备,统一指挥。既要千方百计活捉逃犯,保护人质,又要避免硬打硬拼及不必要的伤亡,重在智取;对于拒捕的案犯,可以采取正当防卫措施。

(5)要配备、利用现代化的交通、通信工具。犯罪嫌疑人为逃避侦查打击,往往借助现代化的交通、通信工具。追缉人员就更需要配备现代化的交通、通信工具,以保证通缉堵截行为实施的及时、有效和指挥的畅通。

第四节　通缉通报

通缉通报是公安机关与有关部门通力合作、协同作战、互通信息的常用侦查措施。

一、通缉

(一)通缉的概念

通缉,是公安机关对应当逮捕而在逃的人犯,通令缉拿归案的一种侦查紧急措施。其法律依据为我国《刑事诉讼法》第 123 条:"应当逮捕的犯罪嫌疑人如果在逃,公安机关可以发布通缉令,采取有效措施,追捕归案。"从这条规定中可知,通缉令有以下三层含义:

(1)通缉对象是应当逮捕的在逃犯罪嫌疑人。通缉的对象包括:尚未逮捕,但是畏罪潜逃的;逮捕时由于控制不严逃跑的;逮捕后越狱逃跑的;行刑中逃跑的。如果犯罪嫌疑人在逃,但不应当逮捕的就不能采用通缉的方法。所以,被通缉的对象必须是已经在逃的,而且是应当逮捕的,身份已经查清的。这三个条件必须同时具备,缺一不可。

(2)有权发布通缉令的是公安机关,其他任何机关、团体和个人都不能使用通缉的方法。

(3)通缉是请求有关地区公安机关和群众协助缉拿在逃犯罪嫌疑人的一种有效手段。

由上可知,通缉是公安侦查部门,为了追缉、抓获在逃罪犯和犯罪嫌疑人,以发布通缉令的形式,布置下属全体干警和公民,采取一切必要的措施将其捉拿归案的侦查活动。

(二)通缉令的发布权限

我国《刑事诉讼法》第 123 条规定:"各级公安机关在自己管辖的地区以内,可以直接发布通缉令;超出自己管辖的地区的,应当报请有权决定的上级机关发布。"这条规定说明,通缉令的发布程序包括以下几点:

(1)通缉令必须由县级以上公安机关发布,各级公安机关只能在自己管辖的地区范围发布通缉令。

(2)超出自己的地区范围,则应当报请有权决定的上级公安机关发布通缉令,通缉令的发送范围,由发布通缉令的公安机关负责人决定。

(3)毗邻和有固定协作任务的省、市、自治区、直辖市、县公安机关,按协作的约定可以互相抄发通缉令,同时报上级公安机关备案。

(4)有关公安机关接到通缉令后,应立即进行部署,调动警力,采取适当措施,在被通缉人可能出现的地方,设卡布防,争取尽快将在逃的罪犯或犯罪嫌疑人捕获。

(5)被通缉人捕获后,缉获罪犯的公安机关应立即与发出通缉令的公安机关取得联系,报告情况,并报经抓获地县级以上公安机关负责人批准后,凭通缉令羁押。原通缉令由发布机关立即进行核实,并及时撤销通缉令。

(6)为防止犯罪嫌疑人逃往境外,需要在边防口岸采取措施的,应按照有关规定,制作《边控对象通告书》,经县级以上公安机关负责人审核后,上报省级公安机关批准,办理边控手续。需要在全国范围内采取边控措施的,应上报公安部批准。

(7)需要边防检查站限制犯罪嫌疑人人身自由的,需同时出具有关法律文书。紧急情况下,县级公安机关可以出具公函,先向当地边防检查站交控,但应当在7日内补办交控手续。

(8)为了发现重大犯罪线索,追缴涉案财物、证据,查获犯罪嫌疑人,必要时,经县级以上公安机关负责人批准,可以发布悬赏通告,悬赏通告应写明悬赏对象的基本情况和悬赏的具体数额。

(9)通缉令、悬赏通告可以在公共场所张贴,也可以通过广播、电视、报刊、计算机网络等媒体发布。

(10)犯罪嫌疑人自杀、被击毙或者被抓获,并经核实后,原发布机关应当在原通缉、通知、通告的范围内,撤销通缉令、边控通知、悬赏通告。

另外,通缉令的内容应当具体明确。一般应写明案件的性质、被通缉人的姓名、性别、年龄、籍贯、住址及其逃走时的服饰特征、体貌特征和简要案情,并附上照片,还应写明与发布通缉令单位的联系方法。

通缉令发布之后,如又发现新的重要情况,可以补发通报,并注明上次通缉令的编号、日期。

二、通报

(一)通报的概念及其发布权限

通报,是指犯罪侦查过程中,有关部门互通情报、协助查缉的一种常用措施。它是为了审查流窜犯、寻找失踪人员或无名尸体的来源、查明案情及重大犯罪嫌疑人和赃物的下落而向有关地区或部门发出的协查书面文件。

通报,一般由县级以上公安机关发布。发往有关省、直辖市、自治区的通报,可由省级公安机关发布。根据公安部《关于建立刑事犯罪通缉通报制度的通知》规定:跨省流窜的犯罪分子;需要由全国或有关省、市、自治区协助查破的流窜犯罪案件;协助查控的枪支和重要赃物、罪证、协助查找的无名尸体等;境内外勾结走私、贩毒、盗卖文物、仿造票证等重大线索;境外黑社会组织和刑事犯罪分子深入活动的线索;境外对我国进行走私、贩毒、仿造票证等犯罪活动的组织、集团的情况等通报,由公安部刑事侦查局发布。

（二）通报的种类

1.案情通报

案情通报适用于侦查流窜犯罪案件,境内外勾结犯罪的案件,久侦不破的案件以及其他重大刑事犯罪案件。通过向有关地区和公安机关的案情通报,既可以对有关部门提供犯罪情报信息,加强犯罪预防,又能够取得有关部门配合,协助发现侦查线索,以便协同作战或并案侦查。此类通报的内容,应着重介绍发案的时间;犯罪嫌疑人的人身特点;作案手段和方法;赃物的种类、数量及特征;犯罪组织的成员及其活动规律,并附上犯罪嫌疑人以及犯罪痕迹、物证的照片。

2.无名尸体通报

在案件侦查中,经常会遇到无名尸体(又称"不知名尸体"),为了查明死者的身份,就有必要向有关地区发出无名尸体通报,通过广大群众和公安机关的协助,以便为分析判断案情,发现犯罪线索,及时开展侦查工作提供依据。

无名尸体通报的内容包括:案件发生、发现的时间和地点;死者的性别、大致年龄、身高、体态等情况;死者的外貌特征,特别是肤色、面貌、发式、疤痣、文身、生前残疾、手术部位,及其衣着特征,随身携带物品的种类和数量。无名尸体通报应附上死者经过整容的照片和随身物品的照片。

3.赃物通报

赃物通报适用于侦查重大盗窃、抢劫、走私,或者盗窃枪支弹药、爆炸物品等类型的犯罪案件。通过向犯罪嫌疑人可能潜逃的地区或销赃渠道发赃物通报,取得有关部门或群众的配合,发现赃物线索,以物找人,加速破案。此类通报还能为其他公安机关提供犯罪信息,有利于并案侦查,扩大战果。赃物通报的内容,除了案情简介外,着重写明赃物的种类、数量、商标、型号、新旧程度、记号等特征。

4.失踪人和犯罪嫌疑人通报

失踪人,经报案后分析有可能被人杀害或拐卖的,应当向有关地区或部门发协查通报。在案件侦查中,若遇犯罪嫌疑人潜逃,但因尚未确定对其逮捕而不宜采用通缉措施者;或是为了查明已被抓获的犯罪嫌疑人的真实背景情况,也应当向有关地区或部门发出协查通报。

失踪人通报的内容包括:失踪人的姓名、性别、年龄、学历、职业、籍贯、体貌特征、生理缺陷(如聋、哑、盲、跛等)、精神状态、失踪的时间和地点、失踪时的衣着特征;并附失踪人的近期照片。

犯罪嫌疑人通报的内容包括:简要案情;犯罪嫌疑人的姓名或自称的姓名,

性别、年龄、口音、体貌特征、住址、涉嫌的犯罪手段及其随身物品;应附人像照片和指印。

5.预警通报

预警通报是指发生了涉枪犯罪案件、携带爆炸物品行凶或破坏的犯罪案件,黑社会性质组织策划或实施毒品交易、大规模走私等严重扰乱社会治安秩序的犯罪案件,各公安机关之间通报有关犯罪活动信息,新的规律、特点,及犯罪可能蔓延的趋势等情况,以便制定相应的侦查措施与对策,相互配合、协助堵控,预作戒备和防范的一种通报类型。此类通报的内容包括:简要案情;涉案人员基本情况及其体貌特征,犯罪工具和手段,有关物品、器材的数量和特征等。

三、通缉、通报的要求

(1)发布通缉、通报的时间要及时。通缉、通报发出后,若遇新的重要情况或者情势变更,还应当及时补充或更正通缉、通报。补发时,必须注明上次通缉、通报的编号与发布日期,以便查对。

(2)发布通缉、通报的范围要适当。通缉、通报是侦查紧急措施,只有发布的范围全面又准确,才能确保实现其应有的功能。必须避免在侦查实践中容易出现的盲目发布通缉通报的倾向,否则将会导致接受单位无效负担加重,不予重视,难以发挥其应有的作用。

(3)通缉、通报作为协查文书,它们的文字应简明扼要,照片要清晰可辨,使人看后一目了然,便于查缉。有关单位或部门接到通缉、通报后,应当认真协查,及时回复,整理储存。各级公安机关应有专人负责通缉、通报的管理。

第五节 监视控制

一、监视控制的概念和作用

所谓监视控制,是指侦查部门为查明案情,获取犯罪信息,防范和打击犯罪活动,对犯罪嫌疑人、赃物及有关场所进行秘密监视监听手段为主的侦查措施。监视控制的内容较为广泛,本节着重阐述监视居住、跟踪与守候、控制销赃和阵地控制。

监视控制在侦查破案中所发挥的作用有:①便于掌握犯罪嫌疑人的动态,

摸清犯罪活动的规律。②及时发现和制止现行犯罪活动。③摸清犯罪线索,查明全案。④发现和获取赃物及其他罪证。⑤拘捕案犯和在逃的犯罪嫌疑人。⑥配合其他侦查手段,完成特定的任务。

二、监视居住

（一）监视居住的概念

监视居住,是指公安机关、人民检察院和人民法院,为了防止犯罪嫌疑人或被告人逃避侦查、起诉和审判,限定其活动区域和住所,相对限制和监视其自由的一种强制性措施。根据《刑事诉讼法》的规定,公安机关、人民检察院和人民法院有权在其管辖范围内对犯罪嫌疑人或被告人采取监视居住的措施。监视居住的目的是为了防止犯罪嫌疑人或被告人逃避和阻碍侦查或保障刑事诉讼其他程序的顺利进行。

（二）监视居住的适用情况

按照《刑事诉讼法》的有关规定,公安机关、人民检察院、人民法院可以对具备下列情形之一的犯罪嫌疑人、被告人实施监视居住。①可能判处管制、拘役或者独立适用附加刑的。②可能判处有期徒刑以上刑罚,采取监视居住不致发生社会危害的。③应当逮捕的犯罪嫌疑人患有严重疾病,或者是正怀孕、哺乳自己未满一周岁的婴儿的妇女的。④对被拘留的犯罪嫌疑人需要逮捕而证据还不充足的。⑤提请逮捕后,检察机关不能批准逮捕,需要复议、复核的。⑥犯罪嫌疑人被羁押的案件,不能在法定期限内办结,需要继续侦查的。⑦移送起诉后,检察机关决定不起诉,需要复议、复核。⑧符合取保候审条件的犯罪嫌疑人既不交纳保证金,又没有保证人担保的。

（三）监视居住的实施

公安机关、人民检察院和人民法院做出监视居住决定后,发出《监视居住委托书》,交由犯罪嫌疑人或被告人住所地的公安派出所执行。监视居住期间一般不超过六个月。

执行期间,被监视居住的犯罪嫌疑人、被告人应当遵守如下约束性的规定:①未经执行机关批准不得离开住所;无固定住所的,未经批准不得离开指定的居所。②未经执行机关批准不得会见他人。③在传讯的时候及时到案。④不得以任何形式干扰证人作证。⑤不得毁灭、伪造证据或串供。

被监视居住的犯罪嫌疑人、被告人若违反上述规定,情节严重的,予以逮捕。为了确保监视居住措施落实到实处,侦查人员应当向委托地派出所介绍案情,讲清任务,提出要求,共商监视的方法,落实控制措施,以防交结脱节,流于形式的现象发生。委托地派出所接受委托后应当指派有关人员对监视对象进行监视,经常考察了解其表现,随时掌握和控制其动向,确保监视任务的顺利完成。

监视居住在实施过程中不得限制被监视居住人在指定范围内的合法行为,更不能变相关押。犯罪嫌疑人或被告人监视居住的条件消失后,应撤销监视居住或改用其他强制措施,并向执行人和被监视居住人发出撤销决定书。在实践中,监视居住运用比较少,主要原因在于具体措施难以落实,监控难度较大。

三、跟踪与守候

跟踪与守候是犯罪侦查中的两项秘密侦查措施,由于这两者经常结合一起运用,因此习惯上又叫跟踪守候。

（一）跟踪

跟踪也称盯梢,是指侦查人员在侦查过程中,秘密尾随犯罪嫌疑人,监视控制其活动情况以达到揭露和证实其犯罪的一种侦查措施。跟踪在打击组织性较强的贩毒、走私、诈骗犯罪案件中作用较大。跟踪可以分为调查式跟踪和预防式跟踪。调查式跟踪,主要用于发现线索、甄别嫌疑,获得证据,证实或否定犯罪。预防式跟踪,主要用于防止犯罪嫌疑人进行犯罪,一旦作案,当场捕捉。

跟踪,一般情况下以有效地监视目标的活动,及时发现犯罪,揭露犯罪人为目的;以能严密监控目标活动情况,不暴露自己,不脱梢为原则。跟踪过程既要努力做到对跟踪对象的"严密监视,不脱不露"的基本要求,但在特殊情况下,又要灵活处置。若侦查对象身份特殊,或在案件中地位重要,可能牵出其他线索,跟踪暴露后可能造成不良影响的,就"宁脱不露";若跟踪对象可能实施严重暴力犯罪的,一旦发现其实施犯罪行为,即应对其及时公开控制,就"宁露不脱"。跟踪措施进行前,要做好充分的准备工作,如熟悉案情,了解跟踪目标的相关特征,熟悉跟踪的区域环境及社情,明确任务和分工,做好交通、通讯等物质准备和必要的化装打扮,清楚跟踪的方法和形式。

跟踪必须经县级以上侦查部门领导批准才能实施,在实施过程中,要保持高度的警惕性,注意跟踪对象的一举一动,既要及时制止跟踪对象的犯罪行为,又要依法获取跟踪对象转移、隐藏赃物及其他有关犯罪材料;及时向指挥中心如实汇报情况,应付各种不测事项。

（二）守候

守候,又称静态监视,是侦查人员在犯罪人或犯罪嫌疑人的住所、落脚点、出入场所周围,或可能进行犯罪的区域,选择适当位置,秘密监视、控制其活动的一种侦查措施。通过守候来控制、掌握侦查对象的活动规律、人员来往、赃物的处置,相机取证,缉拿连续犯罪的现行犯和通缉在案的犯罪人。

守候的方式根据侦查活动的规律及守候监视的任务来决定,一般有如下几种:

(1)定点守候,即在侦查对象的住所、落脚点及其他有关场所周围建立守候监视点,对侦查对象进行监视。守候监视中,侦查人员可以某种身份为掩护,监视侦查对象的活动及其交往关系。必要时还可采取其他措施,如进行跟踪。

(2)伏击守候,即在犯罪嫌疑人可能出现的地点或连续发生同类案件的地点建立守候点,设置埋伏抓捕犯罪嫌疑人。这种守候方式是根据案件情况,对犯罪嫌疑人的活动已经掌握或做出预测的情况下而采用的。

(3)巡查守候,即在犯罪嫌疑人可能作案或经常出现的场所进行流动巡查,以发现并捕捉犯罪嫌疑人。这种守候方式一般用于不宜固定守候点的区域,也可配合定点守候和伏击守候使用。

守候监视要做好准备工作,首先要全面了解案情,熟悉侦查对象情况。守候地点的选择应既能隐藏自己,又能观察、控制侦查对象活动,必要时亦可建立流动守候监视网点。守候监视要求侦查人员要有坚持不懈、吃苦耐劳的精神,集中精力监视目标,严格遵守守候的纪律,防止暴露目标,同时争取群众的掩护。

四、控制销赃

(一)控制销赃的概念

控制销赃是侦破涉及财物犯罪案件经常采用的一种侦查措施;它是指侦查部门组织专门力量或依靠群众,对犯罪分子可能销赃的有关行业和场所进行监视控制,进而发现赃证、查获犯罪人的侦查活动。对有赃物可查的犯罪案件,侦查部门应当迅速布置力量,严密控制犯罪分子可能销赃的各种场所,通过控制销赃,可以以物找人,顺藤摸瓜,抓获现行犯罪嫌疑人,搜集犯罪证据,挽回和减少被害人的损失。

(二)控制销赃的范围

控制销赃的范围,应根据赃款赃物的种类、特征、案件所处的环境条件,以及犯罪人销赃活动的规律特点来确定。一般来说,控制销赃的范围有以下这些行业和场所:

1.收购部门,包括废物收购站、旧货店、文物、珠宝收购门市部。

2.寄卖店、委托行、典当铺、行李寄存处。

3.修理行业,包括电器修理店、手表修理店、自行车修理店、汽车修理店、摩托车修理店等。

4.银行、储蓄所、外币兑换处、证券交易市场。

5.饭店、酒店、茶馆、歌厅、舞厅、冷食店。

6.车站、码头、商店、影剧院、劳务市场、工地等人员集中、流动量大的公共场所。

7.集贸市场、非法交易场所。

（三）控制销赃的方法

控制犯罪分子销赃采取依靠广大职工群众与专门力量、公开行政管理与秘密工作相结合的方法进行。

（1）发动行业职工进行协查控制。当盗窃、抢劫、诈骗等案件发生后,应通过现场勘查,迅速判明犯罪分子非法占有的赃物,并研究他们可能销赃的方向和方法,及时印发控制赃物通报,通报给有关的行业场所和单位,请这些单位的党政组织,发动群众,在日常工作中注意发现赃物,进行协查和控制。

（2）布置秘密力量,加强非交易场所的控制。有的犯罪分子为了逃避打击,尽快脱手赃物,采取场外销赃的方法,如在委托行或旧货店门前徘徊,通过观察攀谈物色好买主以后,另改地点,看货交钱;有的专门到车站码头、百货商店等人员流动较大的场所物色外地旅客出售赃物;有的到建筑工地或江、河、港口,将赃物出售给外地的建筑工人或农民。针对这种情况,要以委派便衣警察或布置特情进行控制。

（3）依靠治安、工商部门,加强公开的行政管理。对于特种行业,要依靠治安部门的力量,通过正常的治安行政管理工作,加强对销赃的控制。对于各种贸易市场,应当依靠工商行政部门和维持秩序的人员通过税收和办理买卖手续等工作环节,进行控制,发现可疑,交给公安人员审查处理。

（4）组织治保会和治安积极分子,严密社会的控制。对于那些易于犯罪分子销赃的偏僻街巷、里弄、广场、公园和其他阴暗角落等处所,要组织治保会、民兵和治安积极分子实行分片包干,落实责任办法,进行控制。

五、阵地控制

（一）阵地控制的概念

在侦查中,阵地是指犯罪分子经常进行活动与作案的场所和地点。阵地控制,则是侦查部门在犯罪嫌疑人经常涉足和吃、住、行、销、乐等的场所或行业部门,公开或秘密布建力量,发现犯罪线索,监视、查缉犯罪嫌疑人的一项侦查措施。

阵地控制,作为犯罪侦查工作的重要组成部分,也是一项基础性的控制犯罪活动。犯罪人的活动离不开一定的时间和空间。犯罪嫌疑人为了逃避打击,在作案前或作案后,需要精心选择作案地点和销赃场所、藏身落脚之处。侦查部门通过公开的管理和秘密力量的控制等手段,对一些公开场所和特种行业进行控制,在一定程度上可以使侦查工作由被动变为主动。通过阵地控制有利于搜集犯罪情报资料,协助控制销赃,发现侦查线索,查获犯罪证据,提高办案效率。

(二)阵地控制的范围

阵地控制的范围十分广泛,侦查人员应根据当地犯罪活动的情况变化,有必要适当加以调整;理论上可将阵地控制的范围分成四类:

(1)交通枢纽地带。交通枢纽地带是犯罪分子流窜作案或者作案后潜逃的必经之道;如火车站、码头、长途汽车站、机场、对外开放的口岸等地点。

(2)公共复杂场所。公共复杂场所是指犯罪分子经常涉足并进行犯罪活动的地方;如文化娱乐场所、繁华商业街区、证券交易所、夜市、集市贸易场所、旅游区等。

(3)流动人口落脚处所。流动人口落脚的处所,往往也是犯罪分子经常藏身的地点;如旅馆、饭店、招待所、出租房屋等。

(4)特种行业。特种行业是指一些犯罪分子作案前后经常接触或利用的行业;如旅馆、美容美发店、印刷业、刻字店、废旧物资回收业、典当行、信托寄卖行业等。

(三)阵地控制的方法

1.加强公开管理和管理部门之间协作

对于交通要道的安全防范,公共场所的管理,特种行业的检查监督,需要建立一支以侦查部门参与、其他管理部门为主的专门联合力量,形成协同作战的阵地控制局面。如在公交车辆上,公安部门专门成立反扒队,跟车抓现行犯,公交部门派员协作来控制和打击扒窃犯罪分子。如对集贸市场的控制,侦查部门应与工商行政管理部门密切配合,依靠市场管理委员会和市场治安办公室加强公开的行政管理,取缔黑市和场外交易,通过对出售商品的管理和查处违章行为,发现赃物和犯罪线索。

2.建立秘密力量加强控制

由于侦查部门难以直接控制有关场所、行业,就需要加强秘密力量的建设。如在行业职工中选建隐藏检查力量,以职业为掩护,在犯罪嫌疑人易于出没、销赃、落脚的场所或行业进行控制。在公共复杂场所,专门建设治安耳目,搜集犯罪情报和控制在公共场所的犯罪现象,必要的还可选择内线打入与违法犯罪有关的团体组织和机构,以便调查犯罪情况,协助侦破重特大犯罪案件。

3.加强技术防范

技术防范在阵地控制中具有积极作用,可以弥补人力之不足,可以不间断地对重要场所进行监控,发现问题及时,传递信息速度要快。在阵地控制中,主要运用摄像、红外装置、现代通讯、安全防范技术等实行遥控控制。现代技术的采用能大幅度提高阵地控制的水平。

4.发动和依靠各单位内部的保卫、保安组织和群众

阵地控制,单凭侦查部门的力量是不够的,必须依靠各单位的保卫、保安组织和群众,通过他们执行内部安全防范制度,如旅馆业的门卫制度、验证证件制度、旅客现金、财物的保管制度、值班巡视制度、情况报告制度,加强了对阵地的控制;也可以建立群防群治组织,如治保会、治安巡逻队等,通过他们的日常工作对阵地进行有效的控制。

（四）加强治安防范教育

平时在阵地开展治安防范的宣传教育,可以提高公民遵纪守法的自觉性和维护治安秩序的积极性和责任感,动员群众勇于同违法犯罪行为做斗争,加强落实各项安全防范措施,预防和减少犯罪行为的产生,同时为侦破犯罪案件提供线索和方便。

第六节　辨　认

一、辨认的概念及分类

所谓辨认,亦称侦查辨认,是指在侦查人员的主持下由证人、被害人及其他有关人员对犯罪嫌疑人及与案件有关的物品、尸体或场所进行的识别指认活动。辨认也是同一认定的一种形式,利用的是客体外表结构形态及其特征在辨认人记忆中的印象。辨认的目的在于收集、审查证据,证实与案件有关的事实情节,及时揭露和认定犯罪人。辨认可以从不同角度加以分类。

（一）按辨认主体不同可分为

（1）被害人辨认。主要在侦查抢劫、强奸、诈骗犯罪案件中采用。这些案件中,被害人与犯罪人有过一段时间的正面接触,对犯罪人的印象较深,侦查中通过被害人辨认,往往可以直接查获犯罪分子和赃物,此类辨认较多。

(2)证人辨认。包括目睹者和知情人的辨认,在各类案件的侦查中都可能加以运用。

(3)犯罪嫌疑人辨认。主要根据侦查工作的需要,由犯罪嫌疑人识别和指认其实施犯罪的工具或有关的场所。如果是结伙犯罪,有犯罪嫌疑分子被抓获,也可以让其指认尚未抓获的同案犯。

（二）按辨认对象（客体）不同可分为

(1)人体辨认。即以解决人体是否同一为目的而进行的辨认,包括对活人的辨认和对尸体的辨认。在侦查中,前者主要是指对犯罪嫌疑人或被告人的辨认(以及人身辨认、照片辨认、录像辨认、语音辨认等);后者主要是指对与案件有关的不知名尸体的辨认。尸体辨认可将尸身、尸体照片和死者随身衣服、携带物三个方面结合进行。

(2)物体辨认。即以解决物体是否同一为目的而进行的辨认。物体辨认的对象包括犯罪使用物、赃物和现场遗留物等。物体辨认往往是发现嫌疑线索和查明案情的重要途径。

(3)场所辨认。即以解决场所是否同一为目的而进行的辨认。场所辨认的对象包括犯罪现场和相关场所。后者主要是指犯罪分子在作案前后曾带领或劫持受害人去过的场所。场所辨认对确定侦查范围和发现嫌疑人都有重要意义。

（三）依据辨认的形式不同可分为

(1)公开辨认。即指在被辨认人或被辨认物的持有人知晓的情况下组织辨认人进行的辨认。公开辨认结束后应制作正式的辨认笔录,并可以作为案件的证据在诉讼中公开使用。公开辨认多用于对犯罪现场遗留物、无名尸体、犯罪场所的辨认。

(2)秘密辨认。指在被辨认人或被辨认物持有人不知晓(不觉察)的情况下组织辨认人进行的辨认。主要适用于在侦查过程中发现的犯罪嫌疑人和可疑物品的辨认。对犯罪嫌疑人的秘密辨认应把辨认人安排在既隐蔽又便于观察的地点。对嫌疑物的秘密辨认应事先把该物品从侦查对象或持有人处秘密取来,辨认后再秘密放回原处。秘密辨认的结果只能作为侦查线索,不能作为诉讼证据使用。如果需要该结果用作证据,则应重新组织公开辨认。

（四）按辨认的方式不同可分为直接辨认和间接辨认

(1)直接辨认。即通过自己的感知器官直接对辨认对象进行比较鉴别,以认定其与自己先前感知的对象是否同一。直接辨认较真实、全面。

(2)间接辨认。是辨认人通过某种中介了解辨认对象的特征并以此为基础进行的比较鉴别,以认定其与自己先前感知过的对象是否同一。

此外,根据辨认人在案件发生时对事物的感知,理论上还可以分为视觉辨认、听觉辨认、嗅觉辨认、触觉辨认等等。

二、公开辨认的规则

辨认即辨认人对其先前感知过的事物的再认定。作为一项侦查措施,公开辨认必须遵循以下规则,才能确保辨认结果的客观性和有效性。

（一）依法辨认

首先,辨认应由侦查人员主持;公开辨认需要两名见证人在场。辨认前,侦查人员应详细询问辨认人所了解的辨认客体的基本情况和特征,问清他(或她)是在什么条件下、如何感知辨认客体的,并将询问情况认真录音或做好询问笔录,以便与辨认结果核对。辨认的经过和结果,也应当依法制作《辨认笔录》,由侦查人员、辨认人、见证人签字或捺印。

（二）单独辨认

单独辨认是指如果辨认主体不止一人,案件中有多个目击者时,辨认主持人必须安排他们一个一个地单独分批参加辨认,以免互相干扰,影响辨认的客观性和准确性。但有时为了查明某些物品的生产、销售和使用情况,也可以组织发现情况的人共同来辨认。

（三）分别辨认

分别辨认,又称"个别辨认",是指一个辨认人需要对若干辨认客体(如轮奸、合伙抢劫的案犯等)进行辨认时,主持人应当将辨认客体一个一个地分开,再提供证人辨认。

（四）混杂辨认

混杂辨认,又称"混合辨认",是指主持人将需要辨认的客体混合在若干与其相类似的客体之中,一同提交辨认人进行辨认。根据我国目前的法律规定,辨认犯罪嫌疑人时,被辨认的客体人数不得少于 7 人。辨认照片时,应把嫌疑人的照片混杂在其他同类人的照片中间,辨认照片数量不得少于 10 张照片。对物品辨认时,则应把辨认对象混杂在若干个种类、形状、颜色、牌号相同的物品中间,让辨认人辨认。

（五）客观辨认

为了保证辨认人独立自由地进行辨认,在辨认之前,侦查人员不能让辨认人事先看到辨认客体或知道辨认客体的情况,防止先入为主。在辨认过程中,主持人可以帮助辨认人全面细致地观察客体的特征,也可以进行必要的解释,但必须保持客观的态度,严禁暗示和诱导。倘若侦查人员在组织辨认时有诱导或暗示的行为,该辨认的结果则不得作为诉讼证据使用。

三、辨认结果的审查和运用

辨认是依据人的记忆对先前感知过的事物所进行再认知的主观活动,受主客观方面的多种因素制约。因此对辨认结果必须认真审查评断,全面考察可能影响辨认结果的多种因素,正确判断其可靠程度后,才可以在侦查中加以使用。一般从以下几方面进行:

(一)辨认人方面(主体方面)因素

(1)辨认人是否公正、诚实,与案件当事人或其他证人有无利害关系,有无影响其辨认结论的客观、准确性的其他因素。

(2)辨认人的生理、心理状态是否正常,在感知辨别、记忆、表述、情绪等方面是否存在严重的障碍,因而影响辨认结论的客观、准确性。比如辨认主体的眼睛是否近视、远视、色盲;双耳听力是否衰退、是否患有严重的神经衰弱症、是否会在遭到突如其来的侵害时由于惊恐而形成感知误差;或者由于高度紧张、痛苦、愤恨而影响辨认的进行,而导致辨认结论的错误。

(二)辨认对象方面(客体方面)因素

(1)辨认对象的特征是否明显、突出。

(2)辨认对象的特征的稳定性程度如何。

(3)辨认对象的特征的复杂性等因素。

(三)辨认过程方面的因素

(1)考察辨认的感知阶段、记忆阶段和辨识阶段中可能影响辨认结果的各种客观因素。如感知时间和次数、感知时的光线和距离、感知时的环境,记忆的持续时间、记忆过程中时间相近或内容相似的信号的干扰,辨识时的环境及辨认人的注意力等。

(2)考察辨认人进行辨认时的环境条件是否与其原来感知客体时的环境条件相同或相似,特别要注意光源的颜色和环境噪音上有无差异。

(3)考察整个辨认的组织和实施过程中有无违反辨认规则的情况,特别要注意查明辨认组织者有无诱导和暗示的言行。

对辨认结果应从多方面进行甄别核实,而不能盲目相信。不能仅凭辨认结果就认定犯罪分子或者犯罪嫌疑人,更不能仅仅根据被害人、证人的指认,就决定破案抓人。必须将辨认结果与案内其他证据材料结合起来进行分析、研究、加以综合运用。

第七节　侦查实验

一、侦查实验的概念和作用

(一)侦查实验的概念

侦查实验,是指为了验证或确定与案件有关的某些事实、情节、现象等能否发生,怎样发生,而参照案件发生时的条件,将其加以重演的一项侦查措施。

我国《刑事诉讼法》第108条规定:"为了查明案情,在必要的时候,经公安局长批准,可以进行侦查实验。"根据这条规定,为了查明案情,凡与案件有关的,有必要验证的事实、情节或现象,只要办理合法手续后均可以进行侦查实验。侦查实验应由侦查人员组织实施,但禁止一切足以造成危险、侮辱人格或者有伤风化的实验。

(二)侦查实验的作用

侦查实验也像其他科学实验一样,其任务就是要全面而深入地研究事物本质,确定实验对象与案件之间的因果关系,因此它既是一种科学实验,又是获取证据、审查证据、甄别真伪的一项侦查措施。侦查实验对审查案件能否成立,确定犯罪人出入地点和各种痕迹能否形成,检验搜集的证据是否可靠,甄别证人证言和犯罪嫌疑人口供是否真实,审查、判断辨认结果的正确与否等方面有着非常重要的作用。具体地说,侦查实验可以解决以下问题:

(1)审查在某一时间和某种条件下,能否看见或听见某种与案件有关的情况。

(2)确定在某一时间和某种条件下能否完成某种行为。

(3)确定某种现象在什么样的条件下才会发生,如确定某种物品在某种条件下能否自燃起火。

(4)确定某种痕迹是在什么情况下遗留下来的,以及某种行为与某种痕迹是否吻合。

(5)确定某种爆炸物的性能,爆炸力、引爆力、引爆方法和危害程度。

(6)证实见证人的陈述和罪犯的口供是否真实。

(7)确定辨认结果是否可靠。

二、侦查实验的规则

为了确保侦查实验结论的可靠性,侦查实验除了要严格遵守我国《刑事诉讼法》第108条的规定,还应遵守以下规则:

（1）侦查实验应在侦查、技术人员的主持下进行。

（2）侦查实验应尽可能参照案发时的原有条件进行。原有条件包括:案发的时间、地点、工具、气候等条件。在案发地点进行的实验,也称"现场实验"。若原地已不具备实验条件,那也应当尽可能选择与其相似的场所进行实验。侦查实验中应尽可能使用作案工具、物品进行实验,如果原来的工具、物品损坏,或不宜重复使用的,则应选用类型、新旧程度与作案工具、物品相类似的进行实验。侦查实验的自然条件,如风力、风向、气温、光线、雨、雪、雾等,应与案件发生的气候相同或者相似。

（3）侦查实验应反复多次。即在同一条件下,坚持变换方法进行多次实验,以求结果的准确性。

（4）严禁危险的、侮辱人格的、危害人身健康的、有伤风化的实验。

三、侦查实验结果的审查

侦查实验结果受多种因素影响。其中只要有一个因素发生偏差,实验结果就可能出现错误;因此,不能不加审查就盲目地轻信实验结果。侦查实验结果主要考虑下列因素:

（1）实验是否严格地按照规则进行。

（2）实验的组织实施是否正确、科学。如果实验时违反了侦查实验实施的策略规定,其结果就可能失去证据意义。

（3）实验人是否具有某种职业知识、专门技能,有无解决问题的能力。其所运用的专业知识是否是科学、可靠的和无争议的。

（4）实验人与案件有无利害关系,能否客观公正地进行实验。

（5）实验人的生理、心理状态是否正常。如果实验人生理上无缺陷,认识、记忆和表达事物能力正常,则所做的实验结果就可能为真。如果实验人可能是由于对实验活动感到异常,因而使动作不够协调或者使智力降低,实验结果则可能为假。

（6）实验结果是否具有充分的事实依据。即从实验所确定的事实能否必然推出实验结果;对实验过程中产生的矛盾、疑点有无做出科学的、有事实根据的解释等。

（7）实验结果同案内的其他证据材料有无矛盾。当然，实验结果同案件中其他证据的矛盾，可能意味着实验结果不正确，也可能表明案件中已有的证据不正确。所以，实验结果同案件情况相矛盾的事实本身，只能作为审查实验结果和与之相矛盾的那些情况的依据。无论是同意实验结果还是认为实验不正确或者是没有说服力，都必须用具体的事实做依据。

第八节　搜查扣押

一、搜查的概念和作用

（一）搜查的概念

搜查是指侦查人员依法对犯罪嫌疑人以及可能隐藏犯罪嫌疑人或证据的人的身体、物品、住处和其他有关地方进行搜索、检查的一种强制性侦查措施。从《刑事诉讼法》的规定及搜查的概念可知：

（1）搜查的主体必须是侦查人员。

（2）搜查对象不局限于犯罪嫌疑人，如果认为其他人可能隐藏罪证或犯罪人时，也可以依法进行搜查；搜查不局限于被搜查人的住处，也包括被搜查人的身体、物品和其他有关地点。

（3）搜查的目的是搜集犯罪证据和查获犯罪人。

（4）搜查是一种诉讼行为，须严格依法进行。

（二）搜查的作用

搜查这一侦查措施之所以被各国刑事诉讼法所规定，是因为搜查在侦查破案过程中能起到如下作用：

（1）发现和提取犯罪证据。如果搜查时机把握恰当，搜查地点准确，搜查方法得当，往往能发现证据，如作案工具、血迹、赃物、毒品等，并依法进行提取或扣押。

（2）获取鉴定比对样本。在侦查过程中，为甄别嫌疑人是否为犯罪分子，有必要将犯罪嫌疑人的样本材料与现场上提取的犯罪人遗留的手印、足迹、毛发、精斑等进行比较鉴定，而搜查是取得样本材料的一个重要途径。

（3）查捕犯罪人。通过对可能藏匿犯罪人的住处和场所进行搜查，有时能直接查获案犯。

(4)防止被搜查人行凶或自杀。通过搜查,缴获一切可以行凶或自杀的器械、药品,避免发生意外。

在侦查实践中,搜查可分为公开搜查和秘密搜查两种。

公开搜查,应事先依法办妥《搜查证》,请两位与案件无关、为人公正的公民到场做见证人,搜查过程应当依法制作笔录。

二、搜查前的准备工作

为了保证搜查工作的顺利进行,事前必须认真做好准备工作,主要包括以下内容:

(1)明确搜查目的。每个参加搜查的人员事前都应当明确,通过搜查所要达到的目的,是寻找罪证,还是查获罪犯,以及需要寻找的罪证的种类、类型和特征,等等,以便有目的地进行搜查。

(2)收集有关被搜查人的材料,比如被搜查人的性别、年龄、职业爱好、生活方式、作息时间和社会关系等,以便使搜查工作得以顺利进行。因为被搜查人隐藏物品的方法,往往同他的职业爱好有联系。了解被搜查人的社会关系有助于正确判断罪证或罪犯隐藏的处所,并决定是否需要同时对之进行搜查。

(3)了解被搜查处所的周围环境。如果要在某一建筑物里进行搜查时,事前应当收集有关建筑物的材料,如建筑物的位置,与邻近其他建筑物的关系,房屋的所有进出口,以及房屋内部的结构情况等。

(4)确定搜查的参加人。搜查应当配备足够数量的人员。究竟多少人为宜,要视每个案件的具体情况而定。其中除了直接进行搜查的人员以外,还应设置一定数量的警戒人员,以防止被搜查人乘隙逃脱、行凶、自杀或转移罪证。

(5)制订搜查方案。它的主要内容是:搜查的目的及时间、地点,搜查进行的顺序及其重点,警戒人员的设置,断绝同外界联系所采取的措施,以及搜查过程中可能发生的各种情况和相应的对策。同时,要明确参加搜查人员的组织分工和的工作方法等等。

(6)做好搜查的物质准备。这主要是指携带好武器和必需的工具(如照相机、放大镜、录像机、手电筒、皮尺等),并且配备好交通和通讯联络工具。

三、搜查的程序和方法

(一)搜查的程序

搜查作为一种强制性的侦查措施,使用得好,可以及时准确地获取犯罪证据,查获犯罪人;使用得不好,不仅达不到搜查的目的,还会侵犯公民的合法权益。因此,侦查人员执行搜查任务时,必须严格遵循法定程序。

一般情况下,搜查必须由侦查人员进行,且侦查人员不能少于两人。搜查前,侦查人员必须向被搜查人及其家属出示《搜查证》,并邀请两名见证人。如果被搜查人及其家属外逃,侦查人员应邀请邻居或其他群众到场,并向邀请到的邻居或其他见证人出示《搜查证》,并将此情况作笔录。依法执行刑事拘留、逮捕时,遇有犯罪嫌疑人身带危险品,可能隐藏爆炸、剧毒等危害物品,可能转移、毁弃罪证等紧急情况,侦查人员不用《搜查证》,也可以进行搜查。

搜查的情况应制作成《搜查笔录》,并向见证人、被搜查人及其家属或邻居原文宣读。证明无误时,由搜查人、见证人、被搜查人及其家属或邻居签名或盖章。若被搜查人及其家属在逃或拒绝签名,应在笔录中注明。

（二）住所搜查的方法

住所搜查,是指对犯罪嫌疑人或其他与犯罪有关的人的住宅、落脚点、窝赃点、工作场所等进行的搜索检查。

搜查人员到达搜查地点后,首先要在住所周围布设,断绝对外联系,一般只许进、不许出。同时履行法定手续。搜查时,除留被搜查人或其家属一人在场外,应将其余人集中在某一地点,由专人负责监视、限制其行动自由。如果怀疑室内某个成员身上带有危险品或要搜查的物品,应先进行人身搜查。

搜查住所,一般要根据案件的具体情况、住所情况、周围环境及搜查目的等,确定其方法和重点。搜查时,除了橱柜、箱子、抽屉等明显处所外,还应对墙上挂的、桌上放的、床下堆的各种物品进行仔细搜查。同时,要注意观察住所结构和室内物品陈设等情况,分析哪些地方最有可能隐藏赃物、罪证或犯罪人。注意发现"秘密处所"。此外,搜查时还应注意观察被搜查人及其家属的表情。如果搜查某一处所时,被搜查人及其家属表现反常,对该处的搜查就应仔细。

（三）人身搜查的方法

人身搜查,是指依法对犯罪嫌疑人的身体、衣着和随身携带物品所进行的搜索、检查。搜查人身一般应由两个以上侦查人员进行。即一人进行搜查,另一人在旁边警戒。如果遇有紧急情况,需要一人进行搜查时,侦查员应首先命令被搜查人举起双手,转过身体;然后,侦查人员从背面接近搜查对象,一只手持枪保护,另一只手进行搜查。搜查的顺序是自上而下,从外到内;搜查时,先检查其身上是否藏有枪支、匕首等危险品,解除危险品后再进行细致的搜查。要特别注意衣服的夹层、补丁、鞋子、携带物品及其可能隐藏罪证的部位,并随时观察被搜查人的神色和动向,严防其行凶、自杀,避免遗漏犯罪证据。

搜查妇女的身体应当由女工作人员进行。

（四）露天场所的搜查方法

露天场所搜查，是指对室外可能隐藏赃物罪证或犯罪人的地方所进行的搜索、查寻。

露天场所搜查涉及范畴很广，如荒山、田野、树林等。因此，搜查时要根据不同的目的，不同的环境采取不同的方法。常用的方法有分片分段法、扩散法、收缩法等。有条件的，还可使用警犬搜索。搜查时，搜查人员应仔细搜查草丛、树林、山洞等处，特别是要注意一些与周围环境不一致的情况，如新翻动过的泥土、刻有标记的树林、被人踩踏过的野草等，以发现赃物、尸体或其他证据。

四、搜查中的扣押

在搜查中发现的可以用来证明犯罪嫌疑人有罪或无罪的各种物品和文书材料，都应予以扣押，妥善保管，不得损坏或丢失。需要扣押，但又不能马上提取的物品，应予以加封，不能加封的，要指定专人负责保管，并应拍成照片附入卷宗。搜查出来的物证可以在上面写字的，可令被搜查人在上面写明何年何月何日从某住所搜查并签名盖章。不能在上面写字的，可将被搜出的物品放在隐藏物证的原处，跟被搜查人一起进行拍照。对需要提走的物品和文件材料，应当着被搜查人和见证人的面点清，并列出清单一式两份，由被搜查人、见证人核实后，分别签名或捺印指纹。正本订入案卷，副本交给被搜查人及其家属。

第九节　警犬使用

一、警犬在犯罪侦查中的作用

警犬是经过专门训练用于犯罪侦查和安全保卫的工作犬。经过严格的挑选、科学的培育和特殊训练的警犬，具有高度发达的神经系统，敏锐的感觉器官和分辨能力，对多种环境有良好的选择性，以及凶猛咬斗和快速奔跑的能力。鉴于警犬有以上的本领，因此，警犬在犯罪侦查中能起到以下作用：

（1）使用警犬追踪犯罪嫌疑人。追踪是指挥警犬以犯罪嫌疑人的气味为嗅源，寻找、发现犯罪嫌疑人行走的路线，并顺迹追缉犯罪嫌疑人。

（2）搜索犯罪有关的痕迹、物品。经过侦查发现重大犯罪嫌疑人后，为了进一步获取犯罪证据，可以使用警犬对现场进行搜索，还可以使用警犬对一些藏有爆炸物、毒品、危险品等现场进行搜索。

（3）气味鉴定。根据犯罪嫌疑人在现场遗留的痕迹、物品或其他地方遗留的气味作为嗅源，使用警犬鉴别现场遗留物与犯罪嫌疑人的物品气味是否同一，据此来确定或否定嫌疑。同时可以使用警犬鉴别现场遗留物是否为同一人所留，进而推断出作案人数。

（4）其他作用。如协助缉捕。在犯罪嫌疑人行凶拒捕或持有枪支、爆炸物威胁群众、民警安全时，可利用警犬捕咬，协助制服犯罪嫌疑人。还如在自然灾害或爆炸事件中使用警犬进行搜索救护。

二、犯罪侦查中使用警犬的条件

（一）要有准确、有效的嗅源

嗅源是侦查对象或其他物品发出的原始气味，亦即警犬嗅认作业所依据的气味。人或某些物品的气味，具有个性特征，其中的差别警犬能够分辨，但是作为嗅源的气味必须准确、有效，未受到自然或人为的破坏。所谓有效，是指犯罪嫌疑人遗留的气味，未受到严重的混淆和破坏，足以能让警犬进行分辨。所谓准确，是指作为嗅源的痕迹或物品是犯罪嫌疑人所留的。

由于报案或勘查现场不及时，气味会因风吹、日晒、雨淋而散失、淡化；犯罪嫌疑人也可能有意破坏；因提取、保存、转送不当，气味可能混淆。在这些情况下，就不可能获得有效、准确的嗅源。

（二）要有较好的环境条件

警犬具有灵敏的嗅觉，有分辨气味细微差别的能力。但是这种能力也是有限度的。气味的淡薄、混杂，都可能影响警犬的鉴别能力；现场的复杂环境，空气污浊或气味混杂、热闹的街区，就难以发挥警犬追踪和搜索的作用。

三、嗅源的发现、提取、保存和使用

犯罪分子在作案过程中必须要接触现场上的某些物体，可能遗留下痕迹、物品，如手印、脚印、血迹、精斑、毛发、唾液、烟头和吃剩的食物，身体上黏带的泥土、植物茎叶和油垢，以及在翻动过程中可能摸过的物品等。这些痕迹、物品，带有犯罪分子的身体气味，这些气味一般可保持 24 小时。而在一些特殊环境下，比如风、雪、雨等，气味散发就快，有时只能保留几个小时。因此，侦查人员在进行现场勘查时，应注意发现和保护嗅源，为下一步使用警犬开展工作创造条件。

（一）嗅源的发现

在现场勘查中，根据对犯罪嫌疑人活动情况的分析、判断来发现嗅源。一般而言，犯罪嫌疑人的气味多遗留在其经过的路线、滞留之处；其触摸过的物体、使用过的作案工具上；及其遗留痕迹、物品及排泄物上。如果发现可能是多人作案时，应尽可能判断出每一个犯罪嫌疑人的嗅源。

（二）嗅源的提取和保存

犯罪分子作案后，在现场遗留的痕迹和物品，都是重要的证据，也是警犬的嗅源。提取嗅源应及时，时间过长会降低其使用价值。提取嗅源应根据物证的种类、大小、性质，使用不同的方法。具体来说，提取的方法有以下几种：

（1）原物提取。提取作为"嗅源"的小件物品，如鞋袜、鞋垫、衣物等。做法是：把原物装入干净的塑料袋中，将袋口封紧。对于气味容易挥发的物品，如纸张、手帕等，可以装入磨口瓶中封闭保存。

（2）摩擦感染提取。用于提取足迹和其他痕迹附着的气味，如血迹、痰迹、精斑等。做法是：用湿润的纱布或脱脂棉在痕迹上擦拭后，放入磨口瓶中封闭。如系地面的足迹，也可将足迹下及周围的泥土直接铲入容器中保存。

（3）蘸附提取。用于提取新鲜的血液、精斑、唾液等分泌物。方法是：用小块纱布或脱脂棉直接蘸附，待纱布或脱脂棉在阴凉处晾干后，装入磨口瓶内封存。

嗅源提取后，应注意保存，切勿使其霉变。如果存放时间较短，可放在阴凉干燥之处；如果需要长时间保存的，应先晾干或采取真空保存法。

需要强调的是：提取嗅源时，不能用手直接接触，必须带橡胶手套或使用金属镊子。提取前应对痕迹或物品进行拍照固定。提取贵重物品时，需经有关领导批准，方可进行，并注意不要损伤或丢失。

（三）嗅源的使用

使用嗅源有两种方法：

（1）原物使用。就是直接使用附带有嗅源气味的物品。

（2）感染使用。是把多块干净的纱布与原物放在一起，或者把原物与嗅源相互摩擦，使嗅源气味感染到纱布上使用，嗅源气味较淡的，不宜使用该方法，但这种方法不易破坏原物。

在实际工作中，怎样合理、有效地使用这两种，应注意以下两方面的问题：

（1）使用嗅源之前，应研究嗅源的数量、大小、纯度，视具体情况决定使用方法。如果嗅源的数量少而且纯度低，就只能原物使用。如果嗅源的数量多且纯度高可选择感染使用的方法。

（2）注意掌握嗅源使用的有效时间。嗅源的气味一般可以保持 24 小时，如果时间过长，嗅源本身的气味变淡，会影响警犬的工作效果，针对这种情况可用热蒸的方法使嗅源的气味挥发,使警犬易于感受。如果嗅源因污浊等原因而发生了霉变,可以在热蒸之前,先在阴凉处晾干。

四、使用警犬应注意的问题

(一)做好警犬日常饲养管理和训练工作,做好随时出征的准备

警犬在犯罪侦查中能否正常发挥作用,关键在于训练员对警犬的严格训练和管理。否则,因训练不宜、管理松散,警犬的正常功能就会消退,临场不听指挥,将贻误战机,甚至发生意外事故。因此,训练员要坚持做好警犬的日常管理和训练工作,保证警犬的健康,不断强化和提高警犬的侦查功能;同时随时做好出征现场的精神准备和物质准备,是发挥警犬作用的前提。

(二)准确确定追踪的起点,密切把握途中追踪动向

现场使用警犬不同于日常训练,情况比较复杂,只有准确确定突破的起点,才能保证追踪有正确的开端。警犬训练员在确定嗅源后,应与侦查人员一起,仔细分析案情,推断犯罪嫌疑人来去的方向和路线,然后使用警犬进行追踪。

警犬追踪上线后,训练员要细心观察警犬的表现和沿途的环境、地形、地物等情况,及时分析警犬追踪是否正确,并注意发现物证,排除各种障碍,把握好追踪的速度和脱线的处理,使追踪顺利进行。

(三)明确搜索目的,确定搜索范围和方法

使用警犬搜索时,范围不能过大。如果需要较大范围进行搜索时,就要分片、分段进行,也可以使用多条警犬分组同时进行,重点地方可先行搜索,再向其他地方展开。搜索人犯时,动作要隐蔽,提高警惕,防止案犯行凶反扑。野外搜索时,可酌情摘下警犬脖圈,放开牵绳,便于警犬扑捉案犯。

(四)使用警犬鉴定结论要与其他证据相结合

利用警犬做气味鉴定虽有科学依据,但由于受嗅源材料条件、警犬自身状态及其他因素的影响,使用警犬鉴定结论要谨慎。要把警犬鉴定结论同其他证据相印证,综合分析无误后才能作为定案的依据。

第十节 并案侦查

一、并案侦查的概念

并案侦查,是指刑侦部门将同一个人或同一伙人所作的系列犯罪案件,并

联起来,统一实施侦查的一种破案措施。20世纪八九十年代,我国的犯罪案件大幅度上升,一些犯罪分子利用现代的各种有利条件,到处流窜,连续作案;在作案过程中使用大量的反侦查手段,在现场尽量不留痕迹,作案后破坏或伪装现场,给侦查工作带来了难题。一些传统的侦查手段不能完全适应新形势的需要。各地侦查部门在案件侦破实践中,创造出了并案侦查的方法。因此,并案侦查是侦查部门根据同犯罪作斗争的实际需要,从实践中总结形成的。

并案侦查是侦破惯犯、累犯、流窜犯系列犯罪案件的有效措施。其作用表现在:通过并案侦查,可以将分散、零星的资料集中起来,相互印证,便于侦查人员更为全面、深刻、透彻地认识案情,了解犯罪人的个人特征,增加破案信息,拓宽侦查途径。通过并案侦查可以集中侦查力量,联合作战,节省警力、财力和时间;有利于犯罪情报的及时交流和控制。通过并案侦查可以起到破现案带积案,破一案而带一串的作用,大大提高侦查工作的效率。

二、并案侦查的依据和条件

不是所有的犯罪案件都可以并案侦查,实施并案侦查必须是系列犯罪案件为同一个或同一伙犯罪人所为。为此,系列犯罪案件不管其类型是否相同,能否并案侦查,必须分析其有无依据和条件。

（一）并案侦查的依据

(1)行为的连续性。犯罪人,特别是惯犯、累犯,常常连续犯罪。他们在一次犯罪得逞后,其非法欲望和需求会逐步增加,往往驱使其再次犯罪,以满足更大的利欲。因而,在一定时期内的不同时间和不同地点,会进行连续性犯罪,这是实施并案侦查的主要依据。

(2)犯罪行为的特殊性。不同的犯罪人,由于心理素质、文化水平、社会经历、生活环境、身体状况、职业技能、犯罪历程等不同,犯罪行为会在犯罪现场上的痕迹、物品及其态势上表现其主体的特殊性。

(3)犯罪行为的稳定性。人们经反复和多次实践活动,会逐渐形成一定行为习惯。这些习惯一经形成,往往定型化,并在以后的行为中自动反复地出现,在一定时期内相对稳定,并成为习惯定型。同一犯罪主体犯罪行为同样具有相对稳定性,即这种犯罪习惯稳定地表现在犯罪手段方式、侵害的对象和目标,犯罪的时间、空间,犯罪的特殊技能,掩盖犯罪的方法上等。

(4)犯罪行为的客观性。犯罪人的每一次犯罪活动及其犯罪前后的每个环节,无论是引起现场的各种变化,还是行为在目击者脑子里留下的印象及其他有关活动,均是客观存在的,可以反映出来的。这也是并案侦查的依据。

（二）并案侦查的条件

（1）案件性质条件。分析几起案件的性质是否相同。如几起案件都是拦路抢劫，或都是持枪杀人，或都是盗枪、抢枪而后持枪杀人、强奸等。

（2）作案手段条件。分析几起案件中的作案方法手段有无相同或相似的特点。如作案前后过程相同或相似、作案工具及杀人危险品相同或相似、被害人损伤的部位和特征相同或相似、现场侵害的部位和破坏的方法相同或相似、伪装现场或伪装尸体的方法相同或相似等。

（3）痕迹物证条件。分析几起案件现场遗留的痕迹和物品有否相同或相似之处。如遗留痕迹的种类、部位、大小、特征相同或相似，遗留物品的种类、特征、产地、使用范围等相同或相似。

（4）作案人特征条件。分析几起案件反映的犯罪分子在特征方面有无相同或相似。如作案人的体貌特征、着装特征、居住地址特征、职业特征、前科劣迹特征、口音特征等相同或相似。分析中，要注意区别哪些是稳定性特征，哪些是可变性特征，要注意作案人在作案中或作案后伪装改变自身的特征。

（5）侵害客体条件。分析几起案件的被侵害客体是否相同或有相似之处。如被害人都是女性或男性，都行经在某一路段或场所，被劫被窃的物品在种类、特征、性能、用途等方面相同或相似等。

（6）案件环境条件。分析几起案件在作案时间和作案地点方面有否相同或相似之处。如均发生在同一时间或同一段时间内、均发生在同一地点或同一区域内。

以上列举的六个方面的条件虽然均应认真考虑，但并不是要求完全具备才能并案侦查，只要具备其中一条或几条，就应加以利用。

三、并案侦查的实施

（一）寻找并案侦查的犯罪线索

由于并案侦查的有效性，在侦查实践工作中，应当主动发现并案线索，而这些线索既存在于本地发生的犯罪案件之中，也存在于外地发生的犯罪案件之中，需要通过以下渠道多方位地去发现：①从本身日常的侦查破案中去发现并案线索。②从犯罪情报资料中去发现并案线索。③从研究刑事犯罪的动态情况中去发现并案线索。④从对犯罪人或犯罪嫌疑人审查处理中去发现并案线索。⑤从其他地区的犯罪信息中去发现并案线索。

（二）分析、复核并案线索，确定并案侦查

发现了各种并案线索，并不等于这些犯罪案件就是同一个或同一伙犯罪人所为,也不等于可以并案侦查,还必须对拟并案犯罪案件是否具有并案侦查条件进行全面科学的分析、严格推理和进行必要的检验鉴定等。根据不同案件的不同情况,采取比较认定法、类比认定法、归纳法和演绎认定法、技术检验认定法等,使同一个或同一伙犯罪人所作的案件突出出来。

（三）统一指挥,联合作战

决定实施并案侦查后,要组织有力的指挥机构、联合侦破班子,制定统一的侦查计划。参加并案侦查的各侦查机关,应根据统一的部署和要求,组织相应的力量,落实各项侦查措施。在侦查过程中,要随时掌握情况,加强联系,互通情报。发现新情况、新线索时要及时报告侦查指挥机构以便及时调整侦查部署,协调行动。侦查指挥机构要经常召开会议或建立定期联系制度,以便交流情况、汇报和研究工作。

（四）采取有针对性的各种侦查手段,积极侦查

根据并案后对案情的分析,在犯罪人的居住地、隐藏地,要组织专门力量,进行重点调查;对犯罪嫌疑对象要充分利用辨认、搜查、查对情报资料档案等各种手段进行查证;在研究犯罪活动规律的基础上,对犯罪分子可能涉足的食、住、行、销、乐等场所严加控制;对有流窜犯罪嫌疑的犯罪,要及时向有关地区通报案情,或发出协查通报;对已查获的犯罪分子,要加强审讯,深挖余罪。

第十一节　讯　问

一、讯问的对象及任务

（一）讯问的概念

讯问,是指侦查人员用问答方式,依法对犯罪嫌疑人进行正面审查的一项侦查活动。讯问也是侦查破案常用的重要措施之一。

讯问的主要目的是通过对犯罪嫌疑人面对面的审问来查明案件的全部事实真相,揭露并证实犯罪,取证追赃,扩大战果;同时保障无罪的讯问对象不受刑事追究。讯问属于侦查阶段后期的一项侦查活动,亦是侦办刑事案件必经的程序。

（二）讯问的对象

侦查中讯问的对象通常有以下几种人:

(1)经初步侦查,确有证据证明其犯罪事实,可能被判处徒刑以上刑罚并依

法被逮捕或先行拘留的犯罪嫌疑人。

（2）经侦查虽有证据证明其有犯罪事实，但由于某种原因不予逮捕或拘留的犯罪嫌疑人。

（3）被抓获的在逃犯，被扭送的现行犯，以及投案自首的犯罪嫌疑人等。

（三）讯问的特点

在侦查阶段，讯问与询问均为侦查人员用问答方式来查明案情、收集证据的常用措施之一；讯问结果和询问结果都可以成为法定的证据，两者既有相同之处，又有区别之点。讯问的特点主要如下。

1. 直接

刑事案件的侦查工作，从立案开始到查清犯罪事实，一般都是背着嫌疑人进行的。而讯问则是侦查主体和侦查对象之间进行的直接交锋，短兵相接，面对面的"舌战"。询问有时候可以采取间接的方式，讯问却不允许侦查人员委托他人进行，不能采用电话、传真、信函等间接问话的方式。

2. 正式

询问有时候可以是非正式的侧面查访，由一位侦查人员进行询问时，可以只作笔记不必制作笔录。但是，讯问必须正式合法。我国《刑事诉讼法》规定：讯问犯罪嫌疑人的时候，侦查人员不得少于两人。无论第一次讯问抑或继续的几次讯问结果，都必须制作正式笔录。

3. 及时

根据我国法律的有关规定，对依法逮捕或拘留的人，都必须在24小时以内进行讯问。讯问后若发现被讯问者不应当拘捕的，必须立即释放，并发给释放证明。可见对讯问的时限特殊要求比询问更严格。

4. 问答

审讯离不开一问一答的形式，从而构成了讯问区别于其他侦查措施的特点之一。口语问答，既是取证途径又是实现讯问目的的手段；语言不通就无法达到讯问目的，光问不答标志着讯问失败。

5. 复杂

讯问的复杂性也是众所公认的一个特点。虽然讯问对象不如询问对象那样广泛，但是讯问对象是犯罪嫌疑人，成员复杂，各自的心理状态更加复杂。面对复杂的讯问对象，侦查人员如何运用讯问语言与讯问心理，采取适当的讯问策略与讯问方法来完成讯问任务，无疑值得侦查部门深入研究和探讨。

（四）讯问的任务

讯问通常是在获得被讯问者的主要犯罪事实，掌握了一定证据的基础上进行的。讯问的具体任务有以下几点。

1. 查明案件的全部事实

即通过讯问犯罪嫌疑人,全面地审查并核实犯罪的动机和目的、犯罪时间和地点、犯罪工具和凶器、犯罪过程和后果、犯罪人数和次数等案件情况。根据已经掌握的证据材料分析、甄别被讯问者的口供真伪,判断其是否有罪。对于有罪的犯罪嫌疑人应挖掘其余罪,查明其全部犯罪事实。力求做到证据确凿,犯罪事实清楚,为依法追究其刑事责任奠定基础。

2. 追查其他应负刑事责任者

在讯问共同犯罪或集团性犯罪案件的犯罪嫌疑人时,侦查人员还有任务追查其同案犯。即通过讯问彻底查清参与犯罪活动的全部成员,查明主犯与从犯、惯犯与偶犯,分清其罪责轻重,防止犯罪分子漏网。

根据讯问中所获得的新线索,还可以"顺藤摸瓜",扩大战果。例如,通过对盗窃犯罪嫌疑人的讯问,追查销赃人和窝主;对未成年人的讯问,追查其教唆者,以及社会上的其他犯罪嫌疑人。

3. 保障无罪者不受刑事追究

惩罚犯罪,保护人民,保障无罪的人不受刑事追究,是侦查机关的基本任务。为了维护社会主义法制的尊严,切实保证无辜者不受刑事追究,侦查人员必须把好"讯问"这一关。

由于犯罪现象的复杂性、隐蔽性及主客观条件的局限,在被拘留、被逮捕的犯罪嫌疑人中,依然存在着有罪和无罪两种可能性,因此,侦查人员在讯问过程中既要听取被讯问者有罪的供述,也要听取其无罪的辩解。分析研究案件证据材料时,不仅要注意发现被讯问者有罪的证据,而且要注意收集能证明被讯问者无罪、罪轻的材料。侦查人员讯问证据时,必须坚持实事求是原则,做到"不枉不纵",确保无罪的公民免受刑事追究。若经查证实属错拘、错捕的,应立即释放,予以纠正。

4. 对被讯问者进行法制教育

根据犯罪嫌疑人的具体情况,对其进行法制教育、前途教育,也是讯问工作的重要任务之一。侦查人员讯问时,一方面要运用国家政策和法律对被讯问者进行教育;另一方面也要为其指明出路,促使其转变立场,如实交代罪行,同时也为其改邪归正,弃旧从新打下思想基础。

5. 为研究犯罪新动态服务

通过讯问,往往可以获悉社会上最近犯罪活动的趋势和特点,例如犯罪的新目标、犯罪的新手法等。研究并掌握这些犯罪新动向及其发展规律,收集有关的犯罪情报资料,无疑为及时弥补社会治安综合治理工作中的漏洞,加强有效地犯罪预防措施具有深远的意义。

（五）讯问的原则

为了确保顺利地完成讯问的任务,侦查人员必须坚持实事求是、重证据、重调查研究、严禁逼供信等项原则。

1.实事求是原则

讯问工作的复杂性,客观地要求侦查人员必须用辩证唯物主义认识论的观点指导讯问,遵循"以事实为根据,以法律为准绳"原则。实施讯问时,应当从案件实际出发,尊重事实,既反对主观臆断,也不能被讯问对象的谎言假象所迷惑。敢于坚持真理,敢于修正错误,做到准确地惩罚犯罪分子,保证无罪者不受刑事追究。

2.重证据原则

能否在讯问中正确处理证据与口供两者关系,便是体现重证据原则的关键所在。认定被讯问者有罪或无罪、罪重或罪轻、此罪或彼罪都离不开证据。通过证据来印证犯罪嫌疑人的口供,通过口供来核实证据的工作也就贯穿于讯问的始终。"重证据,不轻信口供"并非不要口供,而是凭借已掌握的确凿证据来获取真实供述。

只有犯罪嫌疑人供述,没有其他证据的,不能认定其有罪并处以刑罚;没有犯罪嫌疑人供述,证据充分确实的,可以认定其有罪并处以刑罚。

3.重调查研究原则

调查研究是收集证据、核实证据的正确途径。讯问工作一定要与调查取证工作相结合。犯罪嫌疑人的供述是否真实可信,只有通过调查访问获取的旁证材料才能检验。只要掌握了扎实确凿的证据就可以审查犯罪嫌疑人的口供真伪,也不怕被讯问者拒供。由此可见,在讯问中坚持重调查研究原则的重要性。

4.严禁逼供信原则

逼供信是指以肉刑或变相肉刑等手段,强迫被讯问者承认所指控罪行的审讯方法。刑讯逼供这种非人道的审讯方法实际上是封建主义意识在侦查办案中的反映。我国历来强调在讯问中废止肉刑、严禁刑讯逼供,也不准许使用诱供、指名问供等非法手段。我国法律还规定:对刑讯逼供情节严重的司法人员,要追究刑事责任。

司法实践反复证明,讯问中采用逼供信,不仅容易造成冤假错案,而且使有罪的人有机会借口翻供,给及时定案带来困难。侦查人员使用刑讯逼供,恰恰表明了自己对讯问的无能和无奈。坚持严禁逼供信原则,就是要求侦查人员应具备良好的政治和业务素质,增强法制观念,提高讯问水平,学会文明办案,避免冤假错案。

二、讯问的策略和方法

(一)讯问前的准备

尽管侦查人员在讯问中居主动地位,讯问对象处于被动地位,但如果侦查人员讯问前缺乏充分的准备,往往击不中要害,难以获得胜利。斗争经验告诉我们:"不打无准备之战",可见讯问前的准备工作十分重要。

1.参加人员的配备与分工

讯问前应根据案情的难易程度,确定能胜任该案讯问工作的人选和人数。讯问人员不得少于 2 人;一人负责审问,另一人负责记录。两者在讯问中应配合默契,互相监督,同时要防止讯问对象自杀、行凶、逃跑、毁灭罪证等意外情形。讯问应由专人负责到底,办案中途不宜轻易更换讯问人员,以免造成讯问被动。逢案情复杂的重大案件,侦查机关负责人可以参加讯问。属公安机关管辖的案件,必要时也可商请检察机关派员参加讯问。讯问聋哑人,应事先配备通晓哑语的翻译人员。讯问外国人,应当由懂该国语言的侦查人员负责讯问,或者配备翻译。讯问语言不通的犯罪嫌疑人,也应配备懂其方言的翻译参加讯问。讯问未成年人或女性,最好指派女侦查人员负责;未成年人的监护人,必要时也可以在场。

2.讯问场所的布置与器材准备

讯问时应当针对不同讯问对象。选择适当光线、色调的地点进行讯问。这样会取得较好的效果。讯问应尽量安排在公安机关或检察机关专用的审讯室内,或者在无外界干扰的室内。审讯室的布置光线要柔和,不能太暗或太亮;要用冷色调粉刷墙壁,使房间显得庄重肃穆。室内只需摆上一张带抽屉的桌子和几张椅子,桌子抽屉里一般搁置讯问中所必需的钢笔、铅笔、墨水、纸张、印泥、警械、录音器材以及证据。被讯问者的专用椅,必要时可装上铁栅栏。

讯问人员与讯问对象之间的距离相隔 2 米左右为宜,相隔太远听不清对方的话;若相隔太近非但不安全,而且容易干扰双方人体的生物磁场,造成心理紊乱,不利于讯问。监视监听装置和报警按钮等可以暗藏在天花板或墙壁内。如有心理检测仪应安装在另外的房间。审讯室里不必安装电话机。总之,布置简朴的房间有助于被讯问者的注意力集中在对话上;如果室内装饰太花哨,则可能会减弱讯问的效果。

3.熟悉案情与讯问对象

古人云:"知己知彼,百战不殆。"为了掌握讯问的主动权,侦查人员应在第一次讯问前,尽可能对案件的基本情况和讯问对象的情况有所了解。

（1）了解讯问对象被拘捕的原因和依据。首先，要了解指控被讯问者犯了何罪，是否属于共同犯罪。其次，需了解其犯罪动机与目的、犯罪时间与地点、作案手法与过程及其造成的后果。此外，还应当熟悉案件发现经过，报案和立案材料，以及现场勘查、侦查询问所反映的情况。

（2）熟悉已经掌握的证据材料。应有一份所有涉案人员（包括事主、被害人及其他证人）的名单和通讯录。事先审阅并比较现场勘查笔录和犯罪现场照片；受害人陈述和其他证人的询问笔录；与案件有关的痕迹和其他物证鉴定结论等第一手证据材料。同时考虑上述证据中，哪些是确凿可靠的，哪些尚需进一步查证，从何处查证；哪些证据在讯问中可以使用，哪些不能用。涉及关键的专业技术性问题，应向有关的专家、技术员咨询请教。

（3）了解讯问对象的情况及其特点。争取获悉被讯问者的姓名（含化名、小名、曾用名、绰号等），国籍和民族，出生日期，文化程度，工作经历，职业和职务，工作单位或就读学校，籍贯和住址，懂何种语言，婚否，家庭成员情况和社会关系。着重了解他与受害人、报案人之间的关系如何；有无犯罪前科，是惯犯抑或是偶犯；单人作案还是结伙作案，同案犯是否全部缉拿归案；此次被拘捕前受过讯问否，交代情况怎样；被羁押后的思想和心理状态如何及其平时的个性、脾气、爱好等情况。

基本案情，主要通过查阅案卷材料及直接向参加破案工作的侦查人员的途径获得。讯问前熟悉案件情况和被讯问者的特点，不仅有助于确定讯问方向和要点，而且为拟定讯问计划打下基础。

4. 制订讯问计划

制订讯问计划的目的，是为了保证讯问工作有重点、有步骤地进行。讯问计划，可以分成总体计划和具体计划两种。前者是就如何完成全案讯问任务所做的宏观筹划，后者是对第一次讯问及以后每次继续讯问所做的微观计划；两者的层次和内容不同，但目的相同。某些重大案件的讯问计划，讯问前须报经领导审查批准后才能实施。

总体讯问计划的内容一般包括：简要案情；讯问人员组成；讯问目的与要求；讯问重点和步骤；讯问策略与方法；讯问纪律和注意事项（如怎样保护举报人及不泄露秘密侦查手段）；讯问需要查证的问题并应采取哪些配套措施；估计讯问中可能发生的意外情形及其对策等。

具体讯问计划应根据每次讯问的重点和要求，提纲式地拟出下列内容：准备讯问哪些问题以及提问先后顺序；提问的方式和方法；拟出示的证据种类、数量及其次序，出示证据的时机和方式；被讯问者可能会对哪些问题进行辩解，如何反驳；此次讯问是否需要录音，录像；讯问中应注意的其他事项等。

讯问计划其实是讯问主体对安排讯问内容的一种条理性构思。在计划实施过程中,侦查人员还应善于根据讯问的进展和变化情况,及时修改、补充或调整原计划,以便适应讯问发展的需要。

（二）重视第一次讯问

第一次讯问（又称初审）,是指讯问对象依法在被拘捕后 24 小时内受到的审讯。重视第一次讯问的意义主要体现在两方面:一是在法定时间内讯问,可以及时发现并纠正错案,切实保障无罪的人不受冤枉或陷害。二是乘有罪的讯问对象刚刚被拘捕惊魂未定,来不及充分考虑反审讯伎俩的有利时机,进行突击讯问往往容易使其交代主要罪行,有助于突破全案。

由于初审是侦查人员与犯罪嫌疑人正面交锋的第一个回合,它既是讯问人员直接了解被讯问者对自己所犯罪行的认识态度及其心理状态的时机,也是被讯问者对讯问人员进行观察摸底、探听虚实的场合,因此讯问人员对待第一次讯问切不可掉以轻心,必须认真做好准备。例如,选择适当的讯问场所;熟悉案情;准备必要的证据材料;拟定讯问提纲;注意讯问语言的运用,等等。

为了避免在第一次讯问的开始就出现沉默的僵局,审讯人员开始提问时,一般总是先问对方的姓名、年龄、住址、家庭成员等基本情况,待他开口之后再问其是否犯有被指控的罪行,并耐心听取其对无罪的辩解或对犯罪事实和情节的供述。倘若讯问对象的无罪辩解有理有据,审讯人员应立即采取措施查证,经查证属实的,应依法及时做出处理。即使讯问对象的辩解全是谎言,审讯人员也应沉着冷静地让他把话讲完,然后请他复述并结合有关证据材料适时地揭露、批驳其谎言。如果被讯问者难以解释其供词中的疑点和矛盾之处,讯问人员可以令其回监所反省,听候续审。

犯罪嫌疑人第一次被侦查机关讯问后,可以聘请律师为其提供法律咨询、代理申诉、控告。受委托的律师有权向侦查机关了解犯罪嫌疑人涉嫌的罪名;可以会见在押的犯罪嫌疑人,向其了解有关案件情况。会见时,侦查机关根据案件情况和需要可以派员在场。涉及国家秘密的案件,犯罪嫌疑人聘请律师和律师会见在押的犯罪嫌疑人,都应当经侦查机关批准。

三、讯问的基本策略

在人类社会生活的诸领域里,凡涉及对抗性或竞争性的活动,必然存在着各种战术策略的运用,讯问亦不例外。"术乃是虚实,法处好张弛。"若要掌握讯问方法,先应懂得讯问策略。根据国内外的审讯经验,讯问的基本策略可以归纳为心理策略、语言策略、证据策略等三类。

（一）心理策略

首先,讯问主体本身具备健康良好的心理素质,有了这个前提,审讯人员才可能在讯问的自始至终保持沉着冷静的心态,应付各种复杂局面和意外情况,否则就难以胜任讯问工作。其次,应研究讯问对象的各种心理活动状态,然后有针对性地运用心理策略来突破其心理防线,以顺利完成讯问任务。

1. 攻心为上策略

所谓"攻心为上",就是针对被讯问者普遍存在的趋利避害的心理,摸准其不坦白交代的心理障碍或赖以抗拒的精神支柱,通过摆事实、讲道理、指出路等思想教育工作排除其心理障碍或摧毁其精神支柱,促使其迅速、彻底、如实交代罪行的一种常用讯问策略。实践证明,攻心战术的确是快速完成讯问任务,避免旷日持久"舌战"的上策,在第一次讯问中用来对付初犯、偶犯尤其奏效。

2. 隐己露彼策略

所谓"隐己露彼",是指在讯问双方面对面的心理和语言交锋中,审讯人员力求隐蔽自己的讯问意图、个性特点以及所掌握的案情和证据材料,设法暴露对方的思想顾虑、个性特征、矛盾心理以及反审讯伎俩的一种主要讯问策略。

讯问中审讯人员在明处,讯问对象在"暗处",随着审讯时间的推移,讯问主体要完全做到"谋不外泄,情不外露"实属不易。审讯人员在讯问时应心平如镜,目光正视对方,致被讯问者的心智敏感于茫然;有时候还可以表现得"大智若愚"或"欲隐故显",即为了隐蔽更深层的讯问意图,故意显露次要的讯问意图,使对方造成错觉。对付有反审讯经验的人,审讯人员可以巧用讯问语言刺激对方,主动通过"激将法"来窥视对方的心理,任其表演,促其暴露。在讯问的心理战中,隐蔽自己的基点,暴露对方只是手段,使其如实坦白罪行才是真正目的。

3. 张弛相济策略

所谓"张弛相济",就是审讯人员利用犯罪嫌疑人在讯问中一张一弛的心理变化规律,适时地对其施加松紧相持的心理压力,促其心理防线崩溃而彻底交代罪行的一种讯问策略。

被讯问者在接受问题时会产生一种心理上的压力沉重感,在做出回答后又会出现心理上的压力轻松感,这种坐标式心理平衡曲线是呈周期性上下波动的,此类演变过程往往在讯问中重复多次。被讯问者面临一个关键性问题时,心理负荷便会加重,如果他如实做出供述,等于卸下一个思想包袱,获得一次心理平衡。此时审讯人员若肯定其认罪服法的正确态度,就会促使其心理松弛。在鼓励被讯问者走"坦白从宽"道路后,紧接着再向他提出一个关键性问题,他内心又会产生新的焦虑,承受新的压力,为了卸下思想包袱,重新获得心理平衡,他极需释放新的紧张压力,不得不再次如实作出答复。根据被讯问者在接受讯问时产生这种心理变化规律,正确处理好一张一弛的关系,把握时机运用"张弛相济"策略就显得十分重要。

审讯人员为了掌握讯问的主动权,造成有张有弛的讯问氛围,通常采取以下方法:增加对方的心理压力时,可以发动凌厉的攻势,加快提问的节奏,连续出示有关证据,揭露供述中的矛盾和谎言等;减轻对方的心理压力时,可以放慢提问节奏,缓和讯问气氛,适当鼓励对方,采用良知感召等策略。

上述几种心理策略在讯问中需要相辅相成,综合运用才能奏效。

(二)语言策略

在讯问心理战中,应用心理策略是隐性的;心理交锋必须通过语言体现,因此显性的语言策略运用更不容忽视。

只有掌握语言学基础知识的人才是合格的审讯人员。优秀的审讯人员不仅能用普通话和方言审讯,而且能用一至两门外语或哑语审讯。有些审讯人员只需讯问对象开口,便能从对方的口音中分析判断出他是哪里人,被讯问者编造自己住址谎言的企图岂能得逞。讯问人员的语言基本要求是发音准确,口齿清晰,语气严厉,措辞无误,语调流畅;质问时,讲话应铿锵有力,抑扬顿挫,气势磅礴。假如讯问人员发音不准,错别字连篇,说话细声细气,不但将影响讯问效果,而且会损害审讯人员的形象。

第一次讯问时,审讯人员应尽量使用特殊疑问句进行探索式提问。例如先问对方:"你叫什么名字?""你家有几口人?""你住在哪里?"等个人基本情况。待对方如实答复之后,再用特殊疑问句式问:"你因为什么被关押的?"或者"你是怎么进入拘留所的?"此时切忌用一般疑问句或选择疑问句来提问,否则就是失策。假如:"你知道自己为什么被拘留吗?"这个问句似乎与前面的问句没多大差别,其实它是一般疑问句,正确的答复只有两种:"知道"或"不知道"。况且被讯问者为了探听虚实,往往会选择回答:"不知道。"因此这种答复,讯问人非但觉得被动,而且很可能导致对话陷入僵局。

在讯问的后期,审讯人员则应多用一般疑问句或选择疑问句式来核查证据,而不宜多用特殊疑问句式。例如问:"你到底是在九点还是在十点进入现场的?"这是选择疑问句,正确答案非"九点"即"十点"。此时不宜问:"你到底何时进入现场的?"因特殊疑问句的答复是多种多样的,故在讯问后期不必为此再浪费时间。

除了注意灵活运用问句策略外,还要重视选择时机适当地应用词汇、语气、语调和节奏等语言因素。如果发现被讯问者的供述有矛盾,审讯人员可以采用"复述"的策略来测谎或揭露矛盾之处。此外,审讯人员还不能忽视沉默的被讯问身体上所反映的"无声语言"信息。

（三）证据策略

对付顽固拒供的被讯问者，讯问中适时、适度地采用出示证据的策略，常能起到揭穿谎言和制服拒供者的效果。但若出示证据策略运用不当，则可能造成被动，乃至陷入僵局。

1. 选择证据

出示证据前，首先应考虑已掌握的证据哪些能用，哪些不能用。无绝对把握的证据、秘密手段获取的证据等材料不能在讯问中出示。其次应考虑能用的证据材料里哪些先用，哪些后用。针对同一个问题，有几个证据都可用时，应选择最能促使被讯问者思想转变的证据。再次还应考虑证据该不该用。有时候不用证据也能使被讯问者供述，便没有必要出示证据。能用一个证据解决问题时，就不该使用其他证据。使用证据还应该留有余地，不能将全部证据都抛出去。

2. 选择时机

选择适当时机出示证据，是运用证据策略必须遵循的规则之一。出示证据前，一定要分析被讯问者心理状态，确定其在思想上是否开始转变，有无交代问题的可能性。倘若经教育后他的思想有所触动，已经出现交代问题的可能性，那么在此良机出示必要的证据就容易奏效。譬如有的人讯问开始时不愿坦白，后经政策攻心其思想受触动，但仍顾虑重重，下不了如实交代罪行的决心；有的人编造的谎言被揭穿后难以抵赖，但仍心虚嘴硬不愿供认罪行；有的人虽然觉得自己的罪行无法掩盖，但又怀疑侦查机关是否已掌握有关证据存在侥幸心理而不肯主动地交代罪行。诸如此类的情形，都是出示证据的有利时机。

有反审讯经验的人，为了摸底而刺激审讯人员抛出证据，往往会在次要问题上故意狡辩。遇到这种情形，审讯人员应当沉着冷静，不必急于反驳，要让其充分暴露后再选择适当时机出示证据，用后发制人策略比较有效。不能一遇被告狡辩，就立即出示证据，否则，会出现抛出一条，供认一条的被动局面，这样就无法发挥证据策略的应有威力。

3. 选择方式

力求获得最佳的讯问效果，使用证据还须根据实际情况选择适当的方式。直接出示证据是最常用的方式，一般在讯问时机成熟的时候，直截了当地向其亮出某个物证或人证。另一种常用的方式是间接出示证据，即在讯问过程不必直接出示证据，只是将已掌握的证据内容暗中点破某部分情节，使被讯问者意识到我们已经掌握案件的真凭实据，不交代不行。将有些不太确凿的证据（如某个现场遗留物）搁在审讯桌上，虽不言明它是本案证据，但这种有意无意地向讯问对象传递信息的间接展示方式,有时也能起到震慑作用,假如该物确是被讯问者遗留在犯罪现场的话。

出示证据还有一种方式就是化整为零,即将一个证据(如某个知情人的证言)分成几个部分,多次使用。尤其在审讯人员掌握证据不多的情况下,为了打开突破口,先用部分证据,然后根据讯问提纲上的相关问题,接二连三地抛出配套的证据材料,追使其应接不暇地答复,最终不得不如实供述。但在追问过程以"化整为零"方式出示证据时,应注意先使用次要证据,后使用主要证据。

四、讯问的基本方法

(一)讯问中的思想教育

讯问本身就是对被讯问者进行的教育。为了使被讯问者如实、彻底地交代罪行,需要对其进行深入的政策教育、法制教育、形势教育、前途教育等等。转变被讯问者的畏罪、侥幸、对立思想,是促使其自愿认罪服法,改恶从善的先决条件。在讯问中开展思想教育必须因人而异,对症下药。

为唤起被讯问者的良知,转变其思想,审讯人员应当综合运用心理策略和语言策略,晓之以理,动之以情,努力与其建立相互信任的心理联系,消除对立情绪,力求创造融洽的对话氛围。譬如,在讯问完被讯问者的个人基本情况后,可以结合他的职业、爱好、家庭情况先谈些对方感兴趣的问题,寻求共同语言,缓解其恐惧、戒备和对立情绪,使其觉得审讯人员通情达理,从而愿意对话交往。紧接着话题就转向劝导被讯问者坦白交代罪行方面,因人而异地做思想教育工作。对于有畏罪思想的人可以结合从宽处理的案例,进行必要的政策和前途教育;针对负隅顽抗的被讯问者则应结合从严处理的案例,侧重宣讲抗拒从严的法制理论。

对被讯问者进行思想和政策教育既要合情、合理,也要合法。讯问语言必须实事求是,不能言过其实。在明知被讯问者有罪的情况下,更不准向他"打保票"、乱"许愿"。同时也禁止审讯人员利用政策搞变相的诱供、骗供。

(二)讯问的方法

讯问前,须告知被讯问者应有的合法权利。在讯问中必须对不同的讯问对象和特点,采用与之相应的讯问策略。

1. 开门见山法

对于事实清楚、证据确实、充分的案件,审讯人员只需就全案的关键性问题加以核实即可定案,一般可以采用这种开门见山直截了当的审问方法。它特别适用于讯问初犯、偶犯、从犯。

2.迂回为直法

这种审讯人员先避开核心问题,先弛后张,提一些与核心问题关系较远的次要问题,借以麻痹对方或转移其注意力,然后利用其所暴露的与核心问题相关的细节问题进行追问,打开缺口或揭穿谎言,"以虚掩实,迂回包抄"的审问方法,通常适用于讯问惯犯、累犯、流窜犯;或在我们掌握的证据较少,又不十分可靠时也可采用。但审讯人员所提的前后问题之间应具有逻辑性。

3.追根究底法

以被讯问者所做的供述为根据,审讯人员按其所述顺水推舟,追问一系列细节问题。当被讯问者供出某个情节,审讯人员便抓住该情节不放,顺藤摸瓜,打破砂锅问到底,将案情查个水落石出。有些被讯问人编造的谎言,被追问后往往会因不能自圆其说而露出破绽。

4.利用矛盾法

审讯人员利用讯问中发现的矛盾,制服被讯问者,迫使如实交代罪行。采用这种方法的前提是审讯人员首先应善于发现矛盾,才能利用矛盾。

讯问中可能暴露的矛盾主要有:被讯问者口供前后之间自相矛盾;口供与科学常识及客观规律之间的矛盾;口供与本案其他证据之间的矛盾;口供与同案犯口供之间的矛盾等。

当被讯问者的供述出现矛盾时,不必立即批驳,可以先用录音或笔录的方式将供述固定下来,必要时可让其复述,促其充分表演,作茧自缚。然后据理揭露矛盾,批驳谎言,迫使其理屈词穷而供述实情。当被讯问者沉默寡言时,审讯人员可以抓住时机进行政策攻心,促使其认罪服法。实践证明,"利用矛盾法"对于审讯共同犯罪、集团性犯罪案件成员,尤其有效。

五、讯问笔录

讯问笔录是由审讯人员用文字形式将审讯的全过程如实记录的书面材料,是法定证据之一。讯问笔录通常将讯问双方的对话以一问一答的方式完整地记载下来,回答应用第一人称。无论是有罪的供述或无罪的辩解,都要如实记录。

讯问笔录一般由概况、问答、结尾三部分组成。概况部分主要是用填表形式填写案由、讯问次数、讯问开始和结束的时间、讯问地点、讯问参加人员的姓名和职务、被讯问者的姓名等情况。问答部分是笔录的核心部分,是把讯问双方的问答对话完整、真实、清楚地记录在案。除了记录有声语言外,还应当记录被讯问者表现出的沉默、摇头、叹气、冷笑、哭泣、手势等无声语言(即"体态语言")。结尾部分主要是讯问双方的签名、盖章或捺指印;若被讯问者拒绝签字或捺指印,应在笔录上注明。讯问结束时,应将笔录交给被讯问者核对;没有阅读能力的,应当向他们宣读。经核对无误的,要让其在笔录末页上写明"以上笔录经我看过(或向我宣读过)与我说的相符",并逐页签名或捺指印。倘若笔录中有差错或有遗漏,需要更正或补充的,则应在更正或补充处由被讯问人捺上指印。

六、讯问终结

(一)讯问终结的条件

讯问终结标志着案件侦查阶段的结束,也即侦查终结。案件侦查必须在法定时间内终结。通过讯问,如果同时具备犯罪事实清楚、证据确实充分、犯罪性质和罪名认定正确、法律手续完备四方面的条件,即可终结讯问。

(二)讯问终结的程序

公安机关负责侦查的案件,讯问结束后由预审员写出《结案报告》,连同预审卷宗,送领导审批。依照刑法规定应当追究犯罪嫌疑人刑事责任的案件,由办案人员提出起诉意见并制作《起诉意见书》,经公安机关领导批准后,连同案卷材料和证据移送同级人民检察院审查决定。对于不应当追究刑事责任的,办案人员应写出书面报告,经领导批准后,撤销案件;对已经采取强制措施的犯罪嫌疑人,应立即撤销强制措施;对已经逮捕的犯罪嫌疑人,应立即释放,并书面通知批准逮捕的人民检察院。

人民检察院负责侦查的案件,讯问终结后由承办案件侦查员写出《侦查终结报告》,报经主管部门负责人批准,对依法应追究刑事责任的案件,由侦查部门出具提起公诉的意见,并填写《案件移送登记表》,连同《侦查终结报告》及其他案卷材料一并移送刑事检察部门审查决定。对依法不该追究刑事责任的人,由侦查部门提出撤销案件的意见,报检察长或者检察委员会决定,经批准填写《撤销案件决定书》后撤销案件。犯罪嫌疑人仍然在押的,应制作《决定释放通知书》并立即送交公安机关,依法予以释放;避免超期羁押。

第十二节 拘留与逮捕

一、拘留

（一）拘留的概念和条件

拘留，是公安机关对现行犯或者重大犯罪嫌疑人依法采取的临时限制其人身自由的一种强制措施。正确采取拘留措施，对于及时制止犯罪、防止现行犯和重大犯罪嫌疑分子妨碍侦查活动都有着重要的作用。拘留的条件有两个方面。

1. 拘留的对象必须是现行犯或重大犯罪嫌疑分子

现行犯是指正预备犯罪、实行犯罪或犯罪后即时被发现的人；重大犯罪嫌疑分子是指有一定的证据证明很有可能是实施犯罪行为的人。

2. 必须具有法定的紧急情况

法定紧急情况是指具有下列情形之一的：①正在预备犯罪、实行犯罪或者在犯罪后即被发觉的。②被害人或者在场亲眼看见的人指认他犯罪的。③在身边或者住所发现有犯罪证据的。④犯罪后企图自杀、逃跑或者在逃的。⑤有毁灭、伪造证据或者串供可能的。⑥不讲真实姓名、住址，身份不明的。⑦有流窜作案、多次作案、结伙作案重大嫌疑的。

（二）拘留的实施

侦查人员在执行拘留前，先要履行好法律手续，经县级以上侦查部门负责人批准，签发《拘留证》。执行拘留时，必须出示《拘留证》，并责令被拘留人在《拘留证》上签名、捺印；拒绝签名、捺印的，侦查人员应当说明。如果犯罪嫌疑人拒绝拘留的，侦查人员可以采取强制手段，必要时可以使用警械和武器。对于符合拘留的条件，因情况紧急来不及办理拘留手续的，可以先将犯罪嫌疑人带至侦查机关，然后立即办理法律手段。

对被拘留人，除有碍侦查或无法通知的情况以外，侦查人员应把拘留的原因和处所，在 24 小时以内通知被拘留人的家属或所在单位。对被拘留的人应在 24 小时内进行讯问，发现不应拘留时，应立即释放，发给释放证明。需要逮捕时，按逮捕手续办理。

这里须注意，犯罪嫌疑人不讲真实姓名、住址或身份不明，在 30 日内不能查清提请批准逮捕的，经县级以上侦查机关负责人批准，拘留期限自查清其身份之日起计算,但不得停止对其犯罪行为的侦查。

在侦查中正确运用拘留措施对防止人犯逃跑,制止犯罪行为的发生,收集证据,查明案情具有积极作用。但要正确掌握紧急情况条件,防止以拘代侦,以拘代审,更要避免错拘无辜的情况发生。

二、逮捕

(一)逮捕的概念和条件

逮捕,是指人民法院、人民检察院和公安机关对犯罪嫌疑人和被告人实行羁押,暂时剥夺其人身自由的一种强制措施。

逮捕必须同时具备以下三个条件:(1)有证据证明有犯罪事实的,是指同时具备下列情形:①有证据证明发生了犯罪事实。②有证据证明犯罪事实是犯罪嫌疑人实施的。③证明犯罪嫌疑人实施犯罪行为的证据已经查证属实。④犯罪事实是犯罪嫌疑人实施的数个犯罪行为的一个。(2)可能判处有期徒刑以上刑罚的。(3)采取取保候审、监视居住等方法,尚不足以防止发生社会危险性,而有逮捕必要的。

对应当逮捕的犯罪嫌疑人,如果患有严重疾病,或者是正在怀孕、哺乳自己婴儿的妇女,可以采用取保候审或者监视居住的办法。

(二)逮捕的实施

对犯罪嫌疑人需要逮捕的,应当经县级以上侦查机关负责人批准,制作《提请批准逮捕书》一式三份,连同案卷材料、证据一并移送同级人民检察院审查。经人民检察院批准后,应由县级以上侦查机关负责人签发《逮捕证》,及时执行,并将执行回执及时送达作出批准逮捕书的人民检察院。与执行拘留一样,执行逮捕时,必须向被逮捕人出示《逮捕证》,并责令被捕人在《逮捕证》上签名、捺印。拒绝签名、捺印的,应当说明。对被逮捕的人,必须在逮捕后 24 小时内进行讯问,同时,应当在 24 小时内制作《逮捕通知书》,送达被逮捕人家属或者单位。发现不应当逮捕的,经县级以上侦查机关负责人批准,签发《释放通知书》,将其立即释放。

逮捕是时间性很强的工作,为防止被告人逃跑、毁灭证据或继续危害社会,应迅速将其逮捕。逮捕是侦查人员与犯罪人短兵相接的斗争,极可能遇到反抗,这就要求做好以下逮捕前的准备工作:

1.了解被逮捕人的情况,包括性别、年龄、体貌特征、工作单位、有无武器、凶器及其活动规律。

2.掌握执行逮捕场所的情况,如具体地理位置,楼房内部结构、周围环境及通道,有无逃跑的路径,以备不测。

3.制订逮捕方案和准备必要器材,确定执行时间、执行分工,制订好执行中可能出现问题的对策,准备好交通、通讯、警械等物资。

执行逮捕时,一般应先命令在场的人员原地不动,先举起双手;待辨清对象后,再解除其武器,宣布逮捕,出示《逮捕证》,并立即进行人身搜查。执行逮捕时要提高警惕,防止犯罪嫌疑人反抗、行凶或自杀,还应当场验明身份,确保不错捕人,以免贻误战机,造成不良影响。

思考题与案例分析

1.简述排队摸底的作用与方法。

2.试述询问在侦查破案中的作用。

3.阐述询问的常用策略与方法。

4.如何审查询问笔录?

5.采取追缉堵截措施一般应符合哪些条件?

6.试述通缉、通报的异同点。

7.简述跟踪守候的常用方法。

8.试述特种行业的控制方法。

9.公开辨认必须遵守哪些规则?

10.试述侦查实验应遵守哪些规则?

11.简述人身搜查和住宅搜查的基本方法。

12.简述警犬在侦查中的作用。

13.符合哪些条件才能实施并案侦查?

14.试比较询问与讯问的异同点。

15.常用的讯问策略有哪些?

16.适用拘留和逮捕的对象有何不同?

17.简述执行逮捕的基本方法。

18.【案例分析】1996年4月16日上午,杭州大学图书馆东侧一女子坠楼身亡。为了尽快查明死者的身份,现将有关情况通报如下:经法医检验,女尸年龄25岁左右,身高1.52米,圆脸,牙齿细而整齐,体态较胖,肤色一般,齐肩长发;上身外穿血牙色双排扣一手长短羊毛大衣,内穿桃红色羊毛衫(胸前有二串机绣葡萄图案),不戴胸罩;脚穿平底白色休闲式旅游鞋,左脚穿米色长筒丝袜,右脚无袜;下身外穿藏青色西裤,袋口绣边上有葡萄图案。

请各单位做好本单位所有人员的排查工作,如有线索即报告杭州大学保卫处或公安机关。联系电话:×××× —××××××××。

附死者照片。

杭州市公安局西湖区分局
1996 年 4 月 18 日

请问：上述侦查措施的法定名称是什么？其作用是什么？

19.【案例分析】2003 年 8 月 6 日 8 时许，某公安局民警张力等三人来到 16 岁少女小文家，传唤其到派出所协助调查一起盗窃犯罪案件。原来邻居刘某家前天丢失 2000 元钱，因小文当天在刘某家玩过，怀疑是她偷的，便报了案。

民警张力将小文带到派出所二楼办公室要对她单独讯问，当时小文母亲王虹提出审讯时在场作陪，但被张力拒绝。张力问小文："你拿没拿邻居家的钱？"小文委屈地说："叔叔，我没拿他家的钱。前天我到刘某家找他女儿小霞玩了会儿就回家了。"张力听完，眼睛一瞪说："那你就站着反省吧！"经过四个小时的讯问，小文累了就想蹲下休息一下。张力见状，大叫："谁叫你蹲下的，给我站起来！"由于小文始终不承认自己拿了邻居的钱，张力不得不让小文回家。母亲见到小文眼睛红肿，浑身禁不住地直哆嗦。以后几天，小文精神不振，胆子变小，睡梦中大惊小叫，学校也不肯去了。经医院检查诊断，小文因受高度刺激而罹患精神"急性应激反应"症。①

请问：民警张力在这起盗窃案件的讯问中，犯了哪些错误？

---

① 王若阳等.公安民警执法过错案例.北京:群众出版社,2004.102—104.

第五章 犯罪案件侦查的管辖与步骤

第一节 刑事犯罪案件侦查的管辖

案件侦查,又称侦查破案,是指侦查机关对犯罪事件依法履行立案手续,综合运用侦查技术、侦查措施和策略收集证据,查明案情,揭露证实犯罪和缉获犯罪嫌疑人的刑事诉讼活动。

根据我国《刑事诉讼法》的规定,有权对犯罪案件进行侦查的机关是公安机关、国家安全机关、人民检察院以及铁路、交通、民航、林业公安机关、海关缉私部门和军队、监狱等单位。其他任何机关、团体和公民都无权实施侦查。犯罪案件侦查的目的在于实现《刑法》《刑事诉讼法》的任务,即惩罚犯罪、保护人民,巩固人民民主专政的政权。因此,犯罪案件侦查活动,必须以《刑法》《刑事诉讼法》为依据,自觉依法办案,充分发挥法律的威力,才能有效地同刑事犯罪做斗争。

一、公安机关对刑事犯罪案件管辖

(一)公安机关对刑事案件的部门管辖

根据公安部制定的《公安机关办理刑事案件程序规定》以及公安部的有关文件的精神,公安机关内部对刑事案件管辖的分工如下:

1.国内安全保卫部门管辖危害国家安全罪、分裂国家罪等 27 类刑事案件的侦查。

2.经济犯罪侦查部门管辖破坏社会主义市场经济秩序罪等 74 类刑事案件的侦查。

3.刑事侦查部门管辖危害公共安全罪,侵犯公民人身权利、民主权利罪等114类刑事案件的侦查。

4.缉毒部门管辖妨害社会管理秩序罪中的涉及毒品的12类案件。

5.治安管理部门管辖妨害社会管理秩序罪等95类刑事案件的侦查。

6.边防管理部门管辖妨害国(边)境管理罪等4类刑事案件的侦查。

7.消防部门管辖2类刑事案件的侦查,即失火案、消防责任事故案。

8.交通管理部门管辖1类刑事案件的侦查,即交通肇事案。

(二)公安机关对刑事案件的级别管辖

1.县级公安机关负责侦查发生在本辖区内的所有刑事案件。

2.地(市)级以上公安机关负责重大涉外犯罪案件、重大经济犯罪案件、重大集团犯罪案件和下级公安机关侦破有困难的重大刑事案件的侦查。

(三)公安机关对刑事案件的地区管辖

1.几个公安机关都有权管辖的刑事案件,由最初受理的公安机关管辖。必要时,可以由主要犯罪地的公安机关管辖。

2.对管辖不明确的刑事案件,可以由有关公安机关协商确定管辖。对管辖有争议或者情况特殊的刑事案件,可以由共同的上级公安机关指定管辖。

二、人民检察院管辖的刑事案件

根据我国《刑事诉讼法》的有关规定,人民检察院管辖的刑事案件,主要有贪污贿赂犯罪案等12类案件;国家机关工作人员渎职犯罪等34类案件;国家机关工作人员利用职权实施的侵犯公民人身权利、民主权利的犯罪等7类案件;以及经省级以上人民检察院批准的国家机关工作人员利用职权实施的其他重大的犯罪案件等。

三、刑事案件侦查管辖的其他规定

1.人民法院直接受理的自诉案件,主要有:告诉才处理的案件;被害人有证据证明的轻微犯罪案件。

2.国家安全机关依法立案侦查危害国家安全的刑事案件。

3.军队保卫部门依法立案侦查军队内部发生的刑事案件。

4.监狱依法立案侦查犯罪嫌疑人在监狱内犯罪的案件。

5.海关缉私部门依法立案侦查部分走私案件。

6.发生在铁路、交通、民航系统的机关、厂、段、院、校、所、队、工区等单位的刑事案件,发生在车站、港口、码头、机场工作区域内和列车、轮船、民航飞机内的刑事案件,发生在铁路建设施工工地的刑事案件,发生在铁路沿线、水运航线的盗窃或者破坏铁路、水运、通讯、电力线路和其他重要设施的案件,以及内部职工在铁路、交通线上执行任务中发生的案件,分别由发案地铁路、交通、民航公安机关管辖。

7.林业系统的公安机关负责其辖区内的盗伐、滥伐林木、危害野生动物和珍稀植物等刑事案件的侦查;大面积林区的林业公安机关还负责辖区内其他刑事案件的侦查;未建立专门林业公安机关的,由所在地公安机关管辖。

8.2002年7月,中国人民银行成立了专门机构负责侦查洗钱、证券欺诈等部分金融犯罪案件。

第二节　刑事案件侦查的基本步骤

一、立案和对案件的初步处置

（一）立案的概念和条件

所谓立案,是指对刑事案件具有管辖权的机关或部门对接受的报案、控告、举报或自首及自己发现的材料进行审查,判明有无犯罪事实和应否追究刑事责任,并决定是否作为刑事案件进行侦查或者审理的诉讼活动。立案必须符合两个条件,即有犯罪事实存在,需要追究刑事责任。

（二）立案的程序

立案作为一个诉讼程序,包括受案、对受案材料的审查和作出立案与否的决定及相应的移送和通知程序。

1.受案

即受理案件,是指侦查机关对于报案、控告、举报和自首人员或材料的接待和收留的活动。

侦查机关对于报案、控告、举报、群众扭送或者犯罪嫌疑人自首的,不论是否属于自己管辖的案件都应当接受,问明情况并制作笔录。为防止诬告,接受案件的人员应向控告人、举报人说明诬告应负的法律责任。对受案情况所制作的笔录,要向报案人、控告人、举报人、扭送人宣读。经宣读无误后,由报案人、控告人、举报人、扭送人签名或者盖章。扭送人、报案人、控告人、举报人如果不愿意公开自己的姓名和扭送、报案、控告、举报行为的,应当为他保守秘密。侦查机关接受案件时,接受案件的人员还应制作《接受刑事案件登记表》作为侦查机关受理刑事案件的原始材料,并妥善保管,存档备查。

2.审查立案材料

对于接受的案件,或者发现的犯罪线索,侦查机关应当迅速进行审查,以判明是否确有犯罪事实发生,是否需要追究刑事责任。如系预谋犯罪线索材料,则应从审查线索来源的可靠性及查证涉嫌者的基本情况、涉嫌者有无预谋犯罪的思想基础、是否确有预谋犯罪的行为迹象等方面加以审查。

3.决定是否立案

经过对立案材料的审查,应根据审查结果作出相应处理。

(1)决定立案。经审查认为有犯罪事实需要追究刑事责任且属于自己管辖的,接受单位应制作《刑事案件立案报告书》,经县级以上侦查机关负责人批准,予以立案。

(2)决定不立案。经审查认为没有犯罪事实,或者犯罪事实显著轻微不需要追究刑事责任,或者具有其他依法不追究刑事责任情形的,接受单位应制作《呈请不予立案报告书》,经县级以上侦查机关负责人批准,不予立案。对于有控告人的案件,决定不予立案的,侦查机关应当制作《不予立案通知书》,在 7 日内送达控告人。控告人对不立案决定不服的,可以在收到《不予立案通知书》后7 日内向原决定的侦查机关申请复议。原决定的侦查机关应当在收到复议申请书后 10 日内做出决定,并书面通知控告人。

(3)移送其他有管辖权的机关处理。经审查认为有犯罪事实但不属于自己管辖的案件,应当在 24 小时内,经县级以上侦查机关负责人批准,签发《移送案件通知书》,移送有管辖权的机关处理。对于不属于自己管辖又必须采取紧急措施的,应当先采取紧急措施,以防止犯罪嫌疑人逃跑、行凶、毁灭罪证等情况发生,然后再办理手续,移送主管机关。

4.对不立案的监督

对于公安机关做出的不立案决定,人民检察院有监督权。即人民检察院认为公安机关应当立案侦查而不立案侦查的案件,有权要求公安机关说明理由或通知其应当立案侦查。对于人民检察院要求说明不立案理由的案件,公安机关应当在 7 日内制作《不立案理由说明书》,经县级以上公安机关负责人批准后,通知人民检察院。人民检察院认为不立案理由不能成立的,公安机关在接到人民检察院要求立案的通知后,应当在 15 日内决定立案,并将立案决定书送达人民检察院。

(三)对案件的初步处置措施

立案侦查的刑事案件,在立案阶段往往需要及时采取某些初步处置措施。

尤其是对于那些发现及时的严重暴力犯罪案件、驾驶机动车辆作案或潜逃的案件、流窜犯罪案件、毒品犯罪案件等,在立案之初甚至在刚刚接到报警之时,就应不失时机地采取相应的初步处置措施,力争把案件破获在始发阶段。近几年来我国一些城市公安机关的经验证明,接到报案后出警越快,破案的机会越多,抓获现行犯罪分子的比重越大。鉴于此,应当建立起快速高效的打击现行犯罪机制,即在刑事案件发生,指挥中心接警后,立即调动警力处置,力争在现场抓获犯罪嫌疑人,或是立即对其布控不使其逃窜,以最快的速度将其抓获。为建立快速高效的打击现行犯罪机制,必须着力提高公安机关的快速反应能力,要尽快形成以指挥中心为龙头、巡警为骨干,点、线、面结合,多警种合成作战的快速反应系统,以快制快,力争把更多的案件处置在始发阶段。

二、分析判断案情,拟定侦查方案

(一)对案情的分析判断

刑事案件的侦查过程,是侦查人员查明案件事实的过程,这一过程自始至终贯穿着侦查人员对案情的分析判断。整个侦查过程,从一定意义上讲就是侦查人员对案情的认识由浅入深,由片面到全面,由模糊到清晰,并以逐步获取的证据证明这种认识正确性的过程。

侦查预谋案件,分析判断案情主要应围绕预谋犯罪活动的情况和预谋犯罪嫌疑人的情况进行。预谋犯罪活动的情况主要包括:预谋犯罪活动的性质,预谋犯罪活动发生、发展的过程,可能侵害的对象和目标,可能实施犯罪的时间、地点、行为方式及可能造成的危害后果等。预谋犯罪嫌疑人的情况主要指预谋犯罪嫌疑人的性格特点、兴趣嗜好、特殊技能、思想动向等。若是纠合性预谋犯罪案件,还包括他们是怎样纠合起来的? 纠合的思想基础是什么? 是临时性纠合共谋犯罪,还是为长期犯罪而结成的犯罪集团? 各个侦查对象在预谋犯罪活动中的主次地位以及他们之间的相互关系等。

侦查犯罪既遂案件,分析判断案情则主要围绕实施犯罪活动的情况和犯罪嫌疑人的情况进行。实施犯罪活动的情况主要包括:案件的性质、作案动机与目的、犯罪时间和地点,作案工具和手段、作案过程以及对犯罪分子的刻画等方面。

1. 对案件性质的分析判断

判断案件的性质,譬如杀人犯罪案件,应认定是财杀还是情杀;盗窃犯罪案件,应认定是内盗、外盗、内外勾结或者监守自盗。依据有:现场勘查所获取的各种信息,如现场上的痕迹物证、尸体检验报告、询问取得的证人证言等。

2.对犯罪动机、目的的分析判断

犯罪动机、目的不同,案件性质往往也就不同,因而侦查方向、范围也就不完全一样。分析依据和方法是:仔细分析事主、被害人及其家属的工作性质、政治态度、平素为人、生活作风、经济状况等;全面观察和研究现场状态,如痕迹物证的分布情况,财物损失情况,尸体衣着是否完整,有无被奸迹象等等。

判断犯罪的动机、目的是一个比较复杂的问题,因为犯罪动机目的形形色色,多种多样,有些甚至十分奇特,令人难以想象。而且犯罪动机、目的在现场上的反映往往受多种因素的影响、局限而不易判断,加之犯罪嫌疑人为转移侦查视线,还往往在现场制造种种假象,掩盖犯罪的真实动机、目的。为判明犯罪动机、目的,应当将事主、被害人的情况和现场状态结合起来进行全面分析研究。有些案件在侦查之初由于掌握的材料有限,一时难以对犯罪动机、目的做出较为明确的判断,而只能提出几种推测。在这种情况下,要全面考虑存在哪几种可能性及各种可能性的大小,以使侦查工作全面而有重点地展开。

3.对犯罪时间的分析判断

依据有:事主、被害人、目击者及其他知情群众提供的情况;现场上寓存犯罪时间信息的痕迹、物品;尸体现象及胃内容物;被害人平时的生活习惯、作息规律;现场所处的地理环境和来往人员的活动情况。

4.对犯罪地点的分析判断

依据有:现场上有无反常现象;现场上的犯罪痕迹;尸体或尸体附近的异常物质;现场上有无其他移尸迹象,从而断定是犯罪的主体现场或关联现场。

5.对作案工具和手段的分析判断

依据有:现场上遗留的作案工具痕迹和被害人的创伤;如果现场上发现有可疑工具,应结合现场工具痕迹进行比较研究,看是否吻合一致,从而判明其是否系犯罪工具;在抢劫、强奸等案件中,如果犯罪嫌疑人使用过某种犯罪工具,可根据被害人陈述的情况判断。

6.对犯罪过程的分析判断

依据有:现场出入口情况;现场上足迹的走向及路线;现场痕迹及其他现象形成的先后顺序。

7.对犯罪嫌疑人的分析判断

即对犯罪嫌疑人的刻画,主要考虑犯罪的主观条件和客观条件。具体内容包括:犯罪分子的人数、性别、年龄阶段、文化程度、职业特点、是否本地人、有无前科、是否熟悉现场环境和现场内部情况、与事主、被害人是否熟悉、有无利害关系或因果联系、是否掌握某项专业知识或技能以及体貌特征等。例如,分析判断作案者的人数,可以依据犯罪嫌疑人在现场遗留的足迹、手印,犯罪嫌疑人从现场带走的财物数量、体积、重量并结合运赃方法，尸体上的伤痕种类，被害人、目击者的陈述等因素。

若能准确刻画犯罪嫌疑人的人身形象有助于确定侦查方向和范围，为采取侦查措施发现嫌疑对象提供重要依据。分析判断的结果越符合实际情况，就越有利于确定侦查方向和范围，发现犯罪嫌疑人。

（二）侦查方向和范围的确定

所谓侦查方向，即侦查工作的锋芒所向，通常理解为侦查工作应在哪些人员中发现犯罪嫌疑人。所谓侦查范围，是指根据对犯罪嫌疑人的居住范围、职业、单位的分析判断而相应地确定的开展侦查工作的地区范围或行业范围。确定侦查范围，实际上是解决在何地区，何种行业或单位中去查找犯罪嫌疑人的问题。

确定侦查方向和范围，是案件侦查初期应当解决的重要问题之一。侦查方向和范围确定是否正确，对全案侦查工作能否顺利开展关系极大。侦查方向和范围，应根据对案情的分析判断来确定。主要依据有：案件性质；犯罪嫌疑人应具备的条件及其个人特征；事主、被害人、知情人提供的关于犯罪嫌疑人的口音、穿戴等情况；犯罪嫌疑人对现场情况是否知情；犯罪嫌疑人在现场遗留的物品；犯罪手段、方法等。

（三）拟定侦查方案

侦查方案，是指侦查部门对立案侦查的刑事案件所制定的侦查工作的总体规划和行动方案。侦查方案的内容是：①对案情的初步分析判断；②侦查方向和侦查范围；③为查明案情需要采取的措施；④侦查力量的组织和分工；⑤侦查所必须遵循的制度和规定。

侦查方案一般应在通过现场勘查和初步调查访问，对案情做出了初步分析判断并获得了足以确定侦查方向和范围的材料的基础上尽快拟定，以指导侦查活动的全面展开。

由于侦查方案是侦查人员根据对案件的初步认识而拟定的，侦查人员对案情的初步认识是否符合客观实际，有待于侦查实践的检验。因此侦查方案在执行过程中，可能会因为一些新情况、新问题的出现和侦查人员对案情认识的深化而需要作某些相应的修改或调整，使之更加切合实际，以保证侦查工作始终沿着正确的方向展开和推进。

三、实施侦查取证活动

（一）选择最佳的侦查途径，发现犯罪线索

侦查途径，是指侦查主体针对案件特点依法采取侦查手段和措施获取犯罪线索和证据,以查获、确认犯罪嫌疑人,实现破案的工作路径。

一般而言,立案侦查的刑事案件都存在着若干条侦查途径,因为犯罪行为人预谋与实施犯罪,总会在一定的客观环境中留下某些可以将其与案件联系起来的行为征象或痕迹、物证,还会在有关人员的记忆中留下这样或那样的印象,这些往往可以为侦查人员寻找、发现犯罪嫌疑人进而为破获案件提供依据。侦查途径,有的较为明显,易于发现,有的则不甚明显,需要运用一定的侦查措施才能发现。在同一起案件的若干条侦查途径中,有的是破案的捷径,选择了它,就会很快打开局面,缩短侦查进程,取得最佳效果;有的则较为曲折,选择了这样的侦查途径,侦查工作将会走一些弯路,尽管最后也能破案,但较为耗时费力。因此,在侦查破案中,要善于针对案件特点,从若干条侦查途径中找出最佳途径,即侦查破案的"近程线",这就是侦查途径的选择。

在侦查实践中,由于案件各不相同,侦查途径多种多样,侦查之初常见的侦查途径有以下几种:①通过查找与作案嫌疑人体貌特征相符者发现线索;②通过排查因果关系发现线索;③通过利用痕迹物证发现线索;④通过查控赃物发现线索;⑤通过查询检索犯罪情报资料发现线索;⑥通过利用与犯罪有关的电脑网站、电话、手机发现线索;⑦通过特情开展工作寻觅线索;⑧通过并案侦查发现线索。

（二）嫌疑对象的确定与审查

在确定嫌疑对象时,应以所拟定的犯罪嫌疑人具备的条件为基本依据。当然,这并不是说必须符合所拟定的犯罪嫌疑人应具备的全部条件,才可确定为嫌疑对象。一般而言,只要具备其中若干条,即使其他有些条件是否具备尚不清楚,也应将其确定为嫌疑对象。

对嫌疑对象,一般应从以下几个方面进行审查:①审查其有无作案的时间。②审查其有无作案动机等因素。③审查有无证明其犯罪的证据。

作案时间、作案因素和证据,是审查嫌疑对象的基本依据。除此之外,还应对嫌疑对象涉嫌的疑点进行具体查证,看能否得到合理的解释,是否与犯罪有关。经过对嫌疑对象的审查,其中大多数可能被否定,少数则可能疑点上升而成为重点嫌疑对象。

（三）重点嫌疑对象的查证

被确定为重点嫌疑对象的人,在犯罪时间、犯罪动机等问题上大多数已得到了一般性证实,但还缺乏证实其犯罪的证据。因此,对重点嫌疑对象的侦查,除了进一步查证核实其是否确有犯罪主客观条件外,主要应围绕获取犯罪证据开展查证工作。在侦查取证过程,通常应采取背靠背的秘密方式为宜,以免惊动重点嫌疑对象,致使其畏罪逃跑或转移、毁灭罪证甚至畏罪自杀等情况发生。

为此,应当注重运用各种有针对性的秘密侦查手段,同时,精心设计和运用侦查谋略,积极又艺术地开展查证重点犯罪嫌疑人。具体的查证方法有:特情侦查;密搜密取;秘密辨认;跟踪守候;电讯侦控;测谎审查。

四、破案与侦查终结

(一)破案

破案,是指侦查机关对所立案件,经过实施侦查活动,案情已基本查清,取得了证实犯罪事实的确凿证据,主要案犯业已查明,无继续侦查必要时而将案犯缉拿归案,以便查清全部犯罪事实的重要步骤。

根据《公安机关办理刑事案件程序规定》,立案侦查的案件必须同时具备下述三个条件方可破案:一是犯罪事实已有证据证明;二是有证据证明犯罪事实是犯罪嫌疑人实施的;三是犯罪嫌疑人或者主要犯罪嫌疑人已经抓获。一人作案的犯罪嫌疑人必须抓获;二人共同作案的,主要犯罪嫌疑人必须抓获;三人以上共同作案的,主要犯罪嫌疑人必须抓获;犯罪集团作案的,首要分子和主要实施犯罪的犯罪嫌疑人必须抓获。

破案前主要应做好以下准备工作:

(1)审查犯罪事实和证据材料。要通过认真细致的审查,搞清犯罪事实是否确实存在,是否应当追究行为人的刑事责任;犯罪事实是否系犯罪嫌疑人所为,证明其犯罪的证据是否确凿无误。

(2)制作破案报告。对于符合破案条件的重大、特大案件,办案部门应当制作破案报告。破案报告应当包括以下内容:①案件侦查结果;②破案的理由和根据;③破案的组织分工与方法步骤;④其他破案措施和下一步的工作意见。

倘若是一般案件,只须制作《刑事案件破案报告表》,其内容与破案报告大致相同,只不过更为简明扼要。破案报告或《刑事案件破案报告表》制作完毕后,应报经县级以上的公安机关负责人批准后方可实施。

(3)组织破案力量,完备法律手续。要根据案情性质、犯罪嫌疑人的人数等具体情况,组织好破案的力量。同时,应根据对犯罪嫌疑人采取强制措施的种类办好拘留证、逮捕证、搜查证和扣押物品清单等相应的法律手续。

在侦查实践中,常用的破案方式主要有以下几种:①采取公开的强制措施。例如拘传、拘留、逮捕等。通过这些强制措施,将犯罪嫌疑人拘捕归案。②秘密逮捕。③抓获现行。

破案后,应及时讯问犯罪嫌疑人,查证、查明案件的以下事实:①犯罪嫌疑人的身份;②立案侦查的犯罪行为是否存在;③立案侦查的犯罪行为是否为犯罪嫌疑人实施；④犯罪嫌疑人实施犯罪行为的动机、目的；⑤实施犯罪行为的时间、地点、手段、后果以及其他情节；⑥犯罪嫌疑人的责任以及与其他同案人的关系；⑦犯罪嫌疑人有无法定从重、从轻、减轻处罚以及免除处罚的情节；⑧其他与案件有关的事实。

同时，对犯罪嫌疑人因犯罪所获得的赃款、赃物要全部予以追缴，这既是获取罪证、揭露和证实犯罪的重要内容，同时，也可以挽回或尽量减少因犯罪造成的经济损失。通过追缴赃款、赃物，有时还可以发现一些新的犯罪事实或新的犯罪嫌疑人，破获其他案件。

对于侦查过程中发现的与本案无关的可疑线索，如果破案前未来得及查清的，破案后应积极组织力量进行追查，有的应及时转交有关部门进行调查处理。对侦查中确定的嫌疑对象，曾经通知过有关地区和单位进行过工作，经过查证已排除嫌疑的，应通知有关地区和单位销毁材料，消除影响。

（二）侦查终结

侦查终结是侦查机关或者部门对于自己立案侦查的案件，经过一系列侦查，认为案件事实已经查清，证据确实、充分，从而不再继续侦查，依法对案件做出结论和处理的一种诉讼活动。

1. 侦查终结的条件

根据《刑事诉讼法》第 137 条，侦查终结的条件是：

（1）犯罪事实、情节清楚。包括犯罪嫌疑人的身份已经查清；确有犯罪行为存在且该行为系犯罪嫌疑人所为；犯罪嫌疑人实施犯罪行为的动机、目的已经查明；实施犯罪行为的时间、地点、手段、后果以及其他情节已经查清；对于共同犯罪的案件，已查清了犯罪嫌疑人的责任以及与其他同案人的关系；犯罪嫌疑人有无法定从重、从轻、减轻处罚以及免除处罚的情节已经查清；其他与案件有关的事实已经查清。

（2）证据确实、充分。证据确实，是指证明犯罪事实、情节的每一个证据均已经过查证属实，这些证据不仅能够相互印证，而且与案件事实之间具有客观联系。证据充分，是指证据已达到一定数量，并形成一个完整的证据体系，足以证实犯罪的事实、情节，完全可以排除其他可能。

（3）犯罪性质和罪名认定准确。是指认定犯罪嫌疑人犯了某种罪或者某几种罪的性质和罪名正确。

（4）法律手续完备。是指从受案直至侦查终结全过程中依法形成的各种文书和履行的法律手续齐全和完整。尤其重要的是采取专门调查工作和有关的强制性措施的各种法律文书及其手续（审批、签字、盖章等）齐全、完整并符合法律规定的要求。

以上四个条件必须同时具备,才能对刑事案件宣告侦查终结。

2.侦查终结时应做好的几项工作

一是提出对案件的处理意见。侦查终结案件的处理,由县级以上公安机关负责人批准;重大、复杂、疑难的案件应当经过集体讨论决定。侦查终结案件的处理,应区分不同情况来决定:

(1)移送起诉。对于犯罪事实清楚,证据确实、充分,犯罪性质和罪名认定正确,法律手续完备,依法应当追究刑事责任的案件,应制作《起诉意见书》,经县级以上公安机关负责人批准后,连同案卷材料、证据一并移送同级人民检察院审查决定。此外,对于经反复侦查仍认为证据不足不符合起诉条件和犯罪情节轻微依法不需要判处刑罚或免除处罚的案件,移送起诉时,注明具备不起诉条件,由人民检察院审查决定起诉或者不起诉。

(2)撤销案件。经过侦查,发现具有下列情形之一的,应当撤销案件:没有犯罪事实的;情节显著轻微、危害不大,不认为是犯罪的;犯罪已过追诉时效期限的;经特赦令免除刑罚的;犯罪嫌疑人死亡的;其他依法不追究刑事责任的。

侦查机关决定撤销案件,应由侦查人员先写出《撤销案件报告书》,经县级以上侦查机关负责人批准后,方可撤销案件。撤销案件时犯罪嫌疑人已被逮捕的,应当立即释放,发给释放证明,并通知原批准逮捕的人民检察院。对犯罪嫌疑人已采取取保候审、监视居住的亦应立即撤销。如需对犯罪嫌疑人作其他处理的应依法做出其他处理。

二是处理扣押物品。侦查终结时,要对所有的扣押物品进行全面清理,根据不同情况分别做出处理。对移送起诉案件的罪证物品,一般应随案移送同级人民检察院审查处理。对与犯罪无关的物品,应如数及时地发还给原物品持有人,对违禁物品,交主管部门处理。

三是整理装订案卷,对全案的诉讼文书材料,技术性鉴定材料以及其他案件材料,应系统地加以整理,按规范要求整理立卷。

思考题与案例分析

1.简述侦查破案的一般步骤。

2.分析判断案情通常包括哪些内容?

3.【案例分析】某年5月30日7时25分,南靖县公安局110报警服务台接到群众报案:山长线(山城至长塔公路)山城镇油柑坪路段路边香蕉园里有3个纸箱,其中一纸箱内有一条用塑料袋包着的人腿。接报后,市、县局领导立即带领侦技人员赶赴现场勘查。

法医检验报告认为,尸块系男性,已被肢解成五块,面目全非,其中头颅、左、右手,躯干,下腹至双腿分别装在三个纸箱内。经查证,于6月1日确认装尸块的三个纸箱及抛尸现场遗留的一本出租小说系芗城区马鞍山路一废品收购点和一出租书店原有物品。

　　6月9日晚,侦查人员找到曾经运载2名可疑旅客和三个纸箱的"的士"车驾驶员,并从"的士"车司机处获取了嫌疑人等相关信息。6月12日,侦查人员在芗城区龙江新村查出租房时,了解到14幢有一出租房于5月下旬被外来人员租住,近来没有发现人员进出。侦查人员依法破门入室检查,发现该套房内物品零乱,床板、墙体及地面有血迹。经勘验确认,现场有喷溅血迹及部分包装材料。专案组领导、技术人员迅速赶到该出租房,房内喷溅的血迹与死者的血型、残余胶带上的指纹与纸箱上胶带的指纹吻合。该出租房是杀人碎尸主体现场。

　　根据上述现场勘查结果,试分析判断此案的基本案情。

第六章 杀人犯罪案件的侦查

第一节 杀人犯罪案件的概念与特点

一、杀人案件的概念

杀人案件,是指非法剥夺他人生命的犯罪案件。故意杀人是一种严重侵害公民人身权利的犯罪行为,《刑法》第二百三十条对此做了明确的规定。故意杀人犯罪有两个重要的特征:一是主观上故意,包括直接故意和间接故意,主观上有剥夺他人的生命目的;二是客观上实施了非法剥夺他人生命的行为。犯罪侦查部门研究案件,主要是针对这类案件而言,但在案件侦查初期,难以确认行为人主观态度和客观原因,对于不明原因的他杀案件,同样是侦查部门研究对象。

故意杀人犯罪,由于其影响大,后果严重,对社会治安秩序和人民群众生命财产具有极大的危害性,是刑法规定应予严惩的犯罪行为之一。特别是持枪、持爆、驾车杀人的暴力案件,犯罪嫌疑人胆大妄为,不计后果,一次杀死、杀伤多人,而且作案得手后常连续作案,以杀人作为达到目的、排除障碍的手段,形成系列性杀人案件。杀人后又设法逃避侦查,千方百计毁尸灭迹,加剧杀人案件的恶化程度,同时也给杀人案件的侦查设置重重障碍,正因为如此,侦查部门历来将杀人案件作为侦查工作的重点。

二、杀人案件的种类

(一)根据作案者实施杀人行为的动机来分类

1.谋财型杀人案件

犯罪分子为了非法获得公私财物而进行杀人。杀人只是排除障碍的手段,而获取财物才是最终目的,谋财型杀人案件的性质具体表现为盗窃杀人、抢劫杀人和图财害命。

(1)盗窃杀人。犯罪分子在实施盗窃活动中,被事主或其他人发现,为了能及时脱身或达到顺利获取财物的目的,临时起意行凶杀人灭口。从定罪角度看,犯罪分子行为已构成抢劫杀人,但从侦查角度看,犯罪分子的主要作案方式还是以盗窃为主。

(2)抢劫杀人。指犯罪分子用暴力威胁被害人交出财物后杀人灭口,或直接采用暴力先将被害人杀害后,再翻动寻找财物。这类犯罪分子多数比较凶残,特别是持枪、持刀、持爆抢劫行为,社会危害性较大,属于暴力犯罪的一种。

(3)图财害命。图财害命与盗窃或抢劫杀人不同之处主要是被害人与加害人之间往往是认识的,有些甚至是亲友;犯罪分子往往利用计谋杀人;在杀人作案的同时并不一定直接获得财物,现场上没有明显的财物短少,但犯罪分子可以获得潜在的收益,如赖掉债务,获得保险金,独得继承权等。犯罪分子与被害人多有经济往来,或者是家庭成员、亲戚、朋友关系,由于关系密切,犯罪分子杀人手段隐蔽,犯罪现场上多有伪装。

2.情感型杀人案件

(1)仇杀案件。作案者为了泄愤而杀人,即习惯意义上讲的"仇杀";仇杀的表现形式有两种:一种与特定对象有直接的利害冲突,犯罪分子杀害的对象明确,主要针对被害者本人。另一种是无特定对象的泄私愤杀人,犯罪分子由于个人生活上遭受挫折,认为社会对自己不公,从而将自己的不如意向社会发泄,其所杀的对象与其本人无利害冲突,甚至素不相识,具有随机性。有特定对象的私仇报复杀人,往往是犯罪分子与被害人之间生前通常有着较密切的关系,由于某种原因结下怨仇,这种仇恨最终成为支配行为人实施杀人犯罪的动机。

(2)强奸杀人案件。犯罪分子为了满足个人性欲,使用暴力或以暴力相威胁等手段,强行与妇女发生性关系后,又将被害人置于死地的犯罪案件。有些属于奸淫幼女,有些属于性变态杀人。此类案件的被害人多数为青少年妇女,犯罪现场往往有较多的强奸和搏斗痕迹、物证。

(3)奸情杀人案件。犯罪分子与被害人之间因感情纠葛引发的杀人案件,被害人有男有女,习惯上称之为"情杀"。作案人与被害人不仅互相认识,而且关系比较密切。犯罪主体现场上往往有长时间坐卧的痕迹,顺奸迹象明显。

(4)激情杀人案件。由于争吵、斗殴或者恋爱、婚姻等矛盾冲突,未能妥善处理,矛盾激化而导致的杀人案件。此类案件的特点是存在某种因果关系。

3.其他类型杀人案件

(1)遗弃杀人案件。犯罪分子为了推卸法律和道义上的责任,减轻自己的经济负担,采用杀人的方法甩掉"包袱",被害人多为缺乏生活自理能力、没有经济来源的老、病、残,杀人者多系有抚养照顾义务的亲属。

（2）迷信杀人案件。当事人基于封建迷信思想,为治病求寿相信巫婆神汉的邪说而杀人。有的因迷信而结仇杀人,也有的是维护封建宗族习惯或所谓的"家法"而私设刑堂杀人。

引发杀人的动机除上述几种常见的外,还有一些动机不太明显的杀人案件,如:突发性杀人;精神病杀人等。

（二）根据尸体完损状态和身源情况来分类

1. 知名尸体杀人案件

是指现场勘查时被害人身份清楚的故意杀人案件。案件现场大多位于被害人工作生活区域,尸体能被周围群众认出,或是现场有证明被害人身份的证件存在,经过简单的调查,被害人的基本情况能很快查清。

2. 无名尸体杀人案件

是指现场勘查时,尚未能查明死者真实身份的杀人案件。通常是由于死者是外地人或尸体高度腐烂或残缺不全,一时难以辨别;有的是犯罪分子有意识的远距离抛尸,使被害人尸体远离熟悉他的人群,缺乏证明身份的证件,致使尸体身源难查。无名尸体案件通常有无名完尸、无名碎尸、白骨尸三种类型。

3. 无尸体杀人案件

是指有充分依据推断某个失踪人已经被害,但暂未找到被害人尸体的案件。形成这类案件的原因在于作案人有意识地藏匿、毁灭被害人尸体,也有的是被害人被犯罪分子骗到外地杀害,在外地是无名尸体,在本地则成为无尸体案件。

三、杀人案件的特点

（一）实施犯罪前多有预谋准备活动

"杀人偿命"自古有之,作案人深知杀人行为一旦被揭露,将会受到法律严厉的制裁,其杀人行为也会遭到被害人的强烈抵抗和其他人的阻挡,因此,为了能顺利实施犯罪行为,在实现犯罪目的的同时又能逃避法律的严惩,犯罪分子作案前通常做周密的策划准备过程,主要在以下方面作准备。

1. 选择作案时机

犯罪分子在作案时机的选择上往往颇费心机,既要确保顺利实施犯罪,实现杀人犯罪目的,又要防止因被害人反抗惊动他人,暴露自己。有的在作案前多方窥测了解被害人的生活环境、起居习惯和活动规律,寻找最佳作案时机;有的设法接近被害人,制造下手机会。作案时机选择恰当与否,在一定程度上反映了犯罪分子与被害人关系熟悉程度。

2. 准备作案工具

犯罪分子杀人首选要考虑的是选用何种作案方式,而作案工具的选择又是和杀人手段相适应,作案工具的选择视犯罪分子与被害人的关系,犯罪分子的职业、个性、体力和智力等因素而决定,不论是他自备的还是临时购买的,都会有一个准备过程。这个准备过程或多或少有所暴露,在侦查中,只要作细致调查,就会有所发现。

3. 物色作案同伙

犯罪分子为增加作案的胆量和信心,确保作案的成功,作案前常物色合适的人选作为犯罪的同伙人,犯罪分子与同伙的关系一般非常密切,臭味相投,彼此信任。拥有同伙的犯罪分子往往比单独作案计划周密,手段凶残,作案的成功概率也大得多。这也给侦查带来新的机遇,因为参与者远不如主谋者意志坚定,是突破案件的重要环节,在案发前,他们之间的关系已为人瞩目,当侦查发现嫌疑对象,可从寻找其同伙人入手开展调查,形成突破口。

(二)犯罪分子与被害人之间大多有较明显的因果关系

在多数故意杀人案件中,被害人与犯罪分子之间存在有一定的利害冲突,杀人就是这种利害冲突发展和激化的结果,这种利害冲突在生活中表现为多种形式,有的是感情矛盾;有的是经济纠纷;还有的是旧怨新仇。有的利害冲突表现得较为明显,有近因可查;有的则较为隐蔽和间接,需要经过深入细致的侦查才能发现。但不论哪一种,只要犯罪分子以杀人为目的,其中必然存在一定的因果关系。因果关系是侦查中必须抓住的重要环节,是寻找犯罪分子的重要途径。对因果关系的调查,主要从被害人与他人的交往关系着手,结合被害人的职业、个性、家庭关系、本人一贯表现等因素进行。

(三)现场一般都留有尸体和其他痕迹物证可供检验

杀人现场的发现大多都是由发现被害人尸体或伤残者开始,被害人尸体是确认犯罪事实存在的重要依据,犯罪分子对被害人所实施的暴力,不仅在尸体上得到全部的反映,在现场上也会留下搏斗、捆绑、殴打的痕迹,现场上的血迹和其他与犯罪分子人身相关的痕迹反映了犯罪分子在现场活动的全过程。故意杀人的犯罪分子绝大多数是有备而来,其所准备的犯罪工具、交通工具及随身携带物都有可能遗留在现场,为案件侦破提供重要的侦查线索。

被害人尸体不仅是立案的依据,也是正确判断作案现场原始位置的重要依据;对被害人尸体及现场上血迹的分析,可以正确判断杀人手段,使用的作案工具;被害人死亡时间是判断作案时间的重要参照条件。因此故意杀人案件中,作案者往往千方百计藏匿尸体,或用种种手段毁尸灭迹,企图消除犯罪痕迹。对杀人案件的现场勘查要以尸体所在地为中心,寻找发现与犯罪有关的痕迹物证。

（四）杀人手段多种多样

尽管杀人犯罪分子的目的都是为了非法剥夺他人生命,但在具体实施时,手段却不尽相同。有的使用钝器、锐器或带状物杀人;有的借助枪械、毒物或爆炸物品杀人;有的老谋深算,选择的杀人手段具有一定欺骗性,让人误以为是意外事故;有的设计圈套诱骗被害人,趁其不备加以杀害;还有的依仗自身体力和人数条件,选择暴力袭击方式。犯罪分子对作案手段的选择,一定程度上反映出其与被害人的关系,他们之间的熟悉程度,反映了作案者自身的体能、智能、犯罪人数和犯罪经验。对作案手段的有效分析,可以为正确刻画犯罪分子的条件提供帮助。同时犯罪嫌疑人对作案手段的选择也依赖于他们手中所能搞到的犯罪工具和对犯罪工具性能的熟悉程度。

（五）作案目的是故意剥夺被害人的生命

故意杀人案件的作案目的就是为了剥夺被害人的生命,这是此类犯罪区别于其他犯罪的典型特点。"杀人者偿命"的古训迫使犯罪分子以反侦查手段作案。由于有些杀人案件的作案者与被害人关系密切,一旦案件发生,首当其冲成为警方怀疑对象,作案人为了摆脱嫌疑,逃避侦查,常常将杀人案件伪装成抢劫、强奸杀人等现象,转移侦查视线。有的犯罪分子则选择清理、破坏现场上的痕迹物证的方法,试图以此消除案件与自己的联系;越来越多的犯罪分子是在被害人尸体上做文章,用抛尸、碎尸等方法来割断尸体与主体现场之间的联系,甚至用藏尸、毁灭尸体的方法使警方无法确认杀人犯罪事实的存在,毁掉立案侦查的依据,企图逃避法律的惩罚。随着社会的发展,交通的便捷,犯罪分子抛尸范围越来越大,毁尸手段越来越彻底,反侦查手段也越来越多。因此,在侦查中应注意研究掌握作案者的反侦查伎俩,揭穿犯罪分子的伪装,查明案情真相。

第二节　杀人犯罪案件的侦查取证措施与方法

一、杀人案件的现场勘查

（一）现场勘查首先应解决的问题

1. 鉴别人命事件的性质

事件的性质是现场勘查首先要解决的问题。在日常生活中,涉及人命及人体残肢的意外事件比较多,有些极易与案件相混淆,勘查时必须加以澄清。准确鉴别人命事件性质是侦查杀人案件的前提。易与杀人案件相混淆的人命事件有：

（1）猝死。当事人突发隐性疾病死亡。死者通常生前身体健康，表现正常，突然死亡，令人生疑，加之其他巧合因素介入，容易让人联想被害。对这类人命事件，重点是解剖死者的尸体，查出死亡原因，再结合现场勘验和调查，排除他杀可能，事件真相不难查明。

（2）自杀。死者因某种外因的刺激而产生厌世情绪，选择自杀方式结束自己的生命。自杀动机，往往在死者生前有所表现，经过调查可以查明自杀原因。但有些人自杀的同时还兼有他杀行为，或主观上自杀，客观上也造成他人死亡的后果，现场情况较为复杂。对此类案件，不仅要查清自杀者的自杀动机、方式，还要准确分析其在现场实施的行为对他杀后果起的作用。

（3）意外事故。日常生活中有很多危险的因素存在，稍有疏忽就可能酿成人员伤亡，犯罪分子常将杀人案件伪装成意外事故，逃避警方的侦查。这类人命事件重在通过现场勘查，查明事件发生的原因，必要时还要结合侦查实验的结论作出判断。

2.确定现场是否为杀人主体现场

尸体所在地可能是杀人主体现场，也可能是犯罪分子抛尸、移尸的关联现场。杀人主体现场是犯罪分子实施主要犯罪行为的场所，留有较多的痕迹物证，能全面反映作案者在现场活动的全过程，是刻画犯罪分子形象和犯罪条件的重要依据。正因为如此，犯罪分子常对主体现场加以伪装和破坏。准确判断杀人现场对于案件侦破至关重要，有助于勘查人员对现场采取针对性勘查措施，为痕迹物证的寻找、判断指明方向，为制作侦查方案提供重要的参考依据。

3.判断现场有无伪装

为了转移侦查视线，逃避打击，犯罪分子常将作案现场加以改造，伪装成其他动机的杀人案件。也有的在现场添置假痕迹物证，企图将侦查引向歧途。尤其是作案者与被害人关系密切的案件，犯罪分子更是精心设计、巧妙伪装，妄想将假象与真相相混淆。但伪装的本质是矛盾的，只要认真勘查，细致分析，就有可能从现场痕迹物证中发现反常，识破伪装，查清案件的真相。

（二）现场访问的重点

（1）案件发现的经过：最早发现案件的人，发现的详细经过；发现案件时间，同时在场的人；有哪些人出入过现场等。

（2）死者情况：死者身份、工作单位和住址；死者衣着特征，随身携带物品、财物；死者的生前交往，社会关系如何，与他人有何纠纷和债务往来；案发前有无反常行为和表现。

（3）现场情况：现场发现时的状态，采取何种保护措施，有何变动；被害人或尸体的原始状态，抢救中造成何种变化；现场有哪些明显的痕迹物证。

（4）案件情况：在案件发生期间，听到现场的异样响动和呼叫、搏斗声音；在案发前有何人因何事来访；案发后是否看到可疑人离开现场，其形象特征，携带何种物品；现场周围群众对案件的看法。

（三）实地勘验的重点

1.对尸体及血迹的勘验

对尸体的检验要循序渐进、由表及里，根据尸体的状态和伤口的分布，结合现场上的血迹形态，对案情做出分析。

（1）尸表检验。尸表检验一般是在现场进行。首先是对尸体的观察，看其摆放的位置、四肢状态、面部表情、衣着情况。然后对尸体翻动检查，记录下死者所穿衣物、口袋内的物品，要注意衣服是否自然合体、扣系完好，有无翻动迹象，衣服破损处与伤口是否吻合。如果是抛尸案件，对衣物上黏附的尘土、附着物注意发现和保存。对尸体表面的检验，重点看尸体上伤口的位置、大小、形状及分布状态，是否为同一种工具所伤。注意对尸体的隐蔽部位检查，看有无异样形态。对于无名尸体要记录尸体的基本情况、尸表上的人体特征，以供辨认。

（2）尸体解剖检验。根据案件侦查的需要，对尸体作进一步解剖，以查明死因、死亡时间及其他需要解决的问题。打开死者的胸、腹腔，观察人体内脏器官有无损伤、病变和异样现象；观察胃内容物的消化程度，最后一餐的食物种类；视分析需要提取部分脏器作进一步理化检验。

（3）对血迹的检验。血迹是在人体伤亡过程中产生，它的数量、形状和分布位置能真实地反映人体在受伤过程所处的位置、伤势及受伤部位。由于出血量的不同及受伤人行为的不同，在现场上常出现血泊、喷溅血迹、滴状血迹等血迹形态。不同的血迹形态反映的内容不同，要细致观察。对血迹的勘验，首先要观察血迹的形状、分布位置，还要观察血液的颜色，研究血迹与行为的关系。对血迹的采集要求方法正确，包装合理，保管措施恰当，避免污染和变质，以确保检验的质量和效果。

2.对尸体所在地勘验

（1）尸体所在的室内空间勘验。检查出入口有无破坏痕迹，尸体所在部位与周围物体关系，与犯罪行为有何联系，周围陈放物品有何变化等，从中寻找相关痕迹。

（2）对尸体所在露天场所的勘验。尸体所在环境是否隐蔽，与周围道路关系；尸体周围有无拖拉、践踏痕迹；血迹分布的量和位置，是否是杀人原始现场；现场地面上有无其他散落物品，与案件的关系。

3. 对现场外围的勘验

重点是对犯罪分子来去路线的勘验，寻找丢弃在现场周围与案件有关的痕迹物证，如作案工具、擦拭血迹的物品、交通工具等。如果是碎尸案件，还应在外围寻找其余碎尸块。

二、杀人案件的案情分析

（一）分析杀人动机，判断案件性质

对杀人动机的分析是侦查人员判断案件性质的基础。分析时可以依据下列因素，结合多方面情况，综合推断。

1. 根据对尸体检验结果分析

被害人尸体是犯罪分子实施犯罪行为的载体，对尸体的检验可以看出犯罪分子对被害人实施了哪些侵害行为。从犯罪分子选择的作案工具、杀人方式、侵害部位及尸体上的伤痕，分析犯罪分子的目的是剥夺他人的生命，还是以杀人作为排除障碍进而实施其他犯罪活动，推断出其犯罪动机。

2. 根据现场财物损失分析

在谋财杀人案件中，杀人只是犯罪分子劫财的手段。从现场状态看，有的杀人前就有寻找财物行为，有的杀人后仍不放弃搜寻财物，现场上有明显的翻动迹象和财物短少情况，结合对事主经济状况的调查，案件性质基本可以确定。

3. 根据犯罪分子在现场活动过程分析

从勘验的结果看作案者在现场实施了哪些犯罪行为，行为的先后顺序，分析作案者实施杀人的真实动机。目的在于剥夺被害人的生命的犯罪，选择的工具杀伤力强，杀害对象明确，除有意识伪装现场外，在现场很少有多余的动作。图财、图色等动机的杀人犯罪，犯罪分子杀人后，有可能继续其犯罪活动，现场的物品状态及痕迹可以真实地反映出这一点。

4. 根据对被害人的调查分析

许多杀人案件的发生与被害人自身行为表现有着密切的关系。被害人较复杂的社会关系、与他人的情感纠纷和经济债务往来，往往是引发杀人案件的重要因素，特别是被害人不轨行为引发的杀人后果，必须对被害人近期行为和一贯表现进行调查，才能分析出犯罪动机。

5. 根据现场所处的地理环境分析

从现场所处的特殊地理环境看，有的地处交通要道，是流窜犯罪作案的首选地点；有的环境偏僻、人迹罕至，说明作案者与被害人的关系非同一般；再结合被害人的行为习惯和表现，不难推导出犯罪动机。

（二）分析作案时间

杀人案件作案时间是指犯罪分子侵入现场实施杀人犯罪后逃离现场所需时间。如果还有碎尸、抛尸等其他犯罪行为，则要分析出多个作案时间段。这些多个作案时间段是鉴别犯罪嫌疑人的重要依据。对作案时间的分析，通常依据下列条件：现场上表明时间的物品；现场物品状态以及当事人的生活规律；尸体的检验结果；现场上动、植物的变化规律；现场调查访问的材料及证人证言等。尤其是发案时听到的叫喊声、搏斗声往往是确定作案时间的直接参照依据。

（三）分析杀人地点

由于犯罪分子杀人后移尸、抛尸，所以通常发现尸体的现场往往并非杀人主体现场。分析杀人地点就是根据对已经发现的移尸或抛尸现场进行勘查，推理出杀人主体现场应具备的环境条件和物质条件，及其与作案者或被害人的关系，为寻找杀人主体现场提供侦查依据。此外，还可以根据现场地理位置及环境分析；根据现场上的痕迹分析；根据尸体检验结果分析。

（四）分析作案手段和工具

分析作案手段和工具，可以根据现场遗留的工具痕迹分析；根据尸体检验结果分析。譬如通过对伤口的形态分析和现场上与工具相关的遗留物的鉴定，确定犯罪分子使用的杀人凶器。特别要注意对尸体上工具残留物的提取检验，为直接确定凶器类型寻找依据；也可根据现场遗留的物品来分析。

（五）分析犯罪分子的人身特点

对犯罪分子的刻画包含多方面内容：一是犯罪分子的人数及其性别、年龄阶段、文化程度、籍贯、职业特点和体貌特征；二是犯罪分子必备的知情条件；三是犯罪分子的技能条件；四是犯罪分子的作案动机和心理条件。每一起杀人案件的犯罪嫌疑人特点都有所不同，分析时，不仅要找准规律性特点，更要注意分析犯罪分子独有的犯罪条件，这往往是案件侦查的突破点。分析的主要依据是：目击者提供的犯罪分子形象；杀人的手段、方法和对尸体的处理；现场的遗留物和作案工具；现场上的痕迹等。

三、杀人案件的侦查途径

（一）从因果关系入手排查嫌疑对象

犯罪分子与被害人之间因果关系突出是杀人案件的重要特点。在大多数故意杀人案件中，犯罪分子都是被害人周围的人，在社会交往、经济、情感等诸方面有一定的联系。通过对作案者犯罪动机的分析，将犯罪嫌疑人圈定在一个较小的范围内，结合案件的其他条件，对侦查范围内符合主客观条件的人实施排查,寻找嫌疑人。

（二）从现场物证入手发现嫌疑线索

对现场勘查发现的痕迹物证逐一鉴别,从中筛选出特征突出、辨认条件好、比对价值高、寻找范围小的物证作为突破口,请有关专家或专业人员对物证做出鉴别,确定其使用或流通范围,在一定的范围寻找物品的使用者或所有人,顺线追查下去。

（三）从摸底排队入手开展侦查

杀人案件后果严重,传播速度快,容易引起群众的关注,这是获得侦查线索的有利条件。在划定的侦查范围内,依据犯罪分子的体貌特征及其具备的作案时间、犯罪技能等条件进行排查,能较快地获得侦查线索。排查要有利于群众参与,又能切实消除举报人的顾虑。如果公布案情进行排查,选择的条件要经过检验鉴别,最大程度减少失误的可能性。

（四）从查控赃物入手以物找人

对于图财杀人和其他有赃物可查的杀人案件,从查控赃物入手,是侦破这类杀人案件的一条重要侦查途径。首先要查清赃物的种类、特征、价值,根据案件发生时间和此类赃物销赃规律,划定控制范围。其次采取有效措施,控制赃物的运输、藏匿、改装、销售几个环节。布控的形式应该多样化,对于重点地区,要合理利用宣传媒介扩大信息的传播,使更多的群众了解、参与对赃物的控制,有效地发挥控制赃物措施的作用。

（五）从情报资料入手并案侦查

犯罪分子以杀人为作案手段实施强奸、抢劫犯罪,易于得手而难以侦破,其犯罪心理由此得到强化,有的惯犯常常运用同样的手段连续作案。通过对情报资料的核查,根据案件的特点寻找同一人或同一伙人所作的系列案件,将其串并起来,剖析犯罪分子的作案规律,准确刻画犯罪条件,采取针对性措施进行侦查,可以及时发现犯罪嫌疑人。对于那些犯罪动机不明,案件性质难定的系列性杀人案件,通过并案侦查,可以揭露事实真相,确认犯罪分子的真实动机。

（六）从调查被害人着手寻找嫌疑线索

杀人案件的发生往往与被害人的行为有一定联系,调查被害人近期的活动情况有无反常表现;与他人是否有重大投资活动、经济往来;新近交往的人员或关系突然密切的朋友,他们在一起活动的主要内容;最后与被害人在一起的人。要注意从这些人当中寻找侦查线索。尤其是无名尸体案件,在未查明死者身源之前,调查最后与死者同行的人,是发现犯罪嫌疑人的有效途径。

杀人案件的侦查有多种途径可供选择,现场条件好的,可以抓住重点,全面出击,多方位开展侦查。现场条件差的,要做深入细致的调查工作,抓住已有的每一条线索，一查到底。每起案件能利用的条件不一样，侦破方法有别，只有认真剖析案情，找准本案的特点后因案施策，才能发现犯罪嫌疑人。

四、杀人犯罪案件的取证措施

当重点嫌疑对象"浮"出来后，下一步侦查重点转向围绕重点嫌疑人开展取证工作。对证据的搜集，一是要立足于现场勘查所获得的证据线索，有目的地去收集。如犯罪工具、被抢的赃物。二是要围绕已知的犯罪事实，根据同类案件取证规律，寻找犯罪证据，如对可能是杀人分尸场所的搜查。三是根据嫌疑对象的疑点，有针对性选择突破口，采取相应的侦查措施和手段，获取证据。在收集证据时不仅要收集能证明嫌疑人有罪的证据，也要重视证明嫌疑人无罪的证据。

（一）查证嫌疑对象的疑点

对嫌疑对象的调查要有针对性，根据已经掌握的资料以及对犯罪分子的刻画，重点把握几个方面。

1. 对犯罪工具和技能的核查

根据现场勘查的分析，犯罪分子实施犯罪可能具有某种技能，如驾驶、解剖技能，这在犯罪分子的日常举止中会有所暴露；有的还具备一定的犯罪工具，如运尸的车辆、自制的杀人工具等，在案发前后可能使用和处理过，对技能和工具的核查，确认犯罪分子是否具备作案的能力。

2. 对犯罪动机的核查

犯罪分子的杀人动机会以一定形式表现出来，有的是言谈中有所流露，有的曾与他人协商杀人方法，也有的一反常态主动取悦讨好被害人，通过调查嫌疑人与被害人的关系和近期表现，可以进一步证实或否认嫌疑人的疑点。对于受变态心理支配的杀人犯罪，其日常的表现与犯罪时表现出来的暴戾往往相反，有些人心理变态的原因较为简单，有据可查；有的较为复杂，不能简单地看其平常表现来确定。

3. 作案时间

作案时间是审查犯罪嫌疑人的重要依据之一，也是犯罪分子必备的作案条件。杀人案件中犯罪分子在现场活动时间较长，有的还具有杀人、分尸、抛尸多个时段的作案时间。在准确刻画出作案时间的基础上，通过对嫌疑人在犯罪时间段活动的调查，确定嫌疑人是否具备作案的基本条件。

（二）搜查赃物罪证

发现重点嫌疑人后，要及时采取侦查措施，搜查嫌疑人居住或藏赃的场所，寻找与案件有关的物证,获取检材。搜查前要充分了解案情,掌握犯罪分子的特点,明确搜查的目标,搜查的形式视侦查需要而定。

1.搜查作案工具或残余物

犯罪嫌疑人常将作案凶器藏于自己的住处,也有的本身就取自家中原有的物品。虽然没有完整的工具原型存在,但类似物或分割后的剩余物还在,如与捆人绳索相同物品、包尸的剩余物、分尸工具等,都是重要的物证。

2.搜查赃款赃物

杀人的同时还有抢劫财物行为的就有赃可查。犯罪分子可能对赃物有多种处理,如变卖、赠送、转移或藏匿。经侦查,重点嫌疑人尚未将赃物处理的,对于可能是犯罪分子藏赃之处,应果断采取搜查措施,获取罪证。

3.搜查与被害人有关的物证

在杀人分尸、抛尸案件中,杀人现场常留有与被害人有关的痕迹物证。对重点嫌疑对象居住、租借、管理的场所进行调查,通过对环境和反常现象的分析,判断哪一个可能与案件有关;重点寻找残留血迹、尸体碎块、毛发,可能还有尚未处理的被害人衣物、随身物品及其他相关物证。同时还要对可能是犯罪分子运送尸体的运输工具进行检验,寻找血迹及其他人体脱落物。

(三)利用现场痕迹物证进行比对

现场勘查发现的痕迹物证是寻找犯罪嫌疑人的重要线索来源,也是认定犯罪嫌疑人的重要证据。对提取的痕迹物证要加以分析,选择比对价值高,犯罪分子不易损毁的作为取证的首选对象。

1.利用现场痕迹比对

现场上或多或少会留有犯罪分子作案痕迹,有的直接反映作案者人身特征,有的反映出作案工具或交通工具的性能和特征。依据对痕迹初步分析的结果,围绕重点嫌疑人开展工作,采取公开或秘密措施,尽可能多地获取比对样本,进行物证鉴定。

2.对现场遗留物进行鉴别

现场发现的遗留物多系犯罪分子作案后丢弃或遗失在现场上,与犯罪嫌疑人有一定的联系。对现场遗留物的鉴别可以通过辨认措施,确定与犯罪嫌疑人的关系,再对嫌疑人持有该物品的时间进行调查,作为审查嫌疑人疑点的依据。还可以通过对嫌疑人住地、藏身处搜查,取得与现场遗留物相似的物品,从断离痕迹、物质构造、成分等内容进行比对,鉴定是否属同一物质。

获取检验样品是痕迹物证比对的重要一环,如采集措施不当,惊动犯罪嫌疑人,可能引发毁证灭迹的不良后果;采集方法不当,则会影响鉴定的可靠性。因此,必须慎重对待,采用一定的策略,选择恰当的措施进行。

综合运用侦查措施的结果,可能获得一系列相关证据,足以证明犯罪嫌疑人是否为本案的作案人;并通过对嫌疑人采取强制措施,正面审查,查清杀人的事实真相和犯罪动机,进一步寻找证据。也可能侦查结果与预期相反,犯罪嫌疑人的疑点下降甚至消失。在此情况下,要重新分析研究案情,寻找新的侦查突破口,继续开展工作,发现新的嫌疑对象,再次收集证据,直至破案。

思考题与案例分析

1. 杀人犯罪案件的特点有哪些?

2. 应从哪些方面分析判断杀人犯罪的时间?

3. 布置杀人犯罪实例的案情分析作业。

【案例分析】

(1)接到报案。某年7月3日凌晨4时30分,盖县农业银行九垄地营业所炊事员许焕庭上班时,见厨房地上倒着一个人,周围有血,立即到公社报告公安员。公安员到现场查看,认出倒在厨房地上这人是信贷员刘延东,还发现记账员刘万利倒在值班室地上。两人均已死亡,随即向盖县公安局报了案。

盖县公安局鉴于案情重大,在布置公安员保护现场的同时,电告营口市公安局,请求派员勘查现场。县、市公安局的侦查人员、技术人员先后赶到现场,出示现场勘查证,于8时30分开始勘验和访问。

(2)现场勘查所见。农行营业所位于九垄地公社所在地南窑洞大队东南部,四周有围墙,铁栅栏门朝南。东邻公社拖拉机站和供销社,距哈(尔滨)大(连)公路60米;南临土路,距路南玉米地77米;距位于东北方的熊岳火车站8华里。

在营业所南面玉米地里,发现由东向西的两趟并行足迹,以及左右徘徊、站立足迹,还有一个24厘米×32厘米的垫压痕迹,地上有撕碎的玉米叶。两趟足迹中一是熊猫牌胶鞋(以下称小熊猫鞋)印,长26.5厘米;另是军用解放胶鞋(以下称军用胶鞋)印,长27厘米,鞋印有出厂代号3518;两种鞋的花纹磨损轻微。另外有一趟由西北方向斜过来的熊猫牌胶鞋(以下称大熊猫鞋)足迹,鞋印长28厘米,此鞋的花纹磨损较大,行至坐痕前60厘米处与站立的小熊猫鞋足迹相对。从此处开始,三种足迹沿一条玉米垄沟向北,出现重叠,在玉米地北端消失。

营业所南墙和西墙外,有成趟的小熊猫鞋和军用胶鞋足迹。在高1米75的西墙北端,墙头上有由外向内的攀登痕迹,墙内有同类足迹。营业所办公室后窗外,有足尖朝向室内的足迹。办公室东头有走向北墙的成趟同类足迹,穿过洋芋地,走上土路后消失。

营业所办公室是一栋坐北朝南的平房。东头第一间是厨房和食堂仓库,门朝南开着,门上部为"田"字形木框,"田"字的左半部无玻璃,左上方格框有灰尘和蜘蛛网,左下方格框下边缘灰尘有擦痕,擦痕部位距地面1.55米,距门里侧插销45厘米。门前有一个足尖朝门的小熊猫鞋右脚鞋印。门的电镀拉手上有线手套痕迹。门里侧有一个插销处于开启状态,室内中间有一隔墙,南半部为厨房,北半部为厨房仓库。

厨房南北长4米3,东西宽3米2,水泥地面。厨房西南角是灶台,西墙有一个门通值班室(第二间)。厨房内有一具男性尸体(信贷员刘延东),头东南脚西北,左下右上侧卧在通向值班室的门前地上,穿裤衩,身长1米69。尸僵遍及全身,尸斑呈现暗红色,指压褪色。头和脚下有90厘米×55厘米的血泊。右下颌、右肩峰和颈前偏右处有五处伤痕,创口长1.2~4厘米,创腔深3~9厘米,创缘整齐,创壁光滑,创角一端锐一端钝,创腔无组织间桥。创口生活反映不明显,颈部解剖可见损伤的相应部位皮下和肌肉出血较轻。右锁骨外端、右腋前二、三肋间、右下臂中部、右乳头上均有从身前射入的枪弹贯通伤。创口皮下出血,解剖可见右乳头上的枪伤向左贯通心脏,伤痕相应部位的肌肉出血。胃内容已排空。尸体西侧有一条被子,一端压在右膝下,被子上有弹孔10处,含弹头1枚。南墙和西墙有弹着点两处,地面上散落弹壳五枚、实弹1枚。

通向值班室的门向里开着。门上部方格上钉的塑料板被撬掉。门里侧的插销处于插闭状态,插销鼻带螺丝钉掉在门里地上。

值班室南北长4米8,东西宽3米3,水泥地面。北墙上有两个门:东门为金库门,西门通向后面走廊。南面是土炕。内有男尸一具(记账员刘万利),头北脚南俯卧地上,身长1.71米,穿裤衩。尸僵遍及全身,尸斑呈暗红色,指压褪色。头和胸下有100厘米×80厘米的血泊。第六颈椎处有1.5厘米的创口,创腔深2厘米,创缘整齐,创壁光滑,创腔无组织间桥,创角一端锐一端钝,创口生活反映不明显。右眉梢下有一枪弹射入口,创口皮下出血,枪弹贯通颅脑,射出口在枕外隆凸左下方。胃内容已排空。尸体右臀处有一个枕头。地上散落有9枚弹壳。西南角墙上有着弹点3处,炕上和铺开的褥子上有3枚弹头,窗框、铁窗栏和窗下墙上有着弹点6处。

金库房系单扇铁门,无锁,门开着。靠北墙放有大小两个金柜,大金柜柜门被打开,暗锁钥匙孔上有一个手电钻钻孔,暗锁失灵,卸下柜门里侧的护板所见,对号盘完好,由对号盘控制的锁栓被拧失灵。经清查,金柜内的6778.85元的纸币不见,900元(82斤)银币未动。小金柜门把手被扭弯,暗锁钥匙孔上有一个手电钻钻孔,周围有敲击痕,柜门右侧两个合页上有砍击痕迹,上面的四个装饰钮脱落地上。柜门未打开。两个金柜门前地面散落着铜屑,有一颗未击发的半自动步枪子弹、一把镐头。镐头刃部有损痕。两个金柜的把手和镐把上都有白色纤维,柜顶和柜门上有线手套痕迹。靠东北墙角放一支半自动步枪,枪机开启,弹内无子弹,弹仓上有线手套痕迹。枪托上有敲击某种物品的痕迹,枪膛无近期的新射击痕迹。

值班室通向走廊的门开着,门里侧的电镀拉手上有线手套痕迹。门外东西走廊上有穿小熊猫鞋和军用胶鞋进出营业室(第六、七间)的足迹。

营业所是相当于两间(第六、七间)的大屋,门朝北、向室内开着,门鼻上有一把锁着的锁。室内东北角一个文件柜的门被打开,里面的账簿被翻动。一张办公桌的三个抽屉被拉开,东西被翻动,桌前椅子上有一把剪刀,尖部弯曲。

营业室西侧(第八间)是仓库,中间有一隔墙,分为南北两个账册库,库房门均向营业室。北库房门无锁,门开着。南库门锁着,门框和挂锁上有撬痕,撬痕处粘有白色纤维。库门上部的玻璃被打碎,碎片落在库内地上。两个库内存放着账册和记账传单,未发现翻动迹象。

除南账册库外,上述室内均有小熊猫和军用胶鞋遗留的足迹。

(3)现场访问获得的情况。营业所领导和职工提供:所内每天下班后和夜间都有两人值班;7月2日是刘延东、刘万利值班。这两人于当天约19:00吃的晚饭。大金柜丢的钱,票面额是各种角券和五元、十元券,全是破损币,其中一些用传票纸裱糊过。捆钱的纸条上有"中国农业银行盖县九垄地营业所"等字,并盖有出纳员王嘉喜的印章。营业所大门,夜间上锁,厨房、值班室的门,夜间值班人员从里边插上插销。金库门上无锁,营业室的门上有锁,但有的值班人员夜间不锁。半自动步枪是本营业所的警卫用枪,弹仓内有五发子弹,平时放在金库内。镐头原来放在厨房门外。杀猪刀是借来杀猪用的未还,原来放在金库内。营业室内的剪刀,原先放在被拉开的一个抽屉内。

炊事员许焕庭说:他来上班时铁栅栏大门锁着,他开了锁进院,当时厨房门开着。

女社员焦乃荣反映:7月2日下午,她去红旗大队,晚上9点多行至九垄地,见供销社门口站着两个人,焦问:"哪里有电话?"其中一人回答:"西面公社里有。"据焦回忆这两个人中等身材,说话是鞍山一带口音。

社员齐汉玉反映:他从头台生产队回家,7月3日凌晨一点左右,行至拖拉机站附近,看见两个中等身材的人,一前一后漫步在哈大公路上。

7月2日晚8时,公社放映队在招待所西侧土路上放映《归心似箭》《瞧这一家子》;因停电,放映曾中断;电影到3日凌晨0时20分左右散场。

营业所附近卫生院两位值班医生和公社基建队更夫反映:他们在7月3日凌晨1点半至2点间,曾分别听到枪声。

7月3日早晨6点半左右,正黄旗大队两辆大车到苹果园附近拉土,车夫韩忠华在路旁杨树下捡到一塑料袋的绿豆糕,拿回生产队后,被 5 个社员吃掉。经韩忠华指引前往查看,这条路是营业所南墙外的土路,横穿过哈大公路向东延伸过来的,捡到绿豆糕的地方距离营业所约 300 米,地上有绿豆糕碎渣,还有小熊猫鞋和军用胶鞋的足迹。

由此再往东 200 米,路北苹果园内发现大熊猫鞋印和上述两种鞋印一起站立和坐过的痕迹,还有一个过滤嘴凤凰牌香烟头、两个吃剩的苹果核。经辨认,吃的是未成熟的秋苹果。近旁也有成熟的秋苹果,这一带盛产苹果,当地群众都知道当时秋苹果好吃些。

本县和邻县海城驻军,1979 年都发生过"五四"式手枪被盗案。驻军发过 3518 代号的军用胶鞋。

经查,熊猫牌胶鞋是本省铁岭橡胶厂的产品,主要销售于东北三省。

犯罪现场勘查于 7 月 4 日 19 时结束,从现场提取了弹壳 14 枚、弹头 7 枚、实弹 1 发;被破坏的金柜暗锁 2 把;镐头、剪刀、杀猪刀各 1 把;大、小熊猫鞋印、军用胶鞋印及垫坐物压痕石膏模型;两位被害人的血;镐把上及账册库门上的白色纤维;凤凰牌过滤嘴烟头 1 个;吃剩的苹果核 2 个。除了提取实物外,还拍摄了犯罪现场照片,作了现场勘查笔录,绘了现场图。

(4)对现场弹头、弹壳及痕迹鉴定结果。①犯罪现场上的弹头、弹壳系 3 支"五四"式手枪发射的。②玉米地垫坐物留下的压痕,是锦州帆布制革厂生产的人造革手提包形成的。③值班室门塑料板上的痕迹,属于单刃匕首类利器的撬痕。④镐头和半自动步枪枪托上的损痕,是镐头和半自动步枪敲击金柜形成的。⑤南账册库门上的撬痕,与剪刀的弯曲部吻合。

根据上述现场勘查的情况,请回答以下问题:

(一)案情分析(做出推论后,应陈述判断依据)

1. 案件性质?(结合作案动机与目的)

2. 案发时间?(是指犯罪分子在主体现场上的逗留时间,要求有根据地将它压缩在最短而又最可靠的范围之内)

3. 作案工具及凶器?

4. 刻画犯罪人。(分析作案者的人数、性别、是否本地人、居住地区、年龄阶段、有无前科、嗜好及体貌特征等内容)

5. 犯罪过程?(依据现场勘查材料,对作案过程进行回溯推理)

(二)侦查部署

1. 确定此案的侦查方向和范围。

2. 此案应采取哪些初步的侦查取证措施?

第七章　盗窃犯罪案件的侦查

第一节　盗窃犯罪案件的概念与特点

一、盗窃案件的概念和分类

盗窃案件，是指以非法占有为目的、秘密窃取数额较大的公私财物或者多次秘密窃取公私财物的犯罪案件。盗窃属于侵犯财产的主要犯罪形式，它发案率较高；盗窃犯罪不仅直接侵犯国家、集体和个人的财产，而且严重扰乱社会治安，影响公民生活。

盗窃案件按不同的标准可作不同分类。例如：①根据盗窃案件犯罪分子与侵犯对象的关系不同，盗窃案件可以划分为内盗、外盗、内外勾结和监守自盗。②根据盗窃案件犯罪分子所采取的盗窃手段的不同，盗窃案件可以划分为盗窃、扒窃、技术性盗窃等。③根据盗窃案件犯罪分子所针对的盗窃对象不同，盗窃案件可划分为盗窃现金、有价证券及贵重物品，盗窃国家保护和控制管理的物品，盗窃工业、农业生产资料和盗窃车辆。

盗窃事件的分类不是最终目的，理论上分类是为了人们更深入地认识盗窃犯罪行为，以便在实践中采取有针对性的防范和打击的对策。

二、盗窃案件的特点

（一）盗窃犯罪多有预谋

犯罪分子为了顺利达到盗窃财物的目的，满足自我需要，逃避打击，在实施盗窃前,一般都有"踩点"和准备作案工具的活动。他们常常借助于某种身份或购买东西、玩耍等名义,暗中寻找和选择作案目标,观察周围环境和进出现场的道路,掌握事主和周围群众工作和生活规律,选择作案的有利时机。共同盗窃犯罪和盗窃集团往往在实施犯罪前,设计方案,进行人员分工,准备实施盗窃前所需要的种种条件,有的还要制定多套实施犯罪和反侦查的方案。

（二）现场一般留有犯罪痕迹

犯罪必留痕迹。盗窃犯罪分子为了获取财物,必然会在现场上的接触或移动过的客体物上留下一些显现或潜在的痕迹。如犯罪分子进入现场,为了破坏门窗、墙壁、屋顶等所采取的拧锁、撬门、破窗、凿壁、挖洞等行为留下的破坏痕迹;犯罪分子为搜寻财物,往往要撬开箱、柜等障碍物留下破坏工具痕迹;犯罪分子在实施盗窃过程中,不可避免地接触有关物体,遗留下手印、脚印等痕迹。有的犯罪分子在盗窃行为得逞后,故意制造假象,破坏现场及其犯罪痕迹,但同时也会留下了伪造现场的种种痕迹。

（三）有赃物可查

凡是盗窃已遂的案件,都有赃款、赃物可供追查,这是盗窃案件的一个主要特点。犯罪分子盗窃的目的,就是为了获取某种财物供其使用、挥霍。一旦偷盗得逞,犯罪分子就会对赃物采用某种方式进行处理,有的自用,有的销赃,有的送人,有的转移、隐藏,等一段时间以后再行出售或挥霍。可见,赃物成为犯罪分子与已发生的盗窃案件联结在一起的锁链,不管采取何种方式处理赃物,都会暴露出一些可疑迹象而为人们知晓。

（四）犯罪手段带有习惯性

犯罪手段的习惯性是指犯罪分子在多次作案过程中形成的并可以在犯罪痕迹中反映出来的稳定的动作特征。盗窃案件的作案者中惯犯较多,由于惯犯长期实施盗窃犯罪活动,因而在多次的盗窃活动中,犯罪分子形成了一套比较固定的习惯性手法,并且具有各自的作案手法特征。如在盗窃保险箱过程中,有的习惯砸撬,有的习惯钻孔,有的习惯用气焊切割等;在扒窃案件中,有的习惯割包取钱,有的习惯手指夹钱等。犯罪分子在选择盗窃的手段方法时,大多会根据自己的职业特点、社会经历、自身的特点以及在犯罪过程中的积累的作案经验寻找适合自己的作案手段,以保证盗窃犯罪的成功。掌握犯罪手段的习惯性特点,有利侦查工作缩小侦查范围,实行并案侦查。

（五）犯罪主体复杂

从盗窃案件的犯罪主体着眼,男女老少、各行各业的人都有,十分复杂。例如从职业自身来看,有待业、失业人员中的新生犯罪分子,有以盗窃为常业的惯犯,有农村盲目流入城市的闲散人员,有劳改、劳教回归人员中重新犯罪的人员,也有入境盗窃的境外人员。从犯罪分子的年龄上看,青少年盗窃犯罪占有重要的比例。从地区特点看,近些年跨城乡异地作案者的人数在增加。

第二节　盗窃犯罪案件的侦查取证措施与方法

一、及时勘验现场和现场访问

现场勘查是侦查绝大多数盗窃案件的第一道工序,也是侦破盗窃案件的一个至关重要的环节。盗窃案件的现场勘查重点在以下几个方面:

（一）对现场出入口的勘查

犯罪分子进行盗窃活动,总要通过一定的孔道进入存放财物处所;在窃取了财物之后,其又要通过一定的孔道离开现场。盗窃分子进出现场的通道通常称为"出入口",亦称"盗口"。

有的犯罪分子通过排除或破坏障碍物进入现场,有的攀登潜入或是乘人不备事先潜藏室内。但无论其采用什么方式进出现场,在出入口一般都会留有较多的破坏痕迹或活动痕迹。侦查人员应当首先寻找现场的出入口,然后仔细勘查有关的门窗、地面、墙面、攀扶处等,发现并收集犯罪分子遗留的手印、足迹、破坏工具痕迹及其他活动痕迹。倘若房间的门窗完好,出入口不明显,则应考虑犯罪分子是否乘事主不备,登堂入室,顺手牵羊,或者采用原配钥匙、选配钥匙入室作案。鉴于现场能提取的痕迹物证较少,勘查的重点应放在锁具、询问哪些人员才具备接触原配钥匙或选配钥匙的条件。认真细致地勘查盗窃犯罪案件现场的上述重点,都有助于侦查人员分析判断案情,缩小侦查范围。

（二）对现场中心的勘验

现场的中心,主要指被盗财物的存放或保管处所。由于被盗财物的存放地点是盗窃行为的主要目标,犯罪分子在那里活动时间较长,手段集中,因此是遗留痕迹物证最多的地方。详细、全面研究现场中心部位,不仅可以获取重要的犯罪证据,而且对整个犯罪活动过程,也能获得比较深刻和全面的认识。

盗窃现场中心的勘验主要工作有:寻找和发现可疑足迹。要根据现场地面和各种承受客体的属性,利用各种仪器设备,在作案人行走和可能蹬踩的物体上仔细寻找遗留足迹。

寻找和发现可疑的手印。有的犯罪分子作案时戴手套,企图不留指印,但由于作案时紧张恐惧、发现贵重财物时高度兴奋、戴手套作案不方便等,常在情急之下摘下手套作案。因此,当现场上发现留有手套纹线痕迹时,不能就此停止对手印的提取,仍然要认真负责地按步骤勘查,力求发现可疑手印。

检验破坏工具痕迹。应细致检查现场上遗留的各种破坏工具痕迹,着重检查痕迹遗留的部位、方向、形态、种类,是哪种工具遗留,破坏方法是否一样。

研究现场物体变化。弄清现场上哪些物体发生了变动,研究变动的原因,以及物品变动与犯罪活动之间的关系,从中可以分析作案人的作案过程。

寻找发现盗窃现场的遗留物。对现场遗留的可疑的泥土、烟头、火柴、食物、作案工具等物品进行发现提取,并且分析是否犯罪分子所遗留? 是在什么情况下所留?

(三)对外围现场的勘查和搜索

对盗窃现场的外围应该进行仔细的勘查和搜索,确定犯罪分子的来去路线,并对来去路线上的可疑痕迹物证进行发现提取。在勘查和搜索时,应注意分析周围的环境地形,分析作案人是否有预谋踩点的情况以及现场附近暂时停留的场所,并注意发现这些场所的遗留痕迹物证。

对外围现场的勘查和搜索方法,可以根据现场周围的地理环境和自然条件,以现场为中心向外搜索。如果明确了来去路线,就应沿着来去路线的方向勘查搜索。对现场附近的田间路边、垃圾箱,以及一些便于隐藏物品和人身的地方要注意观察和搜索,从中发现疑点。

在对盗窃现场进行实地勘验的同时,及时进行现场访问,通过对事主、被害人、知情人的访问,重点查明:①关于发现被盗的经过情况;②关于被盗财物的名称、数量、价值、体积、用途、型号、新旧程度等,如被盗现金,应查明数量、券面面值、号码等特征;③被盗财物的保管情况,如被盗财物平时存放处所,由谁保管和保管的情况,了解保管情况人的范围。同时要查明保管人员的社会交往关系以及自身的素质;④关于现场变动和可疑人的情况,如发案后,事主或其他人变动了现场哪些部位? 变动程度如何? 询问财物被盗前有无可疑人员在现场附近出现或徘徊等。

在盗窃案件现场勘查进行的同时或者结束之后,应当根据勘查中所发现的具体情况,及时采取必要的紧急侦查措施,以不失时机地发现赃物、作案人或其他线索。这些紧急措施包括:①对现场周围进行搜索,以发现犯罪分子遗弃、失落的物品和埋藏赃物的处所。发现之后应原封不动,并且立即安排守候。②当了解、掌握了犯罪分子的体貌、随身携带的物品、所使用的交通运输工具等方面的情况和特征及其逃跑的方向后,必要时应立即采取追缉堵截措施。③向有关地区公安机关发布被盗财物协查通报。④当犯罪嫌疑人业已明确时,向有关地区发布通缉令。⑤及时控制销赃场所。⑥利用十指指纹档案资料查对现场手印。⑦在作案人可能继续作案的场所进行伏击守候,以直接抓获现行犯。

二、全面分析案情,明确侦查范围和方向

盗窃案件的案情分析,应在现场勘查和现场访问的基础上,结合所收集的各种信息材料,进行全面分析。

（一）分析判断案件的性质

盗窃案件的情况十分复杂,在判断盗窃案件性质时,首先应根据被盗物品的情况,判定犯罪分子的盗窃动机,从而进一步判明该案是一般的侵财性盗窃,还是有一定政治目的的政治性盗窃。如同一现场既有绝密文件又有现金和贵重物品,而犯罪分子专偷文件、档案,其他财物安然无损,则此案一般属于政治性盗窃。反之,则侵财性盗窃的可能性就大。当然也要注意有的犯罪分子用侵财性盗窃来掩盖政治性盗窃,文件虽然未拿走,但已被翻拍。其次,对于侵财性的盗窃案件,还应进一步判断是内盗、外盗、内外勾结,还是监守自盗。

一般说来,如果现场上反映出犯罪分子对现场情况和周围环境非常熟悉,盗窃目标十分准确,时机选择比较恰当,有事先配制钥匙或拨开窗户插销等盗前准备,被盗财物有本单位有价证券等,一般可判定为内盗。如果现场上反映出犯罪分子盗窃目标不准确,现场凌乱,破坏严重,进出口明显,被盗财物品种多而杂,犯罪的痕迹、物证较多,一般可判定为外盗。如果现场反映出盗窃目标比较准确,但犯罪分子对现场情况和周围环境不很熟悉,现场有些凌乱,破坏不严重,进出口明显,一般可判定为内外勾结作案。对于判定为内盗的案件,如果财物早已丢失,现场有明显伪装,一般可判定为监守自盗。

对盗窃案件性质的分析判断,直接关系到侦查范围和方向的确定问题,涉及侦破工作的成败。因为内盗与外盗,其侦查范围和方向是不同的。因此,对犯罪材料进行认真分析研究,做出案件性质的准确判断,就显得非常重要。如果确因材料不足,不能做出明确判断的,不能主观猜测,盲目下结论,以免使侦查工作误入歧途,可随着侦查工作的深入逐步判明案件的真正性质。

（二）分析判断作案时间

对盗窃案件作案时间的准确判断,是划定侦查范围、发现和确定犯罪嫌疑人的重要依据。对盗窃犯罪作案时间的分析判断,可从以下几个方面进行:①询问平时房门钥匙及被盗财物是如何存放的? 何时发现被盗? 最后见到失窃财物的人是谁? 事主在案件发生前何时离开现场? 离开的时间多久等情况。②现场所处的具体环境、周围人员的工作、生活规律。③事主和周围群众何时听到现场发出过可疑声响或看见可疑人员的。④结合本地的气候条件,研究现

场上遗留痕迹的新鲜和陈旧程度。

（三）分析判断作案人数

对作案人数的判断，主要应根据犯罪分子遗留在现场的手印、脚印、工具痕迹的种类和被盗财物的数量、种类、体积、重量，并结合有无运赃工具来分析研究。如果现场上只留下一种足迹，一般认为只一个人作案；如果现场上留有两种或两种以上的足迹，一般认为有两人或两人以上作案；如果现场上反映犯罪分子没有运赃工具，被盗物品至少需两人才能搬走的，那么，一般认为至少两人作案。在分析案情时，还要考虑现场外有无犯罪同伙望风等情况。

（四）分析判断犯罪手段

犯罪分子实施盗窃的手段常常能够反映出作案者对现场的熟悉程度、作案者的职业特点、作案者是偶犯还是惯犯等情况。判断盗窃犯罪手段，一般可从以下几个方面来判断：①犯罪分子进入现场的方法。②犯罪分子使用的作案工具。③犯罪分子作案手法是否熟练。④犯罪分子作案过程的长短，目标准确与否。⑤犯罪现场有无变造、伪装。

（五）分析判断犯罪分子个人特征

犯罪分子在进行盗窃犯罪时，常常会留下手印、脚印、工具痕迹，有时也会留下作案工具、随身携带物品，有的还偷走反映自己兴趣爱好的物品，等等。这些都是分析判断犯罪分子的性别、年龄、身高、体态、职业、爱好等个人特征的重要依据。如根据犯罪的足迹，可以分析犯罪分子的身高、体态、年龄及生理缺陷等；根据犯罪分子盗走计算机软盘，可以分析犯罪分子懂计算机常识或者从事计算机有关的工作等等。正确判明犯罪分子的个人特征，对于划定侦查范围、摸排嫌疑对象，具有十分重要的意义。

三、采用有效的侦查措施，获取罪证，查获犯罪分子

通过案情分析，在明确侦查范围和方向的基础上，要选择相应的侦查途径，有效地运用侦查措施，获取犯罪证据，尽快发现和确定犯罪嫌疑人。

（一）发动群众，进行摸底排队

在划定的侦查范围内，有选择、有控制地公布案情，发动群众广泛提供线索；侦查人员要深入群众之中，综合群众提供的情况，依据作案思想基础及动机、作案时空条件、现场遗留物和痕迹、经济收支可疑等条件，进行摸底排队，排查确定犯罪嫌疑人，开展重点排查来发现犯罪证据。

（二）查档分析，并案侦查

对于流窜惯犯所做的盗窃案件，可以通过查对案件档案和有关情报资料，

对于本地区或邻近地区连续发生的作案手段、作案时间、作案目标、现场痕迹物证及遗留物品相同或相似的系列盗窃案件进行分析,认为同一人或同一伙犯罪分子所为,则应实行并案侦查,集中力量联合侦破。

（三）控制赃物，发现线索

盗窃犯罪案件的特点之一是有赃物可查。侦查人员应善于掌握被盗财物的特征、种类、数量、价值、用途等情况,布置力量对销赃场所和洗钱渠道实行严格的阵地控制,一旦发现了赃款赃物,及时扣留审查,获取赃款赃物,顺藤摸瓜,追查案犯。

（四）通过搜查、辨认，获取证据

在侦查中,发现犯罪嫌疑人住处或其他场所隐藏有本案的赃款、赃物,可依法进行搜查;对现场遗留物、赃物及犯罪嫌疑人是否为案犯,可组织事主、知情群众进行辨认,获取有关证据。

（五）物证鉴定与技术控制

通过侦查措施发现重大嫌疑对象以后,可采取一定措施搜集嫌疑人的手印、足印和嫌疑工具与现场提取的手印、足迹、破坏工具痕迹进行物证技术鉴定,一旦认定为同一,即可作为认定犯罪分子的证据之一。犯罪分子通过作案窃取的公私财物,尤其是一些需要通过银行等金融机构兑换才能取得现金之物（如支票、汇票、股票等有价证券,信用卡等）,侦查人员可以通过银行监控系统来发现嫌疑人的线索。针对犯罪分子利用手机、网络盗窃财物的案件,目前侦查机关也可以通过手机定位、网络巡查、电信通信监控等技术手段来获悉犯罪嫌疑人的活动轨迹及其所处位置等信息线索。

（六）巡查守候，抓获现行

对于盗窃犯罪案件频发的地区和部门,有必要布置巡逻盘查或对重点部位监控守候,缉拿现行犯。对于系列犯罪案件,根据案发时间规律、地点规律,结合天气、环境、作案目标等因素,可以选择适当的时间、区域或地点,进行公开的巡查工作和秘密侦控活动,以抓获现行盗窃犯罪分子。

（七）侦查审讯，查破案件

在各地的盗窃案件中,团伙犯罪占相当大的比例。对抓获的盗窃团伙成员,侦查人员应根据其在犯罪团伙中的具体情况,采取正确的讯问对策,寻找突破口,查破相关案件,扩大破案战果。

上述一般的盗窃犯罪案件侦查取证措施和方法,还应结合不同类型的盗窃案件特点及具体案件实际情况进行操作。例如,入室盗窃、流窜盗窃与扒窃案件的侦查取证方式就有所区别。

四、扒窃案件的侦查取证措施与方法

扒窃,俗称绺窃,指犯罪分子在公众场合用掏包或割包的方式秘密窃取他人财物的犯罪案件。目前此类案件发案率较高,常用的侦查措施如下:

(1)建立扒窃人员档案,掌握其动向。扒窃多是职业性的,长期从事扒窃犯罪活动,扒窃犯罪行动迅速,容易销赃毁证,一旦被抓获,往往由于扒窃数量较少,难以有效处理。因此有必要建立扒窃人员档案,依法惩治屡教不改的扒窃犯罪分子。

(2)加强反扒专业队伍建设,打击现行犯罪。在城镇和交通沿线地区,要加强反扒专业队伍,不断地研究识别、揭露扒窃犯罪活动的规律特点和他们行窃的技术。从识别、跟踪、抓获扒手三个方面不断提高斗争本领。

(3)布建反扒特情,实施内线侦查和动态控制。反扒专业特情的主要任务是,由侦查员带领活动在电(汽)车上,配合侦查活动发现和抓获扒窃;在阵地控制中提供情报信息和案件侦查线索;打入扒窃犯罪集团内部,了解扒窃团伙内幕获取情报和罪证。

(4)对大要案和扒窃团伙,实施专案侦查。大多数扒窃案件都是通过抓获现行破获的,但是对于一些扒窃钱财数额巨大的案件或者是社会影响和政治影响较大的案件、危害一方的团伙犯罪,应根据情况实施专案侦查。通过公开和秘密的侦查手段,对系列案件或犯罪团伙进行深入查证,以获取证据,依法惩治。

(5)加强审讯,深挖余罪。对已被拘留或逮捕的扒窃犯罪嫌疑人,特别是流窜作案和集团犯罪嫌疑人,一定要审清他们的扒窃次数、数额和作案过程。并且要善于从其所提供的作案时间、地点和情节之间,以及从其身上搜出的赃物与所供不符之处,或同案犯罪嫌疑人供词之间发现问题,达到深挖余罪的目的。

五、流窜盗窃案件的侦查取证措施与方法

流窜盗窃案件是指流窜犯作案的盗窃案件。所谓流窜犯是指以盗窃、抢劫或诈骗为主要生活来源,而又居无定所、行无定向,到处流窜作案的犯罪分子。他们往往甲地作案,乙地销赃,丙地藏身;利用区域管辖的分割来逃避侦查部门的打击和监控。流窜盗窃犯罪是当今犯罪中一个突出的问题,这类盗窃犯罪发案率高,社会危害性较大。因为在流窜犯中多数是负案在逃或刑满释放人员。这些流窜犯多以盗窃为常业,有的还进行诈骗、抢劫等其他犯罪活动。根据流

审盗窃案件的特点,对其侦查取证措施主要采用以下几种。

1.追缉堵截,设卡盘查

流窜盗窃犯罪分子的共同特点之一,就是作案后,迅速逃离作案现场,跨地区、跨区域继续流窜作案。破获流窜盗窃案件的有效措施之一就是在案发后,根据案情及时采取追缉堵截、阵地控制等措施,有助于人赃俱获。迅速控制车站、码头、公路等交通要道,盘查可疑人,发现和查缉流窜盗窃分子。尤其对报案及时、案犯逃离现场不久的重大、特大盗窃案件,根据事主和知情人提供的被盗财物的特征、种类和案犯的体貌特征、逃跑方向与路线,立即组织力量进行追缉,并通知沿途公安部门,部署力量设卡堵截,查获案犯。

2.通缉通报,协查控制

采用案情通报或赃物通报等形式,传递犯罪信息,取得有关省、市、地区公安机关协助,查获案犯,是打击流窜盗窃犯罪的重要侦查措施之一。根据流窜盗窃案件的犯罪活动规律和特点、作案手段,获取的重要痕迹、物证以及赃物的种类、特征和案犯可能流窜的地区,请求当地公安刑侦、保卫部门的配合,发现线索,查找案犯。对于身份清楚的在逃流窜惯犯,亦可依法发布通缉令。

3.建立联防监控网络

建立监控网络是指将流窜盗窃分子经常出没或落脚栖身处,组织力量严密控制起来。机场、车站、码头、公路和交通要道等是流窜盗窃分子的出入口,要严密控制;对市内公共交通、贸易市场、繁华地区等流窜盗窃犯罪分子活动频繁的公共场所监控起来,做好防范工作;将旅店、招待所、饭店和寄卖、收购行业严密控制起来,这是流窜盗窃分子吃、住、销赃的地方。对流窜犯易于活动、藏身、落脚和销赃地点的监控,是发现流窜盗窃分子、查获赃物的重要途径。

4.统一部署,集中打击

对流窜犯罪分子常隐匿、活动的地区和场所,如城乡结合地区、铁路、公路沿线等,定期或不定期的组织破案战役,集中力量对流窜盗窃犯罪分子进行围歼。这是打击流窜盗窃犯罪,侦破流窜盗窃案件的又一有效措施。

5.通过审讯,挖掘犯罪线索

根据流窜盗窃案件连续性和习惯性的特点,对已拘留、逮捕的人犯,加强讯问,审清其余罪,发现新的线索,扩大战果。

六、网络盗窃犯罪案件的侦查取证措施与方法

（一）网络盗窃犯罪的概念与特点

随着我国社会逐步迈进互联网社会以来,众多网民以网络为平台,常以虚

拟身份出现,通过网络代码方式进行各项活动。这种以代码为基础的交流方式也给不法分子以可乘之机,出现了网络盗窃等新型违法犯罪活动。网络盗窃,是指通过计算机技术,利用盗窃密码、控制账号、修改程序等方式,将有形或无形的财物和货币据为己有的犯罪行为。网络盗窃行为属于网络犯罪之一。

网银盗窃,即网上银行盗窃,是当前网络盗窃中主要的一种犯罪行为。网银盗窃一般是指以非法占有为目的,利用计算机和网络,通过各种隐蔽的手段获取他人网上银行账号,破解网上银行密码,从而秘密窃取他人银行账户数额较大的金钱的行为。网上银行(或称电子银行、虚拟银行),是指利用互联网技术,通过互联网或其他公用电信网络与客户建立信息联系,并向客户提供开户、销户、查询、对账、行内转账、跨行转账、信贷、网上证券交易、投资理财等金融产品及金融服务的无形或虚拟银行。网上银行突破了传统的银行业务操作模式和时间、空间限制,使用简便,服务多样化,用户使用成本低廉,银行交易成本降低,以其便捷、高效的独特优势得到了越来越多网民的认可,因而开户数量和成交量迅速增长。但由于银行等金融机构、电子商务网站和网上银行用户的安全意识没有跟上网络技术的发展步伐,网上银行盗窃案件频频发生,涉案案值越来越大,作案手段越来越多样,影响范围越来越广。网银盗窃案件一般有如下特点。

1. 行为具有相当的技术性和智能性

大多数利用互联网作案的犯罪分子都具有相当高的计算机专业技术,作案前往往精心策划,周密预谋后再进行犯罪活动。犯罪嫌疑人一旦作案得手,势必会持续作案。犯罪分子精通计算机技术、通信技术和网络技术,反侦查意识很强,经常变换身份和作案地点,很少使用固定的即时通信工具、手机进行联系,并且经常使用专门通信工具和无线上网方式上网实施犯罪,规避打击。网上银行盗窃案件属于高科技新型犯罪,技术层次高,行为隐蔽,难以发现和调查。

2. 犯罪的跨地域性和犯罪后果的不可估量性

随着网络技术、通信技术和计算机技术的快速发展,网上银行用户迅猛增长,网上银行盗窃案件随之大量增加。网上银行盗窃犯罪分子正是利用计算机的网络化,可以通过计算机、手机或无线上网的方式启动终端进行操作,使危害结果可在网络延伸的世界范围任何一个角落发生,为犯罪分子的跨地域、跨国界作案提供了可能。犯罪分子只要拥有一台联网的终端机,就可以通过互联网到达网络上的任何一个站点、任何一台主机、任何一个终端实施犯罪活动。而且可在甲地作案,通过很多中间结点,使乙地或广大联网地受害。由于这种跨国界、跨地区的作案隐蔽性强,不易破获,危害也就更大。银行盗窃活动往往跨地域性,遍及广阔。随着社会对信息网络的依赖性逐渐增大,网络犯罪造成的危害性也越来越大。网络犯罪造成的经济损失难以估量。有资料显示,中国网络犯罪每年使国家损失 100 亿元人民币。网络犯罪留下的只有电子证据。因此这种犯罪行为不易被发现、识别和侦破。

3.犯罪主体多样化与犯罪多有团伙化

随着计算机技术的发展和网络的普及,网上出现的各类讨论、交流违法犯罪技术的专门 QQ 群、论坛、网站,使得有一定专业知识的人员也能够利用现成技术进行违法活动。犯罪主体多样化,各种职业、年龄、身份的人都可能实施网络犯罪。犯罪分子充分利用互联网技术组成一个松散团伙进行犯罪活动,他们并不实际接触,也不知对方真实身份,只是通过互联网联结成团伙,有人专门负责编制木马,有人负责攻击网站注入木马,有人负责实施盗窃、事后销赃等活动。团伙成员往往异地流窜作案,跨地跨行提款,利用网上购物洗钱,大大增加了破案难度和办案成本。

(二)网络盗窃犯罪的主要作案手段

1.通过"网络钓鱼"方法进行盗窃

"网络钓鱼"是指通过大量发送声称来自于银行或其他知名机构的欺骗性垃圾邮件或短信,意图引诱收信人给出自己的敏感信息,如用户名、密码、账号 ID 等。罪犯以垃圾邮件的形式大量发送欺诈性邮件或短信,这些邮件多以中奖、顾问、对账等内容引诱用户在邮件中输入网上银行账号和密码,或是以各种紧急理由要求收件人登录某网页提交用户名、密码、身份证号、网上银行账号等信息,继而盗窃用户资金。另外,罪犯建立起域名和网页内容都与真正网上银行系统极为相似的网站,引诱用户输入账号密码等信息,进而通过真正的网上银行或者伪造银行卡盗窃资金。还有,罪犯在站点的某些网页中插入恶意代码,屏蔽住一些可以用来辨别网站真假的重要信息,利用 cookies 窃取用户信息,从而来达到窃取他人账户资金的目的。

2.通过虚假的电子商务信息实施盗窃

此类犯罪活动往往通过建立电子商务网站,或是在比较知名、大型的电子商务网站上发布虚假的商品销售信息,在与被害人通信联络或交易的过程中,以植入木马、猜测密码等方式,套取其银行账户密码等重要信息,从而设法窃取用户账户内财产。

3.通过木马和黑客技术等手段实施盗窃

木马制作者通过发送邮件或在网站中隐藏木马等方式大肆传播木马程序,当感染木马的用户进行网上交易时,木马程序即以键盘记录的方式获取被植入者的信息,并发送给指定邮箱。罪犯通过网银木马的目的是盗取用户的卡号、密码等信息,木马病毒会监视受感染计算机系统中正在访问的网页,如果发现用户正在登录某银行个人网上银行,就会弹出伪造的登录对话框,诱骗用户输入登录密码和支付密码,并通过邮件将窃取的信息发送出去,从而窃取用户账户内资金。

4.通过建立非法网站诱骗账号密码实施盗窃

一些非法的游戏、商店等网站以"低价""折扣"商品诱使客户输入网银卡号及密码,进行信息盗窃、服务财产盗窃。

5.通过破解用户弱口令等漏洞获取用户账号和密码进行盗窃

弱口令是指仅包含简单数字和字母而容易被他人猜测到或被破解工具破解的口令。罪犯利用搜索引擎搜集银行用户账号信息,再利用部分用户贪图方便而设置弱口令的漏洞,对其银行卡密码进行破解,窃取财产。

6.通过伪造证件假冒用户身份开通网银进行盗窃

罪犯利用一些用户对个人银行储蓄行为马虎、储蓄卡保管不善或者通过其他途径获得账户信息,在此基础上伪造用户的身份证,并持该假身份证到银行网点开通网银业务,从而获取网银客户证书和密码,转走了用户账户上的财产。

罪犯在实施网上银行盗窃过程中,经常采取以上几种手法交织、配合进行,还有的通过手机短信、QQ、MSN 等即时通信工具,实施各种各样的盗窃行为。

(三)网络盗窃犯罪案件的侦查措施

1.勘察调查,收集各种涉案数据

网上银行盗窃案件侦破的核心是电子证据的取证和分析,因此,侦查人员必须充分利用数据复原技术、数据监控技术、数据加解密技术与数据认证技术、日志分析技术、对比搜索技术、反向工程技术等等电子证据的调查取证分析技术,对涉案相关公司、网上银行和受害人计算机等各方面数据进行详细收集。数据收集具体可以分为下面三种:

第一,电子证据的收集。电子证据的取证和分析是网银盗窃案件侦查的主要数据,包括手机等电子设备的调查取证;磁盘记录;各种程序,包括"黑客"用于远程攻击的木马病毒程序以及犯罪分子用于伪装身份的电子邮件等;各种系统记录,包括日志文件、系统快照、注册表;各种配置防火墙的主机上的安全日志记录。

第二,公安业务信息的收集。通过公安信息网查询犯罪嫌疑人的有关个人资料、户籍信息、旅馆住宿信息、车辆信息、交通违法信息等情况。

第三,其他信息的收集。通过掌握的手机号码、银行账号等信息,调取银行、电信公司等社会部门的登记信息、取款监控录像;嫌疑人网上注册信息;查询被害人资金的详细情况和资金被转账后的具体流向。

由于网上银行盗窃案件犯罪嫌疑人侵害的方向散、涉及面广,在其能够侵犯过的对象中一般均会留下相关信息,并以某种格式大量存在,相关信息一定会在网上传输,最终到达犯罪嫌疑人手中。这就要求在现场勘查上下功夫,做到不遗漏任何看似与案件无关的线索。

2.分析案情,确定摸排范围

根据案发过程、作案手段、作案时间、网银登陆和转账记录、资金流向串并类似案件。分析提取的信息系统、运行日志和防火墙日志以确定是否有黑客扫描和入侵痕迹。进行电子数据鉴定和模拟实验,排查内部人员作案可能性;整理海量的注册信息和各类日志信息,分析犯罪嫌疑人的网上活动情况和网上特征。同时,结合银行账号、身份证件、户籍信息以及银行取款监控记录,在全面细致梳理涉案网络特征、网络线索和各种案件信息的基础上,排除各种无关数据,分析犯罪嫌疑人身份、所在地以及外貌特征等,依照分析结果划定摸排范围。

3.通过建构模型,多角度排查,锁定犯罪嫌疑人

网上银行盗窃案件中建立数据分析模型的过程,就是把被调查对象之间错综复杂的社会关系简化、抽象为合理的数学结构的过程。侦查人员在充分了解案情的基础上,观察和研究工作对象的固有特征和实施犯罪行为的内在规律,抓住问题的主要矛盾,根据有关数据建立起反映实际问题的数量关系。利用数据分析模型对涉案数据进行分析后,对筛选出的部分数据,应进行多角度排查,并结合网上银行交易记录,缩小侦查范围,重点突破。犯罪分子往往使用一台电脑操作多个账户,并利用特定手机对多个网银账户进行电话查询。网银账户间转账频繁,将被盗资金转移到多个账户,并利用非法银联卡在 ATM 机上取现。根据以上信息和规律,可以制作出犯罪嫌疑人《涉案银行账号登录地点分布规律图》和《涉案计算机登录银行账号时间分布图》。通过对上网时间、地点的频度分析,可以确定作案地点,再找出作案频率最高的计算机,将其作为重点侦查对象,可以准确锁定犯罪嫌疑人。

4.循线追踪,全面布网抓获犯罪嫌疑人

通过大量数据分析和排查,按照"由案到人"的办案模式,锁定犯罪嫌疑人。根据主要犯罪嫌疑人情况,扩线侦查,掌握其他犯罪嫌疑人的网上活动和网络关系情况,并绘制涉案人员网络结构图。在明确团伙人员结构的情况下,锁定负责提供技术支持、提供盗号木马和盗取银行账号和洗钱等团伙成员情况。根据该团伙中各个成员作案的特点及案件进展情况,选择主要嫌疑人展开抓捕,以此打开全案的突破口。随之,对犯罪嫌疑人的社会网络关系展开调查,确定犯罪嫌疑人的关系人和团伙网络结构,通过各种手段确定犯罪嫌疑人活动规律

和落脚点,实施详细周密的行动方案,力争将其一网打尽。

思考题与案例分析

1. 试比较内盗和外盗案件的特点。

2. 盗窃案件现场勘查的重点应在哪几方面?

3. 简述扒窃犯罪的侦防策略。

4. 流窜盗窃犯罪案件的侦查取证措施有哪些?

5. 试比较网络盗窃犯罪与一般盗窃犯罪案件的侦查要点。

6. 布置盗窃犯罪实例的案情分析作业。

【案例一】2007 年 1 月至 2 月,中原油田城区发生多起白天入室盗窃案件,现场有多种脚印,经技术串并确认其中 6 起为同一伙罪犯所为。因犯罪分子作案时戴手套,现场勘验均未发现指印。2007 年 2 月 26 日 18 时许,油田康平小区再次接到一起入室盗窃报案。现场勘查中,仍未发现任何有价值的指印和物证。但细心的勘查人员发现被盗住户对面的防盗门猫眼窥视镜被一小片春联纸给封住了,这种反常现象引起了侦查人员的关注,立即联想到它会不会是犯罪分子粘上的,因为他们光天化日作案,肯定害怕被对门人家发现。为了进一步印证想法,侦查人员现场访问了邻居,确信是犯罪分子所为之后,侦查人员便对该春联纸片拍照后提取,小心翼翼地把这个唯一有价值的物证送到了 DNA 实验室。实验室人员在详细了解案情后,依照微量生物物证的提取技术,及时地进行了生物检材处理。经过 DNA 技术检测,在春联小纸片上获得了较满意的人类 DNA 基因图谱,并按照实验室规定录入新版 3.0DNA 数据库中的案件物证库。

(1)分析判断此盗窃案的性质、作案过程,刻画犯罪人。

(2)确定侦查范围,应采取哪些侦查破案措施?

【案例二】1996 年 6 月 7 日 7 时许,金水公安分局刑侦大队值班室接到辖区内文华宾馆的报案:两个住宿人员携带的价值 43 万余元物品被盗,请求及时勘查现场。接到报案后,分局和刑侦大队领导带领侦查人员赶赴犯罪现场。

犯罪现场位于文化路南段路东文华宾馆 212 房间,房间内床、被等无翻动现象,犯罪现场呈静的态势;现场勘验发现无明显盗口,未能提取有价值的痕迹物证。询问事主张新伟、曹红耀后得悉:两人均是河南省淅川县金银首饰厂的业务员。不久前,厂方派他俩携带产品去三门峡、洛阳等地方推销。在三门峡、洛阳销售了大部分产品后,两人于 6 月 6 日晚携带剩余金银首饰 4000 多克到达郑州,入住文华宾馆。6 月 7 日早晨约 6 点两人起床后,先后到室外公用洗漱间洗漱。张新伟离开房间时,将装有全部首饰的黄色布包放在了床头部位;大约 10 分钟后两人同回到房间时,发现黄色布包已不翼而飞;遂告知宾馆服务员报警。

经询问宾馆服务员,她称:早晨 7 时许,看见有一男青年从宾馆匆匆离去,此人不像宾馆入住的房客。

(1)根据现场勘验和现场访问获得的情况,试分析判断此案的性质、作案时间、作案手段和过程、刻画犯罪人。

(2)确定侦查范围后,应采取哪些侦查破案措施?

【案例三】1981 年 3 月 22 日 20:15,四川某县城关立新街中兴供销社业务接洽处(以下简称接洽处)营业员胡培虎到县公安局刑警队报案:"接洽处的 30 多只手表被盗;计进口表 4 只,国产表 B 字牌 10 只,广州牌 7 只,双菱牌 10 多只,价值三千多元。同时失窃的有布票 1000 多尺,棉花票 32 斤。"接到报案后,刑警队领导立即将案情电话通报辖区内各派出所,要求严密阵地控制,配合调查摸底;同时,刑警队长亲自率领侦查人员和刑技人员六人迅速赶赴案发地点,于当晚 20:30 对犯罪现场进行实地勘验和调查访问。

(一)现场勘查所见

接洽处位于立新街与南街的拐角处,门牌为"立新街 2 号"。铺面南向立新街,西向南街,东接民房,北邻杀牛巷,西过街心为反修巷,南行三十多米是横跨内江的南桥,桥南头西侧是文化馆和离堆公园。现场周边环境热闹异常,来往行人比肩接踵。

现场是一幢由西到东(南北向)三开间的砖木结构房屋,竹席天棚,小青瓦屋面。西起第一、二间无隔墙,为售货间,第三间是售货员居室。售货间西壁、南壁为可随意装、拆的活动铺板,向里一面有铁环,用铁条穿闩;西壁北头有一面向南街的单扇门,已上锁,门和锁上均无异样发现;南壁东头有虚掩的双扇门,通立新街;东壁南头有一门洞通居室。西壁离地面 363 厘米以上,有高 97 厘米,宽 73 厘米,死窗心,无玻璃的木格窗;窗上有高 27 厘米,宽 73 厘米的附窗,呈一矩形空间。

营业室东西长 527 厘米,南北宽 275 厘米。靠东壁是长 200 厘米,宽 35 厘米,高 200 厘米的成衣、皮鞋专柜。靠南壁(向立新街的一面)为木板搭成的长 386 厘米,宽 81 厘米,高 86 厘米的售货台,东端有数匹高档衣料,衣料上有一只手电筒,内装有电池(事主称,此电筒原放在居室床上);靠近电筒有一块木板(钱箱盖),一边有新鲜断裂痕迹,裂痕的一端有解刀之类的工具留下的撬压痕迹。靠西壁(向南街的一面)是长 166 厘米,宽 55 厘米,高 85 厘米的玻璃柜台,柜台里面陈列着各种百货;据事主陈述,平常出售的手表亦放置此柜台内。靠北壁有一个长 345 厘米,宽 35 厘米,高 200 厘米的布匹、烟酒、交电的货架;紧靠货架还有个柜台,柜台西端有个包装纸箱上面放着木质钱箱,钱箱盖被撬坏,盖板从钉板扣处裂开,残留部分同板扣和锁挂附于钱箱前壁的扣弓上。钱箱内有六格,第一格有八张布票;第二格有使用过的火柴一盒,手表保修单一张,广州牌手表说明书一份;第三格有一叠发票和两个装表的小塑料袋;第四格有十只装的"上海"硬纸表盒一个,内有塑料薄膜封装的"双菱"表六只,表盒下面还有一只"双菱"表和一叠发票;第五格有一票夹,票夹上有香烟灰;第六格有壹分、贰分、伍分的硬币 169 枚。靠近钱箱的柜台前沿,有一把靠背土漆餐椅,靠背正反面留有数枚左手遗留的指印,尤以大拇指印最清晰;餐椅附近的地面上,有数枚硬币和六根燃烧过的火柴梗。正对餐椅的天棚下面,悬挂着男女成衣成裤 20 余件。南壁东头双扇门的门闩处于开启状态,靠近居室的门板背面距上端 36 厘米处的销条上有数个减层指印和掌印。此门板近旁有一根未靠壁的连接天棚的木柱,木柱上有向下滑动的足迹。紧靠木柱的天棚竹席(距地面 283厘米)被撕裂,60 厘米×60 厘米的面积向下翻翘。

居室东西长 230 厘米,南北宽 275 厘米,无窗户,纸板天棚。靠北壁放有一张木床,床上卧具整齐不乱。床前紧靠东壁的纸箱上,放有长 27 厘米,宽 25 厘米的玻璃盖手表陈列盒,无锁,盒内有七种手表的产地、牌名和价格标签。

天棚上灰尘满布,承载结构是纵横间隔 100 厘米的木楞。西壁正中自天棚向上 74 厘米处是面向南街的木格窗户,附窗下缘有擦拭痕迹,窗框左右两侧有凌乱模糊的减层指印。窗户外,窗口下缘以下 10 厘米(距地面 353 厘米)处的粉壁上,有几道挤压痕迹。从左至右,第一道和第三道之间的压痕与第二道和第四道之间的压痕相等,均为 28 厘米。天棚上北壁西头,有一张贴墙的面积为80 厘米×100 厘米的牛皮纸,下角被撕掉 24 厘米×45 厘米的一幅,铺垫于靠西壁由北向南的第一与第二根木楞之间的竹席上,周围竹席上有多处痰液,有的未干。在牛皮纸的东侧,呈弧形地散落着多处新鲜香烟灰,还有 8 个烟头,11 根火柴梗。沿南壁木楞向东至天棚竹席撕裂处,有一趟模糊的足迹,此足迹既非赤脚印亦非鞋印。

北屋面第一开间正中有一气窗,高出屋面 140 厘米。靠近气窗北侧的屋面上,有一尿臭气特大的湿布团,展开检视系一条铁灰色中长纤维暗条花呢男裤,长 93 厘米,裤包内有青霉素润喉片 16 片。

经事主清点失窃物品,实际被盗手表 24 只(有 7 只"双菱"牌手表尚在),布票 1600 多尺,棉花票 32 斤,现金 8 元左右,衣裤 4 件,皮鞋一双。

犯罪现场勘查结束后,侦查人员提取了下列痕迹物品:

1. 五枚指印(先拍照后提取),天棚竹席上的牛皮纸和北壁被撕后留有分离痕迹的牛皮纸边缘部分一块。

2.钱箱盖以及钱箱上盖板被分离后的残留部分,锁,板扣及扣弓。

3.被移放于布匹上的电筒一只,有尿臭气的男裤一条,润喉片 16 片,天棚上的少许痰液,8 个烟头,17 根火柴梗。

勘查人员还拍摄了犯罪现场照片,绘制了现场图,制作了现场笔录。

（二）现场访问所获情况

1.中兴供销社负责人介绍:该供销社距离县城 10 多公里的中兴场;供销社曾进了不少高档商品,在场镇上销售困难,造成积压。为了打开销路,解决商品积压问题,经有关部门同意,于 1980 年初,在城关靠近南桥的闹市区,租了一栋房屋(即立新街 2 号),开了个名曰"中兴供销社业务接洽处"的商店,专门经销收录机、手表、呢绒、成品衣裤等高档商品。该店有一名老职工(胡培虎)和两名新职工(杨秋林、谢林)经营。该店自开张以来,生意颇为兴隆,每天营业额在 1000 元以上。

2.营业员胡培虎(中等身材)说:商店每天上午九点至下午五点半为开门营业时间。下午五点半关门以后打扫卫生,六点左右闩双扇门,锁单扇门,三人一起去相隔两条街的医药公司食堂吃晚饭,然后各自玩耍,8 点左右回店,洗脸洗脚,稍事休息,即上床睡觉。谢林睡营业室柜台上,胡同杨秋林睡里屋(居室)床上,生活有一定的规律。杨秋林已于 3 月 19 日回中兴公社休假,尚未返店。谢林,家住离城关十余公里的胥家公社,出事当天中午也请假回去了。胡当天下班后,锁好钱箱,将手表陈列盒放置在居室的纸箱上,然后打扫卫生,闩好双扇门,锁了单扇门,约 17:50 离店吃饭。晚饭后,他先后在川剧团、电影院门口玩了一个多小时,19:55 回店,开锁进门,拉亮点灯,便发现钱箱盖被撬开。经初步查看,发现手表、布票等物失窃,即到县公安局刑警队报案。

3.南桥头一居民反映:"天刚黑时分(三月下旬,当地 19:00 左右天就黑了),我从家里出门,看见一个 40 岁上下的人,在我家门侧边,面对商店蹲着抽烟,喊叫'康林,康林',并在吹口哨。我出门以后,他就走了。此人中等身材,工人打扮。"

4.住家离现场 30 米的一位退休工人反映:"当天晚上将近八点的时候,我从家里到南桥茶铺喝茶。经过商店门前,看见一个中等身材的人从双扇门出来,在街上和一位妇女说话。这时,商店的电灯是亮着的。我这个人,凡碰上男女交谈的,就不多看,因此那个人的模样我说不清楚。"

5.该供销社接洽处位于闹市区,又处于前往文化馆和公园的要道上,终日人来人往。据现场周围群众反映,深夜一点左右,商店附近还有人走动;早晨不到五点钟,附近茶铺、饭馆、小食店工作人员就起床准备营业;道路上卖菜的、挑粪的也络绎不绝。

根据上述现场勘查的情况,请回答以下问题:

(一)案情分析(做出推论后,应陈述判断依据)

1. 案件性质?（结合作案动机与目的判断）

2. 案发时间?（是指犯罪分子在主体现场上的逗留时间,要求有根据地将它压缩在最短而又最可靠的范围之内）

3. 作案工具有哪些?

4. 刻画犯罪人。（分析作案者的人数、性别、是否本地人、居住地区、年龄阶段、有无前科、嗜好及体貌特征等内容）

5. 犯罪过程?（依据现场勘查材料,对作案过程进行回溯推理）

(二)侦查部署

1. 确定此案的侦查方向和范围。

2. 此案应采取哪些初步的侦查取证措施?

第八章 抢劫犯罪案件的侦查

第一节 抢劫犯罪案件的概念与特点

一、抢劫犯罪案件的概念和种类

（一）抢劫犯罪案件的概念

抢劫案件，是指以非法占有为目的，当场使用暴力、胁迫或其他方法，并强行劫取公私财物的犯罪案件。抢劫罪是我国《刑法》所规定的侵犯财产罪之一，但其不仅侵犯公私财产，而且危及公民的人身与生命安全，社会危害性极大，因而历来是严厉打击的重点。此罪的基本特征是：①侵犯的客体为复杂客体，即公私财产所有权和被害人的人身权。②客观方面，表现为当场使用暴力、胁迫或其他方法强行劫取公私财物的行为。所谓暴力，是指对人身和财物实施的具有攻击性的强烈行动，包括殴打、捆绑、伤害等；所谓胁迫，是指以立即实施暴力相威胁或恐吓，使被害人精神上受到强制不敢反抗，以便当场占有财物；所谓其他方法，是指使用暴力、胁迫方法以外的其他使被害人不知反抗或不能反抗的方法，如用药物麻醉、用酒灌醉、使用催眠术或用毒药等，致使被害人处于不知反抗或不能反抗的状态。③主体是一般主体即自然人，凡年满14周岁并具有刑事责任能力的自然人，均可成为抢劫罪的主体。④主观方面表现为直接故意，并具有非法占有公私财产的目的。

（二）抢劫犯罪的类型

根据不同的标准，抢劫案件可以有不同的分类。了解抢劫犯罪案件的分类才可以有的放矢，采取不同的侦查对策。

（1）从作案场所来看，可分为入室抢劫、拦路抢劫和旅途抢劫。入室抢劫是指犯罪分子非法侵入居民住宅或商场、银行、工厂等单位抢劫公私财物；拦路抢劫是指犯罪分子在市区街道、城乡接合部、农村道路等处，拦截行人抢劫公私财物；旅途抢劫是指犯罪分子与被害人同在旅行途中，在汽车、火车、轮船、飞机等交通工具上抢劫公私财物，或犯罪分子以某种手段欺骗被害人与之结伴同行，在途中抢劫财物。

（2）从作案的人数来看，可分为单人抢劫、团伙性抢劫和集团性抢劫。单人抢劫是指由一人单独实施的抢劫犯罪；团伙性抢劫是指由两人以上，没有特殊组织形式所实施的抢劫犯罪；团伙性抢劫是指由犯罪集团所实施的抢劫犯罪。

（3）从作案对象的确定来看，可分为有特定对象的抢劫和临时选择对象的抢劫。前者是指在犯罪预备期间犯罪对象已特定化，如抢劫银行；而后者是指犯罪分子在着手实施犯罪之时对犯罪对象做出临时选择，如拦路抢劫。

二、抢劫案件的特点

（一）作案前多有预谋活动

抢劫犯罪与其他刑事犯罪相比，更具有暴露性与冒险性。因此，犯罪分子为了提高成功率、逃避打击，一般在实施抢劫前有预谋活动。特别是抢劫银行、抢劫商场、抢劫汽车等目的物为巨额财产的案件，犯罪前大多经过周密策划，包括物色抢劫对象，准备犯罪工具，选择犯罪时机，确定抢劫时间和地点，设计逃跑线路等，直至认为各方面条件已具备，时机成熟时才实施犯罪。

（二）公开作案

抢劫案件一般是公开作案，被害人与犯罪分子有一定时间的正面接触。由于犯罪分子人数、犯罪分子的素质、抢劫手段、抢劫的目的物及被害人的反抗程度的不同，导致双方接触时间长短不一。但这个接触过程足以使被害人能够比较准确地提供犯罪分子的性别、年龄、身高、体貌、衣着、口音等特征，以及被抢经过和犯罪分子的逃跑方向等情况。有时抢劫案件也发生在公共场所，有多位目击者。这些都为侦查破案工作提供极为有利的条件。

（三）共同犯罪占多数

由于实施抢劫须以一定的暴力、以暴力相威胁或其他方法为手段，单枪匹马不易得逞，因而此类犯罪大多由两人以上共同实施。一类是团伙性抢劫，这类组织比较松散，分工比较简单，没有固定的成员和指挥者，临时纠合，抢劫时一呼而上，得手后一哄而散。这些犯罪成员大多是邻居、同乡、亲戚、故旧等，也有的犯有前科，在劳教场所结识；另一类是集团性抢劫，这类组织严密，一般为三人以上,有固定的成员和指挥者,分工较细。

（四）犯罪客体多为现金或贵重物品

抢劫以非法占有公私财产为目的,为满足贪欲,劫取目标大多指向存有或持有大宗现金的个人或单位,如银行等金融机构、企事业单位财会室、运钞车、购销人员、个体工商户等。同时,现金、贵重器材、金银珠宝、高档消费品等巨额公私财产是犯罪分子觊觎的终极目标。

（五）连续作案的抢劫手法带有习惯性

由于非法占有财物的贪欲心理驱使,以及犯罪得逞之后的侥幸心理,促使犯罪分子连续进行犯罪活动,因而抢劫犯罪中惯犯较多。犯罪分子也形成了定型的习惯手法,其作案时间、地点、对象、手段往往带有某种规律性,在不同时间、地点实施抢劫也出现相同的手法特点。

（六）犯罪抢劫手段的多样性

随着现代物质生活的丰富多彩,犯罪分子抢劫的作案方式、手段各式各样,呈现出多样性的特点。

1. 劫持出租汽车。随着城市出租汽车行业的蓬勃发展,劫持出租汽车的案件日益增多。有的是为了抢劫驾驶员和乘车人随身携带的财物;有的是为了抢劫汽车;有的两者兼有。犯罪手段往往凶狠毒辣,常伴有伤害或杀害驾驶员的罪行;犯罪时间多在夜里;犯罪地点多在郊外偏僻地带。

2. 灌醉、麻醉、催眠术、毒药毒昏抢劫。犯罪分子与被害人相识后,利用被害人的某些弱点,将被害人灌醉、麻醉、催眠、毒昏,致使被害人处于不知反抗或不能反抗的状态,从而达到抢劫财物的目的。

3. 闯门抢劫。犯罪分子利用白天上班时间,各户家中只有妇女、老人和儿童这些弱势群体时,以找人、推销、查煤气电表等为借口,骗取被害人开门,入室抢劫。

4. 诱骗抢劫。犯罪分子以洽谈生意或代购商品等为由,把被害人骗至家中或偏僻地带,进行行凶抢劫。

5. 女搭男抢。在车站、码头、广场等热闹的公共场所,犯罪分子事先选择目标,由女犯以色相勾引被害人至预定地点,同伙男犯窜出,行凶抢劫。

（七）抢劫案件的痕迹物证

抢劫犯罪现场可能会留下犯罪分子的手印、脚印、工具、衣帽、鞋袜等痕迹、物品。若遇被害人反抗,还会遗留有散落的衣扣、毛发、碎布等搏斗痕迹;若被害人被杀害或致伤,便有尸体和伤痕可供检验;抢劫犯也可能被抓伤、咬伤,衣裤上沾有血迹等。侦查人员通过仔细勘查抢劫犯罪现场,及时发现、提取、鉴定这些痕迹物品,了解抢劫经过,有助于为侦破此类案件提供线索和证据。

（八）有赃款、赃物可查

抢劫犯罪的主要目的即非法占有财物。对既遂案而言，都有赃款、赃物可查。犯罪分子获得的赃款、赃物必然要进行处理，而被害人可以提供赃款数额、票面额和赃物的数量、种类、特征等，侦查机关可以根据这些线索，通过控制销赃和通缉通报等侦查措施来查获犯罪分子。

第二节　抢劫犯罪案件的侦查取证措施与方法

一、抢劫犯罪案件的侦查取证措施

通过对犯罪嫌疑人的查证，确定重点嫌疑人之后，应对其选用相应的侦查措施，获取证据，揭露与证实犯罪。

（一）调查取证

针对抢劫案件的特点，围绕犯罪分子的预谋、实施犯罪等各个环节，进行深入细致的询问、走访有关群众，通过调查获取被害人陈述、证人证言。

（二）组织辨认

辨认，是侦查抢劫案件经常使用的一种取证措施。辨认的内容主要有对嫌疑人的辨认，对现场遗留物的辨认，对赃款赃物的辨认以及对犯罪现场的辨认。

1.对嫌疑人的辨认。由于抢劫案件的被害人与犯罪分子之间有过正面接触，被害人能够比较准确地记忆犯罪分子的性别、年龄、身高、体貌、衣着、口音等特征，因而对嫌疑人进行辨认可以确定是否就是抢劫犯罪分子。在公共场所实施的抢劫犯罪，目击者也可对嫌疑人进行辨认。对嫌疑对象的辨认，应采用秘密方式，可以先辨认照片和声音，然后再辨认人。

2.对现场遗留物的辨认。对现场遗留物品首先应确认为何人所有，是否与犯罪有关。如犯罪分子在实施犯罪的过程中，将其随身携带的物品遗落或在搏斗中脱落在现场上，侦查人员可将这些物品向知情群众展示，以确认物品的所有人及其来源。辨认物品可采用公开辨认或者秘密辨认。

3.对赃款、赃物的辨认。由于被害人可以提供赃款数额、票面额和赃物的数量、种类、特征等，对查获、搜取的物品进行辨认，可以确定可疑物是否是本案的赃款、赃物。

4.对犯罪现场的辨认。某些拦路抢劫案件、犯罪分子劫持或诱骗被害人到某个地点实施抢劫的案件，被害人不能准确陈述犯罪地点，侦查人员应根据对犯罪地点环境特征的分析,确定其大致区域,组织被害人或者知情人对犯罪地点进行寻找辨认,查明实施犯罪的地点,以便进行现场勘查取证。

（三）搜查取证

搜查是获取抢劫犯罪证据的主要措施。抢劫犯罪分子大多持有或使用了某种凶器或行抢工具。犯罪分子在实施抢劫后,犯罪工具以及所获赃款、赃物等,可能隐匿于自己的住所,也可能掩埋于野外,或者随身携带,或者分散处理。侦查机关可以使用秘密搜查手段,对犯罪嫌疑人的住所或相关处所进行搜查,一旦发现与案件相关的物品再以公开搜查的方式获取,对于可作为证据的赃款、赃物和其他物品、麻醉药、凶器等应依法加以扣押。

（四）技术鉴定

抢劫案件中技术鉴定包括法医鉴定和痕迹物证鉴定。在实施抢劫犯罪时使用了暴力或其他方法致使被害人被杀或受到伤害,或者被害人反抗与犯罪分子发生搏斗的情形出现时,为了确定被害人或犯罪嫌疑人损伤的性质,认定致伤工具与致伤方式,需要使用法医鉴定。

对抢劫犯罪现场提取的手印、足迹、交通工具痕迹以及其他遗留物,如衣服碎片、毛发等,可通过对嫌疑人和可疑交通工具等进行物证技术鉴定,以获取犯罪证据。

（五）讯问取证

在掌握了一定证据之后,可以依法对犯罪嫌疑人采取拘留或逮捕措施,通过对被拘捕嫌疑人进行面对面的审查讯问,获取口供,既可以核实犯罪,又可以深挖线索,发现和查明新的罪行。

二、抢劫犯罪案件的侦查方法

（一）询问被害人与知情人,勘验现场

侦查人员接到报案后,应立即赶赴现场,详细询问被害人和知情人,同时应及时对现场进行勘验,包括对与犯罪有关的场所、物品、痕迹、人身、尸体等进行观察、检验、记录和分析研究。这对判明案情、明确侦查方向、获取罪证材料等,有很重要的作用。同时要注意案件是否为谎报。

1.询问被害人

询问被害人的重点:案件是怎样发生的,发生的时间、地点,发案前有无异常情况发生;犯罪分子进入、逃离现场的方向和线路,有无交通工具;犯罪分子的人数、性别、年龄、体貌、衣着、口音、习惯动作等特征及其分工;犯罪分子作案的手段和抢劫过程,持有或使用何种凶器、工具,是随身携带的,还是就地取材;

犯罪分子抢走财物的名称、数量、价值、特征和原存放地点,对抢劫目标是否指名索要,是否事先确定,有无选择;被害人有无进行反抗、搏斗,在犯罪分子身上和衣服上有无留下伤痕、斑痕。

2.询问证人

抢劫案件的证人包括目击者、知情人,被害人的亲友、同事、邻居以及现场周围的群众。询问重点是:案发前是否有可疑人员出现和可疑事发生;案发时现场和附近的情景如何;案发后现场和附近是否有可疑人员,其随身携带何物,走向如何。

3.勘验现场

由于不同的抢劫案件发生的场所不同,现场勘验的重点也有所不同。在大部分抢劫案件中,重点是对三个与犯罪有关的场所进行勘验。在抢劫地点,要根据犯罪分子的活动范围、接触部位和碰动物品,仔细寻找、发现和提取犯罪分子遗留的手印、足迹、搏斗的痕迹、破坏工具痕迹和遗落、丢弃的犯罪工具及其他物品等;在进入和逃离现场的线路上,要从犯罪分子通过的门窗、围墙等出入口,发现其翻越、踩蹬等痕迹,提取手印、足迹、工具痕迹等;在现场周围的隐蔽处所,寻找和发现犯罪分子的足迹、交通工具的痕迹、徘徊、坐卧痕迹以及抛弃的赃物、作案工具、其他物品等。

(二)追缉堵截犯罪分子,多途径控制赃物

1.追缉堵截

抢劫犯罪的一个突出特点是作案快、逃跑快、赃物转移快。侦查人员接到报案,迅速赶赴现场后,在实地勘验和询问被害人、目击者、知情人的过程中,应根据案件的具体情况,不失时机地调取街头监控录像、及时采取追缉堵截措施。一方面,组织力量沿着犯罪分子逃窜的方向路线进行追缉,有条件的可以使用警犬追踪和步法追踪;另一方面,在犯罪分子可能逃往的车站、码头、机场等交通要道口设卡堵截,力求尽快抓获犯罪嫌疑人。在实施这项措施前,应确认犯罪分子未及逃远,且正在逃匿之中,其逃跑方向、路线较清晰;明确犯罪分子的体貌特征、着装打扮、携带物品、使用的交通工具等。

2.多途径控制赃物

犯罪分子劫取赃物后必然对赃物进行处理,如藏匿、销售、自用、赠送等,不管采用何种途径处理赃物,赃物始终会露头的。同时被害人能够较为详细地提供赃款数额、票面额和赃物的名称、数量、种类、特征等。侦查人员可以针对犯罪分子可能处理赃物的各种场所、渠道,进行周密的控制。如对于现金和有价证券,可以通报银行、证券交易所等金融机构,注意从存款、寄款、兑换等业务活动中发现侦查线索。

（三）分析判断案情，确定侦查方向

1. 判明案件真伪

在实践中，有些人往往因为某种不良动机，如为了掩盖贪污、盗窃等罪行，而捏造情节、制造假象，谎报遭到抢劫。这就要求侦查人员根据所获材料，对案件做出正确的判断，以便查明案件真假以及是否需要立案侦查。

判断所报案件的真伪，一般可考虑以下因素：审查被害人的陈述是否有矛盾；审查被害人指称的抢劫现场是否为另案现场或者为被害人精心布置的假现场；审查被害人是否有不良动机；审查现场现象与被害人陈述是否一致；对被害人进行伤痕检验和伤势检查；审查被害人报称的被劫财物；审查被害人案发前后的行为、情绪及经济状况是否反常等。

2. 分析犯罪分子的个人特点

犯罪分子的个人特点，除了详细询问被害人和目击者以外，还应根据犯罪分子遗留在现场的各种痕迹、物品来进行分析，以进一步确定侦查方向和范围。分析犯罪分子的个人特点应从以下几方面着手：判断是惯犯作案还是偶犯作案；判断是预谋抢劫还是临时起意抢劫；判断是本地人作案还是流窜犯作案；判断是熟人作案还是生人作案；判断是团伙抢劫还是单人抢劫。

（四）针对个案特点，采取相应的侦查措施

对不同类型的抢劫犯罪案件，应根据案情，进行针对性的调查，从而获得侦查线索。

1. 寻查作案工具

抢劫案件大多经过精心策划，准备有作案凶器和工具，尤其是抢劫惯犯，习惯使用某种特制的凶器或工具，这就为确定侦查范围，摸排犯罪嫌疑人提供了重要证据。作案凶器和工具有刀斧、绳索、枪支、楼梯、汽车等交通工具、毒药、麻醉药等。在明确这些凶器和工具的种类、型号、特征后，才可对作案工具进行追查，调查其来源、产地、销售情况、使用范围、所有者、持有者等，从中发现嫌疑线索。

2. 摸底排队

对属于熟人作案和本地人作案的抢劫案件，以及对作案人的体貌特征掌握得较准确、现场有作案人遗留的物品等案件，可以采用摸底排队方式，公开案情，广泛发动群众提供线索，从中排查嫌疑人。

3. 并案侦查，巡查守候

对于属于惯犯作案、流窜犯作案和团伙作案的抢劫案件，可以根据在数案中出现有相同的痕迹物品，以及犯罪分子的行为方式、活动时间、活动空间等的相似性，进行分析，实施并案侦查。对并案侦查的案件和频繁发生抢劫案件的地区,可以采用巡查守候方式。针对抢劫案件犯罪时间、地点、手段等规律,制定方案,预伏守候或进行周密巡查,以抓获抢劫现行犯。

（五）搜集证据,认定犯罪分子

抢劫案件中,对于已发现的犯罪嫌疑人,必须采取进一步侦查取证措施,全面搜集证据,以证实其是否为本案的罪犯。

思考题与案例分析

1.试述抢劫犯罪案件的特点及侦查取证措施。

2.【案例分析】某年4月以来,杭州市江干区"两抢"犯罪案件频发。杭州市公安局主要领导批示,要求坚决遏制此类案件的发生。为此,江干公安分局成立了以刑侦大队二中队干警为主的专案组实施侦查"两抢"案件。侦查人员从以往的飞车抢夺案分析,抢劫、抢夺犯罪嫌疑人实施犯罪所选择的目标多为骑自行车或步行的中青年女性,被害人大多衣着考究,佩戴首饰较多,且警惕性较差,自我保护能力较弱,作案容易得手。但从近期本地发生的"两抢"案件分析,犯罪嫌疑人选择男性为目标有增多的趋势。

5月20日中午,江干城区片连发4起飞车抢夺案件。4位犯罪嫌疑人分别驾驶两辆二轮摩托车先后将4名受害人脖子上的金项链抢夺后逃跑。经现场勘验和调查访问获悉:这4起案件都发生在当天中午11时至14时之间;犯罪嫌疑人为30岁上下的中年男性,操外地口音,多人配合作案;侵害对象,均为单独行走的戴着金项链的男性或女性;作案地点,多数发生在道路宽敞,视野开阔,便于车辆快速行驶的地段;作案工具和手段,主要驾驶无牌照的两轮摩托车,一人驾驶,一人抢夺。可以初步认定为同一伙人作案。经调取路面监控,发现犯罪分子的逃跑路线都是前往江干区四季青定海村一带。

请问:根据上述案情和线索,请问专案组应进一步采取哪些取证措施才能破案?

第九章　强奸犯罪案件的侦查

第一节　强奸犯罪案件的概念与特点

一、强奸犯罪案件的概念

强奸犯罪案件，是指违背妇女意志，使用暴力、胁迫或其他手段，强行与妇女发生性行为的犯罪案件。所谓"暴力"是指不法之徒对被害妇女的人身行使武力的手段，即直接对被害妇女采取殴打、捆绑、卡脖子、按倒等危害人身安全或人身自由，使妇女不能反抗的手段。所谓"胁迫"是指对被害妇女进行威胁、恫吓达到精神上的强制，使妇女不敢反抗的手段。胁迫的手段既可以是暴力的，如持刀胁迫，也可以是非暴力的，如以揭发隐私、毁坏名誉相胁迫。所谓"其他手段"是指除暴力、胁迫手段之外的，足以使妇女处于不知抗拒或不能抗拒状态的一切手段，如利用妇女熟睡或处于患病之机进行奸淫，用酒灌醉或药物麻醉使其昏睡，或组织利用会道门、邪教组织、封建迷信奸淫妇女等等。

凡与 14 岁以下幼女发生性行为的案件，也应列入强奸犯罪案件。

二、强奸犯罪案件的特点

（一）犯罪时间和地点具有一定的规律性

强奸案件发案率较高的时间是春夏季节，傍晚时分。犯罪分子实施强奸犯罪，多选择在傍晚或夜间，路上行人稀少或人们多已入睡的时刻；犯罪地点多选择在偏僻的胡同、建筑工地、公园僻静处、荒野、山坡或被害人单独居住的住宅等场所;夜间发生的强奸案件多于白天,拦路强奸多于入室强奸。

(二)犯罪具有续发性,手法带有习惯性

实践证明,强奸案件的犯罪分子在一次犯罪得逞之后,往往在侥幸心理的驱使下又故伎重施。有的甚至在短时间内连续作案,还有一些犯罪分子刑满后很快又继续作案。在多次实施强奸犯罪活动中,犯罪分子常会形成习惯的作案手法,如在犯罪手段、方法的选择、犯罪时间、犯罪地点、侵害方法上会暴露出习惯性特点。

(三)犯罪分子的行为、体貌等特征会有所暴露

犯罪分子不论采用何种手段实施强奸,都必然与被害人有过较长时间的正面接触。通过这种较长时间的、特殊形式的接触,除因被害人遭受突然袭击被打昏外,多数被害人都能比较准确地提供犯罪分子的年龄、身高、体态、发型、衣着、语言、面部、有无残疾等特征,以及犯罪分子人数、犯罪行为过程和动作习惯等情况,有的甚至能描述犯罪分子身上的特殊标记、体臭、口中的怪味等更为具体的情况。如果双方发生搏斗致犯罪分子受伤,被害人还可提供犯罪分子伤势情况;如果是轮奸案件,被害人还能提供犯罪分子在轮奸过程中互相说话的内容,使用的暗语、名字、绰号;如果犯罪分子采取蒙面的方式进行强奸或蒙上被害人的眼睛进行强奸,这可反映出犯罪分子是本地人,而且很可能是被害者的熟人。

(四)犯罪现场一般都会遗留痕迹和物证

在强奸犯罪现场,通常会留下与反映强奸有关的诸如手印、脚印、搏斗痕迹、身体印压痕迹、骑车作案留下的轮胎痕迹,或者表现为床上物品的凌乱等。现场还往往遗留有阴毛、精斑、血污、扯断的裤带、脱落的纽扣、犯罪分子携带的棍棒、绳索等凶器以及犯罪分子掉落的随身物品如手表、钢笔、帽子等。

第二节　强奸犯罪案件的侦查取证措施与方法

一、强奸犯罪案件的侦查取证措施

在发现犯罪嫌疑人后,应迅速采取相应的侦查取证措施,获取强奸犯罪证据以证实犯罪。

(一)组织辨认

辨认是侦查强奸案件的常用侦查措施之一。辨认的内容主要有对嫌疑人

的辨认，对现场遗留物品的辨认，对赃物的辨认，对犯罪现场的辨认。

首先，若被害人对犯罪分子的体貌特征印象比较深刻，侦查人员可以组织对嫌疑人的辨认。对嫌疑人采取强制措施之前，应当进行秘密辨认，以不惊动嫌疑人为原则；同时遵守关于被辨认的对象不能少于七人，被辨认的人像照片不能少于十张的规定。这种辨认一般是先辨认嫌疑人的照片后辨认嫌疑人。对被抓的现行嫌疑人可以组织公开辨认，对于公开辨认应依法制作笔录，在诉讼中可直接作为证据使用；秘密辨认不制作辨认笔录，但需写出辨认报告，归入侦查卷。对辨认的结果要与其他证据相互印证。

其次，若在犯罪现场遗留有犯罪分子随身携带的物品或自带的凶器，侦查人员可以组织对这些物品向知情群众展示，请他们进行辨认。通过辨认可以发现这些物品的持有者，或者确定生产、使用单位或销售单位，据此可以缩小侦查范围，提供侦查线索。

第三，若犯罪分子在实施强奸后还劫走被害人的财物，侦查人员可以组织被害人对侦查中查获的赃物进行辨认，以进一步证实强奸犯罪分子。

最后，若被害人不能准确陈述犯罪地点，如在拦路强奸案件或犯罪分子劫持被害人到某个地点进行强奸的案件中，侦查人员可以组织被害人对犯罪现场的辨认。通过犯罪现场辨认，可以查明实施犯罪的地点，以便进行现场勘查取证。

（二）通过物证技术鉴定获取证据

物证技术鉴定是侦查强奸犯罪案件中重要措施之一，它对于准确地揭露和证实犯罪具有重要意义。鉴定的方法主要有足迹、手印、断离痕迹、DNA 鉴定。

首先，对犯罪分子遗留在现场的足印、手印等进行技术检验，并与获取的样本进行比较同一认定；其次，把黏附在嫌疑人身上、衣服上的泥土、草籽、树叶等微量物质，与现场上的同类物质进行种类同一认定；第三，把现场遗留的纽扣、衣服碎片、扯断的鞋带等，与嫌疑人衣服、鞋子等进行整体断离痕迹鉴定；最后，对获取的毛发、唾液、血迹、精斑等组织液和组织器官进行 DNA 检测，将结果与DNA 数据库中的记录进行对比，或将 DNA 检测结果与嫌疑人的 DNA 进行比较同一鉴定，从而快速查找和确定犯罪嫌疑人。刑事技术鉴定结论具有科学性的特点，是作为证实强奸犯罪分子的强有力证据。

（三）及时讯问犯罪嫌疑人

讯问是侦查人员用问答方式来查明案情、收集证据的常用措施之一。通过讯问，获取犯罪嫌疑人的口供，既可以核实犯罪，又可以深挖线索，发现和查明犯罪。对嫌疑人实行拘传、拘留、逮捕之后，应当在 24 小时内及时讯问。在讯问时要以案情和被讯问人的心理为依据，灵活地运用讯问的策略方法，促使其如实供述强奸的时间、地点、人数、劫走的财物等。对有的被讯问人可以直接提问;对有的被讯问人先要进行政策、法律教育,然后提问;对于狡辩抵赖的被讯问人,要迂回提问,或出示一定的证据,施加某种压力。讯问有的对象有时需要选择适当的环境,制造一定的气氛。讯问时还应当利用物证和同案犯的口供等等突破其侥幸心理防线。获取的被讯问人的口供要进行调查核对,且须与其他证据互相印证,经过查证属实的口供,可以作为定案的根据。

(四)对犯罪嫌疑人的住址进行搜查获取证据

搜查是一种常用的强制性侦查措施,对搜集证据、查获人犯具有十分重要的意义。犯罪分子在实施强奸后劫走的财物,因搏斗而被扯破的衣裤,在犯罪现场使用过的犯罪工具,黏附了精液、血斑的衣物等,这些物品都是揭露与证实强奸犯罪的重要证据。

对犯罪嫌疑人的住址进行搜查也是获取犯罪证据的一种捷径。如果现场留有条件较好的嗅源,还可利用警犬进行搜索;如果现场遗留有犯罪分子的手印、足迹及破坏工具痕迹,在搜查中要注意发现和获取嫌疑人家中相应的工具、相同的鞋,并采用一定的方式获取嫌疑人的手印和脚印。搜查后发现的赃物罪证,要以笔录、拍照等方式加以固定,并依法提取、扣押。

二、强奸犯罪案件的侦查方法

(一)及时询问被害人

公安机关在侦查强奸案件中,应当及时询问被害人。询问的主要内容包括:

(1)强奸案件发生的时间、地点。询问强奸从什么时间开始,到什么时间结束,犯罪分子作案的时间大致有多长;询问强奸地点,特别是拦路强奸或犯罪分子劫持被害人到某个地点进行强奸的案件。若被害人不能准确陈述犯罪地点时,要请被害人仔细回忆,尽可能准确提供。

(2)犯罪分子进入现场和接近被害人的方式。犯罪分子接近被害人的方式是偶遇,还是预先埋伏,是否是突然袭击,有无尾随跟踪、调戏等现象。

(3)犯罪分子对被害人实行强制的手段。是使用暴力,还是胁迫,还是其他手段。询问犯罪分子在实施强制过程中有否借助于凶器,若有,是犯罪分子随身携带的,还是就地取材的,以及凶器的种类、形状、大小等特征。

(4)在被实行强制过程中有否发生过搏斗。犯罪分子有无受伤,若受伤,那么伤在何种部位。犯罪分子的衣服有无被撕破、纽扣,毛发有无被扯落。

(5)犯罪分子的体貌特征和行为特征等情况。犯罪分子的年龄、身高、体态、发型、衣着、语言、面部有无伤疤、有无残疾以及犯罪分子人数、犯罪行为过程和动作习惯等情况,甚至犯罪分子有无特殊标记、体臭、口中的怪味等更为具体的情况。

（6）被劫财物情况。包括财物的名称、种类、重量、数额、体积、颜色等。

（7）被害人与犯罪分子是否认识,过去有无见过面。

（8）犯罪分子来去的路线、方向,有无使用交通工具以及何种交通工具。

询问强奸案件的被害人,尽量由女侦查人员进行;询问被害幼女,须有家长或女教师在场。

（二）认真勘验现场

强奸案件的痕迹、物证由于自然因素和某些人为原因极容易消失和毁损,因此在询问被害人的同时,应及时地勘验现场,全面搜查罪犯作案时留下的各种痕迹物证。强奸案件现场勘验的重点应是犯罪分子的出入口与活动路线、实行强奸的具体位置、现场周围状况、交通状况等。

1. 对犯罪分子来去路线、出入的必由之路等外围现场的勘验

勘验室内强奸案件,门、窗、围墙、房舍四周等出入口处应仔细检查,发现的脚印、手印、攀登痕迹应及时提取。对成趟的足迹要拍照固定,以分析犯罪分子的步法特征。如条件许可,还应尽量提取足迹上遗留的气味用作嗅源。在外围现场还要注意发现并提取可能是犯罪分子掉落的随身携带物品、遗弃的作案工具、预伏时留下的痕迹物品、交通工具痕迹等。

2. 对现场中心的勘验

勘验室内强奸案件,对床上、被单上、被害人的内裤、地上或其他发生性行为的位置发现的精斑、毛发应妥善提取。同时,在室内地面注意发现提取足迹和泥土、树叶等微量物质,并通过鉴定确定与外围现象提取的足迹、微量物质是否属于同一。在床头、桌面、被害人的裤带、衣扣、就地取材的凶器等部位要注意发现手印并采取适当方法加以提取。勘验野外现场,应特别注意检查附近丢弃的纸片、布片及其他临时铺垫物等,同时还要检查地面是否留有手印、脚印、搏斗痕迹、身体印压痕迹,并且注意草皮或农作物有无被压倒或折断现象。而且还要仔细寻找地上有无扯落的纽扣、衣物碎片、扯断的鞋带、烟头、手套、扯落的首饰、凶器等物证。

对现场勘验过程中发现的各种痕迹、物证都要记录在案,妥善提取。在现场勘验的同时还要开展深入细致的现场调查。走访周围群众,了解事件发生前后的疑人疑事。谁有作案的嫌疑,有何根据;被害人的思想品德、生活作风如何,其恋爱、婚姻状况如何,是否与他人有不正当的男女关系;现场附近有无发生过类似案件等。总之,对现场勘查要求做到全面、及时、客观、细致、合法。

（三）正确认定案件性质，确定侦查范围

在勘查现场和询问被害人的基础上，要认真分析研究案情。首先，确定强奸事实是否存在，即案件性质。弄清是通奸还是强奸；是否捏造情节，伪造强奸现场嫁祸他人。其次，综合犯罪的时间、地点、犯罪分子的体貌特征、现场有关痕迹、物证等刻画出犯罪分子的基本条件，确定侦查范围。可以从以下几个方面入手：一是从犯罪分子说话的口音和犯罪分子对现场及周围环境的熟悉程度，分析其为本地人还是外地人；二是研究现场遗留物的来源、用途、职业或行业特点，据以分析犯罪分子的职业和技能；三是根据犯罪分子谈话中所涉及的人、事、物，判断其工作领域和有无前科；四是根据犯罪分子的衣着装束、皮肤颜色、手部面部特点，分析犯罪分子是农村人还是城市人，是从事脑力劳动还是从事体力劳动，以便判明居住范围和行业范围；五是根据犯罪分子的体貌特征、狐臭、烟酒味等来刻画犯罪分子的特定条件。

（四）采取相应的侦查措施，查获罪犯

在正确认定案情性质，确定侦查范围之后，要及时采取侦查措施，缉拿犯罪分子。缉拿强奸犯罪分子的主要侦查措施如下。

1. 追缉堵截

对于及时报案的强奸案件，若了解到犯罪分子尚未逃远，知晓犯罪分子逃跑的方向路线而且有可供辨认的犯罪分子外貌特征、携带物品特征、种类和使用交通工具种类，应迅速部署追缉堵截。在案件侦查中如果收集有犯罪分子的嗅源，而且是在农村或山地进行搜捕，应充分利用警犬；如果发现犯罪分子遗留的足迹特别是成趟足迹，可利用警犬与步法追踪技术相结合方法进行缉捕；如果缉捕持枪的犯罪分子，必须讲究战术策略，如秘密设伏、引蛇出洞、精良装备等等。在追缉的同时，在犯罪分子可能逃往的车站、码头、渡口、机场的售票处、检票处、站台、管界结合部设卡堵截。犯罪分子在逃跑中，常常会留下各种痕迹，遗弃一些随身物品、销毁证据；有的途中盗窃、抢劫车辆，改换交通工具或换装；有的还不时地改变逃跑方向。因此追缉堵截要与沿途查访结合起来，通过沿途查访准确地判断追缉方向。

2. 通缉通报

通缉是以发布通缉令的形式，要求有关公安机关、社会团体和公民，协助抓获在逃且应当逮捕的犯罪分子的一项侦查措施。如果掌握犯罪分子的体貌特征和逃走时的衣着特征、取得犯罪分子的外貌照片且了解逃跑方向，可通过发布通缉令来抓获犯罪分子。

通报是公安机关通告案情，请求有关单位或部门进行协查的一项侦查措施。如果是流窜强奸案件，应向犯罪分子可能逃跑的地区发出案情通报，请求有关公安机关协助侦查;如果犯罪分子实施强奸后还抢走被害人的财物,且被抢物品具有一定的数量,具备调查控制的条件,应向犯罪分子可能潜逃的地区或销赃的地区发出赃物通报。

3.控制销赃

如果犯罪分子实施强奸后还抢走被害人的财物,则要根据赃物的性质,分析其可能的销赃的范围。通过调查赃物,发现犯罪嫌疑人。

4.守候监视

如果认为连续数起强奸案件是同一个人或是同一伙犯罪分子所为,则通过分析犯罪分子活动的规律、特点,在其可能再次实施强奸的区域和场所,组织侦查人员、群众治安积极分子、派出所民警等在该区域和场所进行秘密守候监视,伺机当场抓捕。

5.并案侦查

侦查实践证明,强奸案件的犯罪分子有不少是惯犯,而且同一犯罪分子犯罪手法具有习惯的特点。因此,对在同一个地区先后发生多起强奸案件,应当从犯罪分子的体貌特征、作案对象的选择、犯罪手段等各种因素加以比较,若认为可能是同一人或同一伙人实施的强奸犯罪,便可采用并案侦查措施。

思考题与案例分析

1.试述强奸犯罪案件的特点及侦查取证措施。

2.【案例分析】某年2月11日凌晨3时许,在天津市某外资企业工作的女青年张某骑着自行车独自回家,身后一个骑自行车的男子始终紧盯着她。她沿中环线来到小区门口,准备回到5楼家中。当她走到3楼半楼梯拐弯处时,身后突然有人伸出一只大手捂住了她的嘴,一把匕首顶在了脖子上,身后有人说:"别喊,不然捅死你,最少让你破相,跟我走,下楼!"张某别无选择,跟对方向楼下走去。走到楼下,张某隐约看见不远处还有行人,正思忖着是否呼救时,犯罪嫌疑人已将匕首顶到了她的腰部,低声说道:"别打歪主意,捅哪你都够呛。要是别人问的话,就说我们是两口子,说我喝醉了……"害怕的张某被带到附近一僻静处。歹徒对张某实施了强奸并把她身上的100多元现金和一部手机、一个照相机劫走,甚至气焰嚣张地要求张某回家再拿500元"辛苦费",否则杀了她全家。凌晨4时40分,回家后张某失声痛哭,哭声惊醒了母亲,眼见女儿披头散发的样子,母亲明白过来发生了什么,略作询问后,便拨打110报警。

请问:假如你是分管公安分局刑侦大队的侦查人员,应立即采取哪些侦查破案措施?

第十章 爆炸犯罪案件的侦查

第一节 爆炸犯罪案件的概念与特点

一、爆炸犯罪案件的概念

爆炸犯罪案件,是指犯罪分子安放或投掷爆炸物品,故意炸死、炸伤他人,炸毁公私财物,危害公共安全的犯罪案件。爆炸案件分为过失爆炸犯罪和故意爆炸犯罪案件。但在实践中,过失爆炸犯罪的犯罪嫌疑人一般是明确的,多数不需专案侦查,因此侦查理论和实践中主要研究的是故意爆炸犯罪。

爆炸犯罪案件严重危害公共安全,社会危害性大,而且近年有不断升级的趋势,伤亡及损失程度也不断攀升。因此,不仅应对已发生的爆炸案件高度重视,积极、迅速、高效地予以破获,对那些处于预谋,未遂的爆炸案件也要予以充分的重视,尽量减少国家和人民群众生命财产的损失。对爆炸案件进行侦查,首先应了解其特点,只有这样才能有的放矢。

二、爆炸犯罪案件的特点

(一)实施犯罪的时空条件相对明确

犯罪分子实施爆炸后,一般情况下都会发生巨响及其他一些附随反应(如强烈震动,房屋倒塌,人员伤亡等),大多能被附近群众发现而报告,侦查人员也能迅速赶到现场,采取保护措施,抢救伤员并进行勘验和调查。对那些直接投掷爆炸物品或点燃导火索引爆的案件,因投掷及点爆导火索到爆炸的时间一般很短,从爆炸时间很容易推测出犯罪分子实施犯罪的时间。但近年来不少犯罪分子用定时引爆,使安放爆炸物的时间与爆炸时间不一致并且难以判定,在空间上也出现了安置爆炸物地点和遥控引爆地点两个地点。后者地点较难确定,因此在侦查此类案件中,要认识到时空因素的多种可能性。

（二）犯罪现场波及面大,破坏严重,勘验难度大

爆炸发生时会产生一种巨大的冲击波,会使一些重要物证被破坏甚至毁灭,爆炸后所遗留的痕迹、物品也被掩埋。现场上的物体失去了爆炸前的原有位置和状态。同时,爆炸的破坏作用和抢救伤员、灭火时的工作,容易使现场遭到破坏,犯罪分子遗留的传统常见的物证少,这也给侦查人员保护现场,勘验现场工作造成一定的难度。

（三）犯罪分子具备获得爆炸物的条件和爆炸常识

爆炸犯罪案件的犯罪分子要实施爆炸行为必须具备两个条件:其一,有获得爆炸物的条件,其二,有爆炸常识。在我国,爆炸物品的生产、销售、运输、保管和使用都有严格规定,并不是所有人都能获得爆炸物品。犯罪分子可能自己就从事或从事过能接触爆炸物品的工作,或者从自己的亲朋处获得,或者有在一定地点购得或盗得爆炸物品的条件,实施爆炸行为的犯罪分子必定具有相应的知识技能,并且随制作水平的提高,对其他知识技能的要求也随之提高,这一切,对发现犯罪嫌疑人和审查重点嫌疑人有重要意义。

（四）爆炸犯罪的动机比较复杂

犯罪分子实施犯罪,有的是与被害人或被侵害单位有一定的利害矛盾冲突,也有的是对社会不满,或悲观厌世而自毙爆炸,也有的实施人是受他人雇佣,为获报酬而实施爆炸,作案动机比较复杂,因此有些因果联系可能比较隐蔽,不容易被调查出来。

（五）爆炸案件的实施人多有预谋和准备过程

犯罪分子在实施犯罪前要用一定时间购买或制作爆炸物品,决定爆炸方法,了解被害人及被害单位的一些情况,选择恰当的时机与手段将爆炸装置安装或投掷到能炸到爆炸目标的部位。没有这些预谋准备活动,要达到犯罪的杀人、毁物、破坏等目的是不可能的。

第二节　爆炸犯罪案件的侦查取证措施与方法

一、侦查途径的选择

（一）从现场遗留的爆炸残留物、物证着手寻找破案线索

虽然爆炸的波及面较广,遗留的物证较少。但是爆炸能被迅速发现这一点

又决定了犯罪嫌疑人一般不可能在爆炸后立即清理现场,因而现场可能遗留爆炸物碎片、炸药粉末等爆炸装置的残留物,在残留物上还可能留有指纹等痕迹,在外围现场也有可能发现犯罪嫌疑人的遗留物,这些都是重要物证,从中寻找犯罪线索。主要侦查方法如下。

1.确定和勘验爆炸中心点

这不仅是查寻犯罪分子的关键,也是判断案件性质和动机的主要依据。确定爆炸中心点的依据是:①破坏最严重的地方。爆炸装置爆炸,冲击力最大的地方是炸点附近,所以此处往往物体毁坏最严重。②爆炸后形成的炸坑、缺口、孔洞等处所。爆炸装置若放置在地面等承受客体上,引爆时会将放置的部位炸成坑状,同时可将周围的物体炸成缺口、孔洞。缺口、孔洞越密集,离炸点越近。从炸坑、缺口、孔洞的部位和有关情况,可确定炸点。③根据抛出物散落状况来确定。离炸点近,抛出物多;离炸点远,抛出物少,抛出散落物分布的中心部位一般就是炸点。确定炸点后,要对爆炸中心点进行勘验,先将原始状态拍照,之后仔细将炸点部位的土样、粉末、碎片、人体组织碎块,特别是未完全燃烧的炸药提取,一处不漏地清理现场,对获取的物证逐一筛选,寻找可以确定侦查途径的各种物证。

2.对爆炸物品进行分析判断

①关于炸药的种类、数量、生产厂家的分析。每种炸药生产厂家不同,成分比例也可能不同,因此有必要提取相关厂家生产的同种炸药,检验该炸药可能由什么厂家生产。这对确定侦查范围,从能获取该炸药的人发现犯罪嫌疑人很有必要。②关于爆炸物的包装物、伪装物、填充物的分析判断。对这样物证的分析,弄清这些包装物、伪装物是什么东西以及来源,有什么痕迹,有什么特殊性,可能发现线索或弄清犯罪嫌疑人的作案方式及条件。③关于引爆技术的分析判断。引爆技术包括引爆装置的安装和引爆方法的使用及投放爆炸物品位置的选择,主要反映在引爆方式上,引爆技术在一定程度上会反映出犯罪分子本身知识水平、职业技能特点,也是侦查人员以此循线调查一定范围内具有相关知识技能职业技能的人的重要内容,必要时可请有关专家对制作该爆炸物所需的知识技能或技能水平进行评定,确定制作者的技能达到什么程度,从而使侦查人员对嫌疑制作人的范围更准地估测,为发现嫌疑人的工作提供根据。有的爆炸未遂案件,可能在爆炸装置上发现指纹,这时可以进行查档,若犯罪嫌疑人有指纹档案,可通过比对发现作案人。

(二)调查有关人员,寻找侦查线索

1.对目击者的询问

爆炸目击人就是爆炸当时在场目击爆炸发生而未被炸死者或附近的其他

群众。这些人对什么时间、什么位置发生爆炸,什么物品爆炸,包装爆炸物品的特征,什么人如何放置该物品以及当时的前后情况,炸后如何报案、抢救,爆炸的强烈程度,当时状态等情况都可能向侦查人员提供,这可使侦查人员获得询问其他人获取不到的重要信息。

2.对受伤者的询问

一般情况下,受伤者为被报复的对象或无辜的群众。通过询问,可能从他们的口中了解到对案件侦查有价值的情况,如果被询问者是被犯罪嫌疑人所预想的爆炸对象,还可以了解到爆炸案的原因,有助于进一步确定嫌疑人范围。

3.被害人家属的询问

他们可能提供被炸死者的社会关系情况以及这些社会关系中的疑人疑事。若被害人家属是被炸伤者的家属,他们提供的情况可以起到对被炸伤者提供情况的不同作用;尤其对已没有言语表达能力的被炸伤者,其家属能起到与被炸死者家属所起到的相同作用。

4.对其他知情人的询问

对他们的调查主要是了解与案件有关的其他事实,以便发现可疑线索。

(三)从作案动机着手,调查因果联系

在实践中,爆炸案大多是针对特定的个人或集体,这种案件具体作案动机虽然很多,但多是为了解决一定的利益冲突,若判断所发生的爆炸案是该类爆炸案,就要从与所炸的被害人或单位有利益冲突的人,有爆炸作案动机的人着手,发现重点爆炸犯罪嫌疑人。

二、侦查爆炸犯罪案件的取证措施

(1)对重点犯罪嫌疑人身和落脚点进行搜查,寻找爆炸物的剩余物,制作工具与其他痕迹物品进行技术鉴定。爆炸犯罪嫌疑人在制作爆炸装置中,往往会在其人身(如指甲,衣物)上或落脚点(如住宅、单位等)处,留存有剩余的爆炸物品制作材料或微量物证,如粉末、电线、导火索、雷管、电池、剪刀、包装物、填充物等。

通过对上述场所的仔细搜查、检验就可能发现这些物证,对发现的这些物证还要做进一步的检验鉴定工作:①对粉末进行鉴定,以确定该粉末是否与爆炸现场遗留的粉末一致。②对搜出的其他可疑的爆炸装置的剩余物,也要进行检验鉴定,对电线、导火索等可以进行整体分离痕迹检验,对可能剪过导火索的剪刀要进行微量炸药的检验;雷管、电池是否与爆炸案所使用的相同。③把从现场提取的其他痕迹(如手印,脚印等)与从犯罪嫌疑人处提取的痕迹相比较,确定是否有关联。

（2）调查重点犯罪嫌疑人是否具有作案时空、动机、智能、人数等条件。发现爆炸重点嫌疑人后，可采取定时、定人、定位的调查方法或秘密地对其可能知情的社会关系、邻居、单位同事等开展调查，弄清其是否有作案时间，是否在案发时到过爆炸现场。对爆炸重点嫌疑人与所炸目标有无利害冲突，以及对嫌疑人的思想品质、生活作风等进行全面了解，并进一步查证核实。对重点嫌疑人有无爆炸的相关知识技能，有无获取炸药等制作材料的条件，要调查清楚。对结伙作案的爆炸案，要对嫌疑人平时与什么人来往密切，可能共同作案的人员等进行调查取证。

（3）通过辨认、技侦、特情等取证措施手段来获取犯罪证据。有的爆炸案，犯罪嫌疑人购买炸药、电线、电池、闹钟等制作材料，出售者、被索要者等可能认出犯罪嫌疑人，或者犯罪嫌疑人在实施爆炸行为时被人看到，有辨认条件，可请相关人员对重点嫌疑人进行人身辨认，弄清是否是相关的可疑人。如无辨认条件，也可采取技侦手段，或者使用专案特情弄清嫌疑人的作案动机、过程，以获取证据。

（4）对爆炸重点嫌疑人询问查证，弄清其是否为犯罪分子。获取爆炸重点嫌疑人的口供是取证工作的重要一步，在询问时要弄清作案的时间、地点、过程、方法，使用的工具、材料及其来源，是否有其他同案犯，并与所获得的证据相比较，便于进一步调查取证。

（5）根据案情进行模拟实验，证实口供。爆炸现场模拟实验是在现场勘验与对犯罪嫌疑人询问的基础上，为检验侦查人员的认识是否正确，证实犯罪的过程与犯罪嫌疑人的口供是否吻合，既可以防止侦查人员在分析判断案情时出现错误，也可鉴别口供的真伪，从而确定真正的犯罪行为人。但爆炸实验具有一定的危险性，因此在实施时必须绝对确保安全，以免伤及无辜。

爆炸案件是一种暴力性犯罪，一旦发生，后果极为严重。因此侦查部门要立足于预防爆炸案件的发生之上。爆炸案件中犯罪分子在预谋与准备阶段，获取爆炸物，了解爆炸对象情况需要较长时间，在这期间犯罪信息较多，易被其他相关人所了解，因此把爆炸案件制止在预谋阶段是完全有条件的。但这需要侦查部门深入开展调查，充分调动有关人员，提高发现和控制爆炸犯罪的能力，发展刑侦技术力量，力求避免公共场所爆炸案件的发生。

思考题与案例分析

1. 试述爆炸犯罪案件的特点及侦查取证措施。

2.【案例分析】2008 年 6 月 11 日 20 时 48 分，某省某市××镇大陈一村江滨露天小广场发生一起爆炸案件,致 1 人死亡,35 人受伤。现场是一面积约 35×26m 长方形空地,系群众自发的文化活动场所,案发时正在放映影片,人员密集、活动频繁。

案发后,省地市三级侦查技术人员对现场进行了认真仔细的勘查。对地面物证进行了四个层次的发现提取:首先,人工寻找、标注、提取明显的痕迹物证;其次,分区扫拢收集表面所有物品;第三,人工再次仔细观察收集细小痕迹物证;第四,根据物体抛射规律,对现场周围的店面逐家进行检查。通过勘查,提取了二百余件可疑物证,为进一步的物证分析打下了基础。

当晚,理化专业技术人员对炸药成分进行了快速检测,检出硫化物,排除 TNT 炸药、硝胺炸药,分析为黑火药类炸药。技术人员通过勘查分析,迅速确定了这是一起用自制定时爆炸装置引爆的爆炸案件。炸点距东店面 8.6 米,距南店面 18 米,距放影台桌子约 1.5 米。爆炸装置置于地面引爆,炸点表层花岗岩石有明显剥落,最深处约为 4 毫米,面积约 10 厘米×15 厘米。炸坑周围地面有明显呈圆形破裂痕。根据地面炸坑情况和周围物体破坏情况,分析炸药量不大。

次日上午 10 时左右,技术人员正在现场继续勘查时,有群众举报:6 月 10 日晚 9 时左右,在大陈二村江滨公园、距离"6·11"案发现场约 400 米处有类似放鞭炮响声。技术人员立即赶赴该现场进行勘查,提取烟花残片一枚。

在物证检验的基础上,侦查人员对爆炸装置分析:这是一种自制炸弹;起爆方式:定时器定时起爆,分析将定时器改装,用电池、电线制成定时装置,用金属丝通电加热引爆;炸药种类:有硫化物及铝、镁等金属元素,分析为烟花类火药,根据易拉罐容积,分析药量小于 240 克;包装物:用易拉罐充装炸药;附加填充物:易拉罐外侧用胶带捆绑水泥钉。6 月 13 日,物证组据此设计制作了模拟炸弹。分析系 1.2 寸烟花弹人工改装,二头用泥及胶带纸封堵。对提取的烟花残片上用于封堵的胶带纸进行技术处理,提取指印二枚。

烟花残片外面包裹有印刷品纸张,经访问,在大陈镇天门寺找到该书,为台湾出版的《净空法师讲经菁华录》第 135、136 页。在研究经书纸张时,技术人员联想起在"6·11"现场也有类似的印刷字体碎纸片出现过,立即重新对搜集的所有垃圾进行仔细查找,共找出 14 块类似碎纸片。据此分析两现场为同一人所为,其依据有:①经比对检验,"6·11"现场炸碎纸片上文字字体、字号、间距、内容与"6·10"现场印刷品上文字一致,经互联网搜索,为《净空法师讲经菁华录》的第 125、126 页内容;②两现场爆炸残留物检出的火药成分一致,均为烟花火药;③分析"6·10"事件可能为案犯试爆行为;④胶带纸上的指纹案犯所留可能性较大。

专案组根据现场勘查和初步调查访问情况,分析认为这是一起有预谋、有针对性的人为爆炸犯罪案件,报复性作案可能性极大,具体可能是针对当地政府、特定场所或人群,但可以排除恐怖袭击。刻画的作案的条件:①本地人,可能居住在现场周围的大陈镇一村、二村、三村、团结村,重点是一村、二村。②作案人数为一人,且为有独居条件的男性青年。③具有爆炸的基本常识,懂电器的基本技能。④近期有矛盾或长期有积怨,心胸狭窄,性格比较内向,与人交往处于弱势。本人或者家人有信佛的可能,住处可能有佛学书本。⑤近期可能买过烟花爆竹和饮料。⑥具备 6 月 11 日 20 时 33 分后进入现场、20 时 48 分前离开现场的时间条件。

　　请问:根据上述案情及现场勘查情况,侦查人员应进一步采取哪些取证措施才能破案?

第十一章　走私犯罪案件的侦查

第一节　走私犯罪案件的概念与特点

一、走私犯罪案件的概念

走私犯罪案件,是指以牟利为目的,违反海关法规,逃避海关监督,非法运输、携带、邮寄国家禁止或限制进出口的物品,进出国(边)境,逃套外汇,偷漏关税,破坏国家对外贸易管制,情节严重的犯罪案件。

二、走私犯罪案件的特点

走私犯罪在不同的历史时期有着不同的形式和特点。侦查人员只有了解当时当地走私犯罪活动的规律与特点,才能有效地采取相应的缉私措施。近年来我国走私犯罪呈现出以下特点。

（一）有走私,贩私的赃物可查

走私犯罪分子的根本目的是为了非法牟取暴利。所以,无论其在何时、何地,采用何种手段进行犯罪活动,都与"物"有着不可分割的联系。一般都限于当时的紧俏货以便于转手获利而不至于积压仓库,并且该货物还应是国内外差价较大的货物,以期获得丰厚的利润。现在的走私货物一般集中在汽车、钢材、成品油、化工原料以及珍贵历史文物、珍贵中药材、伪造的货币、淫秽书画、录音带等。随着我国信息产业的发展,电子产品的走私也越来越多。这些物品都能为侦查提供一定的线索。

（二）内外勾结，结伙犯罪

走私多是通过海关货运渠道入关，在通过海关检查、商品检验、港务管理等环节时极易暴露，在批发、销售环节上，也很难躲过工商、税务等部门的检查，因此，要保证走私犯罪活动的顺利，就需要上述部门中的内部人员配合。为达到这一目的，犯罪分子都会利用各种手段引诱或逼迫监管部门的人员就范。这些意志较薄弱的监管人员若禁不起考验，就可能与境外走私集团相勾结充当其保护伞，甚至为其披上"合法"的外衣，动用国家的飞机、轮船、火车乃至军舰、缉私艇等现代化交通工具肆意运输私货。尤其在重大、特大走私犯罪案件中，此类内外勾结，接货犯罪的案例屡见不鲜。

（三）有较明显的犯罪阶段

走私案件的犯罪全过程与其他类型刑事案件相比有时间长、空间大的特点。一般都要经过以下几个阶段：

（1）窥测方向，密谋策划走私的方式、手段、方法和进出境的时间以及走私渠道，准备伪造的证件、票证等。

（2）在国（境）外或国内非法购置走私货物。

（3）闯海关、混哨卡、运输或携带、邮寄走私货物。

（4）筹划隐藏赃物的手段和掩护工具，以及销赃营利。

假如不经过这些阶段，走私分子就难以达到犯罪目的。而在这些阶段中不免会暴露出种种迹象，为侦查破案提供了有利的条件。

（四）走私往往与多种犯罪交织在一起

由于走私犯罪时间长、空间广、环节多，作案过程所涉及的人、事、物错综复杂，因此决定了走私犯罪必然与其他犯罪紧密联系，相互交织。一般它与行贿受贿、诈骗、盗窃、卖淫、吸毒相联系，并交织在一起，而且会进一步刺激或引起其他刑事案件的发生。但这也为公安机关进行并案侦查创造了条件。

（五）走私活动手段狡诈，行踪诡秘

由于走私犯罪时间长、空间广，危险性大迫使犯罪分子在行为时会采取更加隐秘、多变的手法来保证走私的成功性。对于小件物品，常用私藏夹带的方式进行。如在大批量货物进口中私藏特定物品，或利用访问、参观、旅游、经商之际夹带走私。对于大件物品，一般由犯罪集团所为。他们组织严密，分工明确：在出境走私中，从收购、贮藏、中转、运送到出境，形成严密的网络；在入境走私中，从偷运入境、运输、贮藏到批发、零售，环环相扣。随着科技的发展，走私手段也比以前大为改进，智能化程度增大，大件物品也从以前的口岸闯关到突破海关严密的管理系统和防伪系统以"合法"的身份堂而皇之地出入境。

（六）走私渠道多种多样

1.海上走私模式

境外走私分子借助黑夜、大雾、暴雨等恶劣气候条件,直接进入我国海岸线与境内走私分子进行非法交易,或停泊在公海上,利用无线电或快艇通知境内走私分子前往公海进行交易。

2.陆地走私模式

主要是指犯罪分子以私藏夹带方式蒙混过关,偷逃关税进行走私;采取伪造、变造的合同和票据偷逃关税;把货物拆解后分关口走私,然后在国内重新组装、销售;使用钱财、色相贿赂海关工作人员内外勾结进行走私;利用我国保税、减税、免税的有关规定进行走私;以捐赠、赠与等名义,将合法进口的货物擅自境内销售,从中牟利。

3.航空走私模式

由于航空运输距离长、速度快,所以走私犯罪分子经常选择空运方式通过在其他空运货物中加藏毒品、金银、货币等从事走私活动。

第二节　走私犯罪案件的侦查取证措施与方法

一、侦查途径

（一）从赃物查找犯罪嫌疑人

有赃物可查,是走私犯罪案件的特点之一。因此,对海关检查中发现的走私案件,在清点、扣押、查封物品的同时,应根据报关单证、检验证明等所记载的内容及具体的操作人的情况查明货物、物品的发货人或收货人。对工商、税务机关发现、移交的走私案件,应针对货物、物品的持有人或所有人开展调查,弄清货物、物品的来源及提供者的情况。

（二）加强缉私队伍自身素质的建设

近年来,走私犯罪活动向智能化发展是一个较显著的特征。针对这一点,相应的缉私部门也应加强自身的建设。公安部门必须改善其侦查设备的现代化水平,提高缉私力度和物证鉴定的水平。海关则要加强制度管理,完善报关等一系列制度,使犯罪分子无可乘之机,有条件的地方还可引进电脑联网管理,使犯罪分子伪造的文件无藏身之地。

除此之外,海关应吸收国际上的先进防伪技术,强化防伪技术措施,提高单证、印章的防伪功能。国家也应加强法的制定,健全各项制度,特别在海关进出口操作过程中应制定一系列详细的法规,尽量杜绝法律漏洞,减少走私犯罪的发生。国内私货市场、黑市交易的存在,给走私分子购买物品偷运出境,销售进口走私货物、物品提供了相应的便利条件,从一定程度上刺激了走私活动,并使之愈演愈烈。因此,工商部门要加强国内市场的管理,使之规范化、秩序化,绝断走私货源,堵住走私货流,从而抑制走私活动。

（三）加强国内各职能部门以及与境外警方的协作

走私有内外勾结,合伙犯罪的特点。所以缉私部门既要加强国内职能部门的合作,也要加强与境外有关部门的协作。

(1)加强海关、公安、工商三个缉私部门的合作,实行"联合缉私,统一处理,综合治理"。此外,也要加强各部门内部的协调统一,形成合力。

(2)鉴于走私案件有明显的犯罪阶段,一般所需的时间较长,空间较大,环节较多;要及时有效地发现、侦破走私案件,除加强缉私部门的协作外,还必须要重视与税务、交通、邮电、港务、银行等部门的协作以及重视群众的举报。

(3)加强与国际刑警组织和港、澳警方及我国周围其他国家、地区之间的协作,广辟走私情报来源,建立系统的反走私资料档案,并在追缴赃款、赃物、引渡、移交犯罪嫌疑人、协助调查取证等方面相互支持,加强合作。

（四）并案侦查

由于走私犯罪活动流窜地域广,牵连关系复杂,以及走私货物的特定性和关联性,决定了这类犯罪案件往往与其他犯罪活动交织在一起。因此,在侦查其他诸如盗窃、卖淫、吸毒、行贿受贿等犯罪案件时,研究其是否与走私犯罪相联系,一旦发现线索便要顺藤摸瓜,发现幕后操纵者。并案侦查在一定程度上能提高办案的效率和走私案件的破获率。

（五）从海陆空几方面立体式控制走私活动的犯罪

因为走私犯罪有较强的不确定性和社会危害性,因此应以预防为主。若实行立体巡防侦查模式,则不仅能威慑走私犯罪,还能及时将走私分子人赃俱获。

1.控制陆地的重点地区

主要指各出入境口岸、保税区、陆路边境、沿海地带和私货交易市场等走私活动频繁区域。首先,要针对走私犯罪内外勾结的特点,提高海关、边防、工商、税务等部门缉私人员的素质,清除腐败分子,堵塞放私的漏洞。其次,要加强保税区和经济特区内的外贸进出口货物检查。此外,还要对境外人士捐赠物品和来料加工、来件组装的原材料及成品依法严格检查。

2.海上空中的查缉

海上缉私警应配备马力强劲的缉私艇和直升机,对领海实行 24 小时全天候巡逻。在沿海附近岛屿上可设立若干观察哨,监视各种可疑的海上船只活动。

（六）积极使用秘密侦查力量,深入开展内线侦查

使用秘密侦查力量去获取走私犯罪情报,不仅是控制走私者和走私物动态的关键性措施,也是破获重大走私集团案件和走私预谋案件的重要手段。根据有关规定和原则,挑选符合条件的对象,精心指挥,深入开展内线侦查,查清走私的具体渠道、手段及运输工具、走私集团成员及分工;交货、接货的准确地点、时间、人员及接头联络方法等情况。

二、侦查走私犯罪案件的取证措施

（一）搜查物证、书证

发现犯罪嫌疑人后,应在适当的时候对其住所、落脚点以及可能隐藏私货的地方,进行公开或秘密的搜查,寻找走私物品和为走私而伪造的批件、纳税证明、账册单据、合同文本、商检证、身份证、护照、绿卡等出入境证件。此外,还要弄清赃款、赃物的来源或去向,及时追缴,减少损失。

（二）物证鉴定

走私犯罪分子在携带走私物品偷越边境、转运私货和进行交易时,一般会采取伪装走私物品的方式来逃避侦查。因此,侦查机关要提高物证鉴定的水平,对于经过伪装的毒品,要鉴定其真伪、成分与名称;对于查获的文物字画等,应向文物专家咨询有关的技术性问题或请他们做鉴定;对走私的名贵药材和珍稀动植物,需要作生物技术检验认定真伪和名称;对查获的货币、票据、文件、身份证、护照、签证等,要确定其真伪及有关文书的书写人、制作人。

（三）讯问犯罪嫌疑人

有些走私犯罪集团案件是通过讯问才能侦破的,并且绝大多数的走私案件都属于结伙和集团犯罪性质,因此要重视讯问取证措施。凡是查获的嫌疑人,无论是来自境内或境外,都应依法对其进行讯问。在策略上,要从易到难,先审问境内走私分子中的初犯、偶犯、从犯等团伙成员,了解走私犯罪集团的成员、主犯形象和特点、组织的结构、关系网络、走私渠道、惯用的手段、接头暗号、运输、通信、武装设备等内容。由于境外的走私分子多数是走私集团的主犯或黑社会组织成员,犯罪经验比较丰富,一般不会轻易坦白交代其走私集团的内幕和后台。他们既是审讯的重点也是难点,审讯这些人,一方面要对其进行政策、法律教育,另一方面也是较重要的方面应利用有关的物证和同案犯的口供与其证言的矛盾,突破其侥幸心理防线,瓦解其思想,促使其交代走私罪行。

思考题与案例分析

1. 简述走私犯罪的特点和侦查措施。
2. 试述海上缉私的类型及方法。

第十二章　诈骗犯罪案件的侦查

第一节　诈骗犯罪案件的概念与特点

一、诈骗犯罪案件的概念

诈骗犯罪案件，是指以非法占有为目的，用虚构事实、隐瞒真相等欺骗手法，骗取公、私财物的犯罪案件。诈骗犯罪涉及范围很广，既有公民个人，也有党政机关、团体、企事业单位。

二、诈骗案件的特点

（一）犯罪分子与被害人有较长时间的接触

其他种类的刑事犯罪案件，多是以秘密的、暴力的或以暴力相威胁的方式实现其犯罪目的。即便有正面接触，也是在上述条件下短时间内完成的。诈骗案件则不然。虽然诈骗犯罪行为的背后隐藏着不可告人的目的，但实现犯罪目的的行为却不依赖任何暴力，而是以精心策划的骗局、公开的方式诱使被害人落入圈套的。诈骗犯罪的这种特点决定了诈骗犯与被害对象必须有较长时间的正面接触。犯罪分子通过这种接触，才能物色对象，试探观察，寻找弱点，设置圈套，为诈骗钱财铺平道路。在较长时间的接触中，诈骗分子的体貌特征、衣着打扮、口音，生活习惯等暴露得比较充分；在多次交往、交谈中，诈骗犯还可能在无意中暴露其真实的经历、家庭情况等情况，在签订"合同"或"协议书"时留下的字迹等，这些都为今后的侦查提供了有价值的线索。

(二)一般有书证、物证可查

诈骗案件的犯罪分子为了骗取被害人的信任,总是采取种种手法蒙骗被害人。因此很可能留下某种实物证据,如掺杂、掺假的货物,假冒的伪劣商品以及各种假单证、合同、货单、公函、身份证等;在交往和实施犯罪过程中,也会暴露出有关人员的姓名、地址、电话及往来地区的落脚点和有关企业、事业单位的名称,社会关系的通信地址等;有的犯罪嫌疑人为了取得事主的信任,可能留下书信、票证、随身物品,也可能给予被害人一些礼物、纪念品等;在犯罪嫌疑人逃跑时,也会留下携带的衣物、纸张等物品。所有这些,为侦查人员正确分析案情开展工作提供了许多有价值的线索和证据。

(三)诈骗分子多系惯犯、累犯、流窜犯,作案手法往往带有习惯性

诈骗案件从犯罪成员看,多系惯犯,其中不少是劳改期满释放人员和解除劳教人员,或者是从劳改场所逃跑的犯人,或是从劳教场所、收审场所逃跑的被劳教收审人员。他们为了掩盖其真实身份,逃避揭露和打击,通常在其住所以外的地区行骗,而且一般不在同一地区连续行骗,而是流窜各地,四处作案。一方面,这一特点给侦查造成了某些困难;另一方面,因犯罪分子非当地人,容易引起当地群众的注目,因而又给揭露犯罪分子提供了有利因素。再一方面,当犯罪分子采取某种手段行骗得手而未被发现时,往往会产生侥幸心理,继续作案。如果多次作案得手,其作案手法就会得到强化,从而形成习惯性的作案手法。这也为侦破案件提供了条件。

(四)诈骗犯罪分子的智商较高

诈骗案件中犯罪主体日趋智能化。行为人多为中青年,具有较丰富的社会阅历,交际能力强,文化程度较高,有一定的电脑操作技术和技能,懂英语,信息灵通,反应灵敏,能说会道,容易骗取善良人们的信任,有的甚至被一些地方和单位视为能人。

(五)诈骗手段多样,不断翻新

以往诈骗犯罪分子主要通过冒充各种不同身份诱使被害对象产生错觉,从而"自愿"将财物交出或满足其某些要求,以达到诈骗目的。主要有两种表现形式:一种是根据自己的年龄、气质及社会经验,选择自己熟悉的某种身份进行假冒;另一种是悉心研究,模仿某种身份的人,如华侨、港商、外国某公司的总经理、董事长或导演、教授、高干等进行诈骗。随着经济体制改革的深入,经济领域不断拓宽,经营方式呈现多样性。诈骗犯罪也出现了新的手段:

(1)利用非法集资进行诈骗。主要以优厚的回报作为诱饵,骗取投资者的投资,达到欺骗的目的。

(2)利用贷款,诈骗银行和其他金融机构。主要通过捏造事实,隐瞒真相,

获得贷款资格,从而骗取贷款。

(3)利用金融票据进行欺诈。犯罪嫌疑人伪造、变造、使用作废的或冒用他人的汇票、本票、支票进行欺诈活动。

(4)利用信用卡实施犯罪。主要通过伪造、涂改信用卡,利用遗失、被盗的信用卡进行诈骗或进行恶意透支骗取银行的资金。

(5)利用保险索赔骗取保险金。行为人通过故意虚设保险标的,故意捏造或造成保险事故骗取保险金。

(6)利用证券、期货交易进行诈骗活动。

(7)通过经济合同诈骗钱财。

(8)采取虚构事实或隐瞒真相的方法,非法侵吞破产财产。

(9)利用广告骗取用户和消费者的信任,以获取非法利益。

第二节　诈骗犯罪案件的侦查取证措施与方法

一、侦查途径

(一)详细询问被害人、知情人

1.查明犯罪分子的人身特征

通过询问被害人和知情人了解诈骗行为人自称的姓名和职业、性别、年龄、体貌特征、口音、习惯动作、嗜好、文化程度、气质风度等个人特点。

2.了解被骗经过

查明被害人在什么时间、什么地点、什么情形下与犯罪分子结识? 有无介绍人、牵线撮合人及他们的姓名、性别、身份、职业等情况,犯罪分子以何种方式介绍自己身份? 是当面自我介绍还是由第三者介绍? 有无某种介绍信? 是否出示过工作证或其他证件?

3.调查被骗财物

了解被骗物品的名称、数量、重量、体积、式样、颜色、规格、型号、产地、新旧程度和生产日期,有无突出特征或暗记。如果是巨额钱款或现金支票,还要详细询问其准确数额、标号序码、面值、兑支银行和结账号码等。

4.了解被害人的情况

了解被害人平时的思想品质、生活作风、经济状况、社会交往等,并注意鉴别有无谎报案件或虚构被骗情节,夸大、缩小或隐瞒有关事实情况,以便正确判断案件性质。

5.发现其他线索

查询诈骗嫌疑人的来去方向,有无交通工具及其落脚点、窝点？是否对被害人说过何时去往何地？找何人办何事？是否留下通信地址？是否在行骗过程中留下何种证件和字据、物品等？

(二)根据从被害人、知情人处得到的信息查找犯罪嫌疑人

1.采取通缉通报、追缉堵截等侦查措施

根据被害人和知情人提供的犯罪分子的体貌特征,被骗财物以及可能逃亡的地区,及时发出通缉通报,请有关地区公安机关协助控制和发现犯罪分子或赃物。如果接到报案及时,犯罪分子还未逃远,逃跑方向、所乘车次、航班明确,要迅速组织力量,分几路进行追缉。也可迅速与有关地区联系,抢在犯罪分子到达之前,在车站、码头、交通要道口、机场进行堵截。

2.利用书证、物证、被骗物品和其他线索查找嫌疑人

罪犯为了取信于事主,往往出示某种证件,如工作证、学生证、记者证等。这些物证可以通过对其字迹、印章和指纹的鉴定,来发现犯罪嫌疑人。对于被骗的赃物,根据被害人提供的名称、数量、商标、型号、暗记等特征,及时向有关行业或场所通报,控制赃物的销售和使用。如果被害人提供了犯罪嫌疑人使用的交通工具的特征,如汽车型号、牌号等,要以此为突破口,开展侦查。

3.寻找、辨认犯罪嫌疑人

侦查人员可以带被害人或知情人,到犯罪分子可能活动、出没的地区及场所寻找、辨认犯罪分子;也可以对案发后被拘留、逮捕或已送劳改、劳教的罪犯进行辨认,从中发现诈骗犯罪分子,以防犯罪分子甲地作案、乙地落网;还可以把嫌疑分子的照片与其他人照片混在一起,组织被害人进行辨认。诈骗犯罪成员中,有许多是屡教不改的惯犯。因此,侦查人员可通过调取、查阅曾经破获的诈骗案件有关犯罪分子的指纹、字迹、照片、犯罪手法等资料,与正在侦查的诈骗案件中的有关情况进行对照,从中发现犯罪嫌疑人。

4.并案侦查,联合破案

诈骗犯罪分子通常在其住所以外的地区行骗,而且一般不在同一地区连续行骗,而是流窜各地,四处作案并且其手法往往带有习惯性。因此,遇到几个地区相继发生系列性相似诈骗案件,各地区侦查人员应在询问被害人和其他目睹人的基础上,汇总犯罪嫌疑人的年龄、性别、体貌、衣着以及犯罪手法等特征,并组织力量,统一指挥,齐心合力,积极稳妥地开展并案侦查,联合破案。

二、取证措施

（一）从被害人处收集证据

诈骗犯罪案件一般没有明显的现场可勘查，因此诈骗案件的被害人往往是主要的信息证据来源。因为诈骗分子在实施犯罪时，与被害人有较长时间的接触，容易了解到犯罪人的一些特征，如年龄、性别、体貌特征、衣着打扮、口音，生活习惯等，而且会留有犯罪人伪造、变造的或者从他处盗来的各种证件以及留有笔迹、指印的合同、支票、提单、信件等物证和书证。

（二）通过搜查，获取罪证

诈骗犯罪案件的搜查范围包括犯罪嫌疑人及其生活住处、工作场所。搜查的对象主要是犯罪嫌疑人的人身、居所、旅店、工作和营业场所、库房、办公地点以及其他有可能隐藏赃物罪证的地方。搜查时应有重点，既要查获与诈骗犯罪案件相关的物证，也要查验与犯罪有关的证件、账单、汇单、营业执照、法人代表书，以及伪造的项目批准书、私刻的印章等书证。同时对需要查询银行账户、冻结银行存款的，必须尽快执行。

（三）进行物证技术鉴定

（1）对伪造的合同、提单、协议、收据、证件、印章印文等进行文书鉴定。

（2）对相关的财务账单、账册进行司法会计鉴定。

（3）对犯罪分子留下的指印、笔迹等痕迹进行鉴定。

（4）对商品进行鉴定，确定其真伪与质量。

（四）利用现代科学技术收集证据

诈骗犯罪是一种智能型犯罪，诈骗人有一定的文化水平和技术水平。如果侦查人员不会运用一定的现代技术，就很难收集到有关的重要证据。因此，侦查人员必须能熟练运用电脑与现代侦查技术手段，只有掌握了这些技术才能收集到保险诈骗、信用证诈骗、票据诈骗等新型诈骗案件的证据。

（五）讯问犯罪嫌疑人

犯罪嫌疑人被拘捕后，由于人证物证明显，通过讯问一般都能供述其作案过程。取得犯罪嫌疑人的供词，既能够印证已获取的其他证据，也能作为获取新的证据的有效手段，达到破一案而清他案的目的，提高办案的效率。对于犯罪嫌疑人交待的赃款赃物，要立即收缴，尽量减少或挽回经济损失。

思考题与案例分析

1.试述诈骗犯罪案件的特点及侦查取证措施。

2.【案例分析】2008 年 10 月 19 日上午 9 点,浙江省临安的女青年毛某出门办事,走在她前面的一个中年男子,左手拿件外套,右手握着手机打电话。走着走着,一沓钱突然从男子的衣服里掉了出来。毛某刚想上前叫住他,后面又跑上来一个男子,马上捡起钱塞进口袋,并拉住毛某,叫她不要出声。"我们平分。"男子说。毛某点头同意。

捡钱男子拉着毛某到了附近的一个偏僻山坡,掏出那沓钱,正准备平分时,丢钱的中年男子赶了过来:"是不是你们捡了我的钱?"捡钱男子说没有捡,毛某也说根本没看到钱。丢钱男子说,捡没捡,只要搜搜身就知道了。毛某马上把自己的各个口袋翻了个遍,身上只有几十元钱和一张银行卡。丢钱男子把钱和卡抢过去,怒气冲冲说:"你们肯定是把钱存到银行去了! 银行卡密码是多少? 我要打电话去银行查一查!"毛某被吓到了,如实把密码报给他。这时捡钱男子对丢钱男子做了个手势,表示想强奸毛某,丢钱男子会意,马上恶狠狠问毛某:"你们两人是什么关系?"捡钱男子抢答道:"我们是夫妻,没有捡过你的钱,如果你还不相信的话,我们可以证明给你看。"说着,他就把毛某往旁边的竹林里拖,毛某努力挣扎反抗,还是被捡钱男子强暴了。

事毕,站在一旁观看的丢钱男子说,他也要做一次,并威胁毛某:"我刚才用手机把你俩的过程都拍下来了,要是你不肯,我就把视频放到网上去。"接着丢钱男子也强暴了毛某,之后两人拿着毛某的银行卡和钱离开,从银行卡里取走100 元钱。被强奸的毛某回到家后,随即报了警。

请问:如何侦查这起诈骗犯罪案件?

第十三章 投毒犯罪案件的侦查

第一节 投毒犯罪案件的概念与特点

一、投毒犯罪案件的概念

投毒犯罪案件,是指作案人故意投放毒物,致使人、畜伤亡,侵害人身权利和危害公共安全的犯罪案件。投毒是一种具有悠久历史的杀人或危害公共安全的手段,与一般的暴力杀人方式相比具有隐蔽性或危害性大的特点。中毒可能是一次投放大剂量毒药直接引起死亡,或是长期投放微量毒药积累到一定的致死量以后毒发身亡。毒物进入机体的方式有很多种,可以在饮食、饮料中投放,呼吸道吸入,或被人用针管注射到血液或肌肉,甚至还可以直接插入直肠和阴道致受害人死亡。

毒物的种类很多,从化学角度看,有挥发性毒物(如氰化物)、非挥发性有机毒物(如各种镇静药、安眠药)、金属毒物(如白砒兰砷的氯化物)、水溶性毒物(如亚硝酸盐、盐卤)和气体毒物(如一氧化碳)等。此外,还有农村广泛使用的杀虫剂(如各种有机磷农药)、灭鼠剂(如磷化锌),以及有毒的植物(如钩吻、乌头)、有毒的动物(如斑蝥、毒蛇)等。投毒案件按毒物种类可以分为挥发性毒物投毒案、非挥发性有机毒物投毒案、金属毒物投毒案、水溶性毒物投毒案、气体毒物投毒案等。投毒案件还可根据毒死被害人的动机,分为报复投毒案、奸情投毒案、图财投毒案等。

二、投毒案件的特点

由于投毒方式的隐蔽性、被投毒谋杀和正常疾病死亡及自杀的相似性以及犯罪分子与被害人的紧密关联性,投毒案件具有以下特点。

(一)被害人出现中毒症状,现场遗留的物证较多

人中毒后一般会出现一定的中毒症状。由于毒物种类不同,出现的中毒症状不一样。中毒致死后,通过对尸体的解剖检验和毒物的化验,可以弄清毒物的种类和成分。如氰化物中毒死亡的死者,尸斑、两颊、口唇都呈鲜红色,胃内容物散发出苦杏仁味。磷化锌中毒死亡的,解剖尸体可见胃粘膜出血,胃壁粘有灰黑色粉末。有机磷农药中毒死亡的,死者口腔内有白色或黄白色泡沫状液体,有蒜臭味等。

投毒案件发生后,一般都有中毒死亡的尸体或中毒后被抢救的被害人,以及被害人的呕吐物、排泄物或剩余的有毒食物、饮料、药物,盛装毒物的器皿或包装物等。如果毒物伤及家禽、家畜或以家禽、家畜为杀害对象,现场上会有死亡的禽、畜。有的现场还会遗留犯罪分子的手印、足迹、随身物品等。现场的这些物证及其相互关系,能反映出投毒、服毒、中毒过程,为案件提供重要证据。

(二)投毒案件中的作案人与被害人生前存在矛盾冲突

投毒案件多数是由于私仇、奸情、恋爱婚姻家庭矛盾、邻里纠纷等因素引起,犯罪分子和受害人之间往往是熟识的,具有投毒机会和条件,犯罪即矛盾冲突激化导致的结果。这类案件大多发生在家庭成员、亲友、情人、邻居、同事、村民之间,因果关系较明显。由于使用投毒方式杀人不需要强大的体力,较为简单易行,因而女性犯罪作案的比例较高。虽然犯罪分子的作案手段比较隐蔽,但其与受害人的矛盾冲突往往为邻居、亲友、同事等周围的人所知,这就为发现投毒犯罪的因果联系及犯罪线索提供了可能。

(三)犯罪嫌疑人具备使用毒物的知识和取得毒物的条件

在投毒案件中,犯罪嫌疑人只有认识某种毒物,懂得毒物的大致性能和用法,才会采用投毒手段。毒物的种类很多,投毒的方式也各式各样。有些毒物的使用还具有地区和职业的特点。而且我国对剧毒物品实行严格控制,一般不易获得。因此,犯罪嫌疑人使用毒物杀人,表明其不仅了解该种毒物的性能和用法,而且还有获得该种毒物的便利条件。因此,可通过对犯罪嫌疑人职业、知识背景、社会关系的调查获取破案线索。

(四)投毒方式多种多样

投毒的方式手段五花八门。有的犯罪嫌疑人可能趁人不备,暗中将毒物投

入水源、食物、饮料、粮食之中,让被害人自饮自服;有的把毒药掺入中药里或装入胶囊药丸中;有的将毒剂注入瓜果、鸡蛋、罐装饮料甚至牙膏中;有的趁被害人熟睡和门窗禁闭时,用煤气或热源挥发有毒气体,致被害人窒息死亡;有的将毒物涂抹在被害人经常触摸的物体上,使被害人慢性中毒死亡;趁被害人输液时掺、换毒药或给被害人注射时加大剂量,或通过急速静脉推注,致被害人死亡伪装成医疗事故;有的以检查治病、性交或其他借口,将毒药塞入被害人肛门、阴道;有的施放放射性同位素使被害人慢性中毒死亡;有的利用毒蛇等有毒动物咬人致死,等等。

尽管投毒手段多种多样,但是犯罪嫌疑人选择使用的总是与其自身具备的条件相关,会不同程度地反映其某些方面的情况,认真分析这些客观条件,有助于缩小侦查范围。

(五)犯罪嫌疑人在作案前大多有预谋准备活动

投毒行为的特征决定了犯罪嫌疑人在犯罪前必须进行预谋准备活动。如了解毒物的性能、用法、用量;准备毒物和犯罪器具;选择投毒的时机、地点等。作案人的这些预谋准备活动,虽然大多十分诡秘,但难免暴露蛛丝马迹,案发后,通过询问群众,可能会发现一些可疑线索。

(六)犯罪现场上往往有伪装迹象

投毒案件常和服毒自杀、误食中毒事件相混,一时难以区分,并且由于犯罪嫌疑人和被害人认识,有较明显的因果联系,犯罪嫌疑人作案时总会千方百计进行伪装,以扰乱侦查人员的视线。

常见的伪装手段有:①伪装自杀,在现场伪造被害人的遗书。②根据所知的中毒症状,伪装意外事故或暴病死亡。③作案人在毒害受害人的同时,自己也服用少量的毒物,制造误服毒物的假象。④通过治疗手段,伪装成医疗事故。⑤将被毒死的被害人从高处推下或推入水中,造成高坠或溺死的假象。

由于伪装现象,有些投毒案件往往报案不及时,增加了侦查工作的难度。但通过对群众的调查和尸体解剖化验仍可以揭露这些伪装。

第二节 投毒犯罪案件的侦查取证措施与方法

一、投毒犯罪案件的侦查途径

(一)从调查因果关系入手

为了正确地实施侦查,投毒案件发生后,必须首先查明事件的性质。投毒案件的性质一般有三种：投毒谋杀、服毒自杀、意外事故中毒。如果是服毒自杀，一般会出现以下情况：死者生前流露出消极悲观的厌世情绪；死时衣着整洁；现场有剩余毒物或装毒物的器皿；装毒物的器皿上有死者拿取时留下的正常指纹；现场留有亲笔遗书，遗书上也显现出死者的指纹；死者有获得毒物的可能。意外事故中毒多系误食中毒，常见于农村、工地、集体食堂，大多是因为缺乏毒物知识。例如，将工业用盐当作食盐，误食发霉青菜、毒果、毒鱼，将装农药的器皿装酱油、醋等；封闭的工厂、矿井、公共场所、集体宿舍等因含有毒气的管道泄漏而引起毒气中毒的事件也时有发生。

分析判断是否是意外事故，应仔细调查死者家庭饮食情况，接触毒源的情况等，以排除自杀和他杀的可能。

如果发现以下情况，则可考虑投毒谋杀的可能：死者生前精神状态良好，无自杀因素；死者无获取毒物的条件；现场未发现剩余毒物和盛装器皿；现场上遗留的其他物品非死者所有；现场发现的"遗书"并非死者本人所写；现场发现其他犯罪痕迹，如尸体上有暴力加害特征。

投毒案件中被害人和作案人之间往往存在着某种关系，犯罪嫌疑人投毒常常是因为两者之间的矛盾冲突激化，因此，从因果联系入手开展侦查是侦破投毒案件的有效途径。分析因果关系，就是要研究作案人的投毒动机。投毒动机有多种，如有为报私仇的，有为掩盖罪证的，有为获取不义之财的，有为嫁祸于人的，也有为发泄对社会不满的，等等。全面研究被害人的情况，常常可以揭示出作案人的投毒动机，调查具有此种作案动机的人员，从中发现犯罪嫌疑人。

为了准确判断作案人的投毒动机，分析因果关系，应进行细致的调查了解，查明以下情况：①中毒人员和家禽、家畜的伤亡情况，如果是不特定的人或家庭受到人身或财产损失，应考虑是否出于对社会的不满。②被害人的职业、身份、政治情况、工作和生活中是否与人有尖锐的矛盾和冲突，是否存在报复的可能。③被害人的生活作风、婚姻状况、家庭关系、经济状况、社会交往、恋爱关系如何，是否存在奸情投毒或图财投毒的可能。

（二）从调查毒物来源入手

作案人使用什么毒物（医药或农药），与其知识技能、职业和取得毒物的条件紧密相关，因此发案后，可通过调查毒物的生产、销售、使用范围等情况，往往可以发现作案人的线索。

为了准确地判断投放的毒物的种类、剂量和使用方法，首先必须及时、细致地勘查现场，发现提取化验用的检材和作案人遗留在现场的各种痕迹、物证，认真询问有关人员，详细了解发案过程和现场情况。

勘查现场毒物时应特别注意以下因素：①发现和提取中毒者的呕吐物、排泄物、分泌物,以及吃剩的食物,如无剩余的食物,则应提取盛装食物的容器。②发现和提取现场上的遗留的毒物和盛装器皿、包装物和其他犯罪工具。③检验死者家中的粮食、饲料、饮用水及其盛装器皿是否有可疑异物,必要时应进行抽样化验。④如果怀疑毒气中毒,应检查室内门窗关闭情况,寻找毒气来源,注意现场有无特殊气味。⑤应当注意现场周围有无家禽、家畜、昆虫死亡情况。⑥检验中毒者尸体。检查时应注意以下问题:尸体的位置和姿势;衣服上有无呕吐物、口水、药物粉末或其他可疑痕迹;衣服口袋里有无药瓶、药包、处方或纸片;瞳孔大小特征如何;口腔和口角周围有无被腐蚀、烧灼现象;皮肤、口唇颜色特征如何;尸体上有无伤痕以及尸斑、尸僵等尸体现象如何;皮肤上是否有注射的针眼或动物啃咬的痕迹;肛门、直肠以及女性的阴道里有无毒物或其他可疑物质等。必要时,应由法医对尸体进行解剖,判明死亡的真正原因。如有毒死的家禽、家畜等,也可以进行检验。

综合现场勘查获得的信息和证据,判明所投毒物的种类,在确定的侦查范围内,进一步查明谁有可能取得投毒所用的毒物。通过认真审查接触过、保管过这种毒物的人,向有关部门或商店索取或购买过这种毒物的人,在家中存有这种毒物等具有使用毒物的知识和获得毒物的条件的人,从中发现犯罪嫌疑人。

（三）从调查作案时空条件入手

投毒人往往利用对被害人的生活习惯、身体状况、作息规律比较熟悉,对投毒地点的环境、人员活动规律有所了解的有利条件,选择适当时机,投放毒物。通过排查工作,查出具有投毒时间,熟悉投毒地点,死者出现中毒症状前同死者接触过的人,从中发现犯罪嫌疑人。当然还要注意通过第三者或其他手段间接投毒的情况,不要轻易下结论。

（四）从研究投毒方法入手

有些投毒方法只能由掌握一定知识和技能的人才可能采用,如采用注射的方法投毒,采用毒蛇杀人,利用放射性同位素致人死亡,将一般药物提高注射速度致人死亡等。查明投毒的方式方法,有利于锁定犯罪嫌疑人。

（五）从现场遗留的痕迹、物证入手

如果现场遗留有作案人的指纹、足迹、精斑或属作案人的其他物品,就可从调查鞋印、物品所属入手,或密取嫌疑人的指纹、血液等进行检验鉴别,从而发现犯罪嫌疑人。

（六）从调查疑人疑事入手

有些犯罪分子,在被害人出现中毒症状后,往往会表现出一些反常的行为,如神情紧张、坐立不安;故意拖延救治时间;被害人死亡后,不愿意验尸,又急着处理尸体;妻子或丈夫死亡后,不但没有悲痛的表现,还喜形于色,或强作悲痛,欲盖弥彰;等等。通过观察发现可疑现象,应及时调查了解,从中发现犯罪嫌疑人。

二、投毒犯罪案件的取证措施

(一)深入群众调查取证

在勘查中毒现场的同时,要根据投毒案件的特点,抓紧时间深入群众,对报案人、发现人、死者家属、亲友、邻居、知情群众以及参加抢救的医务人员等进行调查访问。围绕现场情况、被害人情况,犯罪的预谋准备活动,实施犯罪的各个环节,现场遗留的与作案人有关的物品所属等情况进行细致深入的调查了解,获取证人证言。重点查明毒物和盛装器皿、包装物及其他犯罪工具的来源、种类、数量和时间。

(二)搜查取证

作案人投毒后,其住处或工作处还可能留有未使用完的毒物以及其他犯罪工具。对犯罪嫌疑人进行人身搜查,也可能获得重要证据。在搜查过程中,要注意从犯罪嫌疑人的口袋、指甲缝中发现毒物残渣,从床底、厕所、家禽、家畜圈、垃圾堆等地方发现剩余毒物、盛装毒物的器皿、包装物以及其他投毒工具。对现场留有作案人的痕迹的案件,应注重提取犯罪嫌疑人的指印、鞋印、工具痕迹的痕迹物证,以便通过鉴定为肯定或否定犯罪嫌疑人提供证据。

(三)开棺验尸获取证据

有些投毒案件可能是在尸体被处理后很久才被揭发的。如果尸体是土葬的,经依法批准后,可以开棺验尸,但能否验出毒物视毒物性能而定,所以开棺前应当根据家属和群众的怀疑,考虑可能被何种毒物毒死,验尸能否检出毒物,而后决定是否开棺。

(四)利用科学技术鉴定获取证据

对现场提取的和搜查中发现的有关物品进行鉴定,确定毒物的种类与含量;通过笔迹鉴定,确定现场发现的"遗书"是否是死者亲笔书写;通过对现场提取的手印、足迹、工具痕迹等鉴定,确定是何人、何物所留;通过对搜查中获得的指纹的比对,排除或确定犯罪嫌疑人。

(五)通过讯问获得证据

当侦查人员掌握了一定的犯罪证据后,就可依法拘留或逮捕犯罪嫌疑人,通过审讯,获取犯罪嫌疑人的口供。

思考题与案例分析

试述投毒犯罪案件的特点及侦查取证措施。

第十四章　绑架犯罪案件的侦查

第一节　绑架犯罪案件的概念与特点

一、绑架犯罪案件的概念和种类

（一）绑架犯罪案件的概念

绑架犯罪案件,俗称"绑票"案件,是指以勒索财物或满足其他不法要求为目的,使用暴力、胁迫或其他方法劫持或以实力控制人质,并以伤害或杀害人质为要挟,向第三人提出满足其目的的犯罪案件。绑架罪是我国《刑法》所规定的侵犯人身权利罪之一。绑架一人,伤及一家,影响一片,对社会稳定和公民的生命财产安全构成严重的威胁,社会危害性极大。该罪的基本特征是:①侵犯的客体为公民的人身权利。②客观方面,表现为使用暴力、胁迫或其他方法劫持或以实力控制人质,并以伤害或杀害人质为要挟,向第三人提出满足其目的的行为。③主体是一般主体即自然人。④主观方面表现为直接故意,并以勒索财物或满足其他不法要求为目的。

（二）绑架犯罪案件的种类

根据不同的标准绑架案件可以进行不同的分类。了解绑架犯罪案件的分类才可以对症下药,采取不同的侦查对策,把绑架犯罪控制在最低限度以内。

(1)根据犯罪目的不同,主要可分为索财型绑架、复仇型绑架和政治型绑架。其中以勒索钱财为目的的绑架案件发案频率最高。

(2)根据犯罪目的多寡,可分为单一型绑架和复合型绑架。前者只具有单一的目的,要么勒索钱财,要么以满足其他不法要求为目的;而后者往往同时包含两种或两种以上的目的。

（3）根据作案的人数，可分为单人绑架、团伙性绑架和集团性绑架。单人绑架是指由一人单独实施的绑架犯罪；团伙性绑架是指由两人或两人以上，没有特殊组织形式所实施的绑架犯罪；集团性绑架是指由犯罪集团所实施的绑架犯罪。

（4）根据绑架行为的方式，主要可分为暴力型、诱骗型、礼仪型、偷盗型四种绑架案件。暴力型绑架是指以拦截、扣押等武力方式来劫持人质的绑架案件；诱骗型绑架是指以欺骗方式，引诱人质"自动"到达预定地点而加以非法拘留的绑架案件；礼仪型绑架是指以礼相待，请人质到指定地点而后实行扣留的绑架案件；偷盗型绑架是指以秘密方式偷盗不满 1 周岁的婴儿或者 1 周岁以上 6 周岁以下的幼儿的绑架案件。

二、绑架犯罪案件的特点

（一）案前有预谋活动

绑架犯罪与其他刑事犯罪相比，绑架具有巨大的风险性和作案过程的繁琐性。绑架案件不可能通过一个行为来实现其犯罪目的，必须依靠若干次行动，这就要求犯罪分子对认票、劫票、守票、联络、通风、谈判等一系列环节必须进行自认为万无一失的周密计划。绑架案件多有完整的作案方略和稳定的犯罪步骤，对犯罪对象的物色，绑架的手法方式，藏匿人质的场所，与人质的利害关系人的联系方式等因素，事先进行预谋准备或设想、设计。

（二）绑架对象特定化

为达到作案目的，绑架对象往往特定化，犯罪分子对绑架对象具有一定程度的了解。在索财型绑架案件中，犯罪分子总是觊觎一些财力较雄厚的家庭，选择与之有亲属关系或其他利害关系的人作为作案对象；在复仇型绑架案件中，绑架对象与犯罪分子往往具有经济纠纷、感情纠纷等其他瓜葛；在政治型绑架案件中，犯罪分子一般选择具有决策能力的政治人物或者外国使者等作为绑架对象，以达到要挟政府的目的。

（三）共同犯罪占多数

绑架犯罪的作案过程较繁琐、阶段性强、环节多，不仅需要事先了解情况，策划作案方略，在认票、劫票、守票、联络、通风、谈判等各个环节之中还需要一定的人力才能具体落实，因而此类犯罪单人作案不易得逞，团伙作案居多。

（四）犯罪活动时空跨度大

绑架犯罪是呈阶段性实施的，这就决定了绑架案件在时间和空间上跨度较大。从认票到劫票到谈判等这一系列环节之中,需进行若干次行动,而每一个环节既相互联系又相互独立,因而作案的跨度时间较长。同时,绑架人质、藏匿人质、与人质利害关系人联系、拿取赎金等一系列行为也不可能在同一地点完成,必然涉及多个场所,加大了犯罪活动的空间跨度,使得绑架案件中犯罪现场呈现多元化现象。

（五）犯罪行为具有二重性即隐蔽性和公开性

绑架犯罪具有多个环节,为确保各个环节得以进行下去,犯罪分子在认票、劫票、守票等阶段尽可能做到行踪诡秘,瞒天过海,具有隐蔽性的一面。但同时,由于绑架行为是由一系列环节组成的,时间跨度较大,且将人质掳离原处进行拘禁,空间移动范围广,这就增加了其暴露的可能性。而在联络、通风、谈判等阶段,犯罪分子又不得不主动与事主进行联络而留下文字、音讯等痕迹物证,甚至要与事主进行讨价还价,这又进一步决定了绑架行为具有公开性的一面。

第二节　绑架犯罪案件的侦查取证措施与方法

一、绑架犯罪案件的取证措施

通过对嫌疑人的查证,确定重点嫌疑人之后,应对其选用相应的侦查措施,获取证据,揭露与证实犯罪。

（一）调查询问

针对绑架案件的特点,围绕犯罪分子的预谋、实施犯罪等各个环节,进行深入细致的调查,走访有关群众,获取证人证言。

（二）组织辨认

辨认,是侦查某些绑架案件常用的一种取证措施。辨认的内容主要有对嫌疑人的辨认,对赃款、赃物的辨认,对现场遗留物的辨认以及对犯罪现场的辨认。绑架犯罪案件一般都有多个犯罪现场,至少存在可供辨认的劫票和守票两个阶段的犯罪现场。

1.对嫌疑人的辨认

有些绑架案件的人质与犯罪分子之间有过正面接触,人质能够比较准确地记忆犯罪分子的性别、年龄、身高、体貌、衣着、口音等特征,因而对嫌疑人进行辨认即可确定绑架犯罪分子。对嫌疑对象的辨认,可先采用秘密辨认方式,基本确认后再转化为公开辨认;譬如可先辨认照片或声音,然后再辨认嫌疑人。

2.对现场遗留物的辨认

对绑架案件中任何一个现场的遗留物品,首先应确认为何人所有,是否与犯罪有关。如犯罪分子在实施犯罪的过程中,将其随身携带的物品遗落或者在人质与之搏斗过程中脱落在现场上,侦查人员可将这些物品向知情群众展示,以确认物品的所有人及其来源。辨认物品可采用公开辨认或者秘密辨认。

3.对赃款、赃物的辨认

在索财型绑架案件中,由于被害人可以提供赃款数额、票面额和赃物的数量、种类、特征等,对查获、搜取的物品进行辨认,可以确定可疑物是否是本案的赃款、赃物。

4.对犯罪现场的辨认

由于绑架案件中存在多个犯罪现场,而人质往往不能准确陈述犯罪地点,侦查人员应根据对犯罪地点环境特征的分析,确定其大致区域,组织人质或者知情人对犯罪地点进行寻找辨认,查明实施犯罪的地点,并判断是何阶段的犯罪现场,以便进行现场勘查取证。

（三）物证技术鉴定

绑架案件中物证技术鉴定的内容包括法医鉴定、痕迹鉴定和文书鉴定等。在实施绑架犯罪时使用了暴力或其他方法致使人质被杀或受到伤害,为了确定人质或犯罪嫌疑人损伤的性质,认定致伤工具与致伤方式,需要使用法医鉴定。对绑架犯罪各现场提取的手印、足迹、交通工具痕迹以及其他遗留物,通过对嫌疑人和可疑交通工具等进行物证技术鉴定,对犯罪分子与事主进行联络或谈判时留下的文字、音讯等进行笔迹、声像资料鉴定,以获取犯罪证据。

（四）讯问取证

在掌握了一定证据之后,可以依法对犯罪嫌疑人采取拘留或逮捕措施,通过对其进行面对面的审查讯问,获取口供,既可以核实犯罪,又可以深挖线索,发现和查明新的罪行。

二、绑架犯罪案件的侦查方法

（一）询问人质亲友与知情人

侦查人员接到报案后,应立即详细询问人质亲友和知情人,了解有关案情。这对分析判断案情、明确侦查方向等,有着重要的作用。

1.询问人质亲属

询问重点是:人质的基本情况,包括人质的性别、年龄、相貌等特征,被绑架时的衣着和携带物,人质一贯表现如何,为人处世如何,最近是否有异常事情发生？最近接触了什么人？人质的家庭情况,包括家庭成员结构、经济状况、职业状况、社会往来情况、与他人有无经济纠纷、感情纠纷等其他问题。绑架发生的情况,包括人质失踪的时间,失踪经过,有无目击者,绑架者与人质亲属的联系方式、时间和次数,绑架者动机和要求为何,胁迫的内容为何等。

2.询问证人

绑架案件的证人包括目击者、知情人、人质的同学、同事、邻居以及现场周围的群众。询问重点是:案发前是否有可疑人员出现和可疑事发生;案发时现场和附近的情景如何;案发后有无反常情况出现。

（二）分析判断案情,确定侦查方向

1.判明案件性质

根据绑架犯罪分子与人质的利害关系人联系时所提出的要求,绑架人质使用的方式,及其胁迫内容来分析犯罪分子的真实意图,判明案件是属于何种性质的绑架案件,是索财型或复仇型还是带有某种政治目的的绑架案件。

2.分析犯罪分子的特征

犯罪分子的特征,除了详细询问人质的利害关系人和知情人以外,还应根据犯罪分子绑架人质的方式,及其与人质的利害关系人进行交涉时所暴露的情况作出判断,以进一步确定侦查方向和范围。对犯罪分子的特征应从以下几方面来分析:犯罪分子的人数;对人质生活环境的熟悉程度;若是电话联系,口音如何,声音有何特征,是否有伪装;若是书信联系,文化程度如何,笔迹具有何特征,是否有伪装;作案手段是否老练,是否为惯犯。

（三）监控联系渠道,深入调查发现线索

绑架犯罪都具有一定的目的,犯罪分子必然会主动多次与人质的利害关系人取得联系,以达到作案目的。侦查人员经批准,可通过对人质的利害关系人的电话、手机、传真机等通信联络工具实行秘密监控,来获得有关犯罪分子的各种线索。若联系方式是书信,可对勒索信纸的产地、邮戳和投递时间、方式进行分析研究,判断犯罪分子大致活动的范围,推断犯罪分子可能再次投递书信的场所,而实施进一步监控,发现可疑对象。若联系方式是电话,可从电话中混杂的声音背景,来分析犯罪分子的藏身之地。对受监控的电话,可查清犯罪分子的方位、使用的电话号码,以确认犯罪分子活动的具体地点,还可根据案情选择抓捕方案,争取在通话时当场抓获犯罪分子。

在采取监控措施的同时,依据已获得的各种有关情况,对可疑地进行深入调查发现线索。以电话方式联系的,在通话地及时开展访问,了解通话者的人身特征。在犯罪分子可能的活动区域内,进行秘密走访、调查,寻找人质藏匿地点,以竭尽全力解救人质。

（四）搜集证据，认定犯罪人

绑架案件中，对于已发现的犯罪分子，必须采取辨认、物证鉴定等侦查取证措施，全面搜集证据，以证实其是否为本案的罪犯。

思考题与案例分析

1. 试述绑架犯罪案件的特点及侦查取证措施。

2.【案例分析】2001 年 6 月 6 日下午 6 时 30 分许，昆明市官渡公安分局西华派出所接到江西籍男子胡重明报称：当日下午 3 时许，其在昆明搞工程装修的叔叔胡正胜被人绑架，案犯向其勒索人民币一万元。接报后，西华派出所着手开始对案件展开调查。6 月 7 日晚 7 时许，永昌小区永顺里×号楼顶太阳能板下面发现一具用纤维编织袋包裹着的尸体，经证实，死者即 6 月 6 日被绑架的胡正胜（男，42 岁，汉族，江西会昌县人）。

侦查机关迅速成立专案组，投入侦查工作。经现场勘验证实，被害人胡正胜系被人在永顺里×号楼 501 房间用绳索捆绑住四肢，用毛巾堵嘴后，用绳子勒其脖子，令其窒息而死，再用纤维编织袋包裹抛尸于该楼楼顶的太阳能板底下。经分析，死亡时间确定为 6 月 6 日 19 时到 20 时。同时，多种迹象表明，此案系多人实施、手段恶劣的绑架杀人案。另外，犯罪分子杀害胡某后，胡某的家人仍不断接到绑匪勒索电话。

经现场访问，附近群众提供了作案人的体貌特征。据被害人家属反映，作案人在打勒索电话时，要求被害人家属向其指定的银行账户付款，经调查该账户为重庆市某建行账号。同时，在调查中还发现，作案人在绑架杀人后，还抢走了被害人的手机等物。侦查员顺线追踪，经大量的调查工作很快查明犯罪嫌疑人作案后已于 6 月 7 日逃往贵阳。

请问：根据上述案情和现场勘查结果，侦查人员应采取哪些破案措施？

第十五章 贩毒犯罪案件的侦查

第一节 贩毒犯罪案件的概念与特点

一、贩毒犯罪案件的概念

根据我国现行法规,违反毒品管理的犯罪包括走私、贩卖、运输、制造毒品罪,非法持有毒品罪,包庇出售毒品获得财物的非法性质和来源罪,非法种植毒品原植物罪,引诱、教唆、欺骗他人吸食、注射毒品罪,非法提供毒品罪等。贩卖毒品是我国当前毒品犯罪中极为突出的犯罪行为,故本章着重探讨贩毒案件的侦查。

贩毒案件,是指违反国家毒品管理法规,以营利为目的,贩卖鸦片、海洛因、吗啡、大麻、可卡因、麻古、摇头丸等毒品以及国务院规定管制的其他形成瘾癖的麻醉药品和精神药品的犯罪案件。

第二次世界大战以来,世界性的贩毒活动日益猖獗,毒品滥用日益严重,毒品问题已成为世界性问题。因而,违反毒品管理的犯罪已成为世界各国防范和打击的重点。旧中国曾饱受毒祸之害。但近十几年来,这类犯罪又死灰复燃,沉渣泛起,且逐年增多。毒品犯罪不仅贻害人的健康,殃及后代,祸连无辜,而且耗费大量钱财,诱发其他刑事犯罪,影响社会秩序的安定,危害极大。因此,必须采取有效措施予以及时而严厉的打击。

二、贩毒犯罪案件的特点

（一）贩毒活动过程长，涉及面宽，犯罪线索来源较广

我国侦查机关查获的毒品，尤其是精制毒品主要来自于境外。假道我国过境贩毒的案件，由于毒源和毒品流向地都在境外，因而贩毒路线相应较长，需在境外同伙的参与下，辗转、倒手，经港、澳销往欧美。这就必然增加"过关"的次数和大量的中转环节，涉及面也就不可避免地相应扩大。目前，境外毒品经我国过境运往国际贩毒市场的路线多经过云南，一般是从云南边境城市运往昆明，再由昆明送广东、香港。内地的贩毒路线，主要有云南—四川—陕西、甘肃；云南—上海；云南—北京—东北。由于贩运毒品路线漫长，其间还可能涉及许多人员，这无疑会增加查缉毒品的时间和机会，扩大线索和证据的来源。

从我国中转出境的毒品，有一部分在中国境内销售，这必然在我国形成一定数量的吸毒者。吸毒者与贩毒者之间相互依赖，彼此间形成密切的联系，这也就是缉毒线索的重要来源。同时，广大人民群众深刻认识到毒品危害的严重性，对毒品犯罪深恶痛绝，他们出于挽救染上毒瘾的亲友，出于自己的切身利益和扫除毒品的正义感，一旦发现毒品线索，大多会主动举报，这是缉毒线索又一重要来源。此外，由于吸毒、贩毒行为人的经济收支有极为明显的变化，侦查机关和广大群众对吸毒者和贩毒者在经济上的暴贫暴富现象很容易觉察。因此吸毒、贩毒人员经济上的反常现象常常成为侦查贩毒案件的重要线索来源。

（二）贩毒多为境内外贩毒分子相互勾结的集团犯罪

贩毒犯罪活动涉及的环节较多，单人犯罪不仅难以完成，而且被查获的可能性大。同时，毒品原植物的种植、毒品制作、运送、销售等涉及许多国家和地区。犯罪分子为了顺利实现犯罪目的，境内外的贩毒分子相互勾结，以老练狡诈的贩毒惯犯为首结成组织严密的贩毒集团。集团的规模大小不等，少则几人，多则数十人，内部有严密的组织章程及管理指挥体系。犯罪成员有严密分工，有的负责购买，有的负责验收、贮存，有的负责运送、交换，有的负责监视。贩毒成员不仅自己活动十分诡秘，而且也不轻易向同伙泄露自己的底细，贩毒成员之间、贩毒集团之间虽然联系较多，但互知底细甚少。贩毒集团的头目在整个贩毒活动中仅与极少数人联系，对自己的成员也守口如瓶，不准犯罪成员一人插手过多的环节。不少贩毒集团还会因某个环节被暴露，不惜杀害同伙以掐断线索。

毒品的贩卖大多在同一集团的成员之间进行，或是在集团与集团之间进行。贩毒集团很少有直接从植毒、制毒者手中购买毒品。缉毒人员破获贩毒集

团,通常仅在贩毒过程中的某些环节上查获部分贩毒成员,很难将各个环节上的犯罪分子一网打尽。有效地打击此类犯罪,必须与有关国家和地区互相合作。

（三）贩毒手段隐蔽多样,暴力倾向明显

因贩毒行为造成的社会危害严重,被查获的贩毒分子各国法律规定给予严厉惩处。犯罪分子为了逃避打击,在实施犯罪过程中,根据当时当地的环境特点,结合自身的知识技能和可能获取的条件,精心策划与选择犯罪手段,并制定多套应急方案。因此,贩毒案件的犯罪手段往往表现出隐蔽性、多样性。如在携带、运送毒品过程中有的将毒品注入携带者胃里、塞入人体器官内;有的将毒品隐藏在汽车备用胎、车灯、水箱或车、船的夹层中;有的将毒品装入各式各样的药品、食品中,贴上标签进行邮寄或托运;有的以军服、军车、军用证件作为掩护携带毒品;有的将毒品溶解于饮料、食品之中,甚至将毒品与其他原材料混合制成某种物品,蒙混过关后再提炼还原。

有些犯罪集团已从传统的"空心藏毒""混杂藏毒"发展成为将毒品特制成常见的进出口商品作为掩护手段。大多数贩毒分子改变人背马驮、走山路、绕关卡的原始运毒方式,现在凭借汽车、火车、轮船,甚至飞机等现代化的交通工具在同一条路线上经常变换方式贩运毒品。利用长途汽车、火车贩运毒品,较常见的手法是"人货分离",即贩毒分子事先派人将毒品带入车内,自己在暗中窥视,一旦毒品被查获,否认为其所有,推脱罪责。

贩毒分子为了防止毒品、毒资被抢劫,也为了被缉毒部门查获时负隅顽抗,武装贩毒的手段多有出现,犯罪的暴力色彩越来越浓。国外的贩毒集团凭借其强大的经济后盾,往往通过各种途径获取世界上先进的武器。近年来,在我国毒害严重的云南、广西地区,枪支的滥用十分严重。一些武装贩毒集团贩毒与贩枪同时并举。因此,使缉毒斗争显得更加复杂尖锐。

（四）侦查中获取侦查线索和诉讼证据的难度较大

绝大多数贩毒案件无具有勘验价值的犯罪现场,多数是以"从人到事"开展侦查活动,侦查初期掌握有关犯罪的情况少,给分析判断案情,确定侦查方向和范围带来一定困难。

贩毒者同吸毒、购毒者以及周围群众多有过正面接触,贩毒者的人身形象有不同程度的暴露。但是由于贩毒犯罪的环节多,犯罪分子之间大多单线联系,有的贩毒者利用"马仔"和一些贪财图利不明真相的公民携带毒品,有关人员之间只知其中点滴情况;有的贩毒集团在某个环节一旦被暴露即采取"舍车保帅"方法,贩毒线索即告中断。此外,贩毒犯罪分子活动范围广,流动速度快,可以迅速从一国甲市窜到乙市,甚至从此国飞往彼国。因此,侦查中提取物证、鉴定样本、控制犯罪嫌疑人和缉捕犯罪分子都有相当大的难度。

贩毒者为了逃避惩罚,一般不轻易暴露自己的真实姓名、身份、住址,也不打听对方的情况,犯罪手法十分隐蔽,一旦被查获极力推卸罪责。另一方面,贩毒活动本身就带有黑社会性质,被查获的大多数贩毒分子为顾及自身及家人的安全,严格遵守犯罪组织的“纪律”,拒不供述毒品的来源、去向,以及贩毒所涉及的同伙真实姓名、确切住址以及相关的社会关系;有的即便交待一些情况,由于同案犯在逃,贩毒分子使用的是假姓名、假身份、假地址等原因,侦查取证十分困难。

除当场查获贩毒分子外,很难获取毒品实物证据,尤其是精制毒品数量相对较少,容易销毁,便于隐匿和混杂于类似物品中,查寻和鉴别也有一定困难。而从吸毒者手中获得的毒品经多次辗转倒手,顺线侦查取证也受诸多条件限制。

此外,国内、外贩毒集团利用金钱、女色利诱腐蚀或威胁、恐吓少数国家工作人员及有关群众,他们中有的经不住“糖衣炮弹”的袭击,有的害怕打击报复,或知情不举,网开一面,或为贩毒者提供方便条件,通风报信,甚至加入贩毒集团,给侦查取证工作带来重重困难。

第二节　贩毒犯罪案件的侦查途径和取证措施

一、贩毒犯罪案件的侦查途径

贩毒案件没有通常意义的犯罪现场可供分析,也没有形象具体、引人注目的犯罪后果可为人们及时发现并报告。同时,贩毒犯罪案件的直接被害人——吸毒者,他们不同于其他刑事案件的被害人,不仅没有向侦查机关报告的动机和愿望,反而千方百计地隐瞒自己“受害”的经过和事实。因此,贩毒犯罪案件的侦查较之于其他刑事案件有较大的特殊性,这就要求侦查人员采取有效的侦查途径,积极主动地寻找贩毒线索。

(一)从调查吸毒人员入手,发现贩毒犯罪嫌疑人

吸毒人员同贩毒者一般都有接触和稳定的联系,并对自己周围的吸毒、贩毒人员的情况有所了解。尤其是由于吸毒、贩毒双方的相互依赖性,都很关心毒品市场行情、毒品交换方式、质量等问题。同时,吸毒者为了获得更便宜、方便的毒品,彼此之间大多要交流信息;贩毒者尤其是外地贩毒者,为了吸引更多

的毒品消费者,也会利用吸毒者为其寻找、介绍买主。因而,吸毒者多掌握与之接触的贩毒者的体貌特征、语言习惯、贩毒手段方法、经常活动的地区等情况。而吸毒人员一旦被查出,对贩毒者的依赖性和信任感也很快随之消失,为获得宽大处理,大多会向侦查机关提供其所知的情况,这是侦查贩毒案件的重要线索来源。侦查人员必须设法发现吸毒人员,以便通过审查发现贩毒犯罪案件的线索。发现与审查的基本方法如下。

1. 识别吸毒者

较长时间吸食毒品者,往往会出现一些异常表现,如动作迟钝、口干舌燥、呼吸短促、脸色发黄、皮肤发红、身体消瘦、手臂上有注射毒品留下的针孔;毒瘾发作时打哈欠,操吸毒行话,出现戒断反应。如果长时间吸食毒品后会对任何人、任何事不感兴趣,行为懒惰,自控力下降,情绪变化无常。为了确定可疑人员是否为吸毒者,可以检查其身上有无注射毒品留下的针痕,再检测其瞳孔的大小和反应情况。对怀疑在短时间内吸食过海洛因的人员,可以抽取其血液、尿液进行检验。

2. 从调查摸底入手,发现吸毒者

侦查人员依靠居民、行政组织、企事业单位、团体,对本辖区和单位内的吸毒人员进行经常性的调查摸底,掌握吸毒窝点和吸毒人员,在此基础上,顺线追查,扩大线索。

3. 审查、利用吸毒人员

发现吸毒人员和吸毒事实后,及时审查,区别情况,正确处理。发现吸毒人员应查明毒品来源,追查贩毒人线索,对其中单纯吸毒者,给予严肃教育令其戒掉吸毒恶习,对长期与贩毒人有联系的,尤其是为贩毒人充当过中间人的,如果有戒毒决心并有相应的活动能力、又愿意为侦查机关工作,可以将其发展成为收集贩毒线索的秘密力量。

(二)从查控吸毒、贩毒窝点入手,控制和发现贩毒犯罪嫌疑人

在吸毒、贩毒严重的地区,吸毒人员集中的地段,地下卖淫、赌博窝点,地痞流氓麇集场所,常有组织或自发地形成吸毒、贩毒窝点,如毒品黑市交易场所、吸毒人员聚集点等。窝点内,贩毒、吸毒者、毒品掮客及其他违法犯罪分子员汇集一处,既是毒品集散地,又是吸毒场所,储存有较为集中的毒品犯罪线索。侦查人员可在治安联防人员的配合上,对这些窝点,分别情况予以处置。

(1)对于人员复杂、危害严重,难以有效控制的窝点,在查清基本情况后予以彻底摧毁,并公开宣传,以缩小犯罪分子的活动阵地。对抓获的违法犯罪分子及时进行审查,发现贩毒犯罪线索,立即组织侦查。

(2)对于吸毒、贩毒人员比较集中,但能够有控制的窝点,可以通过秘密监

视,发现并监视控制重大贩毒案件的犯罪分子,顺线追查,以扩展犯罪线索。

（3）对于隐藏较深、人员关系复杂和案情重大的吸毒、贩毒窝点,必要时可以采用"打进去"或"拉出来"的内线侦查手段,查清内幕及关系网,待条件成熟时予以彻底捣毁,然后根据所获取的线索展开侦查,扩大战果。

（三）从堵卡检查入手,查获毒品犯罪分子

堵卡检查是在毒品流经地的主要通道设立关卡,对来往可疑车辆和行人进行检查,以截获毒品;这是侦破贩毒案件,查获毒品及犯罪分子的一项常用措施。

根据缉毒斗争的需要,侦查机关依法可设立经常性的和临时性的关卡。如在一些重要的边境县、区、乡的汽车站、火车站等交通要道口设立固定的毒品检查点;根据贩毒活动的区域性特点或者根据侦查获取的情报而在犯罪分子可能途径的路线上或其中某一特定地点,设卡临时检查,以查获毒品及持毒、贩毒、运输毒品的犯罪分子。堵卡检查的方法主要如下。

1. 确定堵卡检查的重点

堵卡检查的重点包括:第一,对重点地区（如毒品集散地）的外地车辆和本地从事长途运输车辆的例行检查,查明行车的目的、来去路线及目的地。第二,在获得可靠情报的基础上,对有重大贩毒嫌疑的车辆进行特别检查,可借助仪器探测和警犬搜寻,也可以进行"过滤式"或"拆卸式"检查。第三,对装运易于与毒品混淆和隐藏毒品的面粉、白糖、石灰、化肥、油料等物资的车辆,除重点检查外,还应对货物均匀分点取样,以供化验鉴别。第四,对明显有躲避关卡检查嫌疑的车辆,除了对车辆进行仔细检查和记录外,还应要求驾驶员解释躲避检查的原因,并视情况对车辆、车上人员的物品及身体进行检查。

2. 认定毒品携带者

堵卡检查查获的毒品通常无人认领。特别是贩毒者搭乘长途汽车、火车、轮船时,使用的毒品包装物一般无表明所有者的特征,一旦被查获,往往成为"无主之物"。据此,可以使用警犬对毒品包裹物与嫌疑人进行气味识别,同时仔细检查可疑人的指甲缝、耳孔、眼窝等部位有无毒品反应,发现与询问知情人员,综合所获得的情况,认定毒品携带者。

犯罪分子常采用"人货分离"的手法贩毒,毒品的携带者通常被称为"马仔",大多受雇于他人。应通过讯问"马仔"查明"雇主"是谁以及交"货"的时间、地点及接收人与交接暗语等情况。为发现跟随"马仔"同行的"雇主",在讯问"马仔"的同时,要用相应的侦查力量观察和检查可疑人员。如"雇主"尚未被惊动,可指挥"马仔"按约将毒品送至预定地点,将取货人抓获,进一步扩大线索。

3.加强流动监视和搜索

贩毒者在接受检查的前后，往往会暴露出种种可疑迹象，如进入关卡前再次检查有伪装的物品；迫不得已抛弃自己携带的物品或与别人的物品调换；毒品未被查出而流露出由紧张到松弛的神色变化等。因此，有必要采取固定检查与流动监视、搜索相结合的查缉方法。侦查人员在不暴露身份和侦查意图的前提下，对通过关卡前后的车辆、行人进行流动监视，以查获毒品犯罪分子。

（四）从控制阵地入手，发现贩毒线索

贩毒案件的犯罪分子活动范围宽，犯罪涉及的地点多，查获贩毒犯罪分子仅靠侦查机关的力量十分薄弱，必须联防协作，加强阵地控制，发现贩毒犯罪线索。控制贩毒阵地包括区域联防阵地控制和城市阵地控制。

1.区域性联防阵地控制

侦查机关针对贩毒活动的区域性特点，根据毒品的流向，利用为打击流窜犯罪而建立的区域性阵地控制网络，补充协作内容，建立严密的缉毒控制网；以此互通贩毒犯罪情报，交流缉毒工作经验，协同打击贩毒犯罪活动。

2.城市阵地控制

城市阵地控制是区域性联防阵地控制的重要组成部分和基础。侦查贩毒案件，城市阵地控制应从贩毒犯罪的特点出发，以"三道防线"为主干，建立严密的控制网络。一是控制车站、码头、机场，这些地点既是贩毒犯罪分子进出城市的大门，又是接头联系、交易毒品、物色贩毒对象的场所。依靠有关单位职工和公安保卫组织，利用公开或秘密的控制力量，及时发现贩毒线索，监控贩毒犯罪分子的活动。二是控制市内公共电（汽）车、出租车等交通工具以及娱乐、餐饮、商场等公共复杂场所，发现有贩毒嫌疑的人员。三是控制特种行业，特别是旅店业，通过这些行业的工作人员、公安机关的治安管理人员、秘密力量，注意发现贩毒线索。

（五）从人民群众的检举揭发和有关部门提供的情况中，发现贩毒线索

贩毒案件的犯罪分子在购买、运送，尤其在物色贩毒对象的过程中，与多方面的人有接触交往，其犯罪行迹有不同程度的暴露而为人们所觉察。为此，侦查机关除了深入群众中调查贩毒情况外，还应充分依靠报纸、电视、广播等媒介，采取散发宣传资料、公开审判犯罪分子、当众销毁收缴的毒品等多种形式，号召群众同毒品犯罪做斗争，提高他们识别毒品和发现毒品活动的能力。同时，设立布局合理、使用方便、保密性好的举报电话和举报信箱；在重点地区、重点行业设立毒品犯罪举报基金，奖励有功人员，从而拓宽人民群众检举揭发毒品犯罪的线索来源渠道。

犯罪分子在贩毒的各个环节中会与有关部门接触,如有的犯罪分子携带毒品经过海关的口岸,有的犯罪分子到邮电部门打电话、拍电报与同伙联系,有的犯罪分子将贩毒资金通过银行转账、划拨,有的贩毒集团因为炼制、贮存毒品假借正当经营名义到工商管理部门注册登记等等。这些部门通过其业务工作,可能会发现贩毒犯罪线索。侦查机关应与它们密切联系,从其所提供的情况中发现线索。

(六)从审讯贩毒人员入手,挖掘贩毒线索

贩毒案件的情况复杂,涉及的犯罪成员较多,侦查人员通过侦查可能只查获其中部分,而这些犯罪分子极少是偶犯、初犯,他们有过多次贩毒活动,有的在长期贩毒活动中结识了许多贩毒分子;有的加入贩毒集团,而该集团的其他成员可能尚未落入法网;有的同多个贩毒集团有联系,不仅其本人有着未被揭露的犯罪,而且还了解其他犯罪分子的情况。对于拘留、逮捕的犯罪嫌疑人,应通过审讯查明贩毒次数、毒品的来源去向、其他贩毒人员的情况等。

二、贩毒犯罪案件的取证措施

对发现的贩毒嫌疑人,应及时采取有效措施获取犯罪证据。

(一)搜查取证

搜查是获取贩毒证据的主要侦查措施。毒品是贩毒案件的重要证据,搜查的目的主要是为了获取毒品。由于毒品量小价高,大量贩毒需要的资金多,同时毒品一经被查获处罚极重,犯罪分子大多采取多次贩运、分散隐藏、少量交易等办法对付侦查打击。侦查人员搜查毒品应在搜查措施一般原则和方法指导下,针对贩毒案件的特点,可采取下列取证策略。

1. 人身搜查策略

对依法拘留、逮捕的贩毒犯罪嫌疑人和侦查中发现的重点嫌疑人,应对其进行人身搜查。搜查时,应有1～2人担任警戒,监视被搜查人的行为,发现并解除被搜查人携带的具有杀伤性的器械物品,防止其反抗或自杀,防止其毁证灭迹。人身搜查应首先搜查其衣物饰品,重点是帽子夹层、围巾、衣领、垫肩、口袋、衣裤贴边、衬里、补丁、腰带、鞋带、鞋垫、袜底、鞋底、鞋跟、女性的乳罩与卫生带等可能隐藏毒品的部位。其次搜查其随身物品,必要时可以对其随身携带的饮料、药品、水果、香烟、打火机、钱包、相机、手杖、钢笔、化装用品等进行拆卸或破坏性检查。搜查犯罪嫌疑人的身体,要注意检查头发、耳孔、口腔、肛门、阴道等容易隐藏毒品的部位。如果被搜查人身上装有假肢、贴有膏药、扎有绷带,应在不伤害其健康的前提下,拆开检查。必要时,还应对被搜查人进行法医活体检查,或使用探测仪器进行检查。搜查中除了发现隐藏的毒品外,还应发现其身上吸毒征象,如注射疤痕、溃疡及肿块等。

2.住宅搜查策略

贩毒犯罪分子的住宅通常隐藏有毒品、贩毒资金、毒品鉴别仪器或药物、吸毒用品、贩毒记录以及贩毒活动中使用过的地图、车船票等。搜查过程中,要充分利用毒品检测设备和警犬,检查重点部位,特别要搜查不易发现的秘密处所如夹墙、地下室、地窖等,仔细检查某些物品如烧焦的锡纸、注射器、药品盒、味精瓶、罐头、饮料、柴油、肥皂、空心物品等。在搜查过程中,要仔细观察在场的被搜查人或其家属的神态表情,对他们特别注意的某些部位进行反复搜查。

3.交通工具搜查策略

各种交通工具都可能成为犯罪分子藏毒、运毒的工具。目前,我国境内的毒品犯罪分子大多利用汽车贩运毒品。因此,侦查此类案件搜查交通工具,主要是搜查汽车。实施搜查的侦查人员应熟悉汽车的结构,了解藏毒手法,对重点部位搜查,必要时也可采取拆卸或搜查,以发现隐藏的毒品及其他犯罪证据。

(二)毒品"控制下交付"取证

贩毒案件的犯罪分子大多先从别的犯罪分子那里非法购进毒品,然后高价卖出,从中牟取大量非法所得。尽管犯罪分子,尤其是贩毒集团的犯罪分子其犯罪活动十分诡秘,但贩毒活动的毒品交易环节是必不可少的。一旦查明犯罪分子交付毒品的时间、地点,即可采取秘密侦查手段,即"控制下交付"手段。这一侦查手段是国际上普遍采用的缉毒对策,巧妙运用可当场获取毒品证据,抓获犯罪分子,一举捕获贩毒集团成员。这种侦查手段许多国家通过有关法律加以认可和规范,并被联合国《禁止贩运麻醉药品和精神药物公约》所肯定。组织实施时,事先应准备必要的交通工具和通讯、录音、录像等器材,指派沉着机智、行动敏捷的侦查员在交付地点占据有利位置,架网监控。安排合理的力量,设置有利于观察的哨位,以便于快速出击。侦查人员对毒品交付地点实行了全面监控,犯罪分子前来交付即可缴获毒品及其他证据,当场捕获犯罪分子。要考虑到犯罪分子临时更换交付地点的可能性,并制定多种预备方案。对交付地点以外发现的贩毒集团的成员,可视情况采取跟踪或逮捕,以查明犯罪同伙。

倘若在侦查中发现贩毒者手中拥有大量毒品急于寻找购毒对象,侦查人员可设计购买,在毒品"成交"过程中查获毒品、缉捕贩毒者。采取设计购买这一侦查方式,必须具备以下条件:一是贩毒者手中确有大量毒品,急于出售又未找到合适买主;二是确知毒品持有人正在或将要进行重大贩毒活动,侦查机关采取其他手段无法获取购毒的直接证据;三是由化装的侦查人员或由侦查人员控制、指挥下的隐蔽力量充当购毒者,并有隐蔽力量充当中间人;四是需经侦查机关领导批准,并取得有关部门配合。实施购买设计,必须严密周详,力求万无一失。扮演购毒者的人不仅要十分可靠,而且对贩毒犯罪的有关情况应相当熟悉,具有较强的随机应变能力;监控力量必须充分,侦查指挥员能全面掌握"交付"的进展情况,可及时协调指挥各方行动;选择好缉捕贩毒者的最佳时机,能保证里应外合,一举成功;警惕贩毒者拐骗、抢劫购毒资金,防止犯罪分子挟持人质进行正面对抗。

不论在何种情况下实施控制下交付,都要注意使用各种技术手段和方法。记录固定已经发现的证据,审讯突破口的选择要适时、恰当。

(三)物证技术鉴定

侦查贩毒案件涉及技术问题较多,如发现的可疑物品是否毒品,属于何种毒品,是纯品还是混合品,毒品标准含量的换算等,有的毒品包装物与嫌疑人家中的某种物品是否为同一整体等等。贩毒案件的技术鉴定主要是对毒品的鉴定,通过鉴定查明真伪,查明制毒方式,毒品来源,毒品种类、性能、标准、含量。鉴定结论不仅是诉讼证据,其所肯定的毒品标准含量还是量刑的法律依据。

同时,毒品不仅价格高,而且又是贩毒案件中的关键性证据,因此,查获毒品后,应及时清点、过秤,贴上标签,严格管理,防止造成毁损。此外,侦查贩毒案件,还可以采取辨认、讯问、调查访问等多种措施获取犯罪证据。

思考题与案例分析

1. 试述贩毒犯罪案件的侦防策略。

2. 何谓毒品"控制下交付"取证?法律依据有哪些?

3. 【案例分析】现代贩毒犯罪的主要特点有:犯罪分子境内外勾结团伙作案,并借助电话、网络等媒介进行毒品隐蔽交易。针对上述特点,2000 年 2—4 月,广西公安缉毒部门根据贩毒情报对号码为 13507××7438 的手机进行监控。经查,13507××7438 的机主姓名为高彤娟,女,31 岁,原广西柳州市某厂职工;1998 年 7 月她因吸毒过量死亡。奇怪的是有人竟以死者高彤娟的身份证登记购买并使用手机。2000 年 3—4 月份尾号为"7438"的手机通话十分频繁,境内外的通话记录达 10000 多次。

请问:根据上述线索,应如何侦查这起涉嫌贩毒的犯罪案件?

第十六章 金融犯罪案件的侦查

第一节 金融犯罪案件的概念与特点

一、金融与金融犯罪案件的概念

研究金融犯罪的侦查,首先要了解什么是金融。简单地讲,金融就是指货币资金的融通,它涉及范围颇广,包括货币的发行和回笼,现金流通和转账结算,金融、外币和有价证券的买卖,汇兑往来,票据贴现,信托投资等等。我国实行改革开放以来,逐步实行了经济改革,由计划经济向社会主义市场经济过渡,生产力得到迅速发展,市场繁荣。但是少数不法分子乘机进行违法犯罪活动,而金融部门作为国民经济的重要部门,越来越成为犯罪分子的主要目标,金融领域的犯罪活动严重干扰了社会主义物质文明和精神文明建设的顺利进行,因此金融犯罪应严加惩处。

所谓金融犯罪案件,即涉及金融领域的刑事犯罪案件。具体是指行为人为谋取不法利益,在金融领域内所采取非法手段而实施的破坏金融管理秩序,实施金融诈骗,故意非法从事货币金融活动等应受刑罚处罚的犯罪案件。犯罪行为主要涉及我国现行《刑法》分则第三章的第四节和第五节所规定的"破坏金融管理秩序罪"和"金融诈骗犯罪"等40多种犯罪。

从其犯罪构成来分析,首先,金融犯罪侵害的客体是金融管理秩序,有些金融犯罪也可能侵害社会秩序。但是不管这些金融犯罪直接侵害了多少客体,它们都有一个共同客体,那就是金融管理秩序。金融犯罪的对象可以是人,也可以是各种金融工具。"人"具体包括遭受金融诈骗的个人,以及非法吸收公众存款罪涉及的"公众"等等。其次,金融犯罪客观方面表现为违反金融管理法规,非法从事货币融通活动,危害国家金融管理秩序,情节严重的行为。再次,金融犯罪的主体可以是自然人,也可以是单位。自然人作为金融犯罪主体,有的是一般主体,有的是特殊主体。例如,违法向关系人发放贷款罪的主体就是特殊主体,即必须是银行或其他金融机构的工作人员才能构成犯罪。最后是金融犯罪的主观方面,其主观方面只能是故意,过失不构成此类犯罪。尽管多数金融犯罪的主观方面有获取非法利益的目的,但也有部分犯罪在法律上并未要求有此目的。

二、金融犯罪案件的特点

积极有效地侦查金融犯罪案件,仅了解上述概念是不够的,还要求对其特点有深刻的认识,当前金融犯罪的主要特点有以下一些。

（一）作案手段日益专业化、智能化

金融业务种类繁多,专业性强,不熟悉金融业务知识就不可能实施金融犯罪。从已经侦破的案件来看,犯罪分子大多掌握一定的金融业务知识,有些就是金融机构的工作人员或曾经在金融机构工作过,熟悉金融业务的一般操作规程和环节。他们往往钻个别金融机构内部管理的漏洞,近来利用计算机犯罪的案件日益增多,这些案件迅速隐秘,即使发现也已经事过境迁,查找追赃极其困难,犯罪的隐蔽性、智能性、形式的复杂性等给侦查工作带来了极大的挑战。

（二）犯罪主体有组织性,或者内外勾结作案

金融犯罪涉及的金融业务特别复杂,往往不是一个人能简单作案成功的,要有多人的分工配合。其组织化程度因涉及金融犯罪,作案难度有所不同。有的是金融案件外部人员勾结进行的,有的是内部工作人员进行的,有的内外配合进行的,有的是境内外人员共同进行的,有的是上下勾结等等,有的金融犯罪案件中,从个案中牵出个别金融工作人员,又从个别金融工作人员身上发现一系列金融犯罪案件。

（三）金融机构的基层网点发案率高

一些金融部门的基层营业网点由于规章制度不健全,管理制度松弛,领导的话即是规章制度,个别工作人员思想觉悟不高,存在着防范意识薄弱,防腐蚀能力较差的问题,加之技术和设备的相对落后,给犯罪分子作案提供了便利条件。

（四）犯罪形式多样化

初期以犯罪为主的金融刑事犯罪,现在逐步转向用各种隐蔽狡猾的手段进

行。任何一项金融业务或任何一个环节,都有可能成为犯罪钻营的空隙和条件。可以这样说,随着改革开放的深入和国际金融运作方式的引入,国家每出台一项新的金融政策,社会经济生活每出现一种新的金融活动,就会滋生出一种新的金融犯罪形式。

（五）涉案金额巨大

破坏金融管理秩序的案件,作案的目标往往不是小数目,巨额获利反过来又会不断反复强化犯罪贪欲和作案心理,更加猖狂地作案。这些案件由于使用现代化工具作案迅速,再加上金融机构工作人员内外勾结,致使案件发现晚,退赃难,造成的损失较大。

（六）金融犯罪常伴有腐败现象

由于金融犯罪的某些特点,导致其必然与腐败现象互相依存;金融犯罪多是金融机构内外、上下勾结,权钱交易的产物。目前,国内发现的许多金融犯罪大案,无不有党政机关领导干部、公务人员与金融机构内部人员做后台、内应。如非法吸收公众存款案件、徇私发放贷款案件等,都有党政机关批文、领导干部批条,以及完备的手续等。反过来,这样的犯罪上下串通,盘根错节,就特别容易成为无头案、人情关系案。

（七）常会留下大量物证、书证、视听资料等犯罪证据

虽然犯罪分子手段隐蔽,但犯罪过程中还是会留下蛛丝马迹,侦查人员可以利用犯罪过程中留下的一些书证、物证,比如犯罪分子出具的信用证、保函、票据和资信证明等展开侦查,通过查证,往往能够发现破案线索和犯罪嫌疑人。

第二节　金融犯罪案件的侦查取证措施与方法

一、金融犯罪案件侦查的基本方法

（一）调查访问,了解案件基本情况

对不同的金融犯罪案件,调查访问的内容也有所不同。对受害人或受害单位举报的案件,要了解事主本人或受骗单位的基本情况,了解案件发生发现的具体经过,犯罪分子的作案手段,损失数额以及有关犯罪分子的情况。另外,还应该了解有无其他知情人,对其他知情人也要及时进行询问,以便扩大线索。

对于群众举报的案件,应该设法找到举报人,因为他们大多是受害人,应该通过对他们进行详细的访问,来查明所了解案件的详细情况。对于有关部门移

送的案件,移送的部门已经认定是犯罪案件,所以首先应该审查移送单位对案件认定的结论和理由,其次是向有关人员了解是如何发现受理案件的,做了哪些工作等等。然后再根据案件的具体情况开展下一步的侦查。

(二)金融犯罪案件的常用取证措施

金融犯罪案件的侦查途径和取证措施主要有及时查封、清查涉案账册,迅速对犯罪嫌疑人采取强制措施,查询、冻结涉案资金等等。

关于金融犯罪案件的取证措施,可根据个案的具体情况,分别采取强制措施,可以向被害人、案件移送部门询问和取证。另外,还要及时收集有关书证、物证进行鉴定,因为书证和物证往往是揭露犯罪的直接证明。必要时,还可以对犯罪嫌疑人进行讯问,并适时对犯罪嫌疑人的住所、办公住所和其他可能隐藏赃物的窝点等相关场所进行公开或秘密的搜查。搜查中应力求全面、细致。秘密搜查时一旦发现有力的证据,应及时转为公开搜查,对搜查发现的各项证据要以文字笔录、拍照、录像等方式加以记录,并依法提取、扣押。

值得强调的是,在侦查过程中,要严防犯罪分子携款潜逃。因此,侦查工作要严格保密,一旦发现了犯罪嫌疑人,就应及时采取强制措施,限制其人身自由;如果犯罪嫌疑人去向不明,则要迅速采取边控措施;如果其已逃往境外,则要通过国际刑警组织,请求有关境外警方协助将其抓获归案。采用引渡或与外国政府谈判协商的方式将其遣送回国,也是目前我国"猎狐"追逃追赃行动的举措。

二、常见金融犯罪案件的侦查途径和取证措施

(一)贷款诈骗案件的侦查

贷款诈骗案件是指犯罪分子以非法占有为目的,诈骗银行或其他金融机构数额较大的贷款的犯罪案件。近年来,贷款诈骗案件呈明显上升趋势,严重威胁着信贷资金的安全,损害了银行的声誉。遏制这类案件上升的势头,狠狠打击贷款诈骗犯罪分子,是公安机关尤其是经济案件侦查部门的一项重要任务。

贷款诈骗案件一般有编造引进资金、项目等虚假理由,使用虚假的经济合同,使用虚假证明文件,使用虚假的产权证明做担保或者超出抵押物重复担保等种类。其特点为内外勾结,共同作案,对象明确,损失巨大,作案狡猾,手段多样,等等。

贷款诈骗案件侦查方法和取证措施通常有以下几种:

(1)及时询问被害人、知情人,详细了解案件发生的经过,调查犯罪嫌疑人的姓名、职业、居住地及去向等信息,为及时抓获犯罪分子提供充分的依据。

（2）收集相关的书证、物证，具体讲就是为骗取贷款而提供的虚假文件、凭证等，对之进行技术鉴定，同时要根据"虚假文件"上所载内容进行调查。

（3）及时查明贷款去向，查封与贷款诈骗有关的一些钱物。骗取的贷款如未使用的，要予以扣押或冻结，已经使用的，要对涉案财物予以查封或扣押。为了控制赃款赃物，应当向犯罪分子可能转移或者挥霍的地区、行业、部门发出通报，请求协查。此外，还要严防犯罪分子携款潜逃。贷款诈骗案件中，犯罪分子携款潜逃的现象非常多。一旦发现了犯罪嫌疑人后，就要密切控制其动向，防止其外逃。已经逃跑的，要采取边控措施或通过国际刑警组织协助缉捕。

（4）抓获犯罪嫌疑人后，要围绕其作案手段、诈骗金额、资金去向等问题进行讯问，及时追缴赃款赃物。讯问犯罪嫌疑人是侦查贷款诈骗案件的最后一个重要环节，因此要特别注意讲求策略。

（二）非法出具金融票证案件的侦查

根据我国《刑法》的规定，非法出具金融票证罪是指银行或者其他金融机构的工作人员违反规定，为他人出具信用证或者其他保函、票据、存单、资信证明，造成较大损失的行为。该罪具体表现为以下五种作为：违反规定出具信用证；违反规定出具保函；违反规定出具票据；违反规定出具存单；违反规定出具资信证明。上述五种行为是选择性的，行为人只要实施了其中一种行为，就具备了本罪的行为要件。非法出具金融票证案件往往与金融机构工作人员玩忽职守，滥用职权有很大关系，因此常兼有以权谋私、收受贿赂的情形。这也就导致非法出具票证的犯罪有隐蔽性，加大了发现、侦破这类案件的难度。

此类犯罪案件侦查的难点在于如何确认银行等金融机构开立造成较大损失的票证行为具有非法性，但应区别这种非法性和日常工作的疏忽。因此侦查重点可以放在两个方面：一是根据银行等金融机构开立的造成损失的票证确定犯罪嫌疑人后，应立即对犯罪嫌疑人采取强制措施，并及时进行讯问；二是及时收集有关造成较大损失的证据。若解决了这两个问题，就可以大大提高侦破效率。

立案后，侦查人员应当结合立案之前初查所得的证据、线索等，根据案件不同情况正确选择侦查途径和取证措施，通常可以从下面几个方面进行选择：

（1）从调查检举、控告的材料入手展开侦查。如果控告检举材料被查证属实，开具资信证明文件的银行或其工作人员被初步认定为犯罪嫌疑人，应尽快对其采取强制措施，并及时进行讯问。

（2）从查证受害单位的报案材料的真实性入手展开调查。侦查人员应当通过调查访问、扣押等措施收集受害人由于银行非法出具金融票证而在与申请人的交易中所受损失的证据。

（3）从调查访问知情人和有关专家，查清犯罪情节、手法，认定案件性质入手，选择突破口。

（4）对犯罪嫌疑人采取强制措施，及时讯问，推进侦查。非法出具金融票证的犯罪嫌疑人大多受过良好的教育，具有金融方面的专业知识和经验。因此侦查讯问人员要仔细研究案情和犯罪嫌疑人的心理特点，充分估计他们可能采取的反审讯伎俩，制订切实可行的审讯方案。

（5）通过文书鉴定取证。在此类犯罪案件中，常会碰到诸如合同、存单的签名是否为犯罪分子字迹之类的问题，这就需要通过笔迹鉴定、印章印文鉴定来获得破案线索。

（三）信用卡诈骗案件的侦查

信用卡这个词对许多人来说已经不再陌生，它是指银行等金融机构发给公民和法人的信用凭证。持卡人可以到发卡机构指定的商店、旅馆等购物或消费，不必直接支付现金，可凭卡结算，持卡人亦可凭卡到指定的金融机构支取现金。随着经济的发展，信用卡业务不断扩大，利用信用卡犯罪的案件也与日俱增。

所谓信用卡诈骗案件，是指犯罪嫌疑人故意使用伪造作废的信用卡或冒用他人的信用卡等方法，骗取钱财，数额较大的犯罪案件。根据《刑法》的规定，信用卡诈骗案件主要有以下四类：使用伪造的信用卡诈骗；使用作废的信用卡诈骗；冒用他人的信用卡诈骗；使用信用卡恶意透支。

值得注意的是信用卡诈骗案件不但有内外勾结的特点，还有一个显著的特点是异地作案。由于信用卡可异地使用，因此信用卡诈骗往往超越辖区范围，异地甚至跨国作案，而且往往是连续作案。按照银行信用卡的操作规程，当银行获悉卡主报失，或发现某一卡号被盗用时，就会把该卡号列入黑名单，并将黑名单发至各个商户。但这需要一个过程，犯罪分子往往利用这段空档连续作案。信用卡诈骗犯罪案件的侦查取证可以从以下几方面入手：

（1）以伪造、作废的信用卡入手开展调查，对扣缴的信用卡进行鉴别，查明系属伪造还是作废的信用卡，以判明犯罪分子的作案手法。

（2）对被冒用信用卡的持卡人进行详细地询问，了解其信用卡遗失或失窃前后的经过，以判断犯罪嫌疑人的活动范围。

（3）对于恶意透支的持卡人，要询问其恶意透支的原因，以确认其主观恶意程度。

（4）如果损失较大，则要注意审查是否内外勾结诈骗，加强对商户内部人员的调查，必要时可进行特情贴靠侦查。

（四）洗钱犯罪案件的侦查

根据我国《刑法》的规定，洗钱罪是指明知是毒品犯罪、黑社会性质的组织犯罪、走私犯罪的所得及其产生的收益，为掩饰、隐瞒其来源和性质，而采取各种方法使其合法化的行为。洗钱罪主要有以下五种表现形式：提供资金账户；协助将财产转换为现金或金融票据；通过转账或其他结算方式协助资金转移；协助将资金汇往境外；以其他方法掩饰隐瞒犯罪的违法所得及其收益的性质和来源。

洗钱罪具有跨国性，多为集团性、黑社会性质的犯罪集团甚至是国际犯罪集团所操纵。而且洗钱罪过程相当复杂，手段变化多端，并出现了专业化和行业化的趋势。除此之外，洗钱活动与贩毒、走私以及黑社会犯罪有着天然的联系，再加上许多公司、银行、非金融机构和政府官员为了潜在的利润而自愿为罪犯提供必要的服务，他们接受贿赂，或自愿成为洗钱者的帮凶，这使得洗钱犯罪日益复杂化，对整个社会危害极大。

洗钱案件没有通常意义的犯罪现场可供分析，也没有印象特别引人注意的犯罪后果可为人民及时发现并报告，相反，洗钱者清洗时往往尽可能地不为金融机构、海关或警方所知。因此，要求侦查人员采取有效的侦查途径，积极主动地寻找侦查线索，洗钱案件的侦查取证一般有下列几种途径和方法：

（1）从查处跨国性的毒品犯罪案件、走私案件、有组织犯罪的赃款流向入手，展开侦查。因为洗钱罪一般是在贩毒、黑社会性质的组织犯罪、走私犯罪行为实施时才发生的。

（2）从落实查缉措施入手，选择突破口，采取查缉措施，一般需经临摹画像、组织辨认、通报协查、围追堵截、拘留逮捕几个阶段，侦查人员应从此入手，查寻线索。

（3）从讯问嫌疑人入手，展开侦查。讯问时应主要查明犯罪嫌疑人为什么为犯罪资金提供各种合法掩护，现在资金的持有人以及资金的去向等问题。

（4）从调查取证，采取搜查、扣押、冻结等措施入手进行侦查。

洗钱案件主要通过组织辨认，搜查有关场所获得书证和物证，通过询问获得证人证言，讯问犯罪嫌疑人获取口供，通过国际刑警侦查协助获取有关证据等。

思考题与案例分析

1. 试述金融犯罪案件的特点及侦查取证措施。
2. 简述洗钱犯罪的侦防对策。

第十七章　涉税犯罪案件的侦查

第一节　涉税犯罪案件的概念与特点

一、涉税犯罪案件的概念与种类

税收不仅是国家财政收入的主要来源,而且是调节分配、调控国民经济的主要手段,它是一种国家收入,而不是任何单位和个人的收入。依法纳税和征税,及时完成国家税收征收任务,对于保障国家财政收入,平衡财政收支,促进改革开放,加快建立社会主义市场经济的步伐,稳定市场物价,以及推动企业的经济改革和加强经济管理,都具有十分重大的意义。涉税犯罪是指我国《刑法》所规定的违反国家税收法规,侵害国家税收管理制度,妨害国家税收管理活动,应受刑罚处罚的行为。涉税案件则是指由涉税犯罪行为所构成的案件。涉税案件在立法上一直处于动态的变化中,虽然我国目前法律中没有明文规定"涉税犯罪"的用语,但在我国经济领域内与税务有关的案件却层出不穷。

1997 年修改的新《刑法》中主要规定了偷税犯罪、抗税犯罪、逃避欠税犯罪、骗取出口退税罪、有关增值税专用发票的犯罪、有关用于骗取出口退税的普通发票的犯罪,以及其他有关普通发票的犯罪等类型。

涉税犯罪案件,是指纳税人和扣缴义务人,故意违反税收法规,采取隐瞒、虚报等手段,不缴或少缴应纳税款或已扣、已收税款,情节严重,应受《刑法》惩罚而立案侦查的案件;常见的有偷税、骗税、抗税等类型。

二、涉税犯罪案件的特点

众所周知,我国财政收入的主要来源就是税收。可见涉税犯罪最直接的后果就是造成国税的流失,这种犯罪不仅使国家财政受到了极大损失,而且会破坏社会主义经济秩序,给国家的经济建设带来严重危害。因此,公安机关有义务加强涉税案件的侦查破案工作,为国家挽回受到的损失,维护税收的正常秩序。从涉税犯罪的侦查实践中,可总结出涉税犯罪案件具有以下特点。

(一)犯罪主体复杂,犯罪手段多种多样

涉税案件的犯罪主体不仅仅局限于公民,也可以是企事业单位,同时包括外国企业和外国人。目前,单位偷税、逃避追缴欠税、骗取出口退税、虚开、伪造和非法出售增值税专用发票和其他发票的犯罪问题呈上升趋势,且手段狡诈,已成为严重的社会问题。由于单位涉税犯罪是法人组织的整体犯罪,与一般的涉税案件相比较具有更大的危害性。统计数字表明,偷税、抗税、逃避欠税和骗取国家出口退税的手段不下百余种;有的行为人还多种手段并用,与其他犯罪相互交织,具有较大的欺骗性。

(二)跨地区、跨省作案现象突出

涉税犯罪活动的流动性大,跨地区犯罪情况严重。犯罪分子主要是利用当前我国税务机关计算机联网稽查尚未普及,人工审查稽查效率低下,周期较长,信息反馈较慢的现状,利用时间差逃避执法机关的检查。

(三)犯罪金额较大

当前涉税犯罪金额越来越大,这是涉税犯罪案件的又一特点。由此给国家造成的经济损失巨大。公安机关必须运用法律武器积极同各种涉税案件做斗争,最大限度地遏制并减少涉税犯罪给国家经济造成的损害。

(四)犯罪具有连续性

偷税犯罪行为人一般有多次偷税行为并且持续时间较长的特点。它有两方面的含义:一是某些单位或个人在某一特定应税项目上,采用多种手段,多次分别完成其偷税行为;二是指某些单位或个人,在多种应税项目上连续作案,甚至有的长期偷税。

第二节　涉税犯罪案件的侦查取证措施与方法

一、涉税犯罪案件侦查的基本方法

（一）涉税犯罪案件的调查访问

调查访问就是指围绕具体犯罪事实，对检举人、控告人和了解犯罪活动的其他知情人进行详尽细致的询问。对于涉税案件，调查访问尤为重要，因为一般的涉税犯罪都没有明显的现场可供勘查（抗税案件除外）。

许多涉税犯罪案件的线索是通过群众控告、检举揭露出来的，因此询问控告人、检举人时应着重了解涉税案件发生的时间，涉及的税种、犯罪手段、金额以及犯罪嫌疑人的详细情况，有哪些知情者等。对那些知情者也要加以详细地询问。但是要注意在调查询问时，要有针对性地运用调查询问的方法。通过询问，查明参与涉税案件的犯罪嫌疑人的各种情况。

（二）涉税犯罪案件的侦查途径

不同的案件要采取不同的侦查途径。对于群众举报的涉税案件，在侦查过程中，不能仅凭报案或者指控材料来断定事实，必须以这些材料为基础，全面地搜集与案件有关的相关材料，如会计凭证、报表和具体会计资料，从中发现疑点。对这些具体会计资料的收集和整理，要注意资料上所载内容的合法性、真实性、完整性和合理性。

对于已经掌握了一定线索的涉税案件，要从已经掌握的犯罪嫌疑线索入手，根据这些线索，内查外调。可主动深入到涉嫌犯罪的纳税人或单位，采取组织座谈，个别走访等方法寻找犯罪线索；也可采用内部查账的方式，查清资金来源、去向、用途、收支方式等。还可结合嫌疑人或单位申报的经营项目、生产经营规模、经济实力等进行分析，发现和证实犯罪嫌疑。

（三）涉税犯罪案件的取证措施

侦查涉税犯罪案件，可采取询问证人获取证人证言、通过适时组织搜查获取证据、通过技术鉴定获取证据、通过讯问犯罪嫌疑人获取口供等措施。

譬如，先要做好知情人的工作，使他们能积极配合破案工作。可以向他们询问：犯罪分子偷税、骗税的税种、税目、税率；犯罪的预谋和策划过程；作案地点；犯罪证据可能隐藏的地点等情况。必要时可用对产生怀疑的外来凭证或外地往来款项函调的方式取得对方的证明材料。

搜查是获取犯罪证据的主要措施。侦查涉税案件要及时搜查,以免犯罪分子在犯罪证据上做手脚,妨碍侦查工作的进行。搜查中要注意发现能够证明犯罪分子涉税犯罪的书面证据,如税务登记材料、账簿凭证;虚假纳税申报虚开、伪造的发票等;反映经营状况的发货票等。扣押书证和物证,最好要提取原物。

技术鉴定,主要是指司法会计鉴定和税务鉴定。通过技术鉴定,侦查人员可以得知账目中所反映的问题是否违反了财务制度,具体违反了哪些财政法规和财务制度等一系列问题。

通过上述取证方式掌握了犯罪嫌疑人涉税犯罪的证据后,就应依法及时对犯罪嫌疑人进行讯问。通过讯问来获取他们的口供。讯问之前,侦查讯问人员必须做好充分的准备,讯问时要把讯问和调查相结合,并要有针对性地进行思想教育工作和巧妙的讯问方法,才能获得最佳效果。

此外,对于暴力抗税案件等有犯罪现场的案件,还可以通过勘查现场的方法进行取证。

二、几类涉税犯罪案件侦查取证措施与方法

(一)偷税犯罪案件的侦查

偷税犯罪案件,是指纳税人和扣缴义务人,故意违反税收法规,采取隐瞒、虚报等手段,不缴或少缴应纳税款或已扣、已收税款,情节严重,应受《刑法》惩罚而立案侦查的案件。

针对偷税犯罪案件的特点,可采取下列侦查取证措施和方法:

(1)搜集纳税资料。纳税资料包括:纳税申报、纳税鉴定、纳税检查报告和检查记录、纳税缴款书、会计报表等。这些资料是认定偷税行为的基本依据,侦查偷税犯罪案件首先要收集纳税资料,并通过调查核实,查明犯罪事实。

(2)查清账目。在部分财务制度不健全或制作虚假的财务账簿、凭证的案件中,从实地查证生产、经营、获取利润等真实情况尤其重要。查账方法主要是抽查法和联系检查方法,即联系控告、检举和已掌握的线索,在账簿和凭证上查对核实。

(3)调查询问。就是要详细询问检举人、控告人和其他知情人。在这些人中,了解情况最多的往往是与犯罪分子关系密切的人。但他们却往往不愿意如实地提供情况,有的甚至为犯罪分子遮掩偷税事实。在调查摸底的基础上,选取薄弱环节进行突破;根据具体对象的不同情况,可采用不同的询问方法,有的可以当面谈话,直接提问,有的则需迂回提问。

(4)重视搜查、鉴定工作。侦查偷税案件时要适时组织搜查,以免犯罪分子

消灭证据。此外,为了获取偷税犯罪的证据,要及时组织司法会计鉴定和税务鉴定,以便对犯罪嫌疑人做出是否违反税收政策和税收法规,是否构成偷税罪,以及偷税数额等问题做出鉴定。

(5)讯问犯罪嫌疑人。实施了上述侦查措施和方法后,或多或少都会掌握一些犯罪分子偷税的犯罪证据;此刻,就应及时对其进行讯问。讯问时要灵活结合案情,针对被讯问人的具体心理状况,制定讯问计划,抓住薄弱环节,突破缺口。注意讯问与调查相结合,查清其他犯罪事实并获取犯罪证据。

(二)骗取出口退税犯罪案件的侦查

骗取出口退税案件,是指纳税单位和个人以非法占有为目的,以假报出口或者其他欺骗手段,骗取国家出口退税款,数额较大,依法立案进行侦查的案件。

骗取出口退税案件有其自身的特点。

一是涉及范围比较广。统计数字表明,全国除西藏自治区尚未发现骗税犯罪外,其他地区均有不同程度上的骗税活动的发生。有些骗取出口退税的案件会涉及多个地区,还有的甚至涉及十几个省的数十家单位。从整体上来说,骗取出口退税罪的发案率是内地少于沿海发达地区。

二是犯罪手段多种多样。主要有假报出口,伪造退税申报资料,将免税商品非法转化为已税商品出口等等。

三是集团化作案,内外勾结作案现象突出。犯罪分子为了实施其犯罪活动,千方百计拉拢、腐蚀国家有关职能部门和经济管理部门的工作人员,培植内线。这就形成了内外勾结,分工明确的集团化作案。这种案件往往带有更大的欺骗性,给调查取证工作带来很大难度。骗取出口退税案件不仅给国家造成了严重的经济损失,而且会滋生腐败,败坏党风和社会风气,危害社会的稳定,具有多重危害性;因此有必要加大惩治力度。

对于骗取出口退税犯罪案件的侦查取证工作,应依法充分运用各种侦查手段:

(1)加强秘密力量的建设和阵地控制,为了及时获取可靠的证据,迅速破获案件,不但要密切掌握犯罪嫌疑人的一举一动,必要时还可在外贸企业、进出口部门建立特情。

(2)充分发挥协查通报的作用,加强各地公安机关的协作与配合,特别是涉案地区的公安机关,更要发扬彼此之间的协作和互助精神。倘若在工作中发现不属于本地区、本部门管辖的犯罪案件,须及时移送。

(3)注重同税务、海关和银行的联系,收集他们在日常工作中发现的涉嫌骗取出口退税犯罪的线索。一旦发现异常,就可以展开调查,重点是对增值税专用发票的真实有效,即海关报关单的真实有效程度进行调查鉴定,选择适当时机,抓获犯罪嫌疑人。

思考题与案例分析

试述涉税犯罪案件的特点及侦查取证措施。

第十八章　计算机网络犯罪案件的侦查

　　依照《中华人民共和国刑法》的规定,涉及计算机犯罪的罪名主要有两条,即第 285 条的非法侵入计算机信息系统罪和第 286 条的破坏计算机信息系统罪。在现代技术高速发展的今天,这两个简单的条文已远远无法满足现实的需要。就总则而言,在计算机犯罪刑事责任、共同犯罪、既遂与未遂、单位犯罪等方面均存在缺失。就分则而言,计算机犯罪罪名的缺失(如电子货币犯罪、不特定多数人犯罪等),也直接影响了对计算机犯罪的打击力度。① 鉴于计算机犯罪的特殊性,本章着重介绍计算机犯罪的特点及其侦防措施。

第一节　计算机网络犯罪案件的概念与特点

一、计算机网络犯罪的概念

　　正确理解计算机犯罪的概念,确切把握其内涵与外延,将有助于界定计算机犯罪的构成要件和立法取向,也有助于在不断变化的犯罪手段、方法、范围等方面更好地把握计算机犯罪的实质所在。关于计算机犯罪的概念,国内外有不同的学说,归纳起来大致有下列四种:

　　(1)工具说。此类学说认为计算机犯罪是以计算机作为犯罪工具的犯罪。典型的如美籍华人刘江彬认为"所谓计算机犯罪指以计算机为工具,采用非法手段使自己获利或使他人遭受损失的犯罪行为。"②此种观点似乎显然过于狭

---

① 王晓.计算机犯罪理论反思和立法回应.公安学刊.2001(6):18.
② 刘江彬.计算机法律概论.北京:北京大学出版社,1992:153.

隘,将以计算机资产(包括有形资产如硬件和无形资产如数据库)作为犯罪对象的犯罪行为排除在外了。

(2)相关说。中国政法大学信息技术立法课题组认为是"与计算机相关的危害社会并应处以刑罚的行为。"此定义中"相关"一词范围太广,按这种说法如果盗窃商店里尚未出售的计算机也成立计算机犯罪,这似乎亦欠妥当。

(3)信息数据说。有人认为计算机犯罪是以计算机系统内的信息数据为犯罪对象。如孙铁成以为"所谓计算机犯罪,是指针对和利用计算机系统,通过非法操作或者以其他手段对计算机系统内数据的安全完整性或系统正常运行造成危害后果的行为。"[①]此说的缺陷显而易见,如盗用计算机资源(应包括盗用计算机上机机时和存储空间的行为),以及传授犯罪方法的行为未考虑在内。[②]

(4)工具加对象说。有人以为计算机犯罪是"指以计算机为工具或以计算机为对象实施的危害社会的应受刑罚处罚的行为。"[③]这一概念的缺陷在于对"工具"一词界定不明,使人产生将计算机作为普通犯罪工具使用如打字时也列入计算机犯罪。另一方面,"对象"一词也不明确,如盗窃计算机设备就一定要列入计算机犯罪,似乎也不妥。

综上所述,笔者认为,所谓计算机网络犯罪,应该是一个广义的概念,是指将计算机作为特定的犯罪工具或者以非法手段对计算机信息系统内的数据作为攻击对象以致对系统正常运行,安全性和完整性足以产生危害的行为以及通过网络实施传播淫秽物品、传播犯罪技巧、盗窃、欺诈、走私、洗钱、侮辱、诽谤等犯罪行为。

二、计算机网络犯罪的特点

(一)主体的普遍性和低龄化

随着网络应用的日益普及,计算机操作成为人们谋生的一种技能和日常必需,使用计算机网络的人群从以往的专门人员向大众转化。学龄前儿童计算机教育的开展,使许多青少年已熟练掌握了这一技能,并且计算机易诱使未成年人沉溺于其中。

---

① 孙铁成.计算机与法律.北京:法律出版社,1998:50—51.
② 关于传授犯罪方法,牵涉到行为人针对不特定人传授犯罪方法的问题,其社会危害性远远大于使用传统方法传授犯罪方法。另一方面,传授的范围包括有传授杀人、抢劫、危害公共安全等严重危害社会行为的方法、手段,如依现行《刑法》理论直接以传授犯罪方法罪定罪处罚,会导致重罪轻罚的可能性。
③ 罗锋,鲍遂献.计算机犯罪及其防控措施研究.中国刑事法杂志,2001(2):37.

在受不良影响的情况下,造成越来越多的未成年人进行计算机犯罪。另一方面原因在于计算机人群中存在的不正确认识,有的以破译密码进入计算机系统为技术高超的表现,加上法律意识淡薄,以此来满足其好奇心。

（二）日益严重的社会危害性

计算机网络犯罪对于政治、经济、金融、文化、社会秩序等各领域的渗透,几乎所有的社会关系均会成为侵犯的对象,造成的损失可能几十倍甚至几百倍于传统犯罪,而且真正造成的损失可能比已有的统计要大得多。网络犯罪的发展速度就如同计算机技术自身发展一样速度惊人,不得不引起社会的高度重视。

（三）犯罪手段的抽象性和无国境性

计算机犯罪是通过程序、数据等的电子传输来实现的,犯罪过程不同于传统犯罪,可以远程地甚至是跨国境地实施犯罪。这种犯罪不受时间、地点的限制,不留下任何犯罪的痕迹,因此从直观上可以称之为"无形犯罪"。

（四）侦查取证的困难性

电子数据证据本身的收集难、易删改的特点,加上犯罪现场几乎不遗留痕迹以及跨国作案等情况,不仅使计算机犯罪很难发现,而且即使发现了还有追踪困难及国际司法协助、侵犯人权等问题,使得许多计算机犯罪逍遥法外。计算机技术的发展本身是一把"双刃剑",运用得好将为社会发展带来极大的利益,运用得不好会成为犯罪分子作案的称心工具,不仅增加了作案的隐蔽性,而且也成为取证时的"数据"障碍。最主要的问题一方面是计算机网络管理的非中心化,即没有一个管理全球网络的权威机构;另一方面是无传统意义上的犯罪现场。

（五）犯罪领域不断扩大

随着计算机网络技术的发展和成熟,不仅利用技术本身实施犯罪的手段日益成熟(如侵入他人系统、制作病毒等),而且运用计算机实施其他犯罪的领域也在不断扩大(如盗窃、传播犯罪方法、传播淫秽物品、侮辱诽谤等)。因此,随着计算机技术的进步,有必要依据情势不断调整、增加罪名,从而能适应打击计算机犯罪的需要。

第二节　计算机网络犯罪案件的侦查取证措施与方法

基于上述对计算机网络犯罪特点的分析可以知道,这类犯罪的技术性、专业性很强,需要侦查人员具备计算机专业知识,在必要时需借助于专家的鉴定。

一、计算机网络犯罪线索的发现

发现计算机网络犯罪线索的主要方法有：

(1)对于某些通过网络实施的犯罪，如网络传播淫秽物品，其犯罪现象可以很快通过监控中心一类的机构发现。此时，通过对传播者进入网络的注册地址、时间进行追踪或在线追踪，能够发现其犯罪的线索。

(2)对于某些隐藏性强的计算机网络犯罪，可以从使用中发现的某些异常现象入手寻找线索。这类犯罪行为人目的往往在于潜入信息系统窃取、删改、破坏计算机数据，因而会造成信息系统的异常现象。当出现异常现象时，应对此现象进行排查，以便确定其产生的原因。如果可以认定是计算机犯罪，则应立即对系统进行保护，以防可以作为证据的重要数据丢失。

(3)对于在计算机房等重要处所发生的外人入室现象，如入室盗窃，应充分考虑是否有删改、破坏计算机信息系统的可能性，要进入系统进行认真的勘验。

二、计算机网络犯罪的侦查取证

(一)现场勘查

基于计算机操作的特点，计算机网络犯罪现场可以分为两类：一类是作案现场，即犯罪分子实施犯罪的现场。另一类是犯罪受害现场，即遭到删改、破坏的信息系统设备所在地。

1.对作案现场的勘查

如果能够通过网上追踪及时发现作案现场的，则有必要立即对现场进行封锁，保护好犯罪分子可能遗留的各种痕迹和计算机内的数据、文件等。在公共场所实施的犯罪行为，如在图书馆内上网，可以通过对登记记录的排查，也可以通过询问这一时段在此上网的人员，从而获取有关线索。

主要的实地勘验措施有：

(1)巡视现场，划定范围。以作案电脑为中心，考虑犯罪分子进出现场的可能路线，划定勘验范围。

(2)初步勘验。寻找和发现犯罪分子出入路径和活动路线，作案中心地点和犯罪分子活动时遗留的痕迹、物品，用粉笔加以标记。在初步勘验前，应先进行方位照相和全貌照相。

(3)详细勘验。主要工作有：采集指纹、足迹；收集犯罪分子遗留的物品；如有可能立即封存计算机信息系统，对正在运行的计算机则记录其工作状态和参数;封存各种备份、打印结果、上机记录等;查清现场设备的配备情况和各种缆线的走向,查清是否有外接的辅助设备。

在实地勘验的同时,应进行侦查询问。这对于公共场所实施的计算机犯罪尤为重要,可以对上机人员、管理人员等询问了解犯罪分子的体貌特征等线索,以便及时追捕。

2.对受害现场的勘验

受害现场一般不会留下犯罪分子的传统痕迹,这是由计算机犯罪的无形性所决定的。但是,受害现场的设备会留下信息闯入的记录。如在设备遭到破坏的信息系统中,系统会记录下进入的时间、途径等信息。因此在查明设备遭侵入受损或被删改的情况下,应及时修复系统以便提取重要的犯罪线索。

(二)分析电子证据

对于指印、物品等传统证据的分析鉴定,在此不再赘述。针对计算机网络犯罪数字化的特点,分析鉴定的重点在于系统内的数据。

1.数据恢复

犯罪分子在作案后,往往会破坏现场证据,恢复被删改、破坏的数据显得尤为重要。① 对查获的磁盘或硬盘不能直接进行检查,首先应该对其中的数据进行复制。在检查或恢复数据资料时,有可能导致重要数据的丢失,因此应慎重选择电源保护器。同时也不能在查获的计算机上处理数据,因为犯罪嫌疑人可能在其中设下了圈套。②

2.对比分析

将收集到的各种程序、数据的备份与当前运行的程序、数据对比分析,从中发现可能被删改的地方。

3.文件指纹特征分析

该方法可运用于确定文件最后删改的时间,因为每一个文件的尾部会保留该文件生成当时的内在数据,这些数据可以用于判断时间。③

(三)计算机数据证据的定位与认定

从定位方面来看:计算机数据能否作为证据使用,即其在证据学上的地位,不同的国家对此认识不一。英美法系有两条重要规则即最佳证据规则和传闻证据规则,在证据法上起重要作用。所谓最佳证据规则指只有文书的原件才能作为证明该文书内容的证据被采纳,其例外是凡当事人能够证明原件已无法取

① 被删改的文件在磁盘中实际上只是被释放出空闲空间,被删改的文件仍然隐存着。这样通过数据恢复,可重现被删改的文件。

② 贝尼特等.犯罪侦查.但彦铮,翁里等,译.北京:群众出版社,2000:538.

③ 王国民.现代刑事侦查学.北京:中国人民公安大学出版社,2000:642.

得(包括遗失、灭失等情况)或基于直接输入而无原件,相同内容的复制件或抄写本可以成为证据。所谓传闻证据规则是指基于抗辩式审查,只有亲自出庭作证的知道某犯罪事实的证人证言才被采纳为证据,即传闻证据不具有可采纳性。其例外规则是第一手的传闻证据即知道某事实的人就该事实所做的庭外陈述可成为证据,由此可以包括计算机存储的数据及输出的文书等。一般来说,各国均将计算机数据及其输出文书作为证据,当然也规定了一定的限制条件,这主要考虑到数据证据其自身的特点而采取的:如以电磁或光电形式存在于电脉冲或磁性材料中,本身易于被删改,只有通过屏幕显示或打印方式才能为人们了解等。

从立法取向上看,笔者认为应建立包括采用电子数据的新证据分类及此类证据的运用规则的一套新的体系。

从认定方面来看:一般来说,电子数据证据如果具有客观性、关联性、合法性,可以认定其具有证明力。下面就电子数据证据中的几个问题加以探讨。

(1)行为人非法进入计算机系统或依系统自动生成的某一数据而在系统或网络服务器中留下的"痕迹",如进入的时间等,如何认定其效力?从此类"痕迹"的存在形式和内容来讲,应是客观存在的,而且与行为人进入系统的事实客观联系,只要其收集、提取的程序合法,可以认定为是有效证据。

(2)经过整合后的数据可否作为证据?如果作为单个的数据都是客观存在的,经过整合往往带有操作者切入的视角和为了证明事实而带有的主观性。但是,如果所作整合的方法具有客观科学性的话,其结论一般也会具有客观性,即"证明数据的产生是由于事实的经过而产生的真实结果",[1]也可视为证据。

(3)法官对于证据的认定是否带有主观性?回答是肯定的。国外从"神明判决、法定证据、自由心证一路走下来,每前进一步都付出了重大的代价,每前进一步也获得了巨大的收益"。[2] 但问题在于"心证"的规则是什么?除了一些证据规则之外,就只有凭良心了。所谓的良心具有相当的主观性,再加上数据证据本身易被删改而不易察觉,最终引导的结果会导致对事实的真实性把握不准。对事实的真实性(真实性随情势变化和本身所包容的真假程度)判断需要有完善的证据规则来规范。除英美法系的证据排外规则之外,从程序上严加规范将是今后立法的趋势。对于这个问题的探讨将更有利于构建新的证据制度体系。

---

① 孙铁成.计算机与法律.北京:法律出版社,1998:42.
② 陈敏.传统证据法的贫困.北京:中国检察出版社,2001:143.

三、计算机网络犯罪的司法控制体系

（一）建立全国性的计算机信息系统监控队伍

一方面要在全国范围建立一套系统的监控网络安全运行系统，从防患于未然的角度全方位进行监控。另一方面要建立"电子警察"一类的专门性组织，针对违法犯罪行为作专项斗争。

（二）建立和完善司法控制体系的程序机制

从打击计算机犯罪和保护隐私权等人权角度出发，完善计算机监控、行政管理的工作程序和侦查、立案等程序，使正当的程序在司法实践中真正体现。

（三）配备最先进的高科技装备

与犯罪分子做斗争需要有强有力的武器，而与计算机犯罪做斗争则需要先进的设备。高科技的迅速发展，为计算机犯罪提供了各种各样的犯罪工具和手段，并且此类犯罪本身具有的隐蔽性特点，使犯罪行为人的踪迹很难发现，如何提高"电子警察"的装备成为当务之急（不仅涉及技术问题，而且还涉及设备快速更新的资金问题）。

（四）建立举报计算机网络犯罪中心

由于存在犯罪黑数的问题，有的学者建议建立强制报案制度。① 笔者认为这在目前并不可行，即使实行这一制度也可能会流于形式。倒是可以考虑建立举报中心，对于举报计算机网络犯罪者予以奖励，可以是从犯罪所得中按比例奖励和政府出资奖励相结合的形式。

思考题与案例分析

1. 试述计算机网络犯罪案件的特点及侦查取证措施。
2. 试述网络犯罪的类型及其侦防对策。

---

① 赵秉志，于志刚.计算机犯罪及其立法和理论之回应.中国法学.2001(1):39.

第十九章　有组织犯罪案件的侦查

　　有组织犯罪是一种全球性的犯罪现象,其危害程度已为国际社会所公认。从中国现状着眼,有组织犯罪虽处于初级阶段,但其犯罪领域在不断拓展,危害程度在不断加深,并出现了国际化、高科技化、"合法化"等趋势,已严重损害社会主义市场经济秩序的稳定,影响我国进一步对外开放的政策落实。因此,研究探讨有组织犯罪问题的侦查对策,在中国入世之后尤为必要。

第一节　有组织犯罪的概念与特点[①]

一、有组织犯罪的概念

　　迄今为止,法学界对"有组织犯罪"概念的界定众说纷纭,尚未形成普遍认同的定义。国际社会关于"有组织犯罪"的定义大致可归纳为以下几种:

　　(1)安德鲁·博萨的观点是"有组织的犯罪实际上表现为一个相对独立的社会。生活在合法团体的外面,有自己的章程、自己的组织、等级和严厉纪律,利用一切手段实现它们的目标,即最大利润。"[②]

　　(2)德国议会在1992年则认为"有组织犯罪是指由数个犯罪嫌疑人或组织有计划地实施的旨在获利的犯罪行为。各犯罪嫌疑人或组织在较长时间或不确定时间内,利用企业或商业组织,使用暴力或其他恐怖措施致力于对政策、传媒、司法、经济等施加影响。"[③]

---

① 翁里,王晓,徐公社.中国现阶段有组织犯罪的侦防对策.侦查,2003(1):31.

① 翁里,王晓,徐公社.中国现阶段有组织犯罪的侦防对策.侦查,2003(1):31.
② 安德鲁·博萨.跨国犯罪与刑法.陈正云等,译.北京:中国检察出版社,1997:109.
③ 徐久生.德国犯罪学研究摘要.北京:中国人民公安大学出版社,1995:118.

(3)有的国外学者定义为"两个或两个以上的人为了同一持续性的目的,向他人提供违禁物品或进行卖淫和高利贷剥削,以及实施抢劫、偷盗之类掠夺性的犯罪活动。"①

(4)国际刑警组织总秘书长雷蒙德·肯德尔的观点是"所谓有组织犯罪是指一些集团,在其组织内长期有一些志同道合的人们共同从事违法犯罪活动,其目的是尽一切可能尽快地牟取暴利。"②

(5)联合国于1991年10月在莫斯科举行的"反对有组织犯罪国际研讨会"最终给有组织犯罪作了如下定义:"有组织犯罪,是指由故意犯罪者操纵和控制的,组织结构相对稳定,具有逃避社会控制之防护体系,使用暴力、恐吓、腐蚀和大量盗窃等非法手段所实施的集团性犯罪活动。"③

有组织犯罪的组织结构是一种具有核心领导层、其成员有等级之分、分工协作较为明确并且游离于主流社会边缘的隐性组织。再从有组织犯罪目的来看,此类组织为了生存而追求非法经济利润似乎是它们的共性,对其是否谋求政治权力或社会地位尚存不同见解。笔者认为,实际上恐怖组织是有组织犯罪的最高形态,因为恐怖组织几乎包容了一切有组织犯罪的表现形式,在组织结构、行为手段等方面完全雷同,甚至有过之而无不及。

因此,笔者认为有组织犯罪可以定义为:是指由三人以上组成的具有严格等级制度、内部分工明确、纪律严明的共同体,常以实现某些政治或经济利益而不择手段所实施的一种共同犯罪行为。

二、有组织犯罪的特点及演变

(一)有组织犯罪的特点

1. 严密的组织性

一个有效率的组织之所以成功,很大的特点在于其严密的组织结构,这是有组织犯罪的本质特征。如果将犯罪视为一种"行业",那么这种"行业"是高利润与高风险并存的。只有一个纪律严明、分工协作的组织,才能完成现实中极其复杂的有组织犯罪行为。有组织犯罪的组织性表现在:

(1)有领导核心,成员之间有级别层次。在有组织的犯罪中,首先由几个核心人物树立其在组织中的权威。这种权威来自于领导协调的才能,因此核心人物一般都具备丰富的犯罪经验与反侦查知识。同时成员在这种组织中等级森

① 贝尼特等.犯罪侦查.翁里,徐公社等,译.北京:群众出版社,2000:619.
② 雷蒙德·肯德尔.犯罪集团的国际问题.世界警察参考资料.1993(4):16.
③ 冯树梁.中国预防犯罪方略.北京:法律出版社,1994:837.

严,上下级之间是绝对服从的关系。

（2）明确的分工。如同社会中的法人一样,有组织犯罪组织也会按各人特长分配任务,使成员之间分工协作以期达到最高的效率。

（3）严厉的章程。这种组织章程一般有三种形式:一是形式上的规范,如加入组织时进行入会仪式。二是行为规则,规定允许行使何种行为。三是奖惩制度,如成员的行为破坏了章程时应受何种处罚等。

（4）组织及其成员的相对稳定性。

2.犯罪行为的连续性和多样性

有组织犯罪集团的成立,目的就在于较长时间内能实施多次或不定次数的犯罪以谋取暴利;况且他们往往染指多种犯罪类型,并且需要持续作案。

3.严重的社会危害性

有组织犯罪组织尤其是恐怖组织、黑社会组织等高级形态已成为一种可以与社会相抗衡的恶势力。其主要原因是有组织犯罪一般都经过精心的策划,由不同层次的成员分工完成,不择手段地攫取财物,有一定的经济实力;同时其成员往往有合法的身份作掩护,有些甚至取得"保护伞"的关照,称霸一方。司法机关的侦查工作也因此较难深入开展。

4.强烈的反社会性

反社会性是个人潜在的心理倾向,只有在此基础上才能产生犯罪行为。[①]这种倾向在一个具有相似观念的组织中,为追求个人的需要和情感归宿,会聚集在一起爆发,并且会使个人的犯罪恐惧感、负疚感减少。这种共同反社会性比较个人偶发的反社会倾向要强烈得多。

（二）中国有组织犯罪的演变趋势

1."合法化"的趋势

一方面有组织犯罪组织都经历了原始资本积累时期（大量积累的物质财富实质上来源于为法律所禁止而人们又有某种需要的行业垄断）,这种组织体有努力参与合法事务的倾向。波斯纳曾分析道:"因为这样的事务为拥有投资货币和企业家技能的人们提供了有吸引力的投资机会……从有组织犯罪所得利润可安全地投入到合法活动中以赢得增值利润角度看,有组织犯罪的预期收益就会比其不这样做的高。"[②]隐蔽形式的大规模经营的不经济性,导致此类犯罪组织通过洗钱等手段投资于合法企业。

---

①　叶高峰,刘德法.犯罪集团对策研究.北京:中国检察出版社,2001:91—93.

②　理查德·A.波斯纳.法律的经济分析（上册）.蒋兆康,译.北京:中国大百科全书出版社,1997:316.

2.高科技化的趋势

一方面由于参与有组织犯罪的成员中具有高智商的犯罪分子日益增多,利用其技能渗透于经济领域以实现非法目的。另一方面随着信息时代的到来,有组织犯罪组织利用其雄厚的经济实力配备了现代化的交通工具、通信工具及枪支,如近年来时有发生的有组织的武装走私、贩毒等案件。

3.跨地域化和国际化的趋势

经济的发展有赖于资金、商品、劳务、服务在不同地区或国际的自由流动,有组织犯罪正是借助经济流动性而趋于跨地域化和国际化的。这种组织间分工协作的犯罪形式,在利润得到最大化保障的前提下又分散了风险。我国近年来出现与境外犯罪组织联合实施有组织的走私、贩毒、偷渡等犯罪行为,已严重危害了我国的社会秩序,特别是境外犯罪组织传入国内的犯罪方法和手段。

4.组织化程度呈越来越高的趋势

与人类社会的进程相似,有组织犯罪组织在发展过程中,为适应犯罪的需要,往往会总结经验教训并发展一套自身管理的方法来进化组织体。目前中国黑社会性质犯罪组织的增多,是有组织犯罪从初级形态向高级形态过渡的标志。现阶段我国城市化进程中产生大量剩余劳动力、城乡基层政权因改组而趋于瘫痪等现象,使垄断经营的、隐蔽的黑社会组织趁机大量滋生。黑社会性质组织为求生存,常不择手段寻求其"保护伞",甚至向政府和司法机关内部渗透,极大地损害了政权的稳定。

第二节　有组织犯罪案件的侦查取证措施与方法

研究有组织犯罪的侦查对策,首先应当坚持"宜早不宜迟,宜攻不宜守,宜严不宜宽,宜控不宜放"的侦查工作方针。对于那些初露端倪的有组织犯罪,应尽早主动采取有效措施将其遏制在萌芽状态。对付那些已成气候,作案累累的有组织犯罪,设法获取其罪证,连同其"保护伞"一网打尽,不留隐患。至于那些境内外勾结犯罪的黑社会组织,更不能放任其为非作歹,要加强情报收集和控制,待条件成熟,适时破案。侦查有组织犯罪案件,具体可采取以下措施。

一、以情报信息为中心,及时发现有组织犯罪线索

有组织犯罪由其本质特征——严密的组织性所决定,或隐藏得很深或有错综复杂的关系网,因此对这类犯罪实施有效的彻底打击,必须在采取行动之前

有充分的情报信息,对其组织内部结构、成员状况有较透彻的了解。情报信息工作显得尤为重要,笔者认为只要掌握三个层次的情报工作即可达到目的。

(一)宏观层次上的情报

这类情报主要立足于国内,将国内在某一时期的有组织犯罪动向在宏观上有所把握。同时,与国外的相关机构交换信息,了解国际社会中有组织犯罪的新动向,从而能有效地控制境外有组织犯罪向境内渗透。

(二)中观层次上的情报

这类情报主要由各地公安机关对本地域内的有组织犯罪情报进行系统地掌握,同时联合工商、金融、税收、海关等行政部门所掌握的信息,将两者有机地结合起来,从而能及时地反馈出本地域范围内有组织犯罪的苗头。

(三)微观层次上的情报

这类情报主要通过深入有组织犯罪可能涉足的行业、场所。通过公开的或秘密的方式,直接接触有犯罪嫌疑的人,了解掌握有关的信息。通过这种渠道获取的信息,往往是具体而微的,但如果有多渠道信息的汇总,则可以全面地掌握有组织犯罪的线索。当然,在收集线索的时候,不应该忘记人民群众是最可靠的依靠力量。

需要特别指出的是特情这种秘密侦查力量。美国自1985年打击纽约"五大家族"头领以来,将这种秘密手段归结为"先发型警务活动"。[1]特情工作确实在我国打击有组织犯罪中起到了重要作用,特别是在新时期有组织犯罪也处于转变之际。例如新近出现了借地方商会名义进行的有组织犯罪活动,一般情况下外人难以了解其中内幕。依靠老乡这层关系打入商会的特情,则可以将商会内的一举一动了如指掌。特情工作主要方式有内线侦查、内线贴靠、外围架网等。[2]笔者认为侦查人员有效获取情报和安全撤离应是特情工作的中心内容,必要时可以采取"放长线钓大鱼"的措施,适时破案。

只有通过多层次的情报信息的掌握,才能对有组织犯罪内幕了解清楚,才能一举抓获其组织的主要成员。这在侦查实践中已经得到了证明。

二、控制洗钱犯罪,从经济上切断有组织犯罪的非法所得

有组织犯罪中以追求经济利益为目的的,无非追求最大的非法所得,并且在可能的情况下将这些非法所得转化为"合法财产";以追求政治为目的的,为

---

① 浙江省刑事犯罪学学会课题组.社会转型期有组织犯罪研究(浙江省公安厅内部资料):90.

② 郭晓彬.侦察策略与措施.北京:法律出版社,2000:273-275.

了达到其政治利益,也需要收敛财产支持其活动、收买政府官员。无论以政治或经济为目的,对有组织犯罪的有效遏制,根本途径在于堵住其敛财的途径和切断其经济上合法化的可能性。从法律经济学分析来看,犯罪是对犯罪成本及其收益平衡之下的产物。当收益大于成本时犯罪活动无疑会趋于猖獗;当政府加大打击力度时,犯罪成本自然上升,犯罪活动会趋于减少。在侦防有组织犯罪过程中,具体的措施主要有几方面内容:

(一)国内各部门协同配合防控犯罪

打击与有组织犯罪有密切关系的其他犯罪,如走私、贩毒、卖淫等打击过程中需要各行政部门联合行动,如工商部门审查公司经营的合法性、税务部门审查来往账目的合法性、海关审查进出口货物的合法性等。

(二)有效控制洗钱现象的发生

我国现行《刑法》洗钱罪的范围只包括黑社会性质的犯罪,这主要与我国现在没有有组织犯罪这一罪名有关。有组织犯罪组织在资本积累的过程中,存在着通过洗钱将非法所得"合法化"的问题。洗钱的手段和方式主要有投资物业和企业、将现金存入银行、利用证券金融业务转换、离境合法化等。[①] 因此洗钱本质上是有组织犯罪的下游犯罪,也是促使有组织犯罪发展的因素之一,并在一定程度上促使有组织犯罪走向"合法化"。有学者建议以"其他严重犯罪"这种模糊性的语言增定洗钱罪原生罪的范畴,有利于提高与原生罪特别是与有组织犯罪做斗争的司法效果,通过打击洗钱来斩断清洗犯罪非法收益的通道,并且削弱有组织犯罪的经济实力。[②]

总之,在打击洗钱现象的力度增大时,非法所得投向合法事业以规避风险的倾向会得到遏制,从而有利于限制有组织犯罪势力的扩张。

三、加强国内区域合作和国际合作

(一)强化国内侦查机构与区域间的合作

由于有组织犯罪大多具备职业性的倾向,专门化的犯罪技能加上高科技的辅助,对有组织犯罪的侦查取证较为困难。公安机关可参照美国的一些做法,如通过安插大量的情报员和建立多种情报系统、建立反有组织犯罪联盟、建立全国数据处理中心、适当放宽秘密侦查手段的限制等方法。[③] 这些方法得以顺利运用的前提是加强侦查人员的专业技能培训和配备先进的侦查设备。总体

---

① 宋炎禄.洗钱与反洗钱的较量.成都:西南财经大学出版社,2000:15—16.
② 阮方民.洗钱罪比较研究.北京:中国人民公安大学出版社,2002:269—270.
③ 贝尼特等.犯罪侦查.但彦铮,翁里等,译.北京:群众出版社,2000:622—630.

上需要建立一个专门的反有组织犯罪机构,虽然 1994 年公安部刑事侦查局设立了反有组织犯罪处,但地方各级公安机关的相应机构尚不健全。这种专门的机构,主要的目的是加强与其他行政部门的合作。国内合作另一个层面是加强大陆地区与港澳地区的合作,自这两个地区回归以来,有组织犯罪组织以港澳地区为跳板开始向大陆地区渗透,同时台湾地区的帮会也进入了内地。面对这种情势,有必要加强不同法域之间的合作与交流。

（二）加强国际合作

随着中国加入世贸组织,我国与国际社会的交往必将日益增多,国家之间为追诉国际犯罪而进行的合作显得尤为重要。有组织犯罪国际化的趋势,使各国在调查取证时有一定的难度。一方面我国需要与国际社会共享犯罪情报信息,另一方面我国应加强与别国间的司法协助,主要途径有:引渡、调查取证、移转管辖、文书送达、扣押等。协调我国与他国法律、司法制度的差异与冲突,有必要制定相应的国际刑事司法协助条款。

四、做好有组织犯罪成员的心理防治及罪犯的社会回归工作

犯罪行为往往是行为人一定心理状态的外在表现。心理学家马斯洛认为:"任何需要的满足所产生的最根本后果就是:这一需要被平息下去,一个新的更高级的需要出现了。"[1]可见,预防有组织犯罪的任务之一是对有犯罪倾向的人进行心理矫正,使其回复到社会的健康的人格轨道上来。主要途径是提高他们自身的道德和法律修养。对有组织犯罪防控的另一项重要工作就是让罪犯经过改造重新回归社会,这不仅要克服罪犯的心理障碍,而且要使其获得在社会中生存的技能,使其在根本上切断与原犯罪组织的联系。重要的一点是,通过对他们的回归工作,不仅能使他们正常进入社会,而且有可能从中获得其他犯罪的信息。例如,被改造者主动向有关机关提供昔日有组织犯罪成员的动向和线索,或者在回归社会后,将获悉的有关信息向有关机关报告。

综上所述,侦查和防范有组织犯罪是一项复杂的系统工程。各国政府不仅要采取侦查破案的手段来打击有组织犯罪,而且更重要的应从社会成因的源头上对有组织犯罪进行干预和控制。刑侦学家也只有结合本国国情在理论上对有组织犯罪问题进行深入分析研究,才可能为司法实践摸索出一整套行之有效地侦防有组织犯罪的策略与方法。

---

① 马斯洛.自我实现的人.许金声等,译.北京:三联书店,1987:153.

思考题与案例分析

1. 试述有组织犯罪案件的特点及侦查取证措施。

2. 简述暴力恐怖犯罪组织的侦防对策。

3.【案例分析】某年1月29日晚8时,重庆市某县公安局接一群众李××电话报称:在永安茶馆内,一伙蒙面人在开枪杀人。接到报警后,县公安局立即组织警力赶赴现场,经现场勘验和现场访问后获悉:当晚,帅江友与其弟等人在永安茶馆内打牌时,7个蒙面人手持刀、枪闯入茶馆,开枪打死帅江友,用刀将帅弟及一起打牌的王某、张某砍伤后潜逃。

请问:如何分析判断案情? 应采取哪些侦查破案措施?

第二十章　贪污犯罪案件的侦查

第一节　贪污犯罪的概念与特点

一、贪污犯罪的概念

从狭义而言,贪污罪在我国《刑法》第三百八十二条第一款的规定为:国家工作人员利用职务上的便利,侵吞、窃取、骗取或者以其他手段非法占有公共财物的,是贪污罪。由于贪污犯罪本身所具有的特殊的社会危害性,在进入 20 世纪 90 年代以来,贪污犯罪不仅给国家造成了大量的公共财物损失,而且腐蚀了大批的国家工作人员。能否有效地遏制贪污犯罪活动,是关系到国家生死存亡的大事。

二、贪污犯罪案件的特点

(一)犯罪主体的特殊性

从贪污犯罪主体要件分析可以看出,此类犯罪作案主体的特殊性反映在两个方面:①一般情况下只有国家工作人员才能成为犯罪主体,即贪污犯罪的主体是特殊主体。②非国家工作人员只有在与国家工作人员共同犯贪污罪时才能成为犯罪主体,即非国家工作人员只能是共犯之一。从侦查角度而言,贪污犯罪在被揭发出来以前,犯罪嫌疑人往往具有某种权力从事某种合法的职务行为,这些会给侦查工作带来难度。

(二)犯罪过程的持续性

贪污犯罪嫌疑人一方面基于人性的弱点,往往贪得无厌;另一方面,在合法身份的掩护之下，初次得手后会进一步使作案人产生侥幸心理。在这两种心理状态的共同作用下，驱使其连续不断地作案。

（三）作案方式的隐蔽性

贪污案件中的犯罪手段体现在利用职务之便，局外人很难从表面现象中察觉。一般犯罪分子在作案前都会有周密的预谋和部署，在作案后可能采取弄虚作假、毁灭罪证的方式来逃避罪责。在贪污共同犯罪中，犯罪分子还可能有相互包庇、打击对其犯罪行为进行揭露的人员现象。贪污犯罪分子在合法外衣的掩饰之下，往往隐藏得较深。

（四）犯罪成员的集合性和犯罪性质的交错性

贪污犯罪在新的市场经济中，往往表现为跨行业实施犯罪。犯罪分子有从单独实施作案发展到分工合作的有组织犯罪的趋势，例如在企业和金融系统中的国家工作人员联手贪污公共财产。在这种情况下，一方面可以连带地挖出犯罪分子，另一方面由于涉及的范围较广，给侦查工作带来困难和阻力。

在现阶段，贪污犯罪还不时地与其他性质的犯罪交错在一起，如挪用公款、受贿、走私、黑社会性质等犯罪，对于社会主义市场经济秩序的破坏力极大。因此，可能在贪污犯罪侦查过程中，会出现多人多案的情况，这也给侦查部门带来更为繁重、复杂的工作。

三、贪污犯罪的演变趋势

（一）贪污犯罪涉及的金额日益巨大

三十几年的改革开放，市场经济的发展，在给人民生活带来极大提高的同时，人们的价值观念也经受了极大的冲击。人们生活的环境在市场经济调节下，日益显得优胜劣汰，同时生活的压力也在不断地增加，再加上对物质利益无止境的追求、心理不平衡等等因素的综合作用下，某些人利欲熏心，铤而走险。在这些人的心里，会认为既然已经湿了鞋，不如干脆整个人下水。从目前全国统计的数据看，涉案金额有增长的趋势，有的甚至已经到达了几千万元甚至数亿元。

（二）作案后潜逃的现象日益增多

正是因为当今贪污犯罪涉及的金额日益增多，犯罪分子在事后或察觉有可能案发时，往往会携款潜逃。潜逃的地点也有从国内向境外发展的趋势。相关涉案人员的潜逃，不仅会给调查取证带来一定的难度，而且对抓捕犯罪分子也造成了障碍。

（三）贪污犯罪集团化的趋势

以往的贪污犯罪往往是单干的，现在则呈现出分工合作的态势。犯罪分子利用财务制度的缺失或者管理上的漏洞，相互勾结作案，主要有以下几种形式：①单位主管与财务人员的勾结。②跨行业、跨企业的勾结，如不同企业中的人员利用企业间的合作机会大肆贪污。③境内外人员的勾结。犯罪分子的共同犯罪，虽然可能因相互之间的掩护而给侦查工作设置了障碍，但同时也给侦查工作带来了更多的突破口。

第二节　贪污犯罪案件的侦查取证措施与方法

一、贪污犯罪案件的侦查管辖

根据我国《刑事诉讼法》第十八条第二款规定："贪污贿赂犯罪，……由人民检察院立案侦查。"这里的贪污贿赂犯罪指的是《刑法》分则第八章规定的犯罪以及其他章节中明文规定依照本章相关条文定罪处罚的犯罪。依照《最高人民检察院关于人民检察院直接受理立案侦查案件范围的规定》，贪污案件是指我国《刑法》第三百八十二条、第一百八十三条第二款、第二百七十一条第二款、第三百九十四条规定的犯罪案件。这意味着贪污案件是由人民检察院直接立案并且行使侦查权的。

二、贪污犯罪案件的侦查途径

贪污犯罪案件线索来源是否可靠和线索的多少，是关系到侦查工作能否顺利进行的基础。侦查部门通过对线索的分析和判断，从中找寻出有价值的信息，这对于侦破案件起到至关重要的作用。获取犯罪线索的途径多种多样，只有认真对待不同途径获取之信息，才能使重要的线索不至于与侦查人员擦肩而过。

（一）公民举报

虽然贪污犯罪分子往往隐藏得较深，但其在生活、工作的时候总是会露出蛛丝马迹，犯罪分子周围的人有可能会察觉。主要的几种情况如下：①犯罪分子的生活腐化，其消费水平远远超过正常的工资收入；②举报人与犯罪分子之间曾经有过较直接和亲密的接触，了解其中某些情况；③举报人与犯罪分子曾经产生过冲突，把一些内幕情况揭发出来。（对这类举报应通过调查取证，排除某些诬告陷害或者错误举报的可能性。）

（二）单位揭发

单位在间隔一定时期都会进行内部核算或者财务审计,在发现问题重大且已从账册中取得确凿证据,才会向反贪部门举报。这类举报往往是问题严重,准确程度较高;缺点在于若单位负责人与会计共同贪污,则问题不易被揭发。

（三）犯罪分子自首或者坦白

我国对自首采取从轻、减轻甚至免除处罚的方法促使犯罪分子自动归案,慑于法律的压力等原因,有的犯罪分子自首以求获得宽大处理。同样在犯罪分子被抓获以后,主动交代问题,揭发其他同案犯的罪行,也可以获得宽大处理。在提供其他犯罪分子犯罪的重要线索被证实的情况下,还可以立功。这里需要注意的是必须履行法定的程序来获取口供。

（四）其他类型案件中发现的线索

由于贪污犯罪性质的交错性,侦查机关在办理诈骗、走私、行贿受贿、盗窃、杀人等案件时,也有可能会带出贪污犯罪——以案带案,这在实践中经常发生,为侦查工作提供了很好的线索。根据有关规定,公安机关侦查犯罪案件涉及检察院管辖的贪污案件时,应当移送人民检察院。在上述情况中,如果涉嫌主罪属于人民检察院管辖,由人民检察院为主侦查,公安机关予以配合。

（五）纪检、监察部门移送的线索

纪检、监察部门在处理违法违纪案件时,如果发现有贪污犯罪情节,应追究刑事责任的,应当将案件移送侦查机关依法查处。这种类型的线索来源,在目前情况下显得十分重要。

三、贪污犯罪案件的侦查方法与取证措施

（一）贪污犯罪案件的初查

侦查机关立案侦查贪污案件之前,可以对犯罪嫌疑线索进行适当的初查取证,以决定是否立案。

1. 形式审查

这主要是指在初查阶段对公民和单位的举报材料、有关机关移送的材料、犯罪嫌疑人的口供等进行初步的分析判断。一方面从文字材料的逻辑结构判断是否前后矛盾,另一方面判断相关账册的数据、凭证等是否有可疑之处。通过形式审查,可以初步推断是否存在犯罪事实。

2. 初步调查

初查的目的是为了明确是否存在犯罪事实和犯罪嫌疑人,因此在形式审查的基础上,通过询问举报人、知情人和移送单位等,有针对性地明确立案侦查所

需要的条件。① 初查可以采取公开手段与秘密手段相结合的方式,其中的公开手段如询问、查账等;秘密手段如安插内线、秘密监视等。甚至还可以利用说情者扩大取证线索,以获得更多的信息。

（二）贪污犯罪案件的侦查措施

通过初查,认为有贪污犯罪事实且应追究刑事责任的应当立案侦查。

1. 询问知情人

知情人可以分为几类:第一种是举报人,这类人一般会主动积极配合侦查人员,提供其所知道的情况以及与犯罪相关的账册等书证;第二种是与犯罪嫌疑人关系密切的人员或同事,这类人可能因为害怕打击报复、碍于情面等原因,往往不愿提供线索。对这类人应以攻心为上,向他们讲清楚每个公民都有作证的义务,同时保证对他们提供情况的事实予以保密。第三种人是犯罪嫌疑人的亲属,这类人一般对犯罪事实较为清楚,一方面应教育说服他们,另一方面如果他们不仅不愿意如实作证而且还为犯罪嫌疑人转移赃物、毁灭罪证的话,则应采取相应的措施。询问证人应遵循法定程序,遵循个别询问及两名以上侦查人员在场的原则。同时,知情人毕竟不是犯罪嫌疑人,在询问时应尊重询问对象,不要问及一些与案情无关的话题,避免伤害被询问者的人格尊严。

2. 讯问犯罪嫌疑人

询问的对象是证人,讯问的对象则是犯罪嫌疑人。所谓讯问犯罪嫌疑人是指侦查人员依据法定程序就案件的事实对犯罪嫌疑人进行审问。贪污犯罪分子在主观上都是直接故意,因此他们在心理上有充分的准备。有的学者将他们的心理变化分为五个阶段:即作案时的侥幸心理、初露后的恐惧心理、暴露后的戒备心理、被揭露后的对抗心理、认罪服法的心理。② 因此,在讯问贪污犯罪嫌疑人时应分别不同的情况加以处理。对于自首的犯罪嫌疑人,应注意在其自首范围内是否还隐藏有其他犯罪的线索,直接对其政策攻心,让其彻底交代全部罪行。对于高职位的犯罪嫌疑人,要打消其侥幸心理,粉碎其赖以抵抗的精神支柱。对于自暴自弃型的犯罪嫌疑人,应树立其自尊心,打消其自卑心理。至于共同犯罪嫌疑人,应在分析案情的基础之上,找准其中薄弱环节作为突破口,各个击破。总之,讯问是一门讲究技巧和对策的学问,涉及心理学、语言学、社会学等知识的综合运用,因此要求侦查人员具备较丰富的社会经验和审讯策略。在讯问中不能简单粗暴、直来直去,而应该针对不同对象采取不同的讯问对策。

---

① 根据我国《刑事诉讼法》的规定,在认为有犯罪事实需要追究刑事责任的时候,应当立案。

② 王德合.贪污贿赂案件的侦查与组织指挥.北京:中国检察出版社,2000:169－172.

3.收集相关书证和收缴赃物

在贪污犯罪案件中,能够证明犯罪事实的相关单据、账册等书证,在整个案件事实的证明环节中起到举足轻重的作用,而赃物既是罪证同时也是公共财产,及时追缴是极为必要的。主要方法有:

(1)审查会计资料。根据我国《会计法》的规定,各单位必须设置会计账簿、填制会计凭证、编制财务会计报告。财政、审计、税务、人民银行等行政部门有权依法对有关单位的会计资料实施监督检查。在有犯罪事实且须追究刑事责任时,侦查部门有权介入审查。一方面,检查的主要方向在会计凭证方面,因为会计凭证是记录单位业务往来、支出等的书面证明。具体方法主要有以下几方面:审查凭证的形式要件,如手续是否符合规定、填制是否完整且合乎逻辑以及原始凭证上的文字是否有伪造、变造、冒名的情况;审查凭证的实质要件,如业务往来是否合法、购进的货物与单位入库情况是否吻合等。另一方面要审查账目是否吻合,如审查总账与明细账、本单位与相关业务单位的账目、会计账与出纳账之间是否相符。

(2)搜查与扣押。有些犯罪嫌疑人在案发后会销毁、转移有关的证据和赃物,因此有必要在第一时间申请对相应人员、场所进行搜查,并对涉案证据、赃物进行扣押。

4.运用技术鉴定手段获取证据

贪污犯罪往往涉及会计账册,在侦查过程中有时会遇到专业性很强的专门问题,因此有必要指派或者聘请专业人士进行技术鉴定,如确定贪污数额、作案的时间和方法等,对于今后审查起诉、定罪量刑提供了科学的依据。这属于司法会计鉴定的范畴。

另一层次上的鉴定是指对被伪造、变造的单据、账册、凭证等进行技术鉴定,即通过对笔迹、印章印文的对比,判断涉案文书有无伪造、变造的可能性。在条件允许的情况下,运用科技手段可将被伪造、变造的文书内容加以还原。

5.运用秘密侦查手段

在科学技术日益发达的今天,贪污犯罪的手段和工具也日益多样、复杂和隐蔽。在公开侦查难以取证的情况下,可以考虑采用秘密侦查的手段。具体的手段有跟踪监视、安插特情耳目、伪造侦查、电信监控等。值得注意的一点是,通过秘密侦查获得的证据,并不一定能够直接作为证据使用,而主要是对侦查工作的主动性有利,达到攻破嫌疑人防线的目的。同时,采取秘密侦查手段必须经过严格的申请程序,不能因此而侵犯公民的人身权利。

6.追捕犯罪嫌疑人

贪污犯罪分子在案发后携款潜逃的现象日益增多,如何抓捕在逃的犯罪分子成为能否侦查终结的关键所在。主要措施有以下几项：

（1）对于刚刚逃离的犯罪嫌疑人，应立即采取措施进行追缉堵截。在一定的区域内，根据犯罪嫌疑人可能潜逃的路线设卡，特别是在车站、机场、码头以及交通干线上堵截。

（2）对于已逃离的犯罪嫌疑人，可以通过向其家属做思想工作，讲明利害关系，争取其家属劝其投案自首或者提供其落脚点。

（3）采取监视住所、电话等必要的监控措施，以便秘密了解犯罪嫌疑人的动向。一般逃离在外的犯罪嫌疑人会产生孤独感，往往会通过各种途径与家属联络，这就为监控其动向提供了契机。

（4）通过公安机关发布通缉令或者通报，将犯罪嫌疑人的姓名、年龄、体貌特征向外公布或者内部协查。

（5）进行阵地控制，贪污犯罪嫌疑人由于其本性使然，大多会在一些高消费场所出入，对这些场所可以进行阵地控制。对于出逃国外的嫌疑人，一方面可以通知对外开放的口岸进行协查，另一方面应对伪造身份证、护照等证件的违法犯罪分子进行监控。

思考题与案例分析

1.试述贪污犯罪案件的特点及侦查取证措施。

2.【案例分析】2001年10月初，中国银行在首次对全国计算机实现联网监控时，发现账目存在4.82亿美元联行资金的缺口；事发地点锁定在广东某市。当年10月12日，中国银行广东某支行余振东等前后三任行长下落不明。经公安机关紧急侦查后发现涉嫌贪污巨资的这三任行长均已潜逃至香港，随后转机到了加拿大、美国。[①]

请问：此案应采取哪些侦查途径与措施，才能将案犯绳之以法？

---

① 参见《外逃贪官余振东缉捕纪实：跨越疆界的较量》，新华网，2004-05-10，2015年7月12日访问。

第二十一章 贿赂犯罪案件的侦查

第一节 贿赂犯罪案件的概念与特点

一、贿赂犯罪案件的概念及危害性

（一）贿赂犯罪案件的概念

贿赂犯罪案件，是指贿赂犯罪行为所构成的刑事案件。贿赂犯罪在《刑法》中是对受贿罪、行贿罪和介绍贿赂罪的统称。受贿罪是指国家工作人员或者其他从事公务的人员，利用职务上的便利，索取他人财物，或者非法收受他人财物为他人谋取利益的行为；行贿罪乃指为谋取不正当利益，给予国家工作人员或者其他从事公务的人员以财物的行为；介绍贿赂罪是指在行贿人和受贿人中间进行勾通、撮合，使行贿和受贿犯罪得以实现的行为，受贿罪、行贿罪和介绍贿赂罪，在《刑法》中都是独立的罪名。

贿赂犯罪侵害的客体是国家机关和国有企、事业单位的正常公务活动。查处贿赂案件的主要目的是惩处国家工作人员和其他从事公务人员中的腐败行为和对上述人员的腐蚀行为。即反腐倡廉，维护国家机关和国有企、事业单位的正常公务活动。对贿赂案件的侦查，主要是对受贿、行贿犯罪案件的侦查。在侦查过程中，若发现介绍贿赂的人，构成犯罪的也一并查处，依法制裁。贿赂案件由人民检察院的反贪污贿赂部门负责立案侦查。

（二）贿赂犯罪的危害性

行贿与受贿，是行贿人与受贿人之间进行的一场"金钱与权力的肮脏交易"。它涉及的范围广，对社会具有严重的腐蚀性，危害极大。具体表现为：

1.严重破坏国家机关和国有企事业单位的正常公务活动

我国《宪法》规定,中华人民共和国的一切权力属于人民。人民依照法律规定,通过各种途径和形式,管理国家事务,管理经济和文化事业,管理社会事务。国家机关工作人员和其他从事公务活动的人员,不论其职位高低,权力大小,都是替人民行使权力的公务员,是人民的公仆。他们手中的权力都人民依照国家法律赋予的,他们必须依法行使权力,秉公办事。他们必须恪尽职守,克己奉公,努力为人民谋利益。

受贿犯罪人属于一些腐败分子,是国家机关、集体经济组织中的蛀虫,他们完全背离了全心全意为人民服务的宗旨,他们把国家和人民赋予的权力作为谋取私利的"护身符"和"摇钱树",他们利用手中的权力索贿收贿,贪赃枉法,不惜损害国家和集体的利益,为所欲为。由于受贿犯罪分子的严重渎职行为,致使国家的政令、法令、法律无法正常实施,以至遭受严重破坏。一些受贿犯罪分子为了获取私利不惜出卖国家民族利益;还有的置国家政策法律于不顾,贪赃枉法,肆无忌惮地包庇纵容犯罪,或者草菅人命,伤害无辜。他们滥用职权,作威作福,使政令不能实施,法制无法张扬。

2.严重破坏社会主义经济秩序

当前我国正处在计划经济向市场经济转轨时期,随着社会主义经济的建立,我国的政治体制和经济体制都发生了巨大变化。在改革过程中,由于法律、法令和管理制度的滞后性,原有的法律、法令和管理制度难以适应形势的发展,新的法律、法令和管理制度跟不上新形势的需要,致使在对内对外的经济活动中存在不少漏洞,国内外的一些不法之徒,乘机使用金钱和物质收买的手段,腐蚀拉拢国家工作人员和其他从事公务的人员中的蜕化变质分子为其服务;国家机关和国有企、事业单位工作人员中的一些意志薄弱者,在金钱、美女和其他物质利益诱惑下,见利忘义,成了一些不法商人和违法犯罪分子钩上的悬鱼。他们互相勾结,沆瀣一气,大肆破坏国家的法律和各项制度,损公肥私,给国家和集体造成损失。还有些不法商人,为获取巨额利润,利用行贿进行不平等竞争,从中得到巨额暴利。贿赂犯罪严重地破坏我国经济秩序,影响社会主义市场经济健康发展,给国民经济造成极大的危害。

3.使国家蒙受巨大损失

贿赂是行贿人与受贿人之间进行的"钱与权"的交易,双方各有所图,得利者是个人,蒙受损失者是国家。行贿分子的信条是"有钱能使鬼推磨""天比地高,钱比天大"。他们声称"用钱买权,再用买来的权赚大钱"。在这种"钱与权"的肮脏交易中,行贿、受贿分子各得其所,使国家和人民遭受巨大损失。如主管税务的人员受贿,使国家税收大量流失;主管建筑的人员受贿,造成偷工减料,以劣质建筑物交工,使国家和人民遭受严重损失。有的受贿分子贪欲极大,达到"雁过拔毛"的地步,正如列宁所痛斥的那种人,"只要自己捞一把,哪怕它寸草不生",也在所不惜。

4.严重破坏党和国家的威望

受贿者手中都握有一定的实权,有些还是身居要职,主政一方的领导干部,他们利用手中的权力,索贿受贿,鱼肉人民,横行于世,既给国家造成巨大经济损失,又在国内外造成极坏的政治影响,严重损害了党和国家的形象。受贿犯罪分子在"金钱与权力"的交易中,已把人格丧失净尽,在行贿分子眼中已贬值到卑鄙下贱的地步。受贿分子为了捞取私利,不仅丧失了人格,葬送了自己,而且严重地败坏了党的声誉,破坏了国家的威望。

5.毒化干部思想,腐蚀人的灵魂

市场经济,主要靠价值规律调节,这种调节使市场带有很大的自发性。一些不法之徒,为了获取暴利,进行不正当竞争,他们往往把注意力集中到有权力的人身上,大肆进行"钱与权"加色情的肮脏交易。这种肮脏交易就像腐蚀剂一样,严重地腐蚀一些人的灵魂,污染社会风气,毒化人的思想。在国家机关和国有企、事业单位的干部队伍中,一些意志薄弱者,在物质和金钱、美女诱惑下,六神无主,魂不附体,很快成为金钱、美女的俘虏,肆意弄权渎职。他们信奉"有权便有钱,有钱才能生活好"的信条,完全背弃了为人民服务的宗旨。

在市场经济条件下,国内外的不法之徒,运用"以钱买权"的风气极盛,他们为了捞取非法利润,采取"以金钱开路,以色情勾魂"的卑劣手段,打通各种关口。这种"金钱与权力"的交易,对干部有极大的腐蚀性,近年来,党员领导干部贪污受贿犯罪的人数不断增多,如无锡非法集资一案,不仅数额巨大,时间长,造成的损失惊人,而且涉及党员、干部之多,也是建国以来罕见的。该案中受到党纪、政纪处理的就有 123 人。

由此可见,贿赂犯罪毒化社会风气,腐蚀干部队伍的作用相当严重。贿赂犯罪不仅严重地腐蚀干部,瓦解人们的思想,而且还会诱发其他犯罪的发生。实践证明,哪里贪污受贿得不到惩治,哪里歪风邪气就盛行,正气无法弘扬,法制遭到破坏,违法犯罪现象严重。

二、贿赂犯罪案件的特点

(一)犯罪主体的复杂性

受贿、行贿和介绍贿赂的犯罪主体各有自己的特点,比较复杂。受贿案件中的犯罪主体是特殊主体。根据《刑法》和《关于惩治贪污罪贿赂罪的补充规定》,受贿罪的犯罪主体只能是国家工作人员或者其他从事公务的人员。非上述人员不能单独成为受贿罪的犯罪主体。但如果与国家工作人员或者其他从事公务的人员相勾结,伙同受贿的,以受贿罪共犯论处。

行贿案件中的犯罪主体属于一般主体,既有自然人,也有法人。行贿行为的组成,可分为个人行贿和集体行贿。不论以个人还是集体行贿,其目的都是为个人或小集团谋取不正当利益,以各种方式向国家工作人员或其他从事公务的人员奉送财物。没有谋取不正当利益,因被勒索给予国家工作人员或者其他从事公务的人员以财物的,不是行贿。

介绍贿赂的犯罪主体不具有特殊身份。他们大多是受贿人的亲属、朋友、老领导或者与受贿人的亲属有某种关系的人,利用行贿人急于获得某些不正当利益的欲望,从中牵线搭桥,勾结、撮合,使行贿、受贿得以实现,自己从中得到某些好处的"二道贩子"。

(二)犯罪方式的隐蔽性

由于行贿、受贿是一种"钱与权"的肮脏交易,是国家法律所禁止的非法行为。因此,行贿人与受贿人往往勾结一起,狼狈为奸,在实施犯罪过程中,多经过精心策划、秘密进行。在犯罪行为方式上,多有选择,不易暴露。受贿人利用职务之便为行贿人谋取利益,多以合法身份作掩护,在履行正常职务的幌子下以售其奸,掩人耳目,蒙混过关。他们采取"三人不办,两人留条";双方有"天知、地知、你知、我知"的"君子协定";受贿人采取"在办公室不收,白天不收,第三人在场不收,要手续不收"的方式掩盖其罪行。行贿人与受贿人之间多有攻守同盟,不留痕迹,一旦罪行败露,拒不认账,以此对抗侦查。

(三)行贿、受贿手段的多样性

行贿、受贿犯罪除了犯罪方式隐蔽,在犯罪手段上也是多种多样。由于行贿人谋取的非法利益不同,受贿人所在部门和主管部门不同。行贿、受贿的手段也不一样。概括起来有以下几种。

1.以借贷为名,索贿、受贿

受贿人以贷款、借物为名索取收受贿赂。有的受贿人让行贿人为其伪造借据(实际上这笔款已冲账),待风头过后,行贿人再把假借据退还给受贿人;有的行贿人与受贿人之间有口头协议,一旦事情败露,行贿与受贿者双方都说是"暂借",拒不承认行贿、受贿的犯罪事实。

2.以代购为名行贿受贿

行贿人以为受贿人代购某些贵重物品为名进行行贿;受贿人则以托行贿人代购之名受贿。行贿人在送交赃物时,同时将购物发货票送给受贿人,购物则由行贿方支付,或者象征性的交点款,以掩人耳目。

3. 以试用为名行贿受贿

行贿方故意将某些高档产品送给受贿人，一旦事件败露，双方谎称这些物品都是送给领导或关系户"试用"的，借此逃避行贿、受贿的罪责。

4. 以赌博为名进行贿赂

行贿人故意拉拢受贿人参与赌博，或者受贿人主动邀请行贿人玩"麻将""打牌"，以娱乐为名行贿人故意赌输，使大量赌资流入受贿人之手，双方虽不言明，但心照不宣，深知其中之奥妙。

5. 借办喜、丧事行贿受贿

行贿人借受贿人办喜事、丧事、祝寿及年节之机，大量赠送钱和物，还有的以给孩子送"压岁钱"之名大肆行贿。

除此之外，还有许多巧立名目，以各种提成、挂靠工资、发奖金之名行贿；在境外银行给行贿对象设立账户；在经济往来中以"回扣""信息费""劳务费""咨询费""手续费""活动费"等等手段行贿受贿。行贿、受贿的财物也不断变化，由一般物品转为高档贵重物品，由物转为现金、股票，甚至金钱、美女兼施。近几年，一些领导干部还利用其职务、地位的影响力主动索贿。

（四）侦查取证难度较大

由于行贿、受贿的双方都是利益获得者，两者之间有共同利害关系，驱使他们互相勾结、沆瀣一气，对付侦查部门。加之犯罪方式隐蔽，"天知、地知、你知、我知"，犯罪手段狡猾，知情者少；行贿、受贿的财物多为现金、有价证券、古董字画等类似物品，难以准确鉴别和认定其价值；行贿、受贿罪暴露慢，间隔时间长，有些罪证容易灭失；犯罪分子有订立攻守同盟、转移赃款赃物的时间；其他知情人因工作变动、迁徙或者记忆不清等原因，都给查清案案件事实，收集证据带来一定困难。

行贿人为保证既得利益，往往顾虑重重，不愿讲出真实情况；受贿人多有一定身份和职位，社会经验丰富，关系网密或者后台硬，一般侥幸心理较强，笃信攻守同盟，不轻易认罪；知情人多为受贿人的亲属、知己，或与案件有牵连的人，他们都不会轻易讲出实情，取证的压力较大。再加上来自各方面的说情风和干扰，都会使侦查遇到困难。对此，侦查人员应有足够的认识，采取相应的对策。

（五）行贿、受贿与其他犯罪互相交织

行贿、受贿是一种"金钱与权力的交易"，行贿人"以钱买权"，受贿人"以权易钱"，涉及面广，各行各业，都可能发生行贿、受贿犯罪。行贿、受贿犯罪往往与贪污、徇私舞弊、走私、偷税、制贩伪劣商品、投机倒把、经济诈骗等犯罪相互交织在一起，渗透性很强，往往是此案中有彼案的线索，彼案中有此案的隐情。贿赂犯罪本身牵连的面也广泛，有的是一人多案，有的一案多人牵连其他单位

和行业。这些特点为侦查贿赂犯罪案件提供了有利条件,如北京市东城区人民检察院在办案过程中,通过对某起案件的现金流向追踪调查,又发现首都钢铁公司原党委书记管志诚等人有重大嫌疑,经顺藤摸瓜,终于查明管志诚单独或合伙受贿人民币 141 万余元,贪污公款 8.21 万元的特大贪污受贿案。

（六）有赃款、赃物可查

受贿人收受行贿人的大量钱财、高档物品、房屋或者以家属、子女的名义存入银行储蓄等。这些都为查获赃款、赃物提供了线索条件。有的单位或个人用公款、公物行贿,一般都巧立名目,使这笔支出"合法化",记入行贿单位的账目上。通过审查行贿单位账目,又为发现行贿受贿犯罪提供了线索和证据。有的行贿人不直接提供钱、物,而且是为受贿人的子女出国留学、定居提供经费,或者免费提供高档住房等,所有这些都是有赃物罪证可查的。

第二节　贿赂犯罪案件的立案审查

一、贿赂犯罪案件的线索来源

贿赂犯罪案件的线索来源与贪污案件的线索来源相类似,主要是公民个人和机关、团体、企事业单位的控告、纪律检查和行政监察部门在处理违反党纪、政纪案件过程中转来的材料或线索;公安机关、检察机关在侦破走私、诈骗、投机倒把、贪污、徇私舞弊及其他案件中发现的贿赂犯罪线索;行贿、受贿犯罪分子的自首和对同案人的揭发检举等。

贿赂犯罪活动诡秘,作案方式隐蔽,知情面较小,公民个人的控告、检举,主要是与行贿、受贿有关系较密切的人,或者其他了解内情的人,如犯罪的人的同事、有正义感的亲友,以及坚持原则的财会人员,被勒索、刁难的受害人等。他们出于维护国家的利益和党的威信,或者因对受贿人的某种不满而控告、检举。这些控告、检举材料,所指对象明确,且有一定事实,但有的控告、检举人不愿署真实姓名,线索来源不清,不易查证核实。机关、团体、企事业单位在纪委检查、财务检查中,对购、销物品、商品的审验中,以及质量监督、对工程的审核、验收和信贷检查中发现的问题,认为主管人和经手人有行贿、受贿的重大嫌疑,因而向检察机关进行控告、检举,或者纪检、监察部门认为行为人已经触犯了刑律,将案件材料直接转交检察机关。上述材料不仅对象明确,而且都经过初步调查,取得一定的证据。行贿、受贿人的自首材料,往往会出现避重就轻,交代不彻底的现象,只有自首人陈述,缺乏其他证据,应当进一步审查。

二、立案前的审查和立案

(一)贿赂犯罪案件立案前审查的内容

对于涉及贿赂犯罪的材料,立案前应当重点审查以下问题。

1.审查行贿、受贿案件的犯罪主体

依照我国《刑法》和全国人大常委会通过的《关于惩治贪污罪贿赂罪的补充规定》,受贿犯罪主体必须是国家工作人员或者其他从事公务的人员,并且是利用职务上的便利,索取他人财物的,或者非法收受他人财物为他人谋利益;虽然不属于上述人员,但与上述人员勾结,伙同受贿的,应视为共同犯罪。国家工作人员或者其他从事公务的人员,虽说不是利用职务之便,索取他人财物,或者非法受他人财物为他人谋取利益的,但在经济往来中,违反国家规定收受各种名义的回扣、手续费,归个人所有的,以受贿罪论处。经过审查,符合上述条件的才能成为受贿案件的犯罪主体;不符合上述法律规定的其他人员,不应当成为受贿犯罪主体。

行贿犯罪主体属于一般主体,法律没有特殊规定,一般自然人和法人可以成为行贿罪主体。但行贿的目的必须是谋取不正当利益,而给国家工作人员或者其他从事公务的人员以财物的,才构成行贿犯罪主体。如果因被勒索,给予上述人员财物,没有获得不正当利益的,不属于行贿犯罪。但在经济往来中,如果违反国家规定,给予国家工作人员或者其他从事公务的人员财物,数额较大的,或者违反国家规定,给予国家工作人员或者其他从事公务的人员以回扣、手续费的,以行贿罪论处。

2.审查有无贿赂犯罪事实发生

犯罪事实是立案的前提和基础。决定对贿赂案件立案之前,要全面、细致审查控告、检举和其他单位转来的材料,审查嫌疑人行贿、受贿的犯罪事实是否已经发生。审查行贿、受贿犯罪事实,主要根据案件材料分析判断行贿人是否将财物送到受贿人那里,财物的所有权是否已经转移给受贿人;审查行贿人是否向受贿人提出谋取某种利益的要求,或者受贿人利用职务之便向他人索取财物。同时要审查有无证据能够证明行贿、受贿犯罪事实的存在。

3.审查行贿、受贿的动机、数额和情节

根据案件材料,分析行贿人、受贿人在主观上是否具有犯罪故意;行贿、受贿的数额是否达到法律规定的立案标准。有的犯罪数额虽然不足,但情节恶劣,后果严重的,也应当立案。情节恶劣是指受贿人利用职权,故意刁难、要挟有关单位、个人,强行索取财物;或通过贿赂进行其他违法犯罪活动,及其他情节恶劣的行为。后果严重是指因贿赂行为给国家、集体和个人造成重大损害的;索取、收受外商和港、澳、台商贿赂,造成恶劣影响的及其后果严重的贿赂行为。

通过对贿赂犯罪立案前材料的审查,认为犯罪主体符合法律规定,被控告、检举的嫌疑人有贿赂犯罪事实存在,犯罪数额和情节已构成犯罪,需要依法追究刑事责任的,应当决定立案。

(二)贿赂犯罪案件审查的方法

贿赂案件立案前审查(又称初查),主要是对控告、检举和外单位移交的材料进行分析研究,对于犯罪事实不清或者重要情节不清楚,而又影响决定立案或不立案的材料,应进行必要的调查,调查时应根据不同的案件情况,采取不同的调查方法。常用方法如下。

1.对署名控告、检举材料的调查

对机关、团体、企事业单位的控告、检举材料,可直接向署名单位的党组织或保卫部门调查,有关案件的详细情况,亦可以请控告、检举单位再提供有关补充材料;对公民个人署名控告、检举的材料,可以采取一定的方式,询问控告、检举人,向他们进一步核实有关案件的情况,调查控告、检举人时,一定要注意为其保守秘密,严防控告、检举人遭受打击报复。询问控告、检举人时,首先了解控告、检举人与案件的关系,如果是被勒索财物的人,应当进一步问清被勒索的原因,被勒索的时间、地点和方式,被勒索何物,有何凭证等;如果控告、检举人是行贿人,应当让其讲明行贿的详细过程,贿赂的财物名称、数量,曾向受贿人提出何种谋取利益的要求,为什么又要控告、检举受贿人等。对询问的内容要做详细记录,亦可以让控告、检举人根据谈话的内容,另写或补充控告、检举材料。

2.对匿名控告、检举材料的调查

对于不署名或不写真实姓名的控告、检举材料,可以在保护控告、检举人的前提下,通过被控告人单位的人事、保卫、纪检、监察部门,以及当地公安派出所、治保组织了解被控告、检举人的有关情况,查证被控告、检举的嫌疑人有无控告中反映的事实;还可以根据控告、检举材料中提供的线索,寻找有关知情人进行调查核实,为决定立案或不立案提供根据。

3.对犯罪分子自首材料的审查

通过审查行贿、受贿犯罪分子自首的材料,认为有重要犯罪、情节不清,影响决定立案或不立案时,或者揭发他人的线索不清,影响立案侦查的,应当进一步对其进行政策、法律教育,让其如实讲明事实和情节,让自首人亲自书写自首材料或检举、揭发材料。

对上述案件材料进行审查时,应当研究策略和方法,调查时的接触面尽量窄一点,注意保守机密,防止打草惊蛇,行动要快,以免给侦查造成困难。根据掌握的材料,认为有犯罪事实,应当追究刑事责任的,即可及时决定立案实施侦查。对重大、特别重大案件,应立即报告上级检察机关立案侦查。

(三)决定立案或不立案的程序

根据我国《刑事诉讼法》和最高人民检察院关于《人民检察院侦查贪污贿赂犯罪案件工作细则(试行)》规定,经过审查和调查,认为犯罪嫌疑人贿赂犯罪的事实已达到人民检察院规定的贿赂案件立案标准,需要追究刑事责任的,应当决定立案。应当经过检察长批准或者检察委员会决定,并制作《立案决定书》。

经过审查和调查,认为没有贿赂犯罪事实,或者情节显著轻微,不需要追究刑事责任的,不予立案。决定不予以立案时,需要报经检察长批准,并填写《不立案通知书》,将不立案的原因告诉控告、检举人、自首人或单位。但匿名控告、检举的除外。

对于不立案,又需要移送有关部门处理的,应当填写《移送案件通知书》,连同案件材料一并移送有关部门处理。对各级人民代表大会代表的立案,应当依照法律规定,逐级上报。

第三节　贿赂犯罪案件的侦查途径和取证措施

一、贿赂犯罪案件的侦查途径

贿赂犯罪案件的侦查途径是指侦破贿赂案件的路径或渠道。正确选择侦查途径,对于尽快打开局面,有效推动侦查深入发展,迅速查清贿赂案件事实,及时揭露、证实犯罪分子都是至关重要的。选择侦查途径需因案、因人、因地制宜,不能按固定模式,千篇一律。侦查贿赂案件,通常可从以下方面入手。

(一)从受贿人的职务活动中发现破绽

受贿犯罪,是指国家机关工作人员或者其他从事公务的人员,利用职务上的便利,索取他人财物,或者非法收受他人财物为他人谋利益的行为。"利用职务上的便利"是构成受贿罪的必要条件之一。侦查受贿案件时,可以围绕受贿嫌疑人主管、经手、管理公共事务的职务活动发现疑点,进一步扩大线索,查明案件事实。如从受贿嫌疑人主管、经手审批的业务中发现违法批准的事项;审查受贿嫌疑人在经商和经手物资供应的事务中,有无高价进货或低价售出的行为;有无舍近求远进货,或者以次充好购进商品和其他物资的行为;审查受贿嫌疑人经手承包建筑或其他加工工程中,有无抬高工程预算或降低工程、产品质量等反常现象。

侦查人员应围绕受贿犯罪嫌疑人的职务活动顺藤摸瓜,从大量、复杂纷繁的事务活动中发现破绽,见异则疑,有疑则查,抓住疑点不放,查个水落石出。

（二）查访案件知情人和当事人

贿赂犯罪是一种权力与金钱的交易,不可能公开支付,犯罪方式较隐蔽,不易暴露。贿赂案的知情人包括:受贿和行贿人的同事、亲友和集体行贿单位的领导人、财会人员、物资管理人员等。他们一般都与案件有某种牵连,或者与行贿、受贿人有某种利害关系,他们从不同方面、不同程度地知道贿赂案件中的某些事实,但这些人又有各种各样的顾虑,一般不愿谈出自己所了解的实情,在访问中应做深入细致的思想工作,解除其顾虑,注意策略和方法。贿赂案件的当事者主要指被勒索财物而又从中获取利益的人、集体行贿的执行人或集体受贿的经办人等。这些人对案件事实了解的较多、详细、具体,但他们程度不同地参与了贿赂犯罪活动,又从中获得了某种利益,有的获得了非法利益,他们的思想顾虑多,更不易轻易吐露真情。在调查中就当因人施策,耐心进行政策法律教育,提高其认识,端正态度,使他们放下包袱,积极与侦查人员配合,争取立功,将功补过或将功折罪。

（三）从行贿人方面选择突破口

行贿人是贿赂犯罪活动的直接参与者,对案件情况最清楚。在侦查贿赂案件时,可以从行贿人方面选择薄弱环节作为突破口。行贿人一般可分为两种情况:一种是在谋取正当利益的过程中,被迫行贿如申请贷款或办理户口迁移、出境签证,以及在经济交往中,正常推销产品、购买商品、材料过程中,因受主管、经手和办理业务的工作人员勒索、刁难,被迫向国家机关工作人员或其他从事公务的人员送财物。这部分人中有的是受害人,有的则是为谋取某种利益而从事违法行为的人;另一种人是为了谋取不正当利益,而故意向国家机关工作人员或其他从事公务的人行贿。这类行贿人是贿赂案件中的犯罪行为人。对于不同情况的行贿人,应当区别对待,采取不同的策略方法进行突破。

因被勒索或受到某种刁难而被迫行贿的人,他们从内心里对受贿人不满,但由于怕影响自己已经获得的利益,或者怕得罪了受贿人而断了财路,而不敢抵制,也不敢站出来检举揭发。对于这种人,通过做深入细致的思想工作,讲明政策,宣传法制,指出危害,消除顾虑,他们一般能够讲清自己的问题,愿意揭发受贿人的问题,对于构成行贿罪的人,也可以利用行贿人与受贿人之间的矛盾,充分发挥政策与法律的威力,迫使其如实交代行贿的犯罪事实,将功折罪,争取从宽处理。

(四)从行贿、受贿人家属中选择突破口

行贿、受贿的家属是指行贿或受贿人的配偶、子女。他们经常与行贿人、受贿人生活在一起,对于行贿或受贿人的犯罪活动都有较多的了解,有的还可能参与策划和直接收受贿赂,或者帮助行贿或受贿人转移赃款、赃物,销毁罪证等。他们是贿赂案件的直接知情人,既能为查明案情提供重要情况,又有较大阻力。因为他们与行贿或受贿人的关系密切,有直接利害关系,甚至关系到其家庭的前途命运问题。所以他们一般不会轻易提供证据,还有可能为行贿、受贿人开脱罪责,或者故意提供伪证。尽管这些人与贿赂案件有这样或那样的牵连,但他们毕竟处于从属地位,其心理相对较为薄弱,防御能力较差。侦查过程中,可以根据案件的具体情况,有选择地做好家属的思想工作,讲明利害关系,启发其觉悟,有针对性地进行政策法律教育,向他们讲明有意包庇或虚假证言应负的法律责任,促使他们尽早转变态度,配合侦查部门查明案件事实。

(五)通过审查会计资料,突破贿赂犯罪案件

对国家机关、企事业单位的人员行贿、受贿的案件,凡有账可查的,应当全面审查有关会计资料,通过查账和审验会计资料,可以发现问题;尤其是集体行贿,一般都会在会计资料中有所反映。从会计核算资料中可以查出行贿的时间、次数、行贿物品种类和来源,查明经办人和批准人;还可以从受贿人经手的业务所涉及的单位的会计资料中发现问题。审查受贿人业务往来的单位的财务资料,应以审查开支项目和与受贿单位有业务来往的账目为主。有的以"回扣""提成""手续费"等记入账内;有的将行贿支出列入其他费用支出中,或者将购买行贿物资的发票夹入购买原材料中报销等。除此之外,还应当注意发现行贿单位的"账外账""小金库"等非法财源。

审查受贿人单位的会计资料,应当重点审查经济往来中受贿人或行贿人经手发生的业务关系,审查每次业务发生的来龙去脉,审查购进和销售的商品、产品的价格、数量、质量方面有无反常现象,有无任意提级提价或压级压价、多计工程面积,或者预算外随意追加的款项等。

对于在审查会计资料中发现的问题和疑点,要逐笔逐项查证核实,追根究底,进一步扩大线索,不断扩大战果,逐步查清行贿、受贿的犯罪事实。

二、贿赂犯罪案件的取证措施

贿赂案件的犯罪分子犯罪方式隐蔽,知情范围较小,且无犯罪现场可供勘验,一般不留犯罪痕迹,加之行贿人与受贿人都是利益获得者,他们往往互相勾结,沆瀣一气,狼狈为奸,给侦查取证工作带来一定困难。但是无论贿赂案件中犯罪分子多狡猾,隐蔽得多么巧妙,要想做到天衣无缝是不可能的,犯罪分子总会露出一些蛛丝马迹,为侦查取证提供一定的条件。侦查贿赂犯罪案件常用的取证措施有以下几种。

（一）询问证人,获取证人证言

贿赂案件中的证人主要有控告、检举人,行贿、受贿人所在单位的知情人,如会计、采购员、推销员、司机等,以及行贿人、受贿人的家属和亲友等。根据案件与证人的利害关系不同,证人作证的态度也不一样。一般说来,控告人、检举人都愿意积极作证,如实提供证人证言;行贿或受贿人单位的知情人,他们与行贿人或受贿人的关系比较密切,大多数是行贿人或受贿人的同事、部下,有的还可能与案件有某种牵连,所以他们都程度不同的存有顾虑,一般不主动作证,经过一定的思想工作,他们中间的大多数是能够提供一定的证人证言的;行贿人或受贿人的家属和亲友,对案件事实知道的较多,较详细、具体,但是案件直接关系着其亲人的前途命运,一般不愿吐露真情,以至对侦查机关有抵触情绪,甚至公开拒绝作证,或者故意提供虚假情况。对于这种证人,应当采取灵活机动的策略方法,以获取证言和其他重要线索。

获取证人证言,主要查明行贿、受贿的时间、地点、方式、过程、行贿或受贿次数、贿赂财物种类、数量、特征,赃物的去向,受贿人为行贿人谋取何种利益,以及其他犯罪事实和情节。

（二）运用隐蔽方式获取证据

由于贿赂犯罪的方式隐蔽,行动诡秘,有的案件仅运用一般侦查措施难以获取充分证据,应当使用隐蔽力量和采取技术手段取证。必要时对犯罪重大嫌疑人可以运用电子监控、拍照、录像等专门技术手段获取证据。运用隐蔽力量和专门技术手段,必须严格遵守有关规定,严格履行批准手续,不得滥用。

（三）通过搜查获取赃款、赃物和其他证据

侦查过程中为了获取贿赂犯罪的赃款、赃物以及有关书证、物证,应当及时对犯罪分子的住宅、办公室及有可能隐匿赃物、罪证的其他处所依法进行搜查,防止其转移赃款、赃物,销毁罪证。

通过搜查及时查获各种赃款、赃物,以及其他罪证,贿赂案件中的书证,包括能证明行贿、受贿的收条、笔记本、来往信件、电报、电话记录及集体行贿、受贿的会议记录、决定、批件等。必要时,经过批准可以扣押行贿、受贿人的邮件和其他书证、物证,从中获取新的证据。

（四）运用物证鉴定技术获取证据

侦查贿赂犯罪案件过程中,遇到专门性问题,应当指派或聘请有关专家和具有专门知识的人员进行科学技术鉴定,为查清案件事实提供科学根据。贿赂案件中经常涉及的科学技术鉴定有:司法会计鉴定、文书物证鉴定、工程技术鉴定、产品和商品鉴定、声像资料鉴定等。

1.司法会计鉴定

侦查过程中,对于贿赂案件涉及的会计凭证、账簿、报表及其他会计资料,应当及时查封或扣押,责令有关人员交出账外账、小金库等违反财会制度的账目和财物。及时指派或聘请司法会计鉴定人员,对有关的会计资料进行检查审验,对行贿、受贿的时间、手段、次数、数额等财务事实进行司法会计鉴定,为揭露、证实行贿、受贿犯罪提供证据。

2.文书物证鉴定

对于与贿赂犯罪有关的信函、批文、字条的字迹以及伪造、变造的各种文书材料,进行笔迹和书写材料方面的鉴定,确定伪造、变造和涂改的事实,认定书写时间及书写人,为查明文书材料与贿赂犯罪的关系,为定案提供科学依据。

3.工程技术鉴定

对于利用承包建筑工程行贿、受贿,进行偷工减料而降低工程质量的问题,应当聘请有关建筑方面的专家,对工程的造价、质量等方面的问题进行技术鉴定,确定因行贿、受贿给国家、集体和用户造成的损失。

4.产品和商品鉴定

对于因受贿而高价购入的劣质产品和伪劣商品,或者因贿赂而低价售给行贿方的优质产品和商品,因而给企业造成损失的案件,可以聘请生产和科研部门的专家,对产品和商品进行鉴定,确定受损失的数额,为定案提供依据。

5.声像资料鉴定

对于同行贿、受贿活动有关的电话录音或其他录音、录像资料,可以聘请有关专家进行技术鉴定,认定录音与说话人声音的同一,为侦破贿赂案件提供线索和证据。

(五)讯问犯罪嫌疑人

行贿、受贿案件中的犯罪嫌疑人,是贿赂案件的直接参与人和利益获得者,他们对犯罪事实和情节最清楚。犯罪嫌疑人的真实口供,对于查明案件事实有重要意义。但由于受贿案件中的嫌疑人原来都有一定身份、职务,有的身居要职,社会经验较多,加之犯罪方式隐蔽,手段狡猾,侥幸心理较强,一般不会轻易供述。因此,讯问前必须认真做好准备,讲究讯问的策略方法,充分发挥政策的法律的威力,巧妙运用证据,恰当利用各种矛盾,刚柔相济,促使犯罪嫌疑人如实供述犯罪事实。

讯问中对行贿人应当着重问清行贿的时间、地点、方式、方法、何人知道,行贿的次数、数量、财物种类,行贿人向受贿人提出过何种要求,受贿人曾作何种表示,行贿人获得利益等情况。讯问受贿人时,应当重点问清楚受贿的时间、地点、次数、数额、利用何种手段收受贿赂,如何利用职务之便为行贿人谋取利益,谋取何种利益,收受何种财物,是自己直接收受的还是家属代收,收受或索取财物的具体过程,赃款、赃物的去向,除了款物之外,还得到哪些有形利益和无形利益,以及收受贿赂的思想动机。

讯问贿赂案件的犯罪嫌疑人,要坚持审调结合,对嫌疑人的供述,应当立即派专人查对,取得旁证;对供述的赃款、赃物要迅速追缴,防止转移;对犯罪嫌疑人供述新书证、物证,要及时搜查提取。经过查证属实的口供,是法定的证据之一,可以作为定案的依据。

思考题与案例分析

1. 试述贿赂犯罪的特点及侦防对策。

2.【案例分析】河南省郑州市热力总公司原总经理、郑州电缆集团有限责任公司原董事长、白鸽集团有限责任公司原董事长刘先超,因涉嫌受贿人民币上千万元,2007年2月9日被郑州市纪委召开新闻发布会通报"双开"并移交给司法机关处理。

由于刘先超受贿犯罪案件的行贿人多数是其亲戚、战友、朋友或下属,因此检察机关侦查办案中获取证据有困难。

请问:此案应采取哪些侦查取证措施?

第二十二章　涉外犯罪案件的侦查

第一节　涉外犯罪案件的概念与特点

一、涉外犯罪案件的概念

涉外犯罪案件,是指在我国境内发生的与外国或外国人有关的或在我国境外发生的与中国或中国公民有关的刑事犯罪案件,以及国际条约和国际合作的刑事犯罪案件。随着我国"一带一路"战略的实施,控制此类犯罪案件无疑将成为司法机关未来相当长时期内一项工作。

二、涉外犯罪案件的特点

涉外犯罪案件相对于其他刑事案件有其自身的特点。

（一）呈沿海地区向内地扩散的趋势

沿海地区经济的发展,使来华的外国人大量增加,一些犯罪分子也夹杂其中,他们常常借洽谈贸易、投资建厂为由,进行各种形式的犯罪活动。随着我国开放地区的进一步扩大,不少犯罪分子就以经商、旅游为名深入到内地实施犯罪活动。因此,形形色色的涉外犯罪也随之不断地向内地省份蔓延、扩散。

（二）活动地域性较鲜明

我国地域辽阔,自然资源和人口资源的分布具有较强的地域性,从而使犯罪活动因地理位置的差异而呈现出不同的特点。

（1）文物犯罪重点集中在内蒙古、陕西、河南、山西四省,占全国总量的90%

左右。

（2）毒品犯罪集中在云南、贵州、两广等省，占全国毒品犯罪的90%左右。

（3）偷渡犯罪主要集中在福建和浙江两省。

（4）走私犯罪主要分布在广东、浙江、福建、山东和辽宁等沿海省份。

（5）偷猎珍稀动物犯罪主要发生在新疆、云南、甘肃等边境省区。

（三）内外勾结犯罪较典型

绝大多数的涉外案件是境外的犯罪分子进入我国后，与境内的犯罪分子相勾结而实施的。例如，毒品过境贩运使我国境内的毒品生产、运输、吸食等犯罪活动不断增加。在境外走私犯罪的策动下，文物走私、珍稀动植物走私、货物走私、货币走私、枪支走私等呈上升趋势严重危害社会治安。在境外偷渡集团的组织下，各种伪造护照、签证增多，各种偷渡活动不断发生。在境外犯罪分子的帮助下，各种金融票据诈骗、集资诈骗以及洗钱等犯罪活动层出不穷。

（四）犯罪的主体与犯罪方式较复杂

犯罪主体除了一般主体外，还包括新的特殊主体（如享有外交特权与豁免权的外国人等），法人犯罪、职务犯罪等与各种涉外犯罪集团交织在一起，形成了极其复杂的犯罪主体链。除了主体外，犯罪方式主要表现在内外勾结，上下串通，法人与自然人、中国人与外国人共同犯罪，境内外犯罪分子结成地下网络。

（五）涉外犯罪手段中的智能性特点较突出

（1）精心策划，事先找好退路。境内犯罪分子一边犯罪，一边非法购买外国护照，企图利用双重国籍为掩护逃避刑事制裁。

（2）利用法律规范和管理中的漏洞进行犯罪活动。以合法身份掩护犯罪，如利用投资办厂等名义，公开进行各种诈骗活动。

（3）犯罪手段日趋狡猾，一些犯罪活动如贩毒、走私等，往往采用间谍活动手法进行反侦查活动。

（4）利用国际计算机网络进行犯罪活动。计算机网络空间犯罪是一种典型的高技术、智能型犯罪活动，有难以取证，不易被破获的特点。

（六）司法管辖权的冲突

（1）本国公民在域外犯罪案件管辖的冲突，即属人管辖权（犯罪分子的国籍国拥有管辖权）与属地管辖权的冲突（犯罪地国家有权管辖）。

（2）本国人在域外犯罪案件管辖的冲突，即保护管辖权与属人管辖权的冲突。各国都采取保护管辖原则，以便更大范围地保护本国国家和公民的利益。由于保护管辖是对在外国犯罪的外国人实施管辖权，如果处理不当，容易与犯罪分子国籍国的属人管辖权发生冲突。因此，对于这种犯罪案件，要想真正行使管辖权是十分不易的。

（3）国际犯罪案件管辖的冲突，即普遍管辖权与属人管辖、属地管辖及保护管辖的冲突。如果一个国家主张普遍管辖原则而对某个国际犯罪案件行使管辖权，但该国际犯罪案件的犯罪地国、罪犯国籍国和受危害国也会依法行使其各自的管辖权，从而引起涉外刑事管辖权的冲突。

（4）多重国籍与属人管辖权冲突。由于各国间政治、经济和文化的各种交流的增多，各种形态的国籍的变更也不断增加。这不仅造成了国籍管辖的冲突，也产生了对犯罪分子管辖权的冲突。

第二节　涉外犯罪案件的侦查取证措施与方法

一、防控涉外犯罪的措施

加强阵地控制，争取主动。有些涉外案件的发案空间具有相对的局限性，多发生在外国人经常涉足的旅游地区、贸易场所，发案具体场所多为外国人下榻的宾馆、饭店、旅行社及外国人相对集中的聚居区、工作场所、高等院校及出入境口岸等。公安机关加强对这些地区、场所、部门的阵地控制，一方面可减少案件的发生，及时发现预谋犯罪；另一方面一旦发生案件，也能根据已掌握的线索和材料，有计划、有目标地开展侦查，及时采取紧急措施，减少损失，加速案件的侦破。因此，务必做好以下防范控制工作：

（1）加强与海关、边防、外事、旅游等部门的联系，互通信息，及时掌握入境、出境外国人的情况，尤其是重点目标的活动情况，及早发现犯罪预备活动线索，积极侦查，力争主动。

（2）加强与工商、税务、海关、金融部门的协作，及时掌握涉外公司、企业的非正常业务动态和资金往来情况，从中发现走私、洗钱、金融诈骗等犯罪线索。

（3）公安机关还应根据工作需要，协助有关单位、部门落实措施，改进有关防范技术，并提出意见、建议，以完善预防涉外犯罪的机制。

（4）加强公开管理，及时发现、制止涉外犯罪活动。公安机关可运用行政手段，加强对复杂场所的控制，从而减少、控制涉外犯罪案件的发生。

（5）重视秘密力量的建设。公安机关可根据形势需要在重点部门、场所构建犯罪情报网络系统，尤其要重视境内外特情工作，及时获取高质量的犯罪情报，关注犯罪动态，发现预谋犯罪，从而掌握侦查的主动性。

二、侦查取证措施

涉外犯罪案件发生后,应迅速进行现场勘查,控制舆情。一方面是因为多数来华外国人在我国境内的逗留的时间不长,尤其是来华参观、旅游、访问、从事贸易洽谈的外国人,入境逗留期限较短;另一方面若外国人作案后,可以通过多种途径快速离境,从而使我国丧失对该外国人的属地管辖权。所以一旦发生涉外犯罪案件,侦查取证活动的时间非常有限,办案时间十分急迫,倘若不及时勘查取证就难以立案,结果导致外籍犯罪分子逍遥法外。

涉外犯罪案件的现场勘查,应当坚持及时、全面、细致、客观、合法的原则和实事求是的科学态度,按照收集证据的有关规定,认真勘查取证。涉外刑事案件现场勘查,一律实行双人制。勘查外国人死亡现场或者其他特别重大案件现场,还应当请检察机关和外事机关派人参加,并且应当及时通知有关国家的使领馆派人到场。同时,应适时对外公布案情真相,以正视听。

需要进入外国驻华使、领馆馆舍或者其他享有外交特权和豁免权的驻华机构勘查现场时,必须要有外国驻华使领馆或者驻华机构请求、委托的正式照会和书面材料。需要对进入我国境内停泊的外国船舶或者降落的外国航空器进行现场勘查时,必须在收到外籍船长或机长签名的委托书或有关使领馆的照会后,才能进入外国的交通工具内开展调查取证活动。

通过现场勘验收集各种痕迹物证,在查明犯罪事实和犯罪嫌疑人,确定案件性质基础上及时立案,争取早日将外籍犯罪分子绳之以法。

三、对外国人采取的强制措施

涉外犯罪案件立案后,在犯罪事实和犯罪嫌疑人基本查明,犯罪证据确凿,案情明确的情形下,为防止犯罪嫌疑人逃匿,毁灭罪证或继续犯罪,必要时可对外籍犯罪嫌疑人采取拘留、逮捕、监视居住、扣押等强制措施。这些强制措施包括人身性强制措施、财产性强制措施、资格性强制措施及行为性强制措施。其中人身性强制措施最常使用的有三项:

（1）拘留审查。这是公安机关对非法入境或非法居住的外国人的一种强制措施,主要适用于有非法入境,非法居留重大嫌疑,因身份不明或主要违法事实尚未查清的外国人。

（2）监视居住。这是公检法机关在办理犯罪案件过程,为防止犯罪嫌疑人逃避侦查、起诉和审判,依法责令犯罪嫌疑人在指定的区域内居住,并对其行动自由加以监视的一种强制措施。监视居住一般是在没有必要进行拘留审查或不具备拘留审查的情况下采用的强制方法。

(3)扣留出入境证件。这是侦查机关对有违法行为需要追究法律责任或违法犯罪事实尚未查清的违法行为人实行的一种强制手段,以达到限制或阻止其出入境的目的。

财产性强制措施主要指为防止涉外犯罪案件中犯罪嫌疑人毁灭、转移、隐匿有关赃款、赃物等,侦查部门根据侦查犯罪的需要,依照规定,及时查询、扣押、冻结犯罪嫌疑人的存款、汇款。

资格性强制措施是指公安机关依照法律规定在涉外刑事案件处理过程中,对嫌疑人所采取的剥夺或限制其居留资格的强制手段。主要有:①缩短停留期限或取消居留资格;②遣送出境。

行为性强制措施是指公安机关依照法律规定在涉外刑事案件处置过程中,对嫌疑人的出入境行为进行限制或剥夺的一种强制手段。其主要有:①不准入境;②不准出境。

四、侦查协作措施

侦查涉外犯罪案件,往往需要本国警方加强与我国政府、境外警方以及国际刑警组织等的国际协作。涉外犯罪具有突发性大,跨境逃窜快、取证难度大的特点,使得一国对其追诉很难在本国主权所及的范围内完成全部的调查取证活动,并且国与国之间对案件的管辖也会出现冲突。因此,许多国家通过签订条约或协议,借助有关国家政府及警察机构的配合,开展包括讯问嫌疑人,询问证人、被害人,进行鉴定、勘验和检查,搜查并扣押物证、书证和赃款赃物,以及完成其他与侦查有关的行为。域外侦查取证毕竟与域内不同,因此在警务合作实践中,必须遵守国际法和一定的原则、范围、程序。

中外警务合作,应依照我国缔结或者参加的国际条约、依照公安部签订的合作协议的规定办理。若无相应条约与协议规定的,可按照互惠原则通过外交途径或国际刑事警察组织进行。公安机关应当在相互尊重国家主权和平等互惠的基础上,与有关国家的警察机关相互进行警务合作。

公安机关进行警务合作的范围主要包括犯罪情报信息的交流与合作、调查取证、移交物证、书证和视听资料、引渡以及国际条约规定的其他警务合作事宜。公安部是公安机关进行警务合作的中央主管机关,地方公安机关需要请求外国警方或国际刑警组织提供警务合作的,应当提出申请层报公安部审批。我国边境地区公安机关与相邻国家的警察机关互相进行警务合作,在不违背有关国际条约、协议和我国法律的前提下,可按照惯例进行,但应当报公安部备案。

思考题与案例分析

1.试述涉外犯罪案件侦查取证的难点。

2.【案例分析】2007年9月中旬,浙江省桐乡市公安局先后接到美国、澳大利亚的受害人委托国内亲友的报案。这些受害人在互联网购买电子产品等贸易往来时,被犯罪嫌疑人以收取货款却不发货的手段分别骗走美金780元和欧元1000多元。虽然此案犯罪金额不大,但是严重损害了中国在国际贸易和电子商务领域的诚信形象。

请问:倘若你是负责此案的侦查人员,应如何侦办这起涉外犯罪案件?

附录

司法鉴定程序通则

第一章　总　则

第一条　为了规范司法鉴定机构和司法鉴定人的司法鉴定活动,保障司法鉴定质量,保障诉讼活动的顺利进行,根据《全国人民代表大会常务委员会关于司法鉴定管理问题的决定》和有关法律、法规的规定,制定本通则。

第二条　司法鉴定是指在诉讼活动中鉴定人运用科学技术或者专门知识对诉讼涉及的专门性问题进行鉴别和判断并提供鉴定意见的活动。司法鉴定程序是指司法鉴定机构和司法鉴定人进行司法鉴定活动的方式、步骤以及相关规则的总称。

第三条　本通则适用于司法鉴定机构和司法鉴定人从事各类司法鉴定业务的活动。

第四条　司法鉴定机构和司法鉴定人进行司法鉴定活动,应当遵守法律、法规、规章,遵守职业道德和执业纪律,尊重科学,遵守技术操作规范。

第五条　司法鉴定实行鉴定人负责制度。司法鉴定人应当依法独立、客观、公正地进行鉴定,并对自己作出的鉴定意见负责。司法鉴定人不得违反规定会见诉讼当事人及其委托的人。

第六条　司法鉴定机构和司法鉴定人应当保守在执业活动中知悉的国家秘密、商业秘密,不得泄露个人隐私。

第七条　司法鉴定人在执业活动中应当依照有关诉讼法律和本通则规定实行回避。

第八条　司法鉴定收费执行国家有关规定。

第九条　司法鉴定机构和司法鉴定人进行司法鉴定活动应当依法接受监督。对于有违反有关法律、法规、规章规定行为的,由司法行政机关依法给予相应的行政处罚;对于有违反司法鉴定行业规范行为的,由司法鉴定协会给予相应的行业处分。

第十条　司法鉴定机构应当加强对司法鉴定人执业活动的管理和监督。司法鉴定人违反本通则规定的,司法鉴定机构应当予以纠正。

第二章　司法鉴定的委托与受理

第十一条　司法鉴定机构应当统一受理办案机关的司法鉴定委托。

第十二条　委托人委托鉴定的,应当向司法鉴定机构提供真实、完整、充分的鉴定材料,并对鉴定材料的真实性、合法性负责。司法鉴定机构应当核对并记录鉴定材料的名称、种类、数量、性状、保存状况、收到时间等。

诉讼当事人对鉴定材料有异议的,应当向委托人提出。

本通则所称鉴定材料包括生物检材和非生物检材、比对样本材料以及其他与鉴定事项有关的鉴定资料。

第十三条 司法鉴定机构应当自收到委托之日起七个工作日内作出是否受理的决定。对于复杂、疑难或者特殊鉴定事项的委托,司法鉴定机构可以与委托人协商决定受理的时间。

第十四条 司法鉴定机构应当对委托鉴定事项、鉴定材料等进行审查。对属于本机构司法鉴定业务范围,鉴定用途合法,提供的鉴定材料能够满足鉴定需要的,应当受理。

对于鉴定材料不完整、不充分,不能满足鉴定需要的,司法鉴定机构可以要求委托人补充;经补充后能够满足鉴定需要的,应当受理。

第十五条 具有下列情形之一的鉴定委托,司法鉴定机构不得受理:

(一)委托鉴定事项超出本机构司法鉴定业务范围的;

(二)发现鉴定材料不真实、不完整、不充分或者取得方式不合法的;

(三)鉴定用途不合法或者违背社会公德的;

(四)鉴定要求不符合司法鉴定执业规则或者相关鉴定技术规范的;

(五)鉴定要求超出本机构技术条件或者鉴定能力的;

(六)委托人就同一鉴定事项同时委托其他司法鉴定机构进行鉴定的;

(七)其他不符合法律、法规、规章规定的情形。

第十六条 司法鉴定机构决定受理鉴定委托的,应当与委托人签订司法鉴定委托书。司法鉴定委托书应当载明委托人名称、司法鉴定机构名称、委托鉴定事项、是否属于重新鉴定、鉴定用途、与鉴定有关的基本案情、鉴定材料的提供和退还、鉴定风险,以及双方商定的鉴定时限、鉴定费用及收取方式、双方权利义务等其他需要载明的事项。

第十七条 司法鉴定机构决定不予受理鉴定委托的,应当向委托人说明理由,退还鉴定材料。

第三章 司法鉴定的实施

第十八条 司法鉴定机构受理鉴定委托后,应当指定本机构具有该鉴定事项执业资格的司法鉴定人进行鉴定。

委托人有特殊要求的,经双方协商一致,也可以从本机构中选择符合条件的司法鉴定人进行鉴定。

委托人不得要求或者暗示司法鉴定机构、司法鉴定人按其意图或者特定目的提供鉴定意见。

第十九条　司法鉴定机构对同一鉴定事项,应当指定或者选择二名司法鉴定人进行鉴定;对复杂、疑难或者特殊鉴定事项,可以指定或者选择多名司法鉴定人进行鉴定。

第二十条　司法鉴定人本人或者其近亲属与诉讼当事人、鉴定事项涉及的案件有利害关系,可能影响其独立、客观、公正进行鉴定的,应当回避。

司法鉴定人曾经参加过同一鉴定事项鉴定的,或者曾经作为专家提供过咨询意见的,或者曾被聘请为有专门知识的人参与过同一鉴定事项法庭质证的,应当回避。

第二十一条　司法鉴定人自行提出回避的,由其所属的司法鉴定机构决定;委托人要求司法鉴定人回避的,应当向该司法鉴定人所属的司法鉴定机构提出,由司法鉴定机构决定。

委托人对司法鉴定机构作出的司法鉴定人是否回避的决定有异议的,可以撤销鉴定委托。

第二十二条　司法鉴定机构应当建立鉴定材料管理制度,严格监控鉴定材料的接收、保管、使用和退还。

司法鉴定机构和司法鉴定人在鉴定过程中应当严格依照技术规范保管和使用鉴定材料,因严重不负责任造成鉴定材料损毁、遗失的,应当依法承担责任。

第二十三条　司法鉴定人进行鉴定,应当依下列顺序遵守和采用该专业领域的技术标准、技术规范和技术方法:

(一)国家标准;

(二)行业标准和技术规范;

(三)该专业领域多数专家认可的技术方法。

第二十四条　司法鉴定人有权了解进行鉴定所需要的案件材料,可以查阅、复制相关资料,必要时可以询问诉讼当事人、证人。

经委托人同意,司法鉴定机构可以派员到现场提取鉴定材料。现场提取鉴定材料应当由不少于二名司法鉴定机构的工作人员进行,其中至少一名应为该鉴定事项的司法鉴定人。现场提取鉴定材料时,应当有委托人指派或者委托的人员在场见证并在提取记录上签名。

第二十五条　鉴定过程中,需要对无民事行为能力人或者限制民事行为能力人进行身体检查的,应当通知其监护人或者近亲属到场见证;必要时,可以通知委托人到场见证。

对被鉴定人进行法医精神病鉴定的,应当通知委托人或者被鉴定人的近亲属或者监护人到场见证。

对需要进行尸体解剖的,应当通知委托人或者死者的近亲属或者监护人到场见证。

到场见证人员应当在鉴定记录上签名。见证人员未到场的,司法鉴定人不得开展相关鉴定活动,延误时间不计入鉴定时限。

第二十六条　鉴定过程中,需要对被鉴定人身体进行法医临床检查的,应当采取必要措施保护其隐私。

第二十七条　司法鉴定人应当对鉴定过程进行实时记录并签名。记录可以采取笔记、录音、录像、拍照等方式。记录应当载明主要的鉴定方法和过程,检查、检验、检测结果,以及仪器设备使用情况等。记录的内容应当真实、客观、准确、完整、清晰,记录的文本资料、音像资料等应当存入鉴定档案。

第二十八条　司法鉴定机构应当自司法鉴定委托书生效之日起三十个工作日内完成鉴定。

鉴定事项涉及复杂、疑难、特殊技术问题或者鉴定过程需要较长时间的,经本机构负责人批准,完成鉴定的时限可以延长,延长时限一般不得超过三十个工作日。鉴定时限延长的,应当及时告知委托人。

司法鉴定机构与委托人对鉴定时限另有约定的,从其约定。

在鉴定过程中补充或者重新提取鉴定材料所需的时间,不计入鉴定时限。

第二十九条　司法鉴定机构在鉴定过程中,有下列情形之一的,可以终止鉴定:

(一)发现有本通则第十五条第二项至第七项规定情形的;

(二)鉴定材料发生耗损,委托人不能补充提供的;

(三)委托人拒不履行司法鉴定委托书规定的义务、被鉴定人拒不配合或者鉴定活动受到严重干扰,致使鉴定无法继续进行的;

(四)委托人主动撤销鉴定委托,或者委托人、诉讼当事人拒绝支付鉴定费用的;

(五)因不可抗力致使鉴定无法继续进行的;

(六)其他需要终止鉴定的情形。

终止鉴定的,司法鉴定机构应当书面通知委托人,说明理由并退还鉴定材料。

第三十条　有下列情形之一的,司法鉴定机构可以根据委托人的要求进行补充鉴定:

(一)原委托鉴定事项有遗漏的;

（二）委托人就原委托鉴定事项提供新的鉴定材料的；

（三）其他需要补充鉴定的情形。

补充鉴定是原委托鉴定的组成部分，应当由原司法鉴定人进行。

第三十一条　有下列情形之一的，司法鉴定机构可以接受办案机关委托进行重新鉴定：

（一）原司法鉴定人不具有从事委托鉴定事项执业资格的；

（二）原司法鉴定机构超出登记的业务范围组织鉴定的；

（三）原司法鉴定人应当回避没有回避的；

（四）办案机关认为需要重新鉴定的；

（五）法律规定的其他情形。

第三十二条　重新鉴定应当委托原司法鉴定机构以外的其他司法鉴定机构进行；因特殊原因，委托人也可以委托原司法鉴定机构进行，但原司法鉴定机构应当指定原司法鉴定人以外的其他符合条件的司法鉴定人进行。

接受重新鉴定委托的司法鉴定机构的资质条件应当不低于原司法鉴定机构，进行重新鉴定的司法鉴定人中应当至少有一名具有相关专业高级专业技术职称。

第三十三条　鉴定过程中，涉及复杂、疑难、特殊技术问题的，可以向本机构以外的相关专业领域的专家进行咨询，但最终的鉴定意见应当由本机构的司法鉴定人出具。

专家提供咨询意见应当签名，并存入鉴定档案。

第三十四条　对于涉及重大案件或者特别复杂、疑难、特殊技术问题或者多个鉴定类别的鉴定事项，办案机关可以委托司法鉴定行业协会组织协调多个司法鉴定机构进行鉴定。

第三十五条　司法鉴定人完成鉴定后，司法鉴定机构应当指定具有相应资质的人员对鉴定程序和鉴定意见进行复核；对于涉及复杂、疑难、特殊技术问题或者重新鉴定的鉴定事项，可以组织三名以上的专家进行复核。

复核人员完成复核后，应当提出复核意见并签名，存入鉴定档案。

第四章　司法鉴定意见书的出具

第三十六条　司法鉴定机构和司法鉴定人应当按照统一规定的文本格式制作司法鉴定意见书。

第三十七条　司法鉴定意见书应当由司法鉴定人签名。多人参加的鉴定，对鉴定意见有不同意见的，应当注明。

第三十八条　司法鉴定意见书应当加盖司法鉴定机构的司法鉴定专用章。

第三十九条　司法鉴定意见书应当一式四份，三份交委托人收执，一份由司法鉴定机构存档。司法鉴定机构应当按照有关规定或者与委托人约定的方式,向委托人发送司法鉴定意见书。

第四十条　委托人对鉴定过程、鉴定意见提出询问的,司法鉴定机构和司法鉴定人应当给予解释或者说明。

第四十一条　司法鉴定意见书出具后,发现有下列情形之一的,司法鉴定机构可以进行补正:

(一)图像、谱图、表格不清晰的;

(二)签名、盖章或者编号不符合制作要求的;

(三)文字表达有瑕疵或者错别字,但不影响司法鉴定意见的。

补正应当在原司法鉴定意见书上进行,由至少一名司法鉴定人在补正处签名。必要时,可以出具补正书。

对司法鉴定意见书进行补正,不得改变司法鉴定意见的原意。

第四十二条　司法鉴定机构应当按照规定将司法鉴定意见书以及有关资料整理立卷、归档保管。

第五章　司法鉴定人出庭作证

第四十三条　经人民法院依法通知,司法鉴定人应当出庭作证,回答与鉴定事项有关的问题。

第四十四条　司法鉴定机构接到出庭通知后,应当及时与人民法院确认司法鉴定人出庭的时间、地点、人数、费用、要求等。

第四十五条　司法鉴定机构应当支持司法鉴定人出庭作证,为司法鉴定人依法出庭提供必要条件。

第四十六条　司法鉴定人出庭作证,应当举止文明,遵守法庭纪律。

第六章　附　　则

第四十七条　本通则是司法鉴定机构和司法鉴定人进行司法鉴定活动应当遵守和采用的一般程序规则,不同专业领域对鉴定程序有特殊要求的,可以依据本通则制定鉴定程序细则。

第四十八条　本通则所称办案机关,是指办理诉讼案件的侦查机关、审查起诉机关和审判机关。

第四十九条　在诉讼活动之外,司法鉴定机构和司法鉴定人依法开展相关鉴定业务的,参照本通则规定执行。

第五十条　本通则自 2016 年 5 月 1 日起施行。司法部 2007 年 8 月 7 日发布的《司法鉴定程序通则》(司法部第 107 号令)同时废止。

参考文献

[1]周应德.犯罪侦查学(修订本).北京:法律出版社,1987.

[2]邹明理.侦查学.北京:法律出版社,1996.

[3]徐立根.侦查学.北京:中国人民大学出版社,1991.

[4]杨殿升,等.刑事侦查学(第二版).北京:北京大学出版社,2001.

[5]张玉镶,等.当代侦查学(修订本).北京:中国检察出版社,1999.

[6]于凤玲.刑事侦察教程.北京:中国人民公安大学出版社,1989.

[7]张新枫.刑事侦查教材.北京:警官教育出版社,1999.

[8]阎如恩,等.刑事侦察教程.长春:吉林人民出版社,1999.

[9]武汉.刑事侦查学.北京:群众出版社,2000.

[10]王传道.刑事侦查学.北京:中国政法大学出版社,1996.

[11]傅国良.案件侦查教程.北京:群众出版社,2000.

[12] Wayne W Bennett, Karen M Hess. Criminal Investigation. West/
    Wadsworth Publishing Company,1998.

[13]A H 瓦西利耶夫.犯罪侦查学.北京:群众出版社,1985.

[14]周应德.犯罪侦查学概论.北京:中央广播电视大学出版社,1987.

[15]阎长庆.刑事侦察学教程.北京:中国刑事警察学院出版社,1985.

[16]陈祥印.刑事案件侦察.成都:成都科技大学出版社,1994.

[17]赵金科.刑事侦查学.西安:陕西人民教育出版社,1989.

[18]翁磹.刑事案件侦查教程.北京:群众出版社,1991.

[19]李建训.经济犯罪侦查.北京:中国政法大学出版社,1991.

[20]雷铣等.检察机关侦查教程.北京:中国检察出版社,1995.

[21]邹明理.司法鉴定.北京:法律出版社,2000.

[22]金光正.司法鉴定学.北京:中国政法大学出版社,1995.

[23]孙言文.物证技术学.北京:中国人民大学出版社,2000.

[24]岳俊发,等.声纹鉴定.北京:警官教育出版社,1996.

[25]解衡.刑事特情.北京:中国人民公安大学出版社,1986.

[26]何家弘.证据调查.北京:法律出版社,1997.

[27]董光斗.现代司法科技词典.贵阳:贵州人民出版社,1998.

后　记

　　1988 年夏天，完成研究生学业后，我背着离校的行囊，回眸歌乐山下母校门口自上而下书写的"西南政法学院"校名，内心充满感激之情。感谢周应德教授、邹明理教授、黎镇中教授、刘泽贵教授、陈祥印教授、胡学贵教授等新中国刑侦学界的泰斗，感谢多年来他们以丰富的侦查经验和理论传授给我的"物证鉴定与犯罪侦查"知识。

　　毕业后，我曾与导师邹明理教授合作撰写了全国统编教材《侦查学》(法律出版社，1996 年第一版)；与但彦铮等同学合译了美国的《犯罪侦查》(群众出版社，2000 年第一版)；记得新中国第一位刑侦学教授(解放前中共重庆市委地下党党员)周应德导师还特意为本人主编的《犯罪侦查学》(浙江大学出版社，2001年第一版)作了长篇序言。我从西政刑侦专业研究生毕业到原杭州大学(现浙江大学)法学院任教，迄今已逾 28 年(1991 年 1 月至 1993 年 2 月期间，公派赴美国 Valparaiso 大学法学院学习)，指导培养了 150 多位硕士研究生(其中有 30多位被评为"优秀毕业生")。去年接受浙江大学教材立项课题资助，我承担了编写《物证鉴定与犯罪侦查》的任务；经历寒暑假的调研，终于完稿成书。尽管这本新编的教材增加了"思考题与案例分析"；补充了"鉴定体制改革""语言识别""拼音文字鉴定""网络犯罪侦查"等最新研究成果，但难免还有不足之处，殷切希冀刑侦界同行不吝指出，以便再版时修正。

翁　里

2015 年 8 月 27 日晨

于文成铜铃山森林度假村

 ZHEJIANG UNIVERSITY PRESS
浙江大学出版社

互联网+教育+出版

教育信息化趋势下，课堂教学的创新催生教材的创新，互联网+教育的融合创新，教材呈现全新的表现形式——教材即课堂。

立方书

 轻松备课　 分享资源　 发送通知　 作业评测　 互动讨论

"一本书"带走"一个课堂"　教学改革从"扫一扫"开始

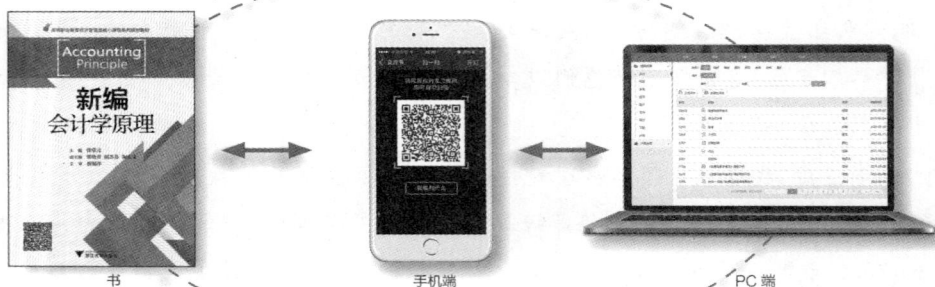

书　　　　　手机端　　　　　PC 端

打造中国大学课堂新模式

【创新的教学体验】

开课教师可免费申请"立方书"开课，利用本书配套的资源及自己上传的资源进行教学。

【方便的班级管理】

教师可以轻松创建、管理自己的课堂，后台控制简便，可视化操作，一体化管理。

【完善的教学功能】

课程模块、资源内容随心排列，备课、开课，管理学生、发送通知、分享资源、布置和批改作业、组织讨论答疑、开展教学互动。

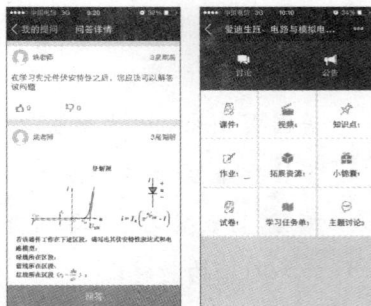

扫一扫　下载APP

教师开课流程 ➡

➡在APP内扫描封面二维码，申请资源

➡开通教师权限，登录网站

➡创建课堂，生成课堂二维码

➡学生扫码加入课堂，轻松上课

网站地址：www.lifangshu.com
技术支持：lifangshu2015@126.com；电话：0571-88273329